民航特色专业系列教材

现代航空运输管理

Modern Air Transportation Management

夏洪山等 著

科学出版社

北京

内 容 简 介

本书以民航运输生产的组织与管理为主线，系统介绍现代航空运输行业管理与生产运营管理所涉及的基础知识、基本理论和相关法规。

全书共分 7 章，重点介绍：国内外民航发展历程及其社会与经济主要特征、民航与社会经济的互动发展关系；民航运输管理体系及其组织与职责，航空公司与机场基本组织、设立与取证程序，及其在社会经济发展中的地位与作用；民航运输市场结构与主要特征，营销组合、产品设计、定价机制与价格管理、市场准入与准出管理、营销环境分析、市场战略管理及机场营销；民航运输生产计划制定方法与生产流程、保障现场管理、航班时刻管理、飞机及机组调度、不正常航班管理；以 ISO 9000 为基础的民航旅客服务质量管理体系构建方法、质量管理及持续改进的基本理论、质量分析和质量控制技术、服务质量评估方法；以“民航安全管理体系”为基础的民航安全管理基本理论、事故致因分析方法、风险管理技术、民航安全保卫、突发事件应急处置流程，以及搜寻与救援管理；国际航空运输市场准入管理、九大国际航权及国际航空运输多边协定等内容。

本书紧密结合国内外民航最新发展，内容新颖，数据翔实，图文并茂，具有较强的知识性、理论性、实用性、系统性和可阅读性，可用作民航或交通等领域高校师生或管理人员的教学、培训或参考用书。

图书在版编目(CIP)数据

现代航空运输管理/夏洪山等编.—北京：科学出版社，2012
民航特色专业系列教材
ISBN 978-7-03-034888-3

Ⅰ.①现… Ⅱ.①夏… Ⅲ.①航空运输管理-高等学校-教材
Ⅳ.①F560.8

中国版本图书馆 CIP 数据核字(2012)第 128948 号

责任编辑：贾瑞娜 / 责任校对：郑金红
责任印制：徐晓晨 / 封面设计：迷底书装

科 学 出 版 社 出版
北京东黄城根北街 16 号
邮政编码：100717
http://www.sciencep.com

北京中石油彩色印刷有限责任公司 印刷
科学出版社发行 各地新华书店经销

*

2012 年 6 月第 一 版 开本：720×1000 1/16
2018 年11月第五次印刷 印张：20 1/2
字数：412 000

定价：62.00 元

(如有印装质量问题，我社负责调换)

前　言

壬辰龙年开篇，距本书庚辰龙年(2000年)第一版已是一个龙迴。回首这12年，随着世界经济全球化进程，世界民航运输业在严峻的航空安全形势下和日益激烈的市场竞争中跌宕起伏，不断向前。2001年我国正式加入世贸组织后，我国经济和民航运输业发展与世界的融合越来越紧密，加快了我国民航运输市场的国际化。特别是2002年3月国务院批准《民航体制改革方案》，我国民航施行资产重组和机场属地化管理体制改革之后，民航行业管理体制、民航企业管理模式和经营理念等都发生了重大变革，迸发的强大生产力推进着我国民航事业稳步快速发展，取得了世人瞩目的辉煌成就。民航运输业在我国国民经济建设中的重要地位日益凸显，发展"大众化"民航也成为我国提升综合国力的国家战略。与此同时，民航管理、企业经营、生产运行、质量和安全管理等领域的理念、思想、方法、技术、知识和理论也在不断创新。本书旨在与时俱进，以从事民航事业所需基础知识的视角，对民航运输业行业背景、行业管理、市场经营、生产运行、质量管理、安全管理和国际航空运输等方面的基本知识、基础理论、基本法规，以及国际民航发展中的新理念和新方法等进行系统性介绍。全书内容共分7章：

第1章，概述，主要介绍航空工业和民航运输业的发展历程及其特征，阐述两者之间相互促进发展的互动关系；系统介绍民航运输业涉及的基本概念，分析其社会特性和经济特性，并阐述民航运输业在现代社会和经济建设中的地位与作用。

第2章，民航运输管理体系，着重介绍国际和国内主要的民航运输管理组织的基本结构、服务宗旨及其主要职责；分别重点介绍航空公司和民用机场的作用、分类、组织体系、管理模式；新建航空公司和机场的筹建与取证程序，并分析两者在社会经济发展进程中的互动关系。

第3章，民航运输市场与管理，在广义的"市场营销"理论基础上，结合民航运输市场结构与特点，系统介绍民航运输市场基本概念、分类、需求与供给关系；民航运输市场营销组合、民航运输市场定价机制与价格管理政策、民航运输市场营销环境分析与发展战略、民航运输市场准入和准出管理；机场营销基本原理等知识与相关法规。

第4章，民航运输生产组织与管理，首先介绍民航运输生产的相关概念，以旅客运输计划和组织过程为主线，重点详细介绍航班计划、航班运输生产计划及其制定方法、国内外航班时刻管理方法与相关法规、飞机及机组调度技术、民航运输生产组织与实施流程、机场保障服务现场管理、不正常航班(包括大面积航班延误)管理、机场运行环境管理等知识，并介绍民航运输生产各过程所涉及的相关法规、规范和标准。

第5章，民航运输服务质量管理，以ISO 9000质量管理标准体系为基础，首先介绍民航旅客服务质量管理的相关概念和质量管理体系的构建步骤与方法。重点论述民航运输服务的质量管理、质量管理体系、ACI 和 Skytrax 旅客服务质量评估机制、质量持续改进方法、质量管理基本理论、质量分析与控制基本方法等方面的基础知识和基本理论。

第 6 章，民用航空安全管理，首先介绍民航安全管理的基本概念，在介绍民航安全管理发展历程和趋势的基础上，重点介绍“国际民航组织”、“国际航协”以及我国关于“民航安全管理体系”的基本内容和基本方法，对民航安全管理基础、民航事故致因分析方法、风险管理技术与方法、民航安全保卫、民航突发事件应急处置、搜寻与救援等方面的基础知识、基础理论和相关法规进行详细介绍。

第 7 章，国际航空运输管理，本章结合中美航空运输协定，主要介绍国际航空运输管理涉及的基础知识，包括国际性民航公约、国际航空运输市场准入与九种航权、国际航空运输(多边)协定及协定生效与终止的相关知识等。

本书由夏洪山教授主笔，负责全书内容设计和部分章节内容撰写；吴刚博士承担部分内容撰写，主要包括：第 2 章、第 5 章和第 6 章。周琨、韦薇和方杰等博士研究生提供了他们的部分研究成果；硕士研究生曾婷婷、郑燕琴、吴梦诗、王飞等参与了本书的资料收集和数据分析工作。在本书的准备过程中，得到了民航局人教司、首都机场、白云机场和东方航空公司等单位与部门领导和专家的热情支持。在撰写过程中，民航局机场司原司长蒋作舟先生、国航原副总经济师张开俭先生、民航安全技术中心俞力玲博士、巴西航空工业公司北京代表处邵龙博士等给予了大力支持。在本书准备和出版过程中，得到了南京航空航天大学教务处和民航学院的资金支持。科学出版社的编辑对本书出版事宜给予了周密计划与鼎力帮助。值此，作者一并致以最诚挚的感谢！

本书是作者多年学习和研究的心得积累，内容涉及范围较宽。由于水平所限，书中谬误难免，望读者不吝指正。

作　者
2012 年 3 月于南京

目　录

第1章

概　述

本章首先介绍航空工业和民航运输业的发展历程及其特征，阐述两者之间相互促进发展的互动关系；系统介绍民航运输业的基本概念，分析其社会特性和经济特性，并阐述民航运输业在现代社会经济建设中的地位与作用。

1903年12月17日，莱特(Wright)兄弟发明的第一架具有动力推进由人操纵控制的飞机试飞成功，开辟了人类挑战天空的新纪元。人类在经过了一个多世纪不懈努力的今天，已经从仅能持续12秒、高度只有3.66米的试验性飞行(图1-1)[1]，进入人造星体和载人飞行、往返于太空和地球之间的太空时代；从飞行距离只有36米、时速约为48千米/小时、仅能沿海滨沙滩的飞行，发展成跨海越洋的洲际环球飞行；从当年人们像英雄般冒险乘坐飞机，发展成飞机成为人们出行的首选交通工具之一。人类征服天空付出的无数生命和金钱，正不断获得像无边无际广阔蓝天一样的丰厚回馈，造福于人类。

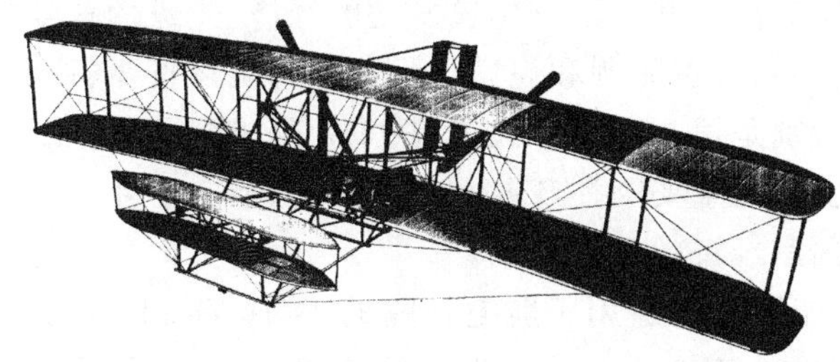

飞机名称：Air Flyer 1；
飞行距离：36.56米 飞行高度：3.66米；
飞行速度：48.28千米/小时　留空时间：12秒

图1-1　莱特兄弟发明的人类历史上第一架具有动力推进的载人双翼飞机原型[1]

1.1　世界民航运输业的发展

从人类祖先发明火药起，人们就开始了挑战天空的历程。经过漫长岁月的艰辛努力和无数次试验，尤其是18世纪西方工业革命的掀起，人类展翅飞翔的梦想才逐步成为现实。经过一个多世纪的发展，现在已经形成相当规模的全球性航空工业、航天工业和民航运输业，并以此形成了庞大的产业链，成为现代社会和经济发展的重要支柱产业。

为了便于本书的论述，首先介绍几个基本概念，如图1-2所示。

(1)航空工业(Aviation Industry)，主要是指研究、开发、生产和维修航空器及其所载设备和地面保障设备的相关工业领域。

(2)航天工业(Aerospace Industry)，主要是指研究、开发、生产和维修航天器、航天运

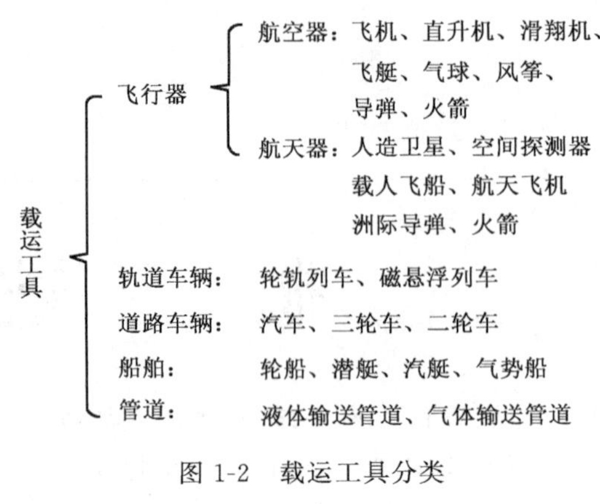

图 1-2 载运工具分类

载系统及其所载设备和地面保障设备的相关工业领域。

(3)民航运输业(Civil Aviation Transportation Industry)，主要是指运用航空器从事民用航空运输及进行航空器维修与保障服务的相关领域。

(4)载运工具(vehicle)，主要是指用于运载目的能够由人控制移动的人造运送工具，包括轨道车辆(轮轨和磁悬浮)、道路车辆、船舶、飞行器和管道等。

(5)飞行器(flight vehicle)，是指由人类制造，并能够由人控制在空间飞行(载人或无人)的物体。飞行器分为航空器和航天器。

(6)航空器(air craft)，主要是指在大气层以内依靠空气浮力由人控制飞行的飞行器，如飞机、直升机、滑翔机、飞艇、气球、风筝，以及能够在大气层内飞行的导弹和火箭等[2]。

(7)航天器(space craft)，主要是指在大气层之外的太空空间内依靠自带动力和天体力学规律由人控制飞行的飞行器，如人造地球卫星、载人飞船、空间探测器、航天飞机，以及能够在大气层外空间飞行的导弹等。

1.1.1 世界航空工业的发展

莱特兄弟发明的人类历史上第一架动力推进载人飞机试飞成功，点燃了人类飞向天空的希望之火。欧美许多国家，在当时相对世界其他国家比较发达的经济、先进的科学技术和成熟的工业基础上，首先出于国防需要，开展研制和规模化生产实用型运输飞机。随着西方经济的增长和科学技术的进步，特别是第二次世界大战，战争的需求强烈刺激了西方航空工业的迅速发展，成为欧美经济发展的重要支柱产业。从那时起，航空工业不仅服务于军事，而且成为发展民航运输业和国家经济的重要基础。

1934 年，美国道格拉斯公司生产出能够真正适用于航空运输的 14 座 DC-1 型飞机，时速为 304 千米/小时[1]。2007 年，欧洲空中客车飞机公司生产的 A380 大型远程运输飞机，其最大容量可承载 850 名乘客，巡航速度达到 850 千米/小时，可持续飞行 14 800 千米[3]，打破了美国在民用飞机制造业领域的霸主地位。超音速民用客机也早已翱翔蓝天，英国生产的协和超音速飞机飞行在 19 000 米以上高空时，时速可达 2150 千米/小时[4]。在现代社会和经济发展中，航空工业的作用显得越来越重要。2002 年，美国“航空航天产业未来委员会”向时任美国总统布什和国会提交的《美国航空航天产业未来委员会最终报告》中指出[5]，“航空航天工业是美国经济领域内的一支强大力量，是在全球市场中最具竞争力的领域之一”。“航空航天技术是构成美国军事能力的战略战术的骨干技术”，“过去是，现在是，将来仍然是(美国)国家安全战略的重点”。欧盟认为[6]，航空航天工业在确保欧洲安全和繁荣方面有着关键的战略作用，是提升欧洲民用和国防产品国际竞争力的基础，也是欧洲安全的重要保证。显而易见，航空工业已经成为一个国家科技水平、综合国力和国际地位的重要象征。

航空工业的发展，为民航运输业的发展提供了载运工具、技术和维修力量。在航空工业的促进和影响下，社会和经济的发展为民航运输业不断提供客货运输市场。另一方面，民航运输业的发展，促进了民航运力增长，为航空工业提供了重要市场。美国、欧洲及中国的航空工业与民航运输业发展历史已经充分证明，航空工业与民航运输业之间相互促进发展的唇齿关系。

1.1.2　世界民航运输业的发展历程

1914 年，在第一次世界大战的阴影还笼罩着全球的时候，史无前例的定期航班(scheduled flight)悄然问世。谁也没有料到，从美国佛罗里达州的 Tampa 到 St. Petersburg 陆地乘车需要行驶一天的路程，乘飞机只要 20 分钟及 5 美元。这就是美国运用飞机于 1914 年 1 月 1 日开创的世界民航史上首次定期航班运输。尽管 St. Petersburg 市市长作为世界上定期航班的首航乘客向世人昭示航空旅行已经成为可能，但由于当时人们对航空的陌生，乘客寥寥无几，加之航空公司缺乏运营资金，4 个月后这个航班因亏损而夭折。就是在这样的情形下，世界民航运输业艰难地掀开了她的发展历史篇章。

随着世界航空工业和经济的发展，世界民航运输业也随之成长起来。表 1-1 和图 1-3 所示为从有记载的 1930～2010 年期间世界民用航空定期航班运输总周转量增长形势。所示资料表明，在 1930～1952 年，世界民航运输业发展较为缓慢，其原因一方面是第二次世界大战的影响，受战争摧残的世界经济一片萧条，百业待兴，民航运输市场发展缓慢；另一方面，由于航空工业水平的限制，飞机载运能力小，导致航空公司运力有限。尽管如此，这一时期的定期航班运输总周转量年均增长率仍在 29%以上。在 1959～1995 年的 36 年间，世界民用航空定期航班运输总周转量平均年增长率达到 10.56%。而 1959～1970 年的 12 年中，平均年增长率甚至超过 17%。随着第二次世界大战后世界经济的稳步快速增长，全球航空旅客和货邮运输业务蓬勃发展，有力地促进了世界经济、科学技术、文化和政治的交流与发展。

表 1-1　1930～2010 年世界民用航空定期航班运输总周转量(亿吨千米)[7,8]

年度	总周转量	年度	总周转量	年度	总周转量	年度	总周转量	年度	总周转量
1930	0.25	1947	21.1	1964	202.0	1981	1339.4	1998	3484.7
1931	0.3	1948	24.8	1965	234.8	1982	1382.2	1999	3704.2
1932	0.35	1949	29.2	1966	274.5	1983	1455.2	2000	4011.7
1933	0.5	1950	34.9	1967	327.7	1984	1573.3	2001	3854.5
1934	0.6	1951	42.7	1968	374.5	1985	1665.7	2002	3971.2
1935	0.9	1952	48.3	1969	432.5	1986	1780.4	2003	4076.2
1936	1.15	1953	54.78	1970	572.7	1987	1966.4	2004	4589.1
1937	1.25	1954	61.3	1971	604.3	1988	2111.5	2005	4877.4
1938	1.5	1955	71.5	1972	677.9	1989	2234.8	2006	5125.9
1939	1.85	1956	82.0	1973	756.0	1990	2358.7	2007	5423.2
1940	2.3	1957	92.6	1974	800.0	1991	2269.3	2008	5497.3
1941	2.95	1958	96.2	1975	839.3	1992	2240.2	2009	4339.7
1942	3.15	1959	107.5	1976	929.0	1993	2512.2	2010	4684.9
1943	3.75	1960	124.6	1977	995.4	1994	2715.0		
1944	4.95	1961	137.3	1978	1133.0	1995	2939.4		
1945	9.6	1962	151.12	1979	1263.5	1996	3166		
1946	16.6	1963	173.5	1980	1293.2	1997	3411.4		

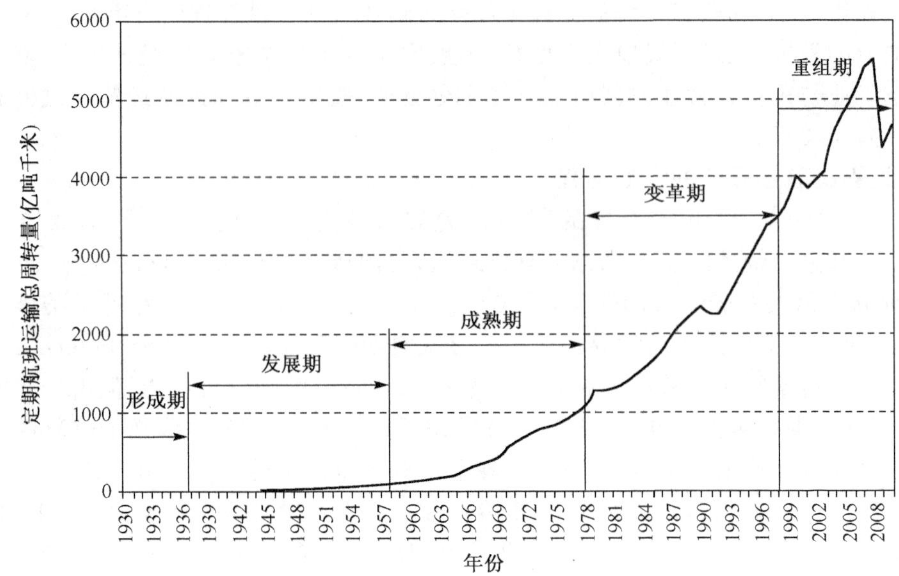

图 1-3 世界民航运输业的发展阶段及总周转量增长形势[7,34]

回顾世界民航运输业的发展历程,它经历了几大重要发展阶段。纵观这几大发展阶段的历史性转折,都与几次国际性的大事件密切相关。因此,下面采用阶段分析法,对国际国内民航运输业发展过程进行分析。根据西方业界观点[2],差不多每隔 20 年世界民航运输业发展便会发生一次大的变革。

1. 形成期(1918～1937 年)

1918 年,第一次世界大战结束,成为民航运输发展史的一个重要转折点。当年 5 月,在美国国会的资助下,美国邮政部在纽约和华盛顿之间开辟了一条定期邮政航班航线。同年 3 月,在苏联的基辅和奥地利的维也纳之间开通了世界上第一条国际邮运航线,使用“汉莎-勃兰登堡”双翼飞机进行航空邮政业务的国际定期航班运输服务。

受战争需求刺激而快速发展的航空工业随着第一次世界大战的结束开始走向萧条。为了生存必须寻求新的发展出路,民航运输业成为它的主要市场。大批军用飞机改装成民用运输机,大批飞行员转入航空公司,在技术、设备和人力资源等方面为民航运输业的发展提供了有利条件。美国及欧洲各国为获得民航运输市场的优势,开始竞相发展各自的国际民航运输业务。

1919 年 2 月,德国在柏林至卫玛之间开辟了欧洲第一条定期客运航线。

1919 年 3 月,法国在巴黎至比利时布鲁塞尔之间开辟了世界上第一条国际定期航班航线。

1919 年 9 月,英国和法国在伦敦与巴黎之间开辟了世界上第一条两国对飞的国际定期航线[1]。

与此同时,为了提高飞行安全性,有关机载设备、气象预报、夜航设备、空中交通管制、地面保障服务、通讯导航等领域的研究相继应运而生,为民航运输业的发展奠定了物质和技术基础。

民航运输业的初始发展阶段虽然举步艰难，但是它显露出的重要战略意义和巨大潜在市场先后引起不少国家政府和有识之士的重视。在1920～1930年的这十年里，许多后来乃至成为当今业界巨头的航空公司先后诞生(表1-2)。在这一阶段，由于民航运输业还处于发展初期，飞机性能虽然在不断改善和提升，但飞行技能和维护技术不太成熟，经营管理没有经验，大多数航空公司经营处于亏损状态，只能依靠政府的经济资助和财政补贴惨淡经营。

表1-2　20世纪20年代创立的部分航空公司[1]

创立年份	航空公司名称	创立年份	航空公司名称
1919	荷兰皇家航空公司	1926	美国西北航空公司
1923	比利时航空公司	1927	美国泛美航空公司①
1923	捷克航空公司	1927	西班牙航空公司
1923	芬兰航空公司	1927	巴西航空公司
1924	瑞典航空公司	1929	波兰航空公司
1924	美国三角航空公司	1929	智利航空公司
1926	美国东方航空公司	1929	中国航空公司②
1926	美利坚航空公司	1930	欧亚航空公司③

①美国泛美航空公司成立于1927年，是美国的主力航空公司之一，因“洛克比”空难于1991年倒闭。

②中国航空公司于1929年5月成立于南京。

③欧亚航空公司为1931年2月德国与中国合资经营的航空公司。

但是，航空工业的技术进步不断给民航运输业带来发展生机。1927年，先进的航空导航设备陀螺仪开始装备飞机，提高了飞机在夜间和恶劣天气条件下的飞行安全性。1935年，供仪表飞行指挥的空中交通管制中心先后在美国新泽西州纽瓦克机场、俄亥俄州克莱乌兰机场及芝加哥机场投入运行，从此空中飞行可以通过无线电指挥，使航空运输进入了空中交通有序管理的新时代[2]。其后不久，从石油中提炼出高质量的航空燃油，自动着陆系统研制成功，都显著地提高了航空运输飞行的经济性和安全性。

1933年，波音B247型飞机问世，展示出现代航空运输机的雏形：全金属机身，单翼，双发动机，起落架可伸缩，可以乘坐10名旅客，巡航速度快(图1-4)。1934年，道格拉斯公司的DC-1型飞机问世。真正使人们感到航空旅行较为安全的应当首数21座的DC-3型飞机(图1-5)，它不仅速度快，而且座舱舒适。正是DC-3型飞机史无前例的安全记录，鼓起了人们乘坐飞机的勇气和信心，使得航空公司运营开始逐步扭亏为盈，进入稳步增长

最高时速：291千米/小时；
巡航速度：248千米/小时；
巡航高度：5608米；
最大航程：776千米；
最大业载：10人

图1-4　1933年波音B247飞机[1]

图 1-5 DC-3 型飞机[1]

的发展时期(图 1-6)。DC-3 型飞机在民航运输市场中的成功运用,真正体现了航空运输的四大特点:快捷、经济、舒适和安全。也正是由于航空运输安全水平的不断提高,航空保险业务于 1937 年开始进入航空运输领域[2]。

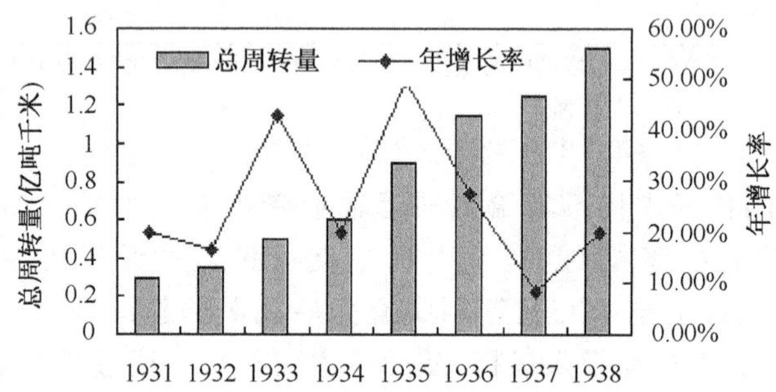

图 1-6 1931～1938 年世界定期航班运输总周转量[6]

随着航空工业的发展,机场也应运而生。最初,机场就是一片平整的土地,或是沙滩、或是农场、或是马路,主要是为飞机起降、加油和维修提供场所。到 1912 年,美国已经建造了 20 多个被认可的机场。在第一次世界大战中,美国又建造了 67 个新机场[9]。在当时的历史环境中,机场大都既是军用又是民用,并无明确区分。随着航空旅客运输业务的增加和对服务质量要求的不断提高,机场设施不断改善,专供旅客休息的候机楼和机场服务概念开始出现,现代机场的雏形初现端倪。在民航运输业发展的同时,有关航空的国际法规也在开始逐步建立。早在 1910 年 5 月,来自欧洲 19 个国家的代表聚集在法国巴黎,就有关航空器国籍、航行证、飞行员资格审查、飞行规则和领空主权等问题进行了讨论,并起草了《巴黎国际航空公约(草案)》。1919 年 10 月,巴黎和平会议最高理事会通过了《巴黎国际航空公约》(简称《巴黎公约》),并成立了"空中航行国际委员会"(ICAN)[10]。《巴黎国际航空公约》是世界航空史上的第一部法典,它明确阐述了国家领空主权原则,具体规定了无害通过的权利和限制、国际航行的规则和条件、航空器分类和国籍登记方法、航空器出入境管理及机组人员资格确认等事项[11]。《巴黎国际航空公约》的签订,对维护国际航空秩序和促进民航运输业的有序发展,发挥了极其重要的历史作用。"空中航行国际委员会"的成立,对推进《巴黎国际航空公约》的实施发挥了重要作用。

2. 发展期(1938～1957年)

正当民航运输业起步发展,1938年第二次世界大战爆发,这给刚刚起步的民航运输业带来了沉重打击。由于战争的需要,美国与欧洲一些国家的政府宣布航空公司国有化,航空运输为战争服务。转眼间,航空工业转向生产军用运输机、战斗机和轰炸机;享誉欧美的DC-3型民用客机改型成C-45型军用飞机;开辟的民用客货运输航线变成硝烟弥漫的战场。在这战火纷飞的年代,连在地面上都难以躲避战火的殃及,谁还能保障空中飞行的安全? 民航运输业处于停滞状态。

虽然第二次世界大战使得民航运输业萎缩,但是战争的强烈需求刺激了航空工业的发展,使得航空材料、飞机及发动机的设计与制造、通讯导航等领域的技术更加先进,成为推动民航运输业发展的新动力。

1945年第二次世界大战结束,幸存的航空公司为争夺民航运输市场开始了新一轮竞争。不仅有战前创立的航空公司,战后雨后春笋般诞生的大大小小航空公司也陆续参与竞争。战前成立的航空公司不仅要巩固已经拥有的市场地位,而且还要争夺新的市场,新航空公司则为立足市场而竞争。欧美部分国家为了发展区域经济,鼓励开设区域航线或地方航线,政府对航空公司予以财政补贴。与此同时,在一些人口众多的大城市之间,开始出现不定期航班和包机服务,民航运输市场竞争开始加剧。

民航运输业的竞争与发展扩大了航空工业产品市场。巨额利润诱使飞机制造商不惜代价研制新型飞机和航空设备。1948年,美国贝尔电话实验室的科学家发明了晶体管,其后高性能的测距仪和甚高频通讯导航设备相继研制成功;1万磅推进力的P&W J57型喷气发动机试验成功。1949年7月,英国研制的世界上第一架喷气客机(DeHavilland Comet)试飞成功,1952年由BOAC航空公司投入商业运营。1958年,美国第一架喷气客机波音707投入商业运营。随着世界经济的发展,民用航空运输市场随之增长。喷气客机的运用,使得航空运力显著增加,进一步促进了世界民航运输业的快速发展。运力的增加也加剧了民航运输市场的竞争。竞争促进民航运输市场营销观念的产生,开始将航空运输“服务”视为一种“产品”进行市场销售,从简单的座位销售和客货运送,转向为旅客运输提供全程服务,并运用有形产品生产和销售的管理思想,进行航空客货运输市场营销,这标志着民航运输业开始走向成熟发展(图1-7)。

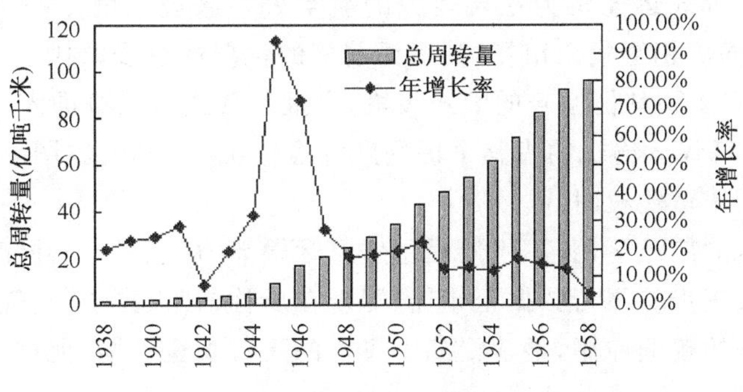

图1-7 1938～1958年世界定期航班运输总周转量[7,34]

与此同时,有关民用航空的国际法规建设随着世界政治形势的发展需要也得到不断发展。1944 年 12 月 7 日,52 个国家代表在美国芝加哥签署了《国际民用航空公约》(简称《芝加哥公约》),于 1947 年 4 月 4 日正式生效。直至今日,《国际民用航空公约》仍是世界民航发展的国际基本大法,明确了国家领空主权原则,"缔约各国承认每一个国家对其领土之上的空气空间享有完全的和排他的主权",为国际民航运输业安全有序地发展提供了法律保障(图 1-8)。

《国际民用航空公约》

(1944 年 12 月 7 日 芝加哥)

……

第一条 主权

缔约各国承认每一国家对其领土之上的空气空间具有完全的和排他的主权。

第二条 领土

本公约所指一国的领土,应认为是在该国主权、宗主权、保护或委任统治下的陆地区域及与其邻接的领水。

第三条 民用航空器和国家航空器

一、本公约仅适用于民用航空器,不适用于国家航空器。

二、用于军事、海关和警察部门的航空器,应认为是国家航空器。

三、一缔约国的国家航空器,未经特别协定或其他方式的许可并遵照其中的规定,不得在另一缔约国领土上空飞行或在此领土上降落。

……

第三条 分条

二、缔约各国承认,每一国家在行使其主权时,对未经允许而飞越其领土的民用航空器,或者有合理的根据认为该航空器被用于与本公约宗旨不相符的目的,有权要求该航空器在指定的机场降落;该国也可以给该航空器任何其他指令,以终止此类侵犯。

……

——摘自中国民航局网站 www.caac.gov.cn

图 1-8 关于"国家领空主权"的国际公约

3. 成熟期(1958～1977 年)

1958 年,飞行速度和各项技术性能指标都显著超过历史的喷气式客机波音 707 开始飞向美国本土之外的海外市场,逐步取代刚进入市场不久的涡轮推进式运输客机。这对刚刚换用以涡轮推进式运输机为主要运力的航空公司来说无疑是一个沉重打击。1964 年,波音 727 型运输机相继投入市场,其史无前例的优越性逐步取代了包括曾经有过辉煌历史的 DC-3 和 DC-9 及其他型号的旧式飞机,大批喷气式运输机进入民航运输市场。到 1969 年,世界上喷气式运输机约占整个民用航空运输机队的 90%(图 1-9),这标志着民航运输业进入了喷气式运输机时代。

喷气式运输机的广泛运用,不仅使民用航空运输能力显著增强,同时也标志着航空领域关键技术的重大进步。飞行数据记录器(即现在所称的"黑匣子")、气象雷达、避撞系统等一系列先进设备的普遍应用,显著提高了飞机的飞行安全性能,促进了民航运输业的稳定发展。

1970 年 1 月,令世人瞩目的 400 座宽体客机波音 747 交付美国泛美航空公司投入商业运行(图 1-10),巡航速度超过 10 000 千米/小时。随着战后经济和航空工业的发展,民

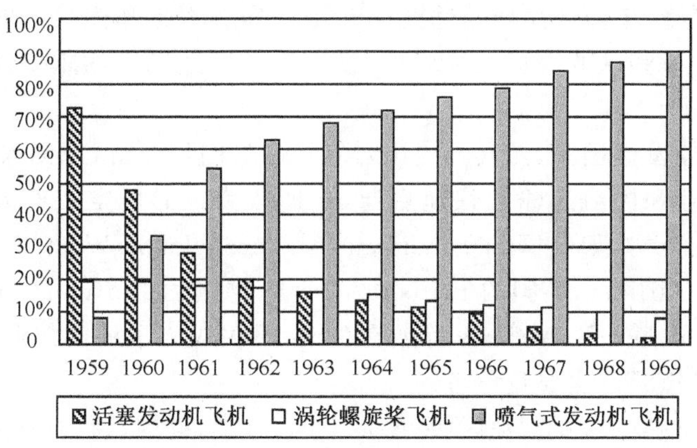

图 1-9 不同类型发动机的民航飞机所占市场百分比[34]

航运输业得到空前的快速增长。飞机运载能力、航行距离、飞行速度、舒适性、安全性等性能都显著提高。表 1-1数据显示，到 1978 年底，世界民航国际定期航班运输总周转量已经达到 1133 亿吨千米，比 1938 年增长了 628 倍，年均增长率达到 14%(图 1-11)。

图 1-10 美国泛美航空公司的波音 747 飞机[1]

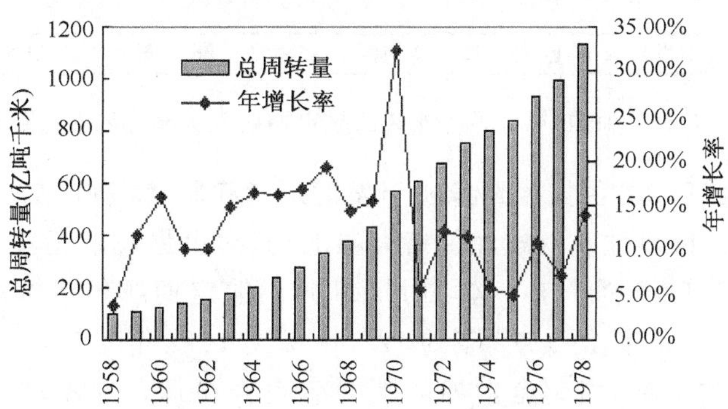

图 1-11 1958～1978 年世界民航定期航班运输总周转量[34]

世界民航运输业的迅速发展，促进了世界经济和产业结构的变化。世界各国政府鼓励发展航空工业和民航运输业，成立航空公司，兴建机场，发展机务维修与地面保障服务业，进一步促进了航空工业和民航运输业的互动发展。直接和间接为航空工业与民航运输业服务的相关产业和从业人员大幅增加，成为工业发达国家的重要经济支柱和劳动力市场。

在这期间，工业发达国家，尤其是美国，经过第二次世界大战期间人才、经济和技术的多重受益，航空工业和民航运输业快速崛起，迅速成为世界航空工业大国和民航运输大国。一些大型航空公司，如美国的 American Airlines、North West Airlines、Delta Airlines、Continental Airlines，英国的 British Airway，德国的 Lufthansa German Airlines，荷兰的 KLM Royal Dutch Airlines 等航空公司，不仅成为本地区的业界巨头，而且也是当今世界民航运输市场的主要竞争者。

随着区域经济的发展，亚太地区（主要是中国、日本、韩国、新加坡等国）的民航运输业随之得到发展，该地区国际和国内定期航班运输总周转量占世界总量的比例逐年增加。据统计，亚太地区国内定期航班运输总周转量占世界总量比例，从 1968 年的 7.9%增加到 1977 年的 13.5%（图 1-12）。亚太地区民航运输业的迅速发展，一方面标志着这一地区国家经济的增长，另一方面标志着该地区民航运输市场的扩大和民航运输能力的增强，标志着发展中国家民航运输业的快速成长。亚太地区民航运输业的崛起，导致国际民航运输市场结构开始发生变化。

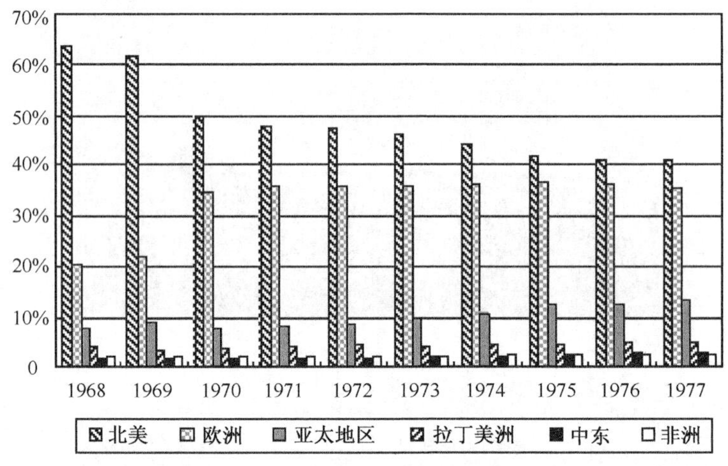

图 1-12　1968～1978 年世界各地区民航定期航班运输总周转量百分比[34]

1968 年以来，由于西方国家经济危机引发的通货膨胀，特别是 1973 年中东国家实行石油禁运以后引起的世界性航空燃油价格大幅上扬，对世界民航运输业的发展带来巨大的负面影响。从图 1-11 不难看出，这段时期世界民航定期航班运输总周转量虽然在增长，但是年增长率明显下降，由 1972 年的 12%下降到 1975 年的 5%。

由于航油价格的上涨，引起全世界范围的航空公司运营成本增加，利润下滑，不少航空公司出现经营亏损。油价上涨的同时，也诱发了其他行业生产成本的连锁性增加，进而引起了世界性的经济衰退和通货膨胀，严重地阻碍了民航运输业的稳步发展。这种连锁反应加剧了民航运输市场的恶性竞争，从而引起西方业界对航空运输管制政策的争议，并孕育着一场体制变革。

4. 变革期(1978～1997 年)

世界民航运输业自 20 世纪 50 年代后期开始一直保持着稳步增长态势，虽然在 70 年代初期之后受到世界经济下滑形势的影响，但是全行业仍保持增长趋势。表 1-1 和图 1-13 显示，到 1997 年底，世界民航定期航班运输总周转量达到 3411.4 亿吨千米，年均增长率达 6.04%，是 1978 年的 3 倍。

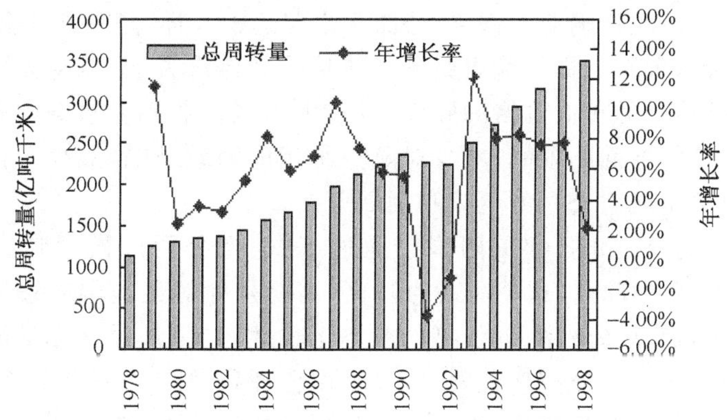

图 1-13 1978～1997 年世界民航定期航班运输总周转量[34]

在世界各地区民航运输市场发展中，亚太地区保持较好的增长势头。这一阶段与 60 年代末 70 年代中期以前不同的是，欧洲地区国家的国内和国际定期航班运输总周转量在世界份额中所占比例呈下降趋势，亚太地区国家的定期航班运输总周转量在世界总量中所占比例从 1978 年的 13.5%增长到 1997 年的 25.30%(图 1-14)。

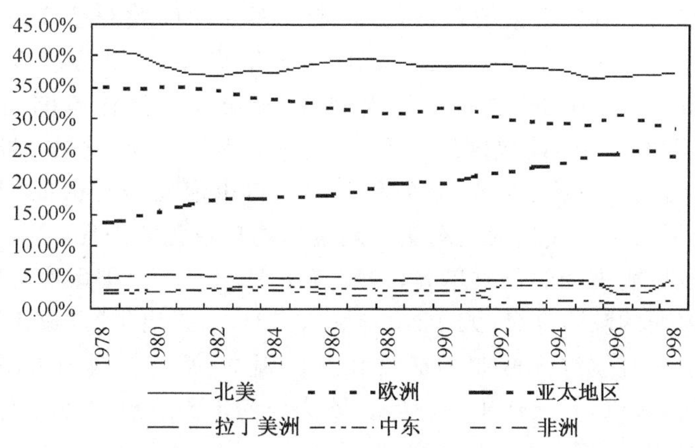

图 1-14 1978～1997 年世界各地区民航定期航班运输总周转量占比[6,34]

第二次世界大战结束以后，美国由于在战争中获利甚厚，战后经济发展迅速，航空工业和民航运输业发展均居世界主导地位。但是自 60 年代末期以来，美国国内经济出现危机，加之大型宽体客机的投入，航空运力开始过剩。其结果是，美国众多的航空公司为了生存而争夺国内民航运输市场的竞争日趋激烈，力量雄厚的大型航空公司开始向海外市场扩张，导致全球性民航运输市场的激烈竞争。

美国经济界普遍认为，美国在 20 世纪 50 年代和 60 年代民航运输业发展迅速，是市场作用和市场竞争的结果。尽管美国政府对航线的准入和准出、客货运价、航空公司合并等的管理有严格的限制,但是“民航运输业具有市场特性,在没有任何经济性管制的情况下,它会有更佳的市场行为”[2]。70 年代初,由于美国经济停滞不前,国内民航运输市场出现萧条,美国经济界有批评认为,这是由于政府关于民航运输的管理体制没有适应市场发展,过多地控制航线准入准出和客货运价,导致航空运输企业出现高成本高价格低利润的亏损局面,并认为民航运输业与铁路、公路和水路运输一样,是一种社会公共服务业,应该在一种合理的价格水平上提供优质服务。在技术和经济方面,航空公司完全有可能提供使美国平民能够接受的较低价格的服务,以扩大市场。业界要求美国政府应该取消对航线准入准出、运价等方面的限制,减少对航空邮运的财政补贴,减少对民航运输市场的干预,让市场竞争决定航空公司的生存和发展[2]。

在众多舆论压力下,1978 年美国国会通过了“航空公司放松管制法”(The Airline Deregulation Act of 1978)。这个法案的初衷,主要是针对美国国内民航运输业,要“最大限度地通过竞争,建立高效率、低价格的航空运输体系”,“通过实际的或潜在的市场竞争力量,促进航空承运人高效有序地管理,以获取合理利润”[1]。根据这个法案,美国政府撤销了民航委员会,简化管理程序,给予航空公司开辟新航线、制定票价等方面较多的自主权。该法案还规定,美国政府对经营边远、偏僻、洲际或海外等航线的小型航空运输企业将仍然给予支持,并在 1981 年底前将逐步取消对国内航空运输服务准入和准出的限制。这就是世界民航发展史上“放松管制”的由来。美国政府“放松管制”的基本原则是,依靠市场竞争,减少政府干预,依据反托拉斯法(Antitrust ACT,即反垄断法)对民航运输市场进行管理[2]。

受美国政府“放松管制”政策的影响,1986 年 2 月 17 日,欧洲经济共同体成员国签署了《单一欧洲法》(Single European Act),对 1957 年签署的《罗马条约》的“共同运输政策”(common transport policy)进行了重大修改,提出在欧共体范围内,“采取措施,在 1992 年 12 月 31 日之前逐步建成内部市场”。这里的内部市场,就是在欧共体范围内“没有内部边界的地区,其中货物、人员、服务和资本的自由流动得到保证”[12]。这一法案的签署,有力地推动了欧共体成员国之间实现航空运输自由化的进程。

针对欧洲民航运输市场的开放趋势,1992 年 8 月 13 日,美国政府运输部出台了一个关于“开放天空”议题的政府令(DOT Order 92-8-13)[4],提出了“开放天空”,其主要内容是:开放所有航线,所有航线无限制的运力和航班频率,所有航线的无限制航权,自由定价,自由包机和货运航班,开放代码共享等。该法令的主要思想就是与欧洲的双边国际民航运输自由化相对应。

随着美国政治扩张、产品和技术输出,美国不断向海外拓展民航运输市场。美国政府的“放松管制”和“开放天空”政策也随着它的先进产品和技术援助“捆绑式”逐步地不断地向世界推销,迫使他国政府对民航运输市场“放松管制”,“开放天空”,实行所谓的民航运输市场“自由竞争”。

美国政府“放松管制”和“开放天空”政策在世界上的推行,不少发展中国家为了维护本国利益,在相当长的一段时期内都给予了不同程度的抵制。但是,从正当竞争可以促进发展这个角度出发,“放松管制”提倡市场竞争机制,具有促进民航运输业发展的积极意义。但事实上，举世皆知美国是一个航空强国，对于那些民航运输业发展刚起步的国家，尤其是发展中国家，如何能与美国“自由竞争”？显而易见，当年美国政府在国际民航运输市场中推行它的“放松管制”和“开放天空”政策，这无疑是一种变相的经济扩张，必然遭到许多国家的抵制。但是不可否认的是，美国政府的“放松管制”政策已经对世界民航运输业的发展带来了深远影响。随着世界经济全球化的发展趋势，各国在发展经济和国际民航运输市场的过程中，都在有序地、逐步地、不同程度地开放本国的民航运输市场。

5. 重组期(1998 年至今)

随着世界经济全球化进程的发展，特别是亚太地区经济的快速增长，世界民航运输市场格局发生了显著变化(图 1-15)。1998 年，北美地区(主要是美国和加拿大)民航运输量占世界的比例为 37.52%，亚太地区为 24.05%，到 2007 年，北美地区的比例下降到 23.28%，亚太地区则上升到 33.32%。随着信息技术，特别是互联网技术的广泛应用，在越来越激烈的国际市场竞争中，资源整合、降低运行成本、扩大市场规模化经营以提高国际竞争力，成为世界经济和民航运输市场全球化的主要发展趋势。此间，民航运输业出现大规模市场联盟、资产重组、运行一体化等新的变革趋势。

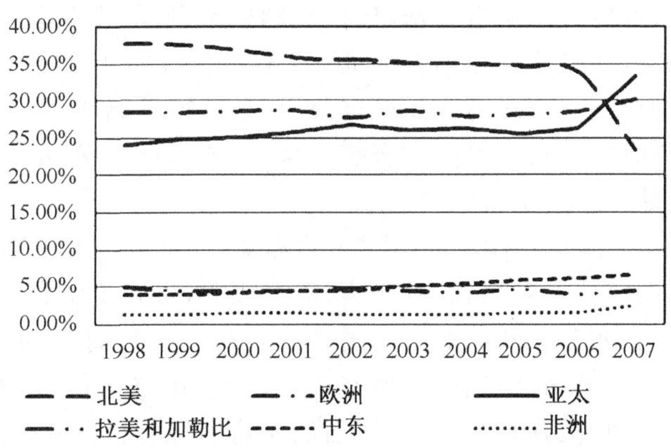

图 1-15 1998～2007 年世界各地区民航定期航班运输总周转量百分比[7]

1)航空公司联盟

为了提高在国际民航运输市场中的竞争力，航空公司之间的合作形式和合作内容逐渐增多。1989 年，美国西北航空公司和荷兰皇家航空公司开始进行代码共享(code sharing)和常旅客计划(frequent flyer program，FFP)的国际性战略合作，扩大了它们的国际市场份额和航班收入[2]。据统计[13]，至 1997 年底，全世界就有 170 多个航空公司组成的 360 多种不同方式的合作，合作的深度和广度也在不断加强。1997 年，“星空联盟”正式成立，成为世界上第一个国际性航空公司联盟组织(airlines alliance)。

航空公司联盟的出现，成为航空公司在国际民航运输市场中的一种新型全球性战略合作体[37]。航空公司通过联盟方式整合全球性资源，不仅形成更大的国际民航运输市场规模，而且联盟成员航空公司之间的航线网络全球性互补，运价互惠，地面保障和机务维修互助，信息共享，形成一个全球规模的竞争联合体。航空公司之间通过各种广泛而深入的紧密合作，能够有效地提高资源利用率和运输服务质量，扩大收益空间，有效降低航班成本,增强国际竞争力。航空公司联盟,是航空公司在市场竞争中联合力量以求发展的一种新型战略伙伴关系,同时也使得民航运输市场加速全球化。据 IATA 统计,截至 2007 年底,全世界航空公司联盟的航空客货运输总周转量占全球总量的比例约为 61%,总收入占 65%,国际运输总周转量占全球国际航空运输总量的 80%以上。显而易见,航空公司联盟占据了全球的大部分市场,成为航空公司进入国际民航运输市场的一种重要战略。

目前世界上规模较大的航空公司联盟主要有以下几个:

(1)星空联盟(Star Alliance)。"星空联盟"于 1997 年 5 月正式成立,截至 2011 年底,共有 28 个成员航空公司,主要包括加拿大航空公司、美国联合航空公司、全美航空公司、德国汉莎航空公司、新西兰航空公司、英伦航空公司、波兰 LOT 航空公司、西班牙航空公司、瑞士航空公司、斯洛文尼亚航空公司、克罗地亚航空公司、新加坡航空公司、日本全日空、韩亚航空公司、泰国国际航空公司和南非航空公司。2007 年底中国国际航空公司正式加入"星空联盟"。目前"星空联盟"成员航空公司共有飞机 4023 架,每日航班 21 000 多班次,通航 181 个国家的 1160 多个机场[14]。

(2)寰宇一家(Oneworld Alliance)。"寰宇一家"成立于 1998 年 9 月,截至 2011 年底,主要成员有 12 家世界一流航空公司,包括美国航空公司、英国航空公司、香港国泰航空公司、芬兰航空公司、西班牙国家航空公司、日本航空(JAL)、智利国家航空公司、匈牙利航空公司、墨西哥航空公司、澳大利亚航空公司、皇家约旦航空公司和俄罗斯 S7 航空公司,还有 20 多家联营航空公司。目前,"寰宇一家"的成员航空公司每天共运营近 10 000 架次的航班,飞往全球 750 多个目的地[15]。

(3)天合联盟(Sky Team Alliance)。"天合联盟"于 2000 年 6 月由墨西哥航空公司、法国航空公司、达美航空公司和大韩航空公司联合成立,目前主要成员有俄罗斯国际航空公司、墨西哥航空公司、西班牙欧洲航空公司、法国航空公司、意大利航空公司、台湾中华航空公司、中国东方航空公司、中国南方航空公司、捷克航空公司、达美航空公司、肯尼亚航空公司、荷兰航空公司、大韩航空公司、罗马尼亚航空公司和越南国家航空公司等 15 家航空公司,每日运营航班约 14 500 多架次,航线 916 条,通达 173 个国家和地区[16]。

(4)翼之盟(Wings Alliance)。早在 1989 年,美国西北航空公司和荷兰皇家航空公司就开始了以航线网络为基础的"代码共享"和常旅客计划方面的紧密合作,后来参与这种模式合作的还有意大利航空公司和美国大陆等航空公司。但当时这种联盟并非现今意义上的航空公司联盟。2004 年 9 月,原"翼之盟"的成员航空公司转而加入了"天合联盟",自此"翼之盟"不复存在。

随着航空公司联盟和互联网技术的发展,形成了全球性的民航运输市场、销售和服务网络,加速了民航运输市场全球化的发展进程,也加剧了市场竞争烈度。

2)机场"私有化"

20 世纪 70 年代后期,世界经济和民航运输业的迅速发展,在民航需求快速增长与机场吞吐能力之间出现供需矛盾,机场成为发达地区制约民航发展的瓶颈。因此,扩大机场基础设施建设需要政府投入大量资金。然而,机场属于一种社会公共基础设施,是一个总体上不盈利但又是国家社会经济建设中不可缺少的重要部分。然而,由于部分机场经营管理不善,或由于地方经济落后,机场经营出现亏损,同时又需要政府不断投入大量资金以维持机场正常运行和扩大机场吞吐能力，日积月累，机场便成为它们的所有者或管理者——政府的经济负担和管理包袱。这也是长期困扰世界大部分国家和地方政府的共同问题。在这样的背景下，一些国家的政府开始探索机场商业化经营和机场私有化（或民营化）的可能性。所谓机场私有化（airport privatization），实质上是将政府拥有的机场资产所有权的全部或部分，以及机场经营权转让给社会经济实体（财团或者专业公司）[2,13,17]。

进入20世纪80年代之后，一些经济发达国家对一些投资效率较差的国有公共基础设施进行私有化，向社会转让资产所有权，如英国和日本的地铁、钢铁公司、发电厂、美国的邮政等，以缓解政府投资不足、经营管理不善的矛盾。

随着航空公司放松管制的影响，1987年，英国政府将英国机场管理局（British Airport Authority，BAA）的下属机场，包括伦敦的希思罗机场（Heathrow Airport）、盖特威克机场（Gatwick Airport）和斯坦斯特德机场（Stansted Airport）、苏格兰的格拉斯哥机场（Glasgow Airport）、爱丁堡机场（Edinburgh Airport）、阿伯丁机场（Aberdeen Airport）和南安普顿机场（Southampton Airport）在内的七个机场资产所有权转让给投资公司，成立了英国机场管理局机场股份有限公司（BAA plc），实行集团化企业模式的管理和运营[18,19]。在公司机制运营下，新BAA的机场建设和发展资金主要来自投资公司和财团，经营管理直接面对旅客、航空公司和机场用户的服务需求，按照市场需求开发机场服务产品，机场服务质量、机场投资和机场经营效果明显提高。英国民航局（CAA）对BAA进行安全监督和行业规范管理，竞争委员会（Competition Commission）对机场各项收费价格进行管理和监督。现在BAA隶属Gruop Ferrovial财团下的ADI Limited及GIC等投资公司所有[17]。

BAA是当前全球最大的机场集团，除经营和管理本国七家机场外，还拥有意大利那不勒斯机场65%的股权，负责美国巴尔的摩、波士顿和匹兹堡三家机场的零售管理。BAA在全球范围内率先完成私有化，它的成功转型，在世界范围内对传统的机场管理体制变革产生了重大影响。到1990年，在美国、欧洲、亚洲和非洲等20多个国家已经有70多个机场进行了不同形式的私有化或民营化。“机场私有化”这一机场管理体制变革的有利方面主要体现在：减少机场运行成本，提高机场投资效率；提高旅客服务质量，扩大了机场的市场；提高资产利用率，扩大收益空间；提高管理水平，经营管理专业化。

目前世界上机场私有化或者民营化有多种形式，主要有以下几种[20,21]：

（1）股份制方式。机场资产通过股份制改造，按照公司制度管理，机场建设的投融资由股份公司筹措和偿还。政府通过机场所有权控股，对机场实行资产管理和企业经营分离，通过合约或者立法对机场股份公司的运营进行宏观管理（表1-3）。

（2）经营权转让。机场当局通过短期或长期合同，将机场经营权转让给社会财团或民间企业，如整个机场，或候机楼、停车场等部分设施，以及商业经营权等。这种方式主要解决机场经营管理问题，投资与经营风险较小，比较普遍采用。

（3）BOT方式。即“建设-运行-移交”，是目前世界上许多行业采用较为广泛的一种投融资方式。基本做法是，政府通过招标方式，选择合适的社会财团或民间企业投资建设机场部分基础设施，如候机楼或部分服务设施，并授予投资者一定限期的经营权。投资者在经营期满后可以续约再投资再经营，或者将所建设施和经营权交还给机场主管当局。这种方式的

表 1-3 机场私有化方式[13]

机场	年份	股权出让方式
英国 BAA	1987	100%IPO
奥地利维也纳	1992	27%IPO
	1995	21%第二次股票发行
	2001	再次股票发行增持
丹麦哥本哈根	1994	25%IPO
	1996	24%第二次股票发行
	2000	17%第二次股票发行
意大利罗马	1997	45.5%IPO
新西兰奥克兰	1998	51.6%IPO
马来西亚	1999	18%IPO
中国北京	2000	35%IPO
瑞士苏黎世	2000	22%IPO、28%第二次股票发行
意大利佛罗伦萨	2000	39%IPO
德国法兰克福	2001	29%IPO
中国海南米兰	2002	20%IPO
意大利威利斯	2005	28%IPO
法国巴黎	2006	33%IPO
意大利比萨	2007	21%IPO

好处是,社会财团或民间企业通过投资优先获得机场经营权,政府仅保持机场所有权。这样,政府既解决了机场建设所需巨额投资问题,又解决了机场经营等日常管理问题。BOT 方式在北美、欧洲、亚太等许多国家的机场建设中采用得比较多,也普遍取得成功。

(4)联合经营方式。机场当局通过部分股权转让,选择合适的机场管理公司参股或控股,实行联合经营。这种方式可以引进部分资金和先进的管理思想与方法,促进机场发展。

在机场私有化过程中,也暴露出一些企业固有特点而带来的新问题,如机场企业化后,为了扩大收益而过分商业化,机场失去了首先服务公众这一公共基础设施的基本社会属性,导致旅客候机环境变差;又如为了合作伙伴的利益,可能失去机场服务的公正性和公平竞争性。

3)空中交通一体化

2003 年 12 月,美国总统布什签署了《百年愿景—航空再授权法》(Vision 100-Century of Aviation Reauthorization Act),正式宣布将在 2025 年之前建成"新一代航空运输系统"(Next Generation Air Transportation System,NextGEN)[5]。NextGEN 的战略目标是"建设一个经过改革的、能够根据用户需求提供服务的、允许所有团体进入全球经济的、民用和军用运行能够无缝融合的航空运输系统","保持美国在全球航空业中的领导地位,提升空中交通容量,保证飞行安全,保护环境,保证国家空防,保卫国家安全"。通过先进的卫星通信导航和网络技术,将有效地提高全球性的空中交通管理能力,提高空域利用率,提高机场服务效率和航班正点率。

2005 年 11 月,欧盟在布鲁塞尔正式宣布启动"欧洲天空一体化空中交通管理研究计划"(The Single European Sky Air Traffic Management Research Program,SESAR)[12]。SESAR 的战略目标是,广泛运用先进的卫星通信导航技术,提高空中交通管理和通信能力，使欧洲空中交通管理一体化，提高欧洲航空运输整体安全水平和运输能力。

无论是美国的 NextGEN 还是欧盟的 SESAR，均旨在运用信息技术建设一个全球性的、更加高效、更加安全的新型航空运输系统，使全球空中交通管理和协调能力更强，范围更广，与地面的协调能力更加有效。

不难想象，随着全球经济一体化和民航运输市场全球化的进程，全球民航资源整合、市场格局、行业管理等，都将会发生深刻变化。

一个多世纪以来世界民航运输业发展的历史表明，航空工业是民航运输业可持续发展、提高国家民航业整体实力的基石；国家政治、政策和社会稳定是民航运输业持续发展的重要基础；国防建设、国家经济和区域经济的发展需求是发展民航运输业的原始动力。

1.2 中国民航运输业的发展

在世界民航运输业发展的历程中，中国民航运输业的发展是从弱小走向强大。1918年第一次世界大战结束，西方国家从军用航空转向发展民用商业航空运输。当时的中国正处于军阀割据、四分五裂的混战状态。但是，在世界性兴办民用航空的形势促使下，为了政治和军事的需要，1919年北洋政府成立了“筹办航空事宜处”，筹划发展民航，并开始购买飞机，建造机场。1920年4月首先开通了北京至天津的中国第一条民用航线。从那时起，中国开始了民用航空运输历史。在1919～1949年这30年中，由于当政腐败、经济落后，民航发展十分缓慢。根据统计资料，从1936～1949年中国定期航班运输14年的周转量总和还不到3亿吨千米[8]（图1-16）。

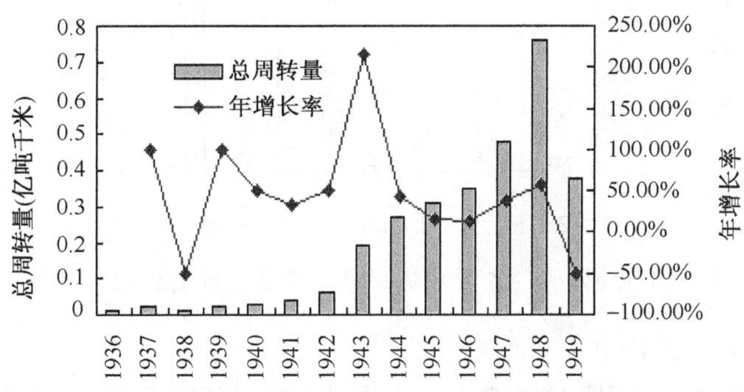

图1-16 1936～1949年中国民航定期航班运输总周转量[34]

1949年，中华人民共和国成立，中国民用航空事业开始了新的发展历程。1949年11月2日，中共中央决定成立中央军委民用航空局，钟赤兵任我国第一任民航局局长。

半个多世纪以来，中国民航运输业经历了曲折而艰难的创业和发展历程，从小到大，发展成当今世界排名第二的民航运输大国。纵观中国民航运输业发展历程，经历了五大发展阶段：创建期、调整期、文革期、改革发展期和重组期[22]。

1. 创建期（1949～1957年）

1949年11月9日，“中国航空公司”（成立于1929年5月）和“中央航空运输公司”

(成立于 1943 年 3 月)的 2000 多员工在香港宣告起义，脱离国民党政权统治，随后在两个公司总经理刘敬宜和陈卓林的率领下，乘坐潘国定机长驾驶的 CV-240 型飞机由香港直飞北京，其余 11 架飞机(3 架 C-16，8 架 C-47 型飞机)由陈达礼机长带队从香港直飞天津，投奔中国共产党领导的新政权，为新中国民用航空事业发展提供了宝贵的物质条件和技术基础。这就是我国民航发展史上著名的“两航”起义[23](图 1-17)。

图 1-17　“两航”起义部分机组成员[23]

在新中国的政府领导下，随着国家经济的建设和发展需要，中国民航在“两航”起义机队和人员的基础上，与前苏联合作，开始有计划地发展。建国初期我国民航发展的基本宗旨是，“争取满足政治、军事和国家经济生产的需要，逐步达到盈余运营”。1957 年，周恩来总理提出了“保证安全第一，改善服务工作，争取飞行正常”的民航建设总方针，为中国民用航空事业的健康发展指引了明确方向。从 1949～1957 年这 8 年中，中国民航在开辟航线、机场和航路等基础设施建设、机队建设、改善民航运输管理和提高飞行与维修技术等方面取得了显著成效，并开展通用航空业务，为新中国的经济建设和中国民航运输业的后续发展奠定了基础(图 1-18)。

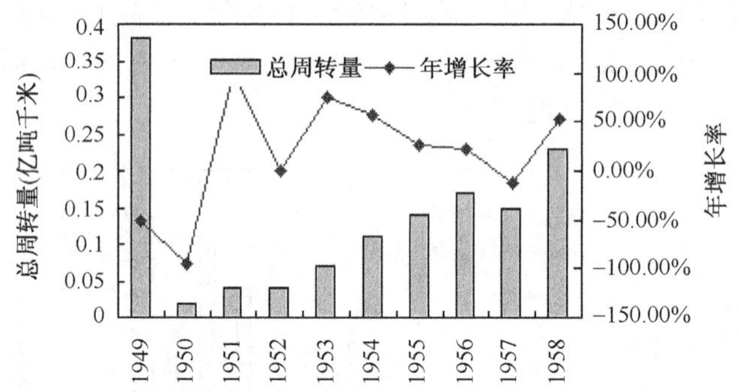

图 1-18　1949～1957 年中国民航定期航班运输总周转量[34]

2. 调整期(1958～1965 年)

从 1958 年开始，在左倾路线影响下，“大跃进”浮夸风严重影响了整个中国的国民经济建设秩序，也严重地影响了刚刚起步发展的中国民用航空事业。

1960 年，中央提出了“调整，巩固，充实，提高”的八字方针，以纠正“大跃进”中出现的问题。中国民航事业随着国家经济的调整和发展，重新走上正常发展的道路。至 1965 年文化大革命前夕，中国民航拥有 355 架飞机；先后新建、改建和扩建了南宁、昆明、贵阳、虹桥和白云等机场；在大力发展国内民航运输业和通用航空飞行的同时，开辟通往西亚和东南亚的国际航线，发展国际民航运输业务，中国民航开始出现略有盈余的良好运营局面(图 1-19)。

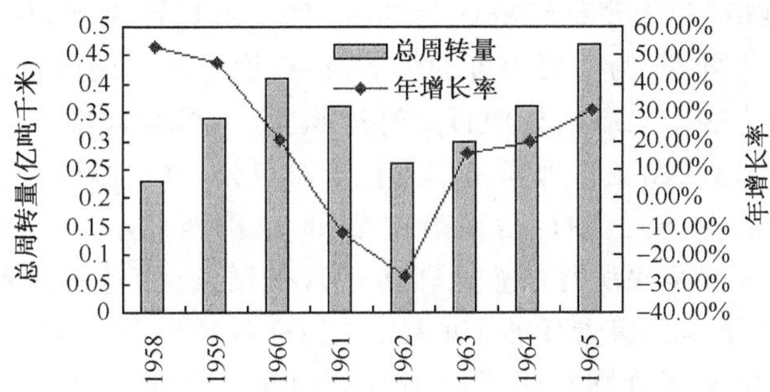

图 1-19　1958～1965 年中国民航定期航班运输总周转量[34]

3. 文革期(1966～1976 年)

1966～1976 年文化大革命结束的这十年期间,中国民用航空事业与其他行业一样,遭受严重破坏,生产力下降,经营亏损,资金浪费,设备遭受破坏,人才遭受摧残。在 1972 年我国加入联合国之后,中国民航运输业的发展形势才有所转变。为适应国家建设需要,中国民航积极拓展国内国际航线,努力发展民航运输生产。据统计,至 1976 年底,中国民航国际航线增至 8 条,通航里程超过 40 900 千米,国际运输总周转量超过 0.3 亿吨千米。国内航线增至 123 条,通航里程超过 56 800 千米。1976 年,我国定期航班运输总周转量达 1.8 亿吨千米(图 1-20),世界排名第 38 位。

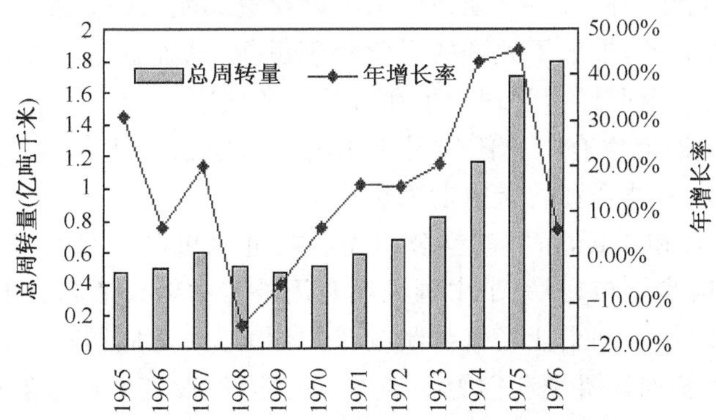

图 1-20　1966～1976 年中国民航定期航班运输总周转量[34]

4. 改革期(1977～2001 年)

1978 年 12 月,中共中央召开了第十一届三中全会,宣布我国进行社会主义经济改革开放。随着我国改革开放的深入,民航发展进入了一个以管理体制改革为重要内容的历史新时期。

1980 年 2 月,中国改革开放的先行者和总设计师邓小平同志对我国民航改革做出了"民航一定要企业化"和"民航总局由国务院直接领导"的重要指示,为民航体制改革指明了前进方向。1980 年 5 月 17 日,国务院、中央军委发布了《关于民航管理体制若干问题的决定》,决定从 1980 年 3 月 15 日起民航总局归属国务院直接管理,成为我国专门管理全国民航事务的政府职能机构,统一管理我国民航机构、人员和行业业务。中国民航的非军事化管理模式变革,为中国民航向企业化和市场化发展奠定了体制基础。

1984年，中央做出《关于改革经济体制的决定》。根据该决定，从1987～1992年，中国民航实施了以“政企分开”为主要内容的体制改革，设立地区民航管理局、航空公司和机场(公司)，民航总局代表中央政府行使行业管理职能，不再经营具体民航业务。1987年，中国民航成立了6个地区民航管理局和6大骨干航空公司(中国国际航空公司、中国东方航空公司、中国南方航空公司、中国西南航空公司、中国西北航空公司、中国北方航空公司)。按照我国企业法、《全民所有制企业转换经营机制条例》等法律和法规，航空公司是享有独立民事权利并承担民事责任的企业法人，拥有各项经营自主权，自负盈亏，平等竞争。在此期间，中国民航还分别组建了中国航空油料总公司、中国航空器材进出口总公司、中国民航计算机中心和中国航空结算中心等民航企业。其后，开始民航空管体制改革。1994年，成立了中国民航空中交通管理局，至1996年2月，全国相继成立了6大地区民航空管局。

我国民航在进行管理体制改革的同时，加快民航运输市场对外开放、航空公司和机场经营体制改革的步伐，以促进我国民航适应国内社会经济和世界民航的发展趋势。

国家经济改革开放也促进了民航资本结构的变革。1984年，我国第一家由中央和地方合资组建的厦门航空有限公司成立，这标志着我国民航企业的资本结构多元化，有力调动了地方政府参与建设民航的积极性，加快了我国民航事业的发展步伐。

1994年，民航总局和外经贸部联合颁发了《关于外商投资民用航空业有关政策的通知》，宣告我国政府允许外商有条件地在中国国内投资民航运输企业。通过民航企业产权多元化，引入战略投资者，带来了先进的经营管理思想，从而促进了我国民航企业管理体制的深化改革，提高了企业经营管理水平和市场竞争能力。

1995年9月，美国航空有限责任公司认购海南航空公司1亿多法人股，海南航空公司成为我国境内首家中外合资的航空运输企业。

1997年2月4日和5日，东方航空公司先后在纽约和香港上市；同年7月，南方航空公司在纽约和香港同步上市，开辟了中国民航利用外资的新渠道和资本国际化[22]。

在深化民航管理体制和企业经营体制改革的同时，为适应国家经济快速发展和对外开放的需要，中国民航加快机场和空管等基础设施建设，改变中国民航机队及其运行与保障服务设施设备陈旧落后的状态。随着国家社会经济的发展、国际国内民航运输市场的快速增长、民航运力和机场客货吞吐能力的显著提高，中国民航发展形势繁荣兴旺。据统计，至2001年底，中国民航拥有以波音和空客系列为主体机型的各类民用运输飞机566架，通用航空飞机296架；民用航班机场(含军民合用)143个(其中，对外开放机场41个)，通用航空机场(含军民合用)30个；定期航班运输总周转量达到138.02亿吨千米，通航里程达155.36万千米，旅客运输总量7524万人次，货邮运输总量170万吨；航线总数为1143条，其中国内航线1009条，通航城市130个，国际航线134条，通航33个国家62个城市。

在1977～2001年的25年中，中国民航定期航班运输总周转量年均增长率达25%(图1-21)。在世界民用航空组织缔约国中，中国民航定期航班运输总周转量从1976年的世界排名第38位跃居全球第6位。

我国在加强民航基础设施建设、民航管理体制改革和民航运输市场发展的同时，我国

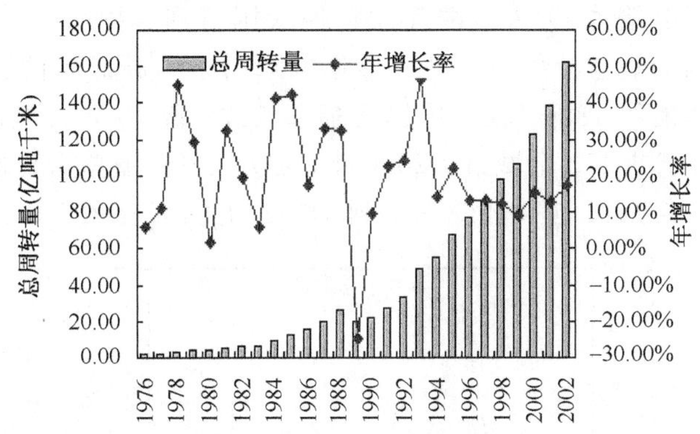

图 1-21 1977～2001 年中国民航定期航班运输总周转量[7,34]

政府也在加强民航法制建设。1995 年 10 月 30 日，我国历史上的第一部《中华人民共和国民用航空法》(以下简称《航空法》)正式颁布，这标志着我国民航法制建设进入一个新的历史阶段，民航发展开始走向民主和法治轨道，为保护民航企业、旅客和客户的合法权益提供了法律保障。

5. 重组期(2002 年至今)

为了适应经济全球化和民航运输市场全球化的发展趋势，根据中央政府完善社会主义市场经济体制和深化国有资产管理体制改革要求，2002 年 3 月国务院批准了《民航体制改革方案》[24]，民航开始进行“航空运输企业联合重组、机场属地化管理”为主要内容、旨在政企彻底分离的更广范围更深层次的体制改革，涉及直属航空企业、行政管理、空管、机场管理、民航公安和民航服务保障等多个方面。民航总局先后对原属的 9 家直属航空公司进行联合重组，分别成立了中国航空集团公司、中国东方航空集团公司和中国南方航空集团公司；对原民航总局直接管理的航空运输服务保障企业进行改革重组，分别成立了中国航空器材进出口集团公司、中国航空油料集团公司和中国航空信息集团公司。上述六大民航集团公司作为大型国有企业，交由国务院国有资产管理委员会管理。原属民航总局直管的全国民用机场，除北京首都机场和西藏自治区内的民用机场仍由民航总局管理外，其他民用机场全部划归所在地政府管理[25]。自此，中国民航总局作为国务院主管全国民航事务的直属机构，代表中央政府承担民航安全管理、民航运输市场管理、空中交通管理、行业发展宏观调控，以及我国民航对外关系等方面的行业管理职能，不再代行对六大集团公司的国有资产所有者职能，依法行政，确保航空安全，规范市场行为，保护消费者利益，维护航空企业公平竞争环境。

2005 年，中国民航总局关于《国内投资民用航空业规定》正式颁布，放宽了对境内民航企业资产所有权资本结构的管理限制，鼓励民营资本进入民航业；放宽航线准入、航班安排和运营基地设置审批；放松价格管制，航空公司以政府确定的基准价为指导，在规定的幅度范围内自主确定运输价格；对旅游航线、多种运输方式竞争激烈的短途航线和独家经营航线，完全实行市场为导向的市场定价机制。

中国民航事业经过几大阶段的历史性发展，行业管理逐步规范化和法制化，民航市场逐步国际化，经营管理逐步现代化。改革促进了民航大发展，到 2006 年底，我国民航定期航班运输总量世界排名第二，进入世界民航运输大国行列。据统计[26]，到 2010 年底，我国从事航空客货运输的航空公司有 25 家(参见本章附录)，颁证运输机场 175 个，在册飞机 1597 架，定期航班航线 1880 条，其中国内航线 1578 条，港澳台航线 85 条，国际航线 302 条，通达 54 个国家的 110 个城市。2010 年，定期航班运输总周转量达 538.45 亿吨千米，旅客运送量 2.68 亿人次，货邮 563.0 万吨，均创历史新高(图 1-22)。

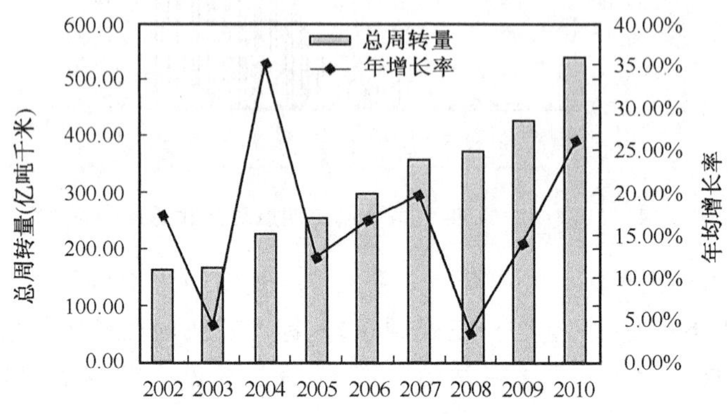

图 1-22 2002～2010 年中国民航定期航班运输总周转量[7]

6. 中国民航发展趋势

我国自 1978 年实施经济体制改革开放政策以来，有力地促进了生产力的发展、生产关系的变革和生产工具的革新，极大地推动了社会进步和经济繁荣，取得了世界瞩目的巨大成就，为我国民航运输事业的稳健发展创造了良好的内部环境。随着我国社会经济的稳步发展和民航管理体制的深化改革，中国民航正从“民航大国”向“民航强国”的战略目标转移(表 1-4)。根据我国“民航强国”发展战略规划[27]，到 2020 年，我国民航运输综合

表 1-4 1936～2011 年中国民用航空定期航班运输总周转量(亿吨千米)[7,34]

年度	总周转量	年度	总周转量	年度	总周转量	年度	总周转量	年度	总周转量
1936	0.01	1952	0.04	1968	0.51	1984	9.04	2000	122.50
1937	0.02	1953	0.07	1969	0.48	1985	12.87	2001	138.02
1938	0.01	1954	0.11	1970	0.51	1986	15.10	2002	162.00
1939	0.02	1955	0.14	1971	0.59	1987	20.05	2003	169.06
1940	0.03	1956	0.17	1972	0.68	1988	26.50	2004	229.12
1941	0.04	1957	0.15	1973	0.82	1989	19.90	2005	257.65
1942	0.06	1958	0.23	1974	1.17	1990	21.80	2006	300.90
1943	0.19	1959	0.34	1975	1.70	1991	26.70	2007	360.57
1944	0.27	1960	0.41	1976	1.80	1992	33.09	2008	373.47
1945	0.31	1961	0.36	1977	2.00	1993	48.50	2009	427.07
1946	0.35	1962	0.26	1978	2.90	1994	55.40	2010	538.45
1947	0.48	1963	0.30	1979	3.75	1995	67.70	2011	574.00
1948	0.76	1964	0.36	1980	3.81	1996	76.65		
1949	0.38	1965	0.47	1981	5.05	1997	86.58		
1950	0.02	1966	0.50	1982	6.03	1998	97.29		
1951	0.04	1967	0.60	1983	6.39	1999	106.12		

实力将能够满足7亿人次的旅客运输需求,2030年达到15亿人次,成为大众化出行方式;2020年,国际客运周转量进入世界前三名,2030年进入世界前两名,民航运输市场规模达到全球第一;2020年,民航安全水平达到运输飞行每百万小时重大事故率低于0.15,2030年不超过0.10;2020年,民用机场数超过240个,2030年实现超过95%的县级以上城市100千米区域范围内的大众得到民航运输服务。到2030年,我国将建成3个以上国际级枢纽机场、多家综合实力进入世界前五名的大型国际网络航空公司,空中交通管理及民航综合保障能力达到世界先进水平,实现“民航强国”的宏伟目标。

1.3 民航运输业的社会特性和经济特性

民航运输业是一种现代社会集体性服务业,是运用飞机从事专业化航空运输的第三大产业,是现代社会和国家经济建设的重要支柱。

1.3.1 五大运输体系

现代运输业与社会的其他行业相互依赖、相互促进和相互制约,形成了一个紧密联系的社会经济机体。传统运输业有五大运输方式:铁路运输,公路运输,水运(海洋)运输,航空运输和管道运输,它们都有各自的不同特点,在社会经济发展推进人类文明的不同历史时期中发挥着不同的作用。

1. 水路运输

水路运输是一种传统而古老、最为经济的运输方式。它以船舶为主要载运工具,沿江湖河海进行客货运输。现代水路运输可以分为远洋运输、沿海运输和内河运输三种类型,具有投资省、见效快、运量大、航程远、单位运输成本低、污染小等优点,但是速度慢、机动性差。水路运输适用于沿海和水路发达的内陆地区作为大宗量货物运输的主要工具,特别是现代远洋运输,具有较强的国际性,是国际货物运输的主要方式,但是运输环境差、不确定性因素多、沿途风险高。

2. 铁路运输

铁路运输,是以(蒸汽、内燃机或电力)机车为牵引动力运用车列等技术和设备沿铺设在地表的轨道行进的一种交通运输方式。在航空运输发达的今天,它依然是客货运输的主要工具之一。铁路运输可以分为常规路基铁路、地铁、轻轨铁路、单轨、高速铁路(根据2008年世界高速铁路大会的共识,“高速铁路”是指营运速度在每小时250千米以上的铁路系统),以及磁悬浮列车。铁路运输系统包括轨道、牵引机车、车列、交通通信控制系统及相关设施,具有运量大、运距远、速度快、成本低、安全性高、能耗低、污染相对少等特点,适用于中长距离的大宗量货物运输和城市之间的旅客运输。但是,铁路运输机动性差、基础设施建设初始投资高、建设周期长、占地多,其安全性随着行进速度的提升而面临越来越多的挑战。

3. 公路运输

公路运输是以汽车为载运工具的一种轮式运输方式。自有汽车以来,公路运输一直是社会经济活动中的主要交通运输方式。公路运输具有机动性强、行驶便捷、送达速度快、初始投资少、回收周期短等特点。与其他几种运输方式相比，公路运输对环境污染较大、安全性差、单位运输成本较高。公路运输主要用于中短程客货运输。

4. 航空运输

航空运输是运用飞机作为运载工具在大气层以下空气空间通过飞行运送的一种交通运输方式，具有速度快、航程远、无地理障碍、安全舒适、机动性强、投资少见效快、国际性强等特点。但是，航空运输技术复杂、运营成本高、不确定影响因素多。航空运输是目前世界上发展最快的一种运输方式，适用于中远距离的客货运输。

几种交通运输方式相比，民航是一种绿色环保经济型运输方式。根据2006年我国几类运载方式的运量和占地面积等数据分析[28]，我国民航每亿客千米运量占用土地面积为16.9公顷，铁路为75.9公顷，公路为493.3公顷，单位客运量占地面积比例为1:5:29。与高速铁路相比，民用机场建设投资少，建设周期短，通达范围广。在我国，目前兴建一个能够起降波音737型飞机的小型机场投资约为6亿～8亿人民币，3年可以建成通航，可以飞达世界任何有机场的城市。目前我国高速铁路的建设投资每千米超过1亿人民币。因此，我国西部地区成为我国发展航空运输的重点地区。航空运输具有“节能减排”优势，目前最新型的A380和B787飞机每100客千米消耗航油不足3升，单位耗油量比汽车低，但其速度却是汽车的8倍。全球航空运输二氧化碳排放量只占全球二氧化碳排放总量的2%[28]。尽管民航运输具有优雅时尚的候机环境，但是目前全球性比较普遍的航班延误、严格的机场安检带来的诸多不便因素，加之地面运输服务质量要求的不断提升，特别是高速铁路的挑战，使得民航在国内中短程客运市场中的地位受到越来越严峻的挑战。

5. 管道运输

管道运输是一种独特的运输方式，它采用管道通过压力输送液态或气态物质，主要用于如石油、天然气和液态煤、水等的输送，其特点是投资省、运量大、占地少、安全可靠、管理简便、能耗低、环保性高，但是机动性差、运送速度慢、用途有限。

1.3.2 民航运输业的社会特性

现代民航运输业已经成为社会和经济活动的一个重要组成部分。它的发展，缩短了人类交往的空间距离，加快了全球范围的人际交流和物资流通速度，促进了国家和区域之间的经济、科技、文化和教育的交流与发展，增进了社会成员之间的相互了解，推动了人类社会文明进步。由于航空运输能够跨越地理障碍，速度快，舒适安全，因此，民航运输已经成为现在国家或区域之间社会经济发展中与外界进行快捷交流的重要途径和远距离出行的首选交通方式，成为带动和促进社会经济跨越式发展的桥梁。

现代民航运输业的发展，标志着一个国家或地区政治稳定、对外开放、经济繁荣和社会文明的程度。它是一个资金、技术和风险极其密集并具有高度国际化的行业，它涉及国家政治、国家安全、外交和国际贸易等多个领域，是一个极具政治敏感性的公共服务业。

相比之下，民航运输业具有极高的准军事性，航空公司、机场和空域管理，随时都为国家安全、国防建设和维护社会稳定等需要服务[29]。美国在海湾战争、我国在汶川和玉树地震救灾等紧急事件中，充分显示了航空运输在极端形势下的快捷性和机动性。由于航空运输飞行涉及领空主权和国防事务等国际性问题，因此，一个国家的空域，包括民用空域，通常由国家或军方统一管理，但各国空域的具体管理政策和方法因国而异。2000年7月24日国务院和中央军委颁布的第288号令《中华人民共和国飞行基本规则》总则中规定，“为了维护国家领空主权，规范中华人民共和国境内的飞行活动，保障飞行活动安全有秩序地进行”，“国家对境内所有飞行实行统一的飞行管制”，明确指出空域属于国家资源[30]，必须接受国家统一管理。

民航运输业是一种公共服务业，它为社会大众出行提供交通运输服务，具有社会公益服务的特点。但是航空运输是一种具有成本的有偿服务行为，航空公司和机场采用企业方式进行经营和管理，因此，民航运输业又是一种具有市场行为的营利性行业。

1.3.3 民航运输业的经济特性

如上所述，航空运输是一种跨越地理空间的集体性社会活动，是一种具有社会价值实质性交换的服务业，它具有与其他交通运输方式共同的和独特的经济特性。

1. 区域性

表1-5为2008年我国机场客货吞吐量排名前10名的机场吞吐量及其所在地区的国内生产总值。表中显示，我国民航运输市场主要分布在经济发达的东部沿海地区（如北京、上海、广东）和旅游资源丰富的西南地区（如昆明、成都、西安）。在2008年158个统计机场中[7]，前10名机场的旅客吞吐量占当年全国机场旅客吞吐量总量的59.18%，货邮占78.82%，这些地区的GDP总和占全国GDP的19.2%。数据及研究[32,33]表明，民航运输业与区域政治地位、产业结构、对外贸易、旅游资源等因素密切相关。区域社会经济为民航运输业提供了客货运输市场，民航运输业为区域社会经济发展的对外开放架设了便捷通道，形成一种相互促进的互动发展关系。

表1-5 2008年全国吞吐量前10名机场及地区GDP的关联性比较[7,31]

机场（地区）	GDP（千亿元）	GDP排名	旅客吞吐量排名	旅客吞吐量（百万人）	货邮排名	货邮吞吐量（万吨）
上海	13.08	1	2	51.11	1	301.88
北京	10.28	2	1	55.94	2	136.77
广州	8.22	3	3	33.44	3	68.59
深圳	7.56	4	4	21.40	4	59.80
重庆	5.10	5	9	11.14	9	16.03
杭州	4.49	6	7	12.67	7	21.08
成都	3.88	7	5	17.25	5	37.31
西安	2.06	8	8	11.92	10	11.71
昆明	1.61	9	6	15.88	6	23.63
厦门	1.56	10	10	9.39	8	19.55

民航运输业不仅带动区域经济的发展，而且能够带动区域就业市场的发展。2004年，ATAG对美国机场在区域和国家经济中的影响程度进行了研究，研究结果显示，美国机场当年的经济活动收入接近5070亿美元，约占当年全国GDP的4.3%，共产生了670万个工作岗位，其中包括190万个直接与机场相关的工作岗位和480万个间接工作岗位。2007年，航空承担了全球40%的国际旅游运输，全球2900万个工作岗位与民航运输业直接或间接有关，全球GDP的8%来自民航运输业[32]。根据我国学者研究，我国机场每百

万航空旅客吞吐量，可以产生经济效益 18.1 亿元人民币，产生就业岗位 5300 多个[28]。尤其是在偏远地区，民航运输不仅改善了与外界的联系，促进社会经济发展，扩大就业，而且促进了民族之间的交流和社会稳定。

2. 经济同步增长性

国民经济的增长，将促进民航运输业的发展。图 1-23 显示，1978 年以来，我国民航定期航班运输总周转量一直伴随国内生产总值和进出口贸易同步增长。换言之，国民经济的发展，增加了各行各业对航空运输的需求，提高了国民的消费能力，从而为航空运输提供了市场需求和发展机遇。

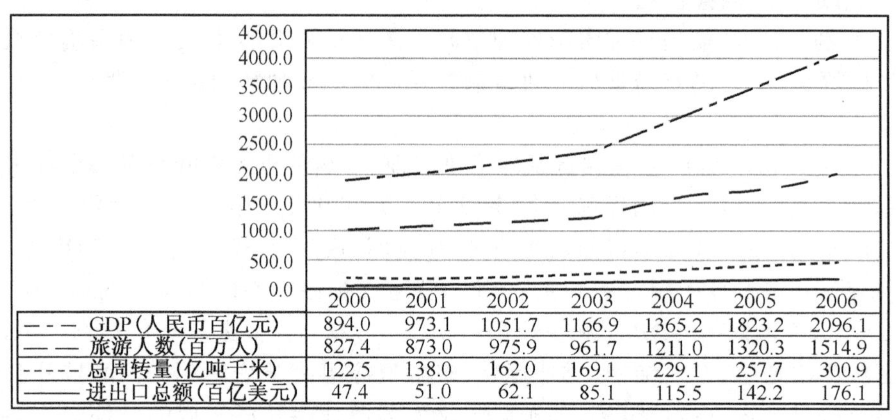

	2000	2001	2002	2003	2004	2005	2006
GDP(人民币百亿元)	894.0	973.1	1051.7	1166.9	1365.2	1823.2	2096.1
旅游人数(百万人)	827.4	873.0	975.9	961.7	1211.0	1320.3	1514.9
总周转量(亿吨千米)	122.5	138.0	162.0	169.1	229.1	257.7	300.9
进出口总额(百亿美元)	47.4	51.0	62.1	85.1	115.5	142.2	176.1

图 1-23 国民经济与民航运输业的同步增长性[7,31]

3. 季节性

航空运输具有比较明显的季节性特征。其原因是，航空旅客中相当一部分来自旅游业，如资料[32]数据所示，全球有 40% 的国际游客通过航空运输旅行，而旅游受季节性影响比较明显，我国民航的统计数据也反映了这一明显特征[34]，特别是我国的北方和西部地区(图 1-24)。

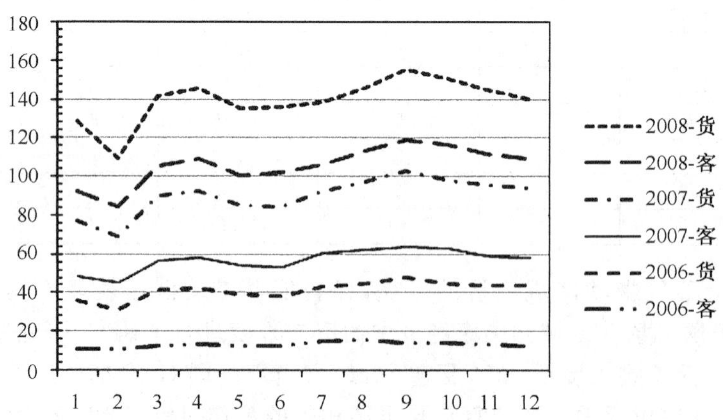

图 1-24 2006～2008 年我国航空客货运量季节性分布[7]

4. 规模经济性

虽然国际航油价格长期以来一直处于上涨态势，但是随着民航市场规模的扩大、科学与技术的进步，以及民航企业管理水平的不断提高，民航运输成本上涨幅度得到有效控制，特别是进入 20 世纪 80 年代后期，尽管经历了“9·11”和 2008 年以来的世界性金融危机，尽管利润率在下降，但是民航运输企业利润总体处于上升水平。尤为显著的是我国民航运输市场规模稳步增长，分摊了不断在上涨的航油等运行成本，航空公司和机场经营利润获得稳步增加，中国民航在 2009 年全行业盈利 113 亿元（人民币）基础上 2010 年盈利 434 亿元[35]。这种企业利润随着市场规模和运量规模扩大而增加，充分反映了民航运输业的规模经济特征[36]。

5. 密度经济性

民航运输市场具有密度经济特性。当市场规模一定时，通过提高航班乘坐率、增加航班频率，或者采用收入管理技术调整销售价格和销售策略等方法，不仅能够增加航班收入，而且能够有效地降低成本，提高航线整体收入和利润水平，这是典型的密度经济特征[36]。

1.4 本章小结

20 世纪初莱特兄弟成功地发明了动力推进的载人飞机，经过一个多世纪的发展，特别是经历了两次世界大战的刺激，世界航空工业得到了迅速发展，飞机安全性能不断改善，使民航运输业的运载能力和安全性不断提高，民航运输市场在竞争中不断发展。航空工业和民航运输业的互动发展，在人类文明、社会和经济发展进程中发挥着越来越重要的作用。

思 考 题

1. 阐述莱特兄弟成功发明飞机的历史意义。
2. 阐述航空工业与民航运输业之间的发展关系。
3. 分析世界民航运输业各历史阶段的发展特点及未来发展趋势。
4. 分析中国民航运输业各历史阶段的发展特点及未来发展趋势。
5. 与其他运输方式相比较，分析航空运输的优势和劣势。
6. 分析民航运输业与区域经济发展之间的关联性。
7. 阐述民航运输业具有哪些典型的社会特性和经济特性。
8. 与欧美国家相比，中国民航的发展环境有何差异？各具有哪些优势？
9. “航空公司联盟”有哪些优越性？为什么可以提高服务质量？
10. 中国民用机场施行属地化管理体制改革，有哪些利弊关系？
11. “机场私有化”的本质是什么？有何利弊？
12. 民航运输市场有哪些特点？

附　录

附表 1-1　2011 年中国民航在册旅客运输航空公司[38]

序号	航空公司名称	二字码	徽标	序号	航空公司名称	二字码	徽标
1	四川航空股份有限公司	3U		14	北京首都航空有限公司③	JD	
2	云南祥鹏航空有限公司	8L		15	幸福航空有限公司	JR	
3	春秋航空有限公司	9C		16	中国联合航空有限公司	KN	
4	奥凯航空有限公司	BK		17	昆明航空有限公司	KY	
5	中国国际航空股份有限公司	CA		18	厦门航空有限公司	MF	
6	大新华航空有限公司	CN		19	中国东方航空股份有限公司	MU	
7	中国南方航空股份有限公司	CZ		20	河北航空有限公司	NS	
8	成都航空公司①	EU		21	重庆航空有限公司	OQ	
9	上海航空股份有限公司	FM		22	西部航空有限公司	PN	
10	华夏航空有限公司	G5		23	山东航空股份有限公司	SC	
11	天津航空有限责任公司②	GS		24	河南航空有限公司④	VD	
12	上海吉祥航空有限公司	HO		25	深圳航空有限责任公司	ZH	
13	海南航空股份有限公司	HU					

注：①成都航空公司，原为鹰联航空有限公司，于 2009 年 10 月由中国商用飞机有限责任公司、四川航空集团公司、成都交通投资集团有限公司三方对鹰联航空进行资产重组而成。

②天津航空有限责任公司，由海南航空集团有限公司、天津市保税区及海南航空股份有限公司共同出资，组建于 2009 年 6 月 8 日，总部设在天津滨海国际机场，其前身为大新华快运航空有限责任公司。大新华快运航空有限公司由海南航空集团有限公司及其旗下的海南航空股份有限公司共同出资，于 2007 年 3 月成立。

③北京首都航空有限公司原为金鹿航空公司，2010 年 4 月 2 日更名为北京首都航空有限公司。

④河南航空股份有限公司，原为鲲鹏航空公司。鲲鹏航空公司于 2007 年由深圳航空和美国梅莎航空集团、美国山岳信托公司共同出资组建。2008 年 6 月，深圳航空与河南省政府签署协议，鲲鹏航空获得河南省政府注资，并于 2009 年底正式更名为“河南航空股份有限公司”。

参考文献

[1] Gibbs Smith. Aviation：An Historical Survey[M]. London：Her Majesty's Stationery Office，1985.

[2] Alexander T Wells. Air Transportation Management[M]. Wadsworth Publishing Co. ,1994.

[3] 380. New Generation New Experience[OL]. http://www. airbus. com.

[4] Aviation：The Real World Wide Web[J]. Oxford Economics. 2009,6.

[5] Vision 100-Century of Aviation Reauthorization Act,108th Congress,USA. Public Law 108-176-DEC. 2003，12.

[6] Towards future air transport. European Commission Research[J]. http://ec. europa. eu/research/transport/air / index_en. htm.

[7] 中国民用航空总局. 从统计看民航(1996—2011 年)[M]. 北京:中国民航出版社,2011.

[8] 刘功仕. 航空运输经济手册[M]. 北京:中国民航出版社,1994.

[9] Alexander T Wells. Airport Planning & Management[M]. Division of McGraw-Hill,Inc,1992.

[10] ICAO. About ICAO. http://www. icao. int/Pages/icao-in-brief. aspx.

[11] ICAO. Convention on International Civil Aviation. http://www. icao. int.

[12] 黄涧秋. "开放天空":欧盟航空运输管理体制的自由化[J]. 欧洲研究. 2009,2.

[13] Anne Graham. Managing Airports：An International Perspective[M]. 3ed Edition. Elsevier Ltd. 2008:163-165.

[14] Star Alliznce. http://www. staralliance. com/cn/about/airlines/adria_airlines.

[15] Oneworld Alliance. http://zh. oneworld. com/general/about-oneworld.

[16] Sky Team Alliance. http://www. skyteam. com/zh/About-us/Our-members.

[17] BAA. http://www. baa. com.

[18] Richard de Neufville,Amedeo Odoni. Airport System：Planning,Design and Management[M]. Mc-Graw-Hill,2003.

[19] Patrick J Kearney. Commercializing Our Nation's Airports and Airway[J]. Handbook of Airline Strategy,Aviation Week,A Division of the McGraw-Hill Companies,2001.

[20] David J Bentley. World Airport Privatization 2008 and Beyond[J]. The World Airport Privatization Study. 2000,2

[21] 谭惠卓. 国外机场私有化浪潮及其对中国机场业的影响[J]. 机场管理. 2003,12.

[22] 中国民用航空局. 中国民用航空局行政体制沿革. http://www. caac. gov. cn/G1/G2. 2010.

[23] 汪翠华. 报国志、赤子情——记"两航"起义人员[N]. 国际航空报. 2002,11.

[24] 中华人民共和国国务院. 民航体制改革方案. 2002. 3. 3.

[25] 中国民用航空总局. 省(区、市)民航机场管理体制和行政管理体制改革实施方案. 2003. 9. 4.

[26] 中国民用航空局. 2010 年民航行业发展统计公报[R]. http://www. caac. gov. cn.

[27] 李家祥. 中国民航人要为建设民航强国而努力奋斗[R]. http://www. caac. gov. cn. 2010. 2. 24 .

[28] 李家祥. 世界民用航空与中国民用航空的发展. http://www. caac. gov. cn.

[29] 中华人民共和国第十届全国人民代表大会常务委员会第二十九次会议. 中华人民共和国突发事件应对法. 2007. 8. 30.

[30] 中华人民共和国国务院. 中华人民共和国飞行基本规则. 2007. 11.

[31] 中华人民共和国国家统计局. 中国统计年鉴—2009. 2009.

[32] The economic and social benefits of air transport 2008. http://www. atag. org/files.

[33] 刘晓明,夏洪山. 基于 GDP 构成与收入分配的航空旅客运输需求灰关联动态分析[J]. 统计与决策. 2006,10:26-28

[34] 国际民航运输管理手册. 李江民译. 北京:中国民航出版社,1997.

[35] 陈嘉佳. 2010 年中国民航盈利 434 亿创历史最高水平. 2011. 1. 17

[36] Birgit Kleymann. Managing Strategic Airlines Alliances[M]. Ashgate Publishing Limited，2004.

[37] Jackie Gallacher. Airline Alliances[J]. Airline Business. 1997，6.

[38] 中国民用航空局. 航空公司运输统计. http://www. caac. gov. cn/K1. 2011.

第2章

民航运输管理体系

本章首先介绍国际和国内民航运输管理组织的基本结构、服务宗旨及其主要职责，分别重点介绍航空公司和民用机场的作用、分类、组织体系、设立与取证程序，并分析两者在社会经济发展进程中的作用及相互关系。

民航运输业在发展初期，由于社会和经济发展需求少，因此民航运输市场和运输规模相对都较小，运输的组织和经营管理相对简单。随着全球社会经济和航空工业的不断发展，民航运输业逐步发展成为一个资金密集、技术密集、风险密集的大众化国际性运输产业，从行业管理到运输组织、经营管理和安全管理等领域，都已形成了严密的组织结构与管理体系，以确保航空运输安全、经济和高效地发展。

2.1 航空运输系统

随着民航运输市场和运输规模的不断扩大，民航运输已经由当年“飞机＋跑道”就可以进行飞行运输的简单生产方式，发展成为当今具有严格规范的行业管理体系和生产管理体系的航空运输系统——拥有专业化机队的航空公司、先进跑道与设施设备配套齐全的机场系统和基于卫星通讯导航的空中交通管理系统(图 2-1)。通过三大基本系统的合理分工、紧密合作和协调运行，形成了全球性的现代航空运输系统。

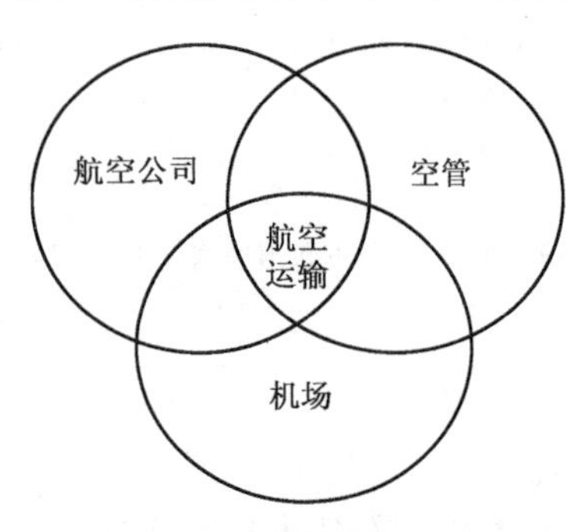

图 2-1 航空运输系统的三大基本要素

根据民航运输活动的组织和实施过程所涉及的功能与范围，航空运输系统可以认为是由“服务需求”与“服务供给”两大部分组成[1]。

2.1.1 服务需求

航空运输系统的初始需求来自于旅客旅行和货主的货物运送，由此而产生了三类基本服务需求：

(1)运输服务需求。运输服务需求包括两大部分，一部分是来自于民航业外的旅客旅行和货主的货物运输需求，另一部分是来自实施运输需求过程中产生的业内服务需求，主要是地面保障服务、地面交通、空中交通指挥、机务维修、信息处理、权益保护等服务。

(2)服务设施需求。在实施运输服务过程中产生的运输服务需求，如装载和运送旅客与货物的机队、为安全飞行提供的安检、维修、地面保障服务等设备设施、为飞行服务的通信导航设施设备、为旅客和货物运输服务提供的机场和地面交通设施等。

(3)信息服务需求。在航空运输和地面保障服务过程中,无论是服务需求方还是服务供给方都需要信息服务,并且信息服务需求量快速增长,无论是飞行和空中交通指挥、地面保障,还是旅客和货主、市场销售等方面都需要及时而可靠的信息。

2.1.2 服务供给

为了满足上述基本服务需求,必然产生相应的航空运输服务供给(图 2-2)。航空运输服务供给主要包括:

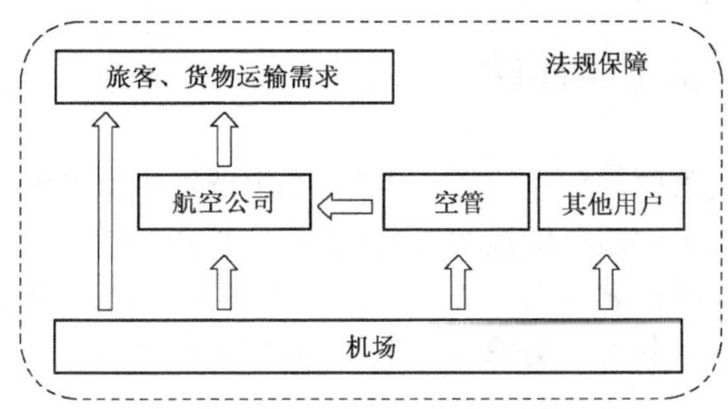

图 2-2 现代航空运输服务供求关系

(1)销售服务。航空运输系统通过它的销售渠道向社会消费者(旅客和货主)出售旅客和货邮航班运输服务,并形成覆盖全球的销售网络,主要是航空公司的直销网络和代理人销售网络,特别是基于互联网的网上销售服务。

(2)航空运输服务。航空公司是实施航空运输服务直接面对终端客户(旅客和货主)的主要服务供给者,主要提供包括航班服务销售在内的空中运输服务。航空公司的主要生产工具是为满足多种航空运输需求的机队和航班运行管理信息系统。另一方面,航空公司也是机场服务和空管服务的需求者,它需要机场方提供地面保障服务,需要空管提供通信导航与空中交通指挥服务。

(3)地面保障服务。机场方是航空运输系统中地面保障服务的主要提供者。机场是地面运输和空中运输的汇集地,是为实施航空运输必须在地面完成保障服务的主要场所,为航空公司、空管、政府派出联检机构、航油、航空维修,以及为旅客和货主等客户提供服务设施设备及相关服务。机场方提供的服务主要包括两大方面——空侧服务和地面服务[2]。空侧服务包括跑道系统、灯光助航系统和站坪等设施设备及其服务,以及机场运行信息服务等。地面服务包括航站楼、地面交通及停车场等设施,特种车辆、值机、安检等设备及其服务,以及餐饮、商店等商业服务。

(4)空中交通管理服务。空中交通管理为航空公司执行航空运输飞行提供通信导航设施、航行情报和空中交通指挥服务,是航空公司飞行服务的供给者。

(5)信息服务。信息服务是现代航空运输服务的重要组成部分,可以分为两大部分——信息处理和信息发布。信息有音频信息(航班信息广播及通知发布)、视频信息(航班信息、航线图)、字符信息(旅客计算机订座、离港等各类报表)等。信息处理包括信息生成、信息收集、信息加工与信息传输等过程,以及用于处理信息的各类信息处理系统。信息发布是通过一定的设施设备,向客户提供航班信息。如航空公司发布航班计划信息,机场通过航显系统广播和显示航班进出港动态信息，空管通过内部通信系统向航空公司和机场发布航行情报和航班飞机的空中飞行状态信息等。在航空运输系统中，航空公司、机场和空管既是信息服务提供者，也是信息需求者。

(6)法规服务。在现代航空运输系统中，不仅有保障该系统能够安全高效运行的标准、规则、规程、规范等各类规章，还有能够保障航空运输系统健康有序发展的相关政策法规，以保障航空运输系统中服务需求者及服务供给者等各方的权利和利益。

随着全球民航运输业的发展，航空运输系统的内涵将会不断丰富。

2.2 国际民航运输管理机构

民航运输业具有很强的国际性，自 1910 年 19 个欧洲国家开始起草《巴黎国际航空公约(草案)》起，有关民航运输活动的组织、协调与管理就开始引起世界各国的关注和重视，并于 1944 年成立了“国际民航组织”(ICAO)。随着国际民航运输业的发展，世界上不少地区先后成立了区域性国际民航运输管理机构，制定本地区民航运输活动的行为规范，协调本地区国家间民航运输业务关系，以保障本地区航空运输的航行安全、公平竞争和有序发展。通过国际间民航管理机构的协调与管理，世界各国民航运输企业在国际民航活动中实行统一的技术标准、航行规则、操作规范，执行统一的价格体系、价格标准、票据规格和代码标准，遵循统一的国际法规准则，以公正处理国际航空事务。特别是航空公司联盟这一跨国家跨地区的国际性航空运输组织形式出现以后，民航运输活动涉及的国际事务更加广泛、更为复杂，国际间航空运输事务更需要有组织地周密协调。

2.2.1 国际民航组织

“国际民航组织”(International Civil Aviation Organization，ICAO)，是联合国经济社会理事会(Economic and Social Council)中的一个专门机构(图 2-3)，专门负责处理联合国成员国之间的国际民航事务，协调世界各国政府之间在民航领域的经济和法律事务，研究国际民航问题，制定民航国际标准和规章，推广使用安全措施[3]。

图 2-3 “国际民航组织”徽标

1944 年 11 月 1 日至 12 月 7 日，来自世界 54 个国家和地区的代表聚集在美国芝加哥举行国际民航会议，会议上 52 个国家的代表联合签署了《国际民用航空公约》(又称芝加哥公约)，并根据公约成立了过渡性临时国际民航组织(PICAO)，负责协调国际民航领域的技术性事务。

1947 年 4 月 4 日《国际民用航空公约》正式生效，取代了之前的《巴黎国际航空公约》和《哈瓦那公约》。《国际民用航空公约》是国际民航运输领域一部重要的基本法典，对国家领空主权、无害通过权利、保障国际飞行安全等技术和行政管理，以及“国际民航组织”的作用与职责等方面都做出了具体规定和明确说明。根据《国际民用航空公约》，1947 年 5 月“国际民航组织”(ICAO)正式成立，成为世界上协调和管理国际民航事务的永久性最高权力机构。1947 年 12 月 31 日，1919 年根据《巴黎公约》成立的“空中航行国际委员会”终止。截至 2011 年底，ICAO 共有缔约国 191 个[4]，总部设在加拿大蒙特利尔(Montreal),在全球共设有七个地区办事处,分别是:亚洲及太平洋地区设在泰国的曼谷、南美洲地区设在秘鲁的利马、东部和南部非洲地区设在肯尼亚的内罗毕、中东及北部非洲地区设在埃及的开罗、中部和西部非洲地区设在阿富汗的达喀尔、中北美洲和加勒比海地区设在墨西哥的墨西哥城、欧洲和北大西洋地区设在法国巴黎,代表“国际民航组织”在各地区行使相应管理职能。

1944年11月9日中国政府参加了在美国芝加哥举行的国际民航会议,并签署了《国际民用航空公约》,成为ICAO的创始成员国之一。1971年11月,ICAO通过决议,承认中华人民共和国为中国唯一合法政府。1974年2月25日,中国政府决定承认《国际民用航空公约》和有关修正协议书,并加入ICAO,参与其一切活动,行使其在ICAO的代表权。同年9月,中国在“国际民航组织大会”上当选为理事国。1977年ICAO第22届大会决定采用中文作为该组织的工作语言之一。

1.“国际民航组织”的宗旨和目的

根据《国际民用航空公约》赋予ICAO的使命,ICAO的宗旨和目的,是保障《国际民用航空公约》的实施,发展国际航行的原则和技术,促进国际航空运输的规划和发展,以实现以下目标[4]:

(1)保证全世界国际民航运输安全有序地发展。

(2)鼓励利用用于和平目的的航空器设计和操作技术。

(3)鼓励发展用于国际民航运输的航路、机场和航行设施。

(4)满足世界民众对安全、正常、有效和经济的航空运输需要。

(5)防止因不合理的竞争而造成的经济浪费。

(6)保证缔约国的权利充分得到尊重、经营国际航空运输的机会公平。

(7)避免缔约国之间的差别待遇。

(8)促进国际航行安全。

(9)促进国际民航运输业的全面发展。

2.“国际民航组织”的组织机构

ICAO的最高权力机构是“大会”(Assembly),日常机构为理事会和秘书处。“大会”由常设管理机构“理事会”(Council)组织召开,每三年至少召开一次。“大会”的作用是审查本届工作,选举下一届“理事会”成员,制定下一届工作计划和财务预算。“理事会”由“大会”从缔约国中选举产生的36个理事国组成。在“大会”休会期间,“理事会”代表缔约国行使ICAO的职能,处理国际民航事务。

“大会”的“理事会”每三年选举一次,理事国分为三类:

一类理事国:为在世界航空运输领域具有重要地位的国家,全世界共11个。在2004年10月的ICAO第35届大会上,中国首次当选为ICAO理事会的一类理事国。

二类理事国:为那些在国际民航导航监控方面贡献较大的国家,全球共12个。

三类理事国:为世界各主要地域在理事会中具有代表性的国家,全球共13个。

ICAO的日常工作机构为秘书处。秘书处下属8个部门:空中航行局、航空运输局、行政服务局、技术合作局、法律事务与对外关系局、财务处、审计办公室、地区协调与公共关系办公室。此外,秘书处负责管理分布在全球的8个地区办事处。

ICAO还与联合国的其他组织之间有着密切的合作，主要有世界气象组织、国际电信联盟、万国邮政联盟、世界卫生组织和国际海事组织。一些非政府组织也参与ICAO的工作，如“国际航空运输协会”、“国际机场理事会”、“飞行员国际联合会”等[3]。

2.2.2 国际航空运输协会

“国际航空运输协会”(International Aviation Transport Association，IATA)，是从事国际民航定期航班的航空公司之间的一个国际性行业组织(图2-4)，总部设在加拿大蒙特利尔。“国际航空运输协会”(IATA)于1945年4月在古巴的哈瓦那成立，取代了1919年在荷兰海牙成立因第二次世界大战而中止的“空中交通协会”(Air Traffic Association)。在IATA成立之初，有来自31个国家的57个成员航空公司。经过近一个世纪的发展，至2011年底，IATA会员已经有115个国家和地区的240多个成员航空公司，代表了世界上超过90%的民航运输力量和全球93%的航空客货运输业务[5]。

图2-4 “国际航空运输协会”徽标

IATA的宗旨是“代表、领导和服务世界民航运输业”，促进国际民航运输安全、规范和经济地发展，促进航空运输企业之间、民航运输业界与其他民航组织之间的合作，使世界大众享受安全可靠的航空运输服务[5]。

IATA实际上是一个为航空公司服务的全球性非官方商业组织。世界上大多数国家的航空公司属于国家所有，即便是非国有航空公司，由于国际民航运输业务仍然受到所属国政府的管理或控制，因此航空公司的国际航空运输活动实质上都是在政府授权或指导下进行的。因此，IATA在协调和沟通各国政府之间的国际民航运输业务关系、协调国家与航空公司之间的政策方面，发挥着重要的桥梁作用[5]。

1.“国际航空运输协会”的作用

IATA的主要职能是，执行ICAO制定的国际标准和规范，制定国际航空客货运输价格，统一运载规则、运输手续和票据格式，协助航空公司之间财务结算和法律事务，促进航空公司之间的合作与交流，协助发展中国家的航空公司人员培训。

2.“国际航空运输协会”的组织机构

IATA的最高权力机构是“年度大会”(Annual General Meeting)，每年召开一次，常设机构是“执行委员会”(Board of Governors)，由“年度大会”选出的27个航空公司代表组成，行使“年度大会”赋予的权利，负责实施大会制定的各项任务。“执行委员会”成员任期三年，每次年会改选三分之一成员。日常办事机构为秘书处，下设五大部门：成员及政府关系合作部，安全、运行及基础设施部，市场与商业服务部，行业与财务服务部，以及合作服务部。

目前IATA在华盛顿、日内瓦、新加坡、贝鲁特、布宜诺斯艾利斯等地设有地区运输业务服务处，在北京、曼谷、日内瓦、伦敦、内罗毕、里约热内卢、达喀尔等地设有地区办事处，在日内瓦设有账务清算所。

ICAO成员国的任何一个经营航空客货运输业务的航空公司，经本国政府同意后并交纳会费，均可加入IATA。IATA的会员有两种[6]：

正式会员(active members),为经营国际定期航班的航空公司。

准会员(associate members),为仅经营国内定期航班的航空公司。

我国的中国国际航空公司、南方航空公司、东方航空公司、深圳航空公司、山东航空公司和厦门航空公司等先后加入了 IATA。

3.“国际航空运输协会”的主要活动

(1)协商制定国际航空客货运价。

(2)统一国际航空运输规章标准。

(3)通过清算所,对各会员航空公司之间的联运业务账目进行统一清算。

(4)开展业务代理。

(5)进行技术合作与人员培训。

(6)协助各会员航空公司改善机场地面服务流程和标准,以提高机场运营效率。

(7)指导和协助成员航空公司建设“民航安全管理体系”,并对成员航空公司进行安全审计。

IATA 的活动通常分为以下两大类[5]:

(1)商业协会活动(trade association activities):通常是以程序性会议(Procedures Conference)形式进行,所有会员航空公司均可参加。会议主要讨论国际性客运和货运的价格与代理、客货运输专用票据格式、行李规定运价、订座程序等问题。

(2)运价协调活动(tariff coordination activities):通常是通过运价协调会议(Tariff Coordination Conference)方式进行,会员航空公司可以选择参加。会议主要讨论客票价格、货运费率与运价、代理人佣金率等问题。

以上两类活动一般是通过 IATA 的运输会议进行,运输会议的结构如图 2-5 所示。运价协调性会议分三类召开,成员航空公司可以选择性地参加所在业务区的旅客运输或货物运输方面的会议。IATA 运价协调会议的三个业务区划分为[5]:

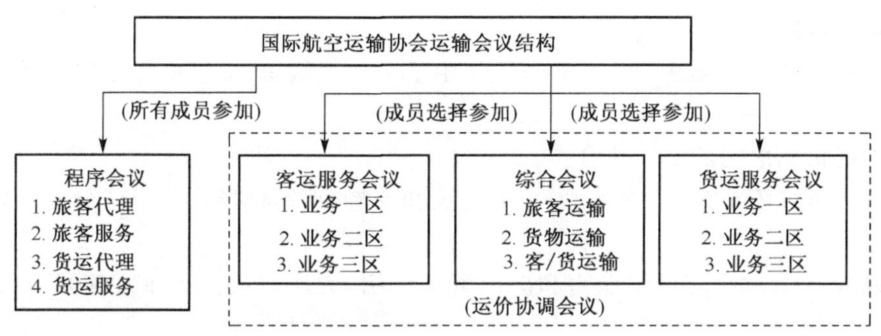

图 2-5　“国际航空运输协会”运输会议结构示意图

业务一区,其范围为北起格陵兰岛南至南极洲,包括北美洲和南美洲的所有大陆部分及其相邻岛屿:格陵兰岛、百慕大群岛、西印度群岛和加勒比海群岛、夏威夷群岛(包括中途岛和巴尔米拉岛)等。

业务二区,其范围为北起北冰洋诸岛南至南极洲,包括欧洲全部(包括俄罗斯的欧洲部分）及其近邻岛屿，冰岛、亚苏尔群岛，非洲全部及其近邻岛屿，亚松森群岛，以及伊朗在内及其以西的亚洲部分。

业务三区，其范围为北起北冰洋南至南极洲，包括整个亚洲未包括在二区范围内的相邻岛屿，整个东印度群岛，澳大利亚、新西兰以及不包括在一区内的太平洋岛屿。

2.2.3 国际机场理事会

"国际机场理事会"（Airports Council International，ACI）是一个全世界民用机场的非营利国际性行业组织（图 2-6），于 1991 年成立，总部设在瑞士的日内瓦。"国际机场理事会"（ACI）代表所有成员机场的共同利益，为机场与机场之间、机场与政府、机场与航空公司及其他民航组织之间的合作，提供一个国际合作与交流平台，以促进全球民用机场的快速发展。ACI 与其他国际组织保持密切往来，包括"国际民航组织"、"国际航空运输协会"、"飞行员国际联合会"、"国际空中交通管制员联合协会"及"国际航空工业联合协会"等。ACI 在 ICAO 内享有观察员身份，在联合国经济理事会中担任顾问。据统计，截至 2010 年底，ACI 共有 179 个国家和地区的 580 个成员，经营着 1650 个机场，服务旅客 50 亿人次、货物 9100 万吨、飞机 7400 架次，机场吞吐量占世界机场吞吐总量的 96%[7]。

图 2-6 "国际机场理事会"徽标

1."国际机场理事会"的宗旨与作用

ACI 的宗旨是"加强各成员与全世界民航业各个组织和机构的合作，包括政府部门、航空公司和飞机制造商等，并通过合作，促进建立一个安全、有效、与环境和谐的航空运输体系"[7]。

ACI 的主要职责是[7]：

（1）为发展一个安全、环保和高效的航空运输系统，使机场为航空运输做出最大贡献。

（2）建立与民航运输业、股东、政府及国际机构之间的合作。

（3）代表机场的权益，协调国际组织和机场所属国政府的法律、政策和标准。

（4）提高公众对机场在社会和经济发展中重要性的认识，推进机场在航空运输系统中的发展。

（5）促进机场之间的最大化合作。

（6）为成员机场提供先进的行业知识、建议和支持，帮助机场培养管理与运行方面的杰出人才。

（7）发挥 ACI 的全球组织能力和广泛资源作用，为所有成员提供切实可行而有效的服务。

2."国际机场理事会"的组织机构

ACI 的最高权力机构是"大会"，每年召开一次。会议期间选举产生常设管理机构，"ACI 世界理事会"（ACI World Governing Board）和"执行委员会"。"ACI 世界理事会"由 29 个 ACI 成员组成，一年至少召开两次会议，主要负责制定 ACI 的政策和规章，审查和确定财务预算，决定各机构负责人任免，并制定休会期间的主要工作和行动计划[8]。

“ACI 世界理事会”下设6个常务委员会，由来自各成员机场在各个领域的专家组成，负责制定本领域的有关规章和政策，执行“大会”制订的工作计划[8]：

(1)经济委员会。涉及的主要领域有：机场收费系统、噪声和旅客服务收费、高峰小时收费、特许权经营及其他非航空收入、财务统计与机场融资、客运和货运市场分析与预测、国家税收与航权、航空运输和其他高速交通的竞争、机场对地方经济发展的影响及航线开发等。

(2)环境委员会。涉及的主要领域有：机场航空器噪声、飞机发动机排放和空气质量、环境管理、地下水管理、废物管理、野生动物管理、机场资源管理及机场现场维修等。

(3)机场设备与服务委员会。涉及的主要领域有：旅客行李及货邮服务设施、机场服务质量、旅客和行李自动化服务、机场内外部交通设施、危险品及毒品管理、站坪调度及航班计划协调、设备及安保关系协调等。

(4)安保委员会。涉及的主要领域有：旅客与行李安检、机场通道控制、安检技术与设备、生物安保技术、货物安检技术、机场应急救援及安保审计等。

(5)安全与技术委员会。涉及的主要领域有：机场规划、空域及机场容量评估、目视助航技术、未来导航技术、机场设备安装、机场运行安全、站坪安全和场内车辆运行及废旧飞机拆除与迁移等。

(6)信息技术委员会。成立于2008年，涉及的主要领域有：制定促进机场信息发展的政策、机场自动化技术、通讯技术及设备设施、机场客货运输信息服务技术及设备设施等。

ACI 在世界几大区域还设有分会，分别负责协调该地区的相关事务。目前的六个地区分会是：亚洲地区分会，欧洲地区分会，拉丁美洲/加勒比海地区分会，北美地区分会，太平洋地区和非洲地区分会。

截至2011年底，我国大陆有19个机场加入了ACI[8]。

2.2.4 其他国际性民航组织

除了上述三大国际性民航管理组织之外，还有许多非政府性的地区性或跨地区性的民航组织(表2-1)，负责协调本地区的民航事务，以保护本地区的航空运输管理事务。虽

表2-1 部分国际性民用航空管理组织[9]

组织名称	总部所在地	主要成员	成立时间(年)
国际航空承运人协会(IACA)	比利时，布鲁塞尔	从事不定期航空运输服务的航空承运人	1971
国际航空公司协会(ATAF)	法国，巴黎		1950
欧洲航空公司协会(AEA)	比利时，布鲁塞尔	欧洲从事定期航空运输的航空公司	1954
非洲航空公司协会(AFRAA)	肯尼亚，内罗毕	非统组织成员国家或组织的航空承运人	1968
阿拉伯航空承运人组织(AACO)	黎巴嫩，贝鲁特	联盟成员国的航空公司	1965
国际机场理事会(ACI)	瑞士，日内瓦	110多个国家的400多个国际机场和机场协会	1991
航空公司驾驶员协会国际联盟(IFLPA)	英国	70多个国家的国家航空公司驾驶员协会	1948
航空运输研究所(ITA)	法国，巴黎	70多个国家的航空运输研究团体和组织	1954

然这些组织不属于任何一个国家的政府，但是它们在许多方面直接和间接地影响着本地区各国政府对国际航空运输业的管理和政策。在欧洲、拉丁美洲、非洲及加勒比地区都已经有这样的地区性组织存在[9]。

2.3 中国民航管理体系

随着世界民航运输业的发展和我国不同历史时期建设任务与发展方针的调整，我国民航运输业的管理体系也在随之不断地变革与调整，以适应国家社会和经济发展的需要。

2.3.1 中国民航行业管理体系结构

自 1949 年以来发展至今，我国民航经历过多次体制调整和改革[10]。特别是在 2002 年民航重大体制改革以后，我国民航的行业管理更加专门化，其显著特点是，加强行业管理和监督，重点突出民航运输安全和市场秩序管理，不再兼管航空运输企业的资产和经营。调整后的中国民航行业管理体系结构如图 2-7 所示[10,11]。

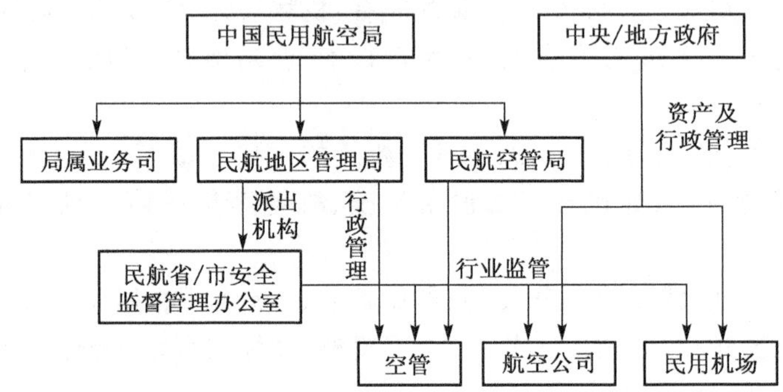

图 2-7 中国民航行业管理体系结构示意图

2.3.2 中国民用航空局组织与职能

"中国民用航空局"是中国政府管理和协调中国民航运输业发展的主管职能部门，2008 年 3 月之后隶属于"交通运输部"管理。根据《航空法》，"国务院民用航空主管部门对全国民用航空活动实施统一监督管理；根据法律和国务院的决定，在本部门的权限内，发布有关民用航空活动的规定、决定"。根据中央政府对民航局的职能定位，民航局在我国经济改革开放深入发展新阶段的主要职责是[11]：

(1)提出民航行业发展战略和中长期规划、与综合运输体系相关的专项规划建议，按规定拟订民航有关规划和年度计划并组织实施和监督检查。起草相关法律法规草案、规章草案、政策和标准，推进民航行业体制改革工作。

(2)承担民航飞行安全和地面安全监管责任。负责民用航空器运营人、航空人员训练机构、民用航空产品及维修单位的审定和监督检查，负责危险品航空运输监管、民用航空器国籍登记和运行评审工作，负责机场飞行程序和运行最低标准监督管理工作，承担民航航空人员资格和民用航空卫生监督管理工作。

(3)负责民航空中交通管理工作。编制民航空域规划，负责民航航路的建设和管理，负责民航通信导航监视、航行情报、航空气象的监督管理。

(4)承担民航空防安全监管责任。负责民航安全保卫的监督管理,承担处置劫机、炸机及其他非法干扰民航事件相关工作,负责民航安全检查、机场公安及消防救援的监督管理。

(5)拟订民用航空器事故及事故征候标准,按规定调查处理民用航空器事故。组织协调民航突发事件应急处置,组织协调重大航空运输和通用航空任务,承担国防动员有关工作。

(6)负责民航机场建设和安全运行的监督管理。负责民用机场的场址、总体规划、工程设计审批和使用许可管理工作,承担民用机场的环境保护、土地使用、净空保护有关管理工作,负责民航专业工程质量的监督管理。

(7)承担航空运输和通用航空市场监管责任。监督检查民航运输服务标准及质量,维护航空消费者权益,负责航空运输和通用航空活动有关许可管理工作。

(8)拟订民航行业价格、收费政策并监督实施,提出民航行业财税等政策建议。按规定权限负责民航建设项目的投资和管理,审核(审批)购租民用航空器的申请。监测民航行业经济效益和运行情况,负责民航行业统计工作。

(9)组织民航重大科技项目开发与应用,推进信息化建设。指导民航行业人力资源开发、科技、教育培训和节能减排工作。

(10)负责民航国际合作与外事工作,维护国家航空权益,开展与港澳台的交流与合作。

(11)管理民航地区行政机构、直属公安机构和空中警察队伍。

(12)承办国务院及交通运输部交办的其他事项。

如图2-7所示,我国民航局通过下设的业务司和民航地区管理局履行中央政府赋予的各项职责。

中国民航局现设的主要业务司局有[12]:

(1)发展计划司,其主要职责是编制行业发展规划,监测行业运行情况,审批民航重大项目,进行行业价格和收费管理与监审,负责行业统计与信息分析和发布,承担行业节能减排综合管理和应对气候变化等工作。

(2)航空安全办公室,其主要职责是起草民航安全管理及民用航空器事故调查等的法规及规划,组织协调行业系统安全管理,监督检查行业安全,综合管理行业航空安全信息,组织或参与民航事故调查等工作。

(3)运输司,其主要职责是起草和监督执行民航运输、通用航空及其市场管理等的相关法规和政策,负责民航运输市场及服务质量监督管理,指导和监督航空运输行业组织的国内业务,负责公共航空运输经营许可、航线经营许可、机场地面服务代理许可、国际航空运输合作等的审核和监督,负责危险品运输监督管理等工作。

(4)机场司,其主要职责是起草和监督执行民用机场建设和安全运营管理的相关法规和标准,审核和监督执行新机场选址和总体规划,审批民用机场使用许可和机场专用设备使用许可,对民航基础建设项目进行审查和组织工程行业验收,负责民用机场应急救援、净空保护等有关工作。

(5)空管行业管理办公室,其主要职责是起草和监督执行民航空管相关法规、标准和规范,编制和监督执行民航空管发展与建设规划,负责民航空管单位的安全审计和运行安全监督检查,拟订航班时刻和空域容量等资源分配政策,负责民航空管设施设备的使用许可、开放运行许可、航空器无线电台及频率许可、气象探测环境许可等管理工作。

(6)航空器适航审定司,其主要职责是起草和监督执行民用航空器国籍登记和注册、民用航空产品及相关备配件等的适航审定管理法规和标准,负责民用航空产品及相关备配件的生产许可审定、合格审定、型号认可审定和适航审定,负责民用航空器国籍登记和注册管理、飞行手册的审查和批准、民航标准化,参与民用航空器事故调查等工作。

(7)各民航地区管理局。根据《航空法》,“国务院民用航空主管部门设立的地区民用航空管理机构依照国务院民用航空主管部门的授权,监督管理该地区的民用航空活动”。其主要职责是执行民航局制定的法规、政策、标准和规范,负责管理和处理辖区民航事务,对辖区民航企事业单位进行行业管理和监督。

2.3.3 中国航空运输协会

目前我国除政府对民航运输业进行管理之外,还有两大社会组织协助民航管理当局进行行业管理。

“中国航空运输协会”是由国航、东航、南航等九家航空公司发起、经中国民航总局和国家民政部批准于 2005 年成立的一个全国性民航组织,总部设在北京。“中国航空运输协会”以航空公司为主体,由民航企事业单位法人和社团法人自愿参加的行业性组织。“中国航空运输协会”的主要职责是[13]:

(1)根据民航局授权和政府部门委托,组织对航空公司及有关专业人员进行岗位技能培训,进行专业岗位或代理人等的资质和资格认证。

(2)组织与推进国际与海峡两岸业界的联系与交流。

(3)协助政府对民航运输企业的市场行为进行监督,反对不正当竞争,维护航空运输企业的合法权益。

“中国航空运输协会”的最高权力机构是“会员大会”,每年召开一次。协会的执行机构是“理事会”,由“会员大会”选举产生,每年至少召开一次会议。“理事会”的主要职责是:执行“会员大会”的决议;选举和罢免理事长、副理事长、秘书长;筹备召开“会员大会”;决定会员的吸收和除名;决定设立办事机构、分支机构(专业委员会)、代表机构和实体机构;制定协会内部管理制度;领导本协会各机构开展工作;决定其他重大事项等[13]。

2.3.4 中国民用机场协会

“中国民用机场协会”是经中国民用航空局、民政部批准于 2006 年成立的中国民用机场行业性(不含香港、澳门和台湾)组织,总部设在北京。“中国民用机场协会”的主要职责是[14]:

(1)举办与机场业务相关的交流活动。

(2)开展与机场业务相关的信息收集、分析咨询和评比服务。

(3)受政府委托,起草机场行业标准,推动新技术运用。

(4)根据机场行业发展需要和趋势,向政府有关部门提出政策或立法建议。

(5)组织开展与机场业务相关的国际交流与合作。

“中国民用机场协会”的最高权力机构是“会员代表大会”,至少每一年举行一次。“理事会”是“会员代表大会”的执行机构,在大会闭会期间行使“会员代表大会”赋予的权力,领导协会开展日常工作，每年至少召开两次会议。“理事会”其主要职责有：执行会员代表大会的决议；选举和罢免理事会理事长、副理事长和秘书长；制定会费收取标准；筹备召开会员代表大会，审定大会议事日程，决定大会举行的日期和地点等；决定会员的吸收；决定设立办事机构、分支机构、代表机构；决定副秘书长、各机构主要负责人的聘任；领导协会各机构开展工作；制定协会内部管理制度和协会发展计划；决定其他重大事项等[14]。

2.4　航空公司

根据《航空法》第九十一条和2004年民航局颁布的《公共航空运输企业经营许可规定》[15]中的界定，航空公司是一种“公共航空运输企业”，是“以营利为目的使用民用航空器从事旅客、行李、货物、邮件运输的企业法人”。根据《公共航空运输企业经营许可规定》，在我国组建和经营航空公司，必须具备机队（运力）、技术人员（飞行、维修和管理）、航线和销售网络（市场）、基地机场等从事航空运输的基本条件，必须符合我国民航法和公司法规定的基本要求，必须通过《公共航空运输企业经营许可规定》中要求的相关审批程序，并获得民航局颁发的经营许可证和运行许可证，方可从事我国境内的民航运输业务。

随着航空技术和民航运输市场的发展，航空公司的机队规模和市场规模在不断扩大。随着航空公司之间、航空运输与地面运输之间的竞争加剧，航空公司已经从单一经营航空客货运输业务发展成为多元化经营的综合型企业，不仅从事国际、国内、定期、不定期航班或包机客货运输业务，而且从事旅游、物流、金融、房地产、餐饮服务等业务，以增加收入，提高竞争力和抵御风险的能力，成为人员、资金、技术和风险高度密集的运输服务型企业，呈现出航线网络化、市场全球化、经营多元化、管理集团化、竞争联盟化、技术信息化等发展趋势。

2.4.1　航空公司分类

航空公司是直接面对市场承担旅客和货邮航空运输的一线运输企业。随着社会、经济和科学技术的发展，航空公司的战略定位、市场规模、经营模式、营销能力在不断发展和调整，因而航空公司在民航运输市场中的地位和作用也随之产生差异。

1. 按资产结构分类

随着我国的经济体制改革，我国航空公司的资产出现多元化结构[15]，目前主要有以下几类：

(1)国有航空公司。国有航空公司的资产主要来源于中央政府投资，由国家控股和中央政府管理，如中国国际航空股份有限公司、东方航空股份有限公司和南方航空股份有限公司。三大国有航空公司主要经营国内干线和国际航线的航空运输，是我国航空运输的主体力量，其中，中国国际航空公司是我国的“旗舰”航空公司(flag carrier)。

(2)地方航空公司。1980年我国民航体制改革后，为了鼓励地方政府参与建设民航的积极性以加快我国民航建设，我国开始出现“地方航空公司”，主要是指由省级政府参与投资和管理的航空公司，如厦门航空公司、山东航空公司、海南航空公司、上海航空公司等。随着我国民航体制改革的深入，地方航空公司的资产结构也逐步出现多元化，地方政府的投资主体地位出现了变化,因此,现在意义下的地方航空公司,通常是指一个省的"旗舰"航空公司,有别于隶属中央政府管理的三大航空公司。大多数地方航空公司的特点是,主要由省市政府出资控股,以省会城市为基地布局航线网络,以服务地方经济的国内航空运输为主。

(3)民营航空公司。民营航空公司主要是指民间资本(而非国有资本)控股的航空公司。"民营航空公司"这一概念在90年代初期伴随我国大力推进"枢纽-支线"发展战略而逐步形成。特别是2004年我国首家完全民间资金筹建的鹰联航空公司成立后,以及2004年底民航局《公共航空运输企业经营许可规定》的出台,极大地激发了我国民间资本投资民航运输业的热情,先后批准成立了如春秋、奥凯、祥鹏、幸福、鲲鹏等10多家民营航空公司。民营航空公司的主要特点是,公司资本主要来自于民间经济实体,以经营支线民航客货运输业务为主。

目前我国民航运输力量,主要是由以三大航空公司为主体的国有、地方与民营三大类航空运输企业组成。

2. 按经营航线类别分类

航空公司根据自身的企业发展战略定位,确定自身的经营规模和经营模式,随之将确定其市场范围和航线网络结构。根据我国航空公司的市场规模和航线网络结构,航空公司可以分为三类:

(1)国际航空公司。国际航空公司主要是指经国家授权,在经营国内民航运输业务的同时经营国际航线运输业务的航空公司。目前我国的国际航空公司主要是国航、东方和南方航空公司,据统计,三者近5年的国际运输业务量之和占我国国际航空运输总量的95%以上[16]。目前一些地方航空公司也开始经营短程国际航线,如山东航空公司经营日本航线、厦门航空公司经营韩国航线、海南航空公司经营欧洲和美洲部分航线。

(2)干线航空公司。干线航空公司是指主要以经营首都至各省会城市以及省会至省会城市之间航线为主的航空公司。

(3)支线航空公司。支线航空公司是指以经营省级以下城市之间航线为主的航空公司,通常都是小型航空公司。目前在我国,一些地方航空公司或民营航空公司在注册成立时都号称经营支线业务,但由于目前我国的大多数支线航班严重亏损,因此这些航空公司实际上都在经营干线业务。

3. 按经营业务分类

根据所从事的业务范围,航空公司可以分为:

(1)运输航空公司。大众概念中的航空公司,通常是以旅客运输为主、客货运输业务兼营的航空公司。对于一个航空公司的具体航班而言,如果配飞的航班飞机腹舱小,则运载的全是旅客。通常的航班飞机在装载旅客的同时配载货物或者邮件,以充分发挥航班飞机的载运能力增加航班收入。但是,这些经营旅客运输的航空公司,可能会有专门经营货运的航班,如国航和南航,都有以747货机为主的航班专门经营国际货运。

(2)货运航空公司。顾名思义,专业货运航空公司只经营航空货物或航空邮件运输业务,包括航空快递业务。如中国货运航空有限公司主要经营航空货物运输,中国货运邮政航空公司经营业务则以航空邮件和航空快递为主。美国的FedEx和UPS、德国的DHL、荷兰的 TNT 等国际著名快递公司，在发展初期以经营国际快递业务为主，现今已经发展成为以国际物流为特色的专业货运航空公司。

(3)通用航空公司。通用航空公司是指从事通用航空业务的航空公司。根据《航空法》第一百四十五条，“通用航空，是指使用民用航空器从事公共航空运输以外的民用航空活动，包括从事工业、农业、林业、渔业和建筑业的作业飞行以及医疗卫生、抢险救灾、气象探测、海洋监测、科学实验、教育训练、文化体育等方面的飞行活动”。《国际民用航空公约》附件 6 中将“通用航空”界定为，为获取酬金或收费而从事的旅客、货邮运输等商业运输或航空作业以外的航空器运行活动[20]。我国 2007 年 2 月 14 日开始实施的《通用航空经营许可管理规定》的第五条[17]对通用航空企业的经营项目进行了分类：甲类，包括陆上石油服务、海上石油服务、直升机机外载荷飞行、人工降水、医疗救护、航空探矿、空中游览、公务飞行、私用或商用飞行驾驶执照培训、直升机引航作业、航空器代管业务、出租飞行及包机飞行等；乙类，包括航空摄影、空中广告、海洋监测、渔业飞行、气象探测、科学实验、城市消防、空中巡查等；丙类，包括飞机播种、空中施肥、空中喷洒植物生长调节剂、空中除草、防治农林业病虫害、草原灭鼠，防治卫生害虫、航空护林、空中拍照等(图 2-8)。换言之，通用航空公司的经营范围，是除航空旅客、货邮及军用运输之外的航空业务[17]。目前世界上有些国家，如美国，已经允许通用航空公司兼营小型机场之间的短程旅客航空运输服务(commuter service)，特别是在交通不便的地区，旅客量小，开设定期航班不具备经济性，因此采用仅有几座的超小型飞机代替计程出租车或公共汽车，提供不定期的短距离旅客运送服务。

图 2-8　通用航空——农业飞行服务

根据文献[16]统计，截至 2010 年底，我国注册的大小航空公司有 150 多家，其中从事航空旅客和货物运输的航空公司有 25 家，专门从事航空货物或者邮件运输的航空公司有 9 家，其余大多数属通用航空类。事实上，有一部分从事客货运输的航空公司在经营主营业务的同时，也提供通用航空服务，如救援、航拍等。随着我国社会经济的发展和大众生活水平的提高，各种类型的航空服务需求越来越广泛，我国通用航空事业的发展前景十分广阔。

4. 关于低成本航空公司

自 20 世纪 80 年代美国西南航空公司采用低成本航班经营策略获得成功以后，世界上出现了许多低成本航空公司或廉价航空公司。美国西南航空公司原名为 Air Southwest Co，创建于 1967 年 3 月 15 日，1971 年 3 月 29 日更名为现在的 Southwest Airlines Co.[18]. 1970 年初，美国西南航空公司为了在激烈的市场竞争中求得发展，采取一种低廉票价优质服务的竞争策略，为此采取多种措施大力降低公司运营成本。为了实现低成本运行实现低廉票价策略，采取的主要措施有[19]：①简约机上服务，彻底改变机上无偿提供餐食服务的历史，同时减少机上服务人员；②统一机型，只采用性价比最优的 737 系列飞机，减少维修成本；③经营二线以下机场和航线，避免与大航空公司的直接竞争和一线机场的较高收费；

④网上销售,减少人工销售成本和代理人销售费用,降低市场费用;⑤办公自动化,精简机构和管理流程,提高办事效率,降低管理成本。通过上述措施,美国西南航空公司在激烈的竞争中取得了长足发展。目前世界上低成本航空公司有数百家,但是经营状况良好的并不多,其主要原因在于没有真正能够有效降低运行成本。我国90年代以来创建的民营航空公司都试图仿效美西南走低成本运营之道,但是由于航油价格不断飙升、机队成本无法降低、航线竞争缺乏优势、运行管理成本难以降低等诸多因素,唯有春秋航空公司通过薄利多销的高客座率获得经营成功外,大多数民营航空公司都未能实现低票价优质服务的竞争策略。

2.4.2 航空公司的管理组织

航空公司是从事航空运输服务的企业,经历了从20世纪初以来至今一个多世纪的发展,对航空运输生产组织、日常经营管理等都已经形成了以安全为核心的管理体系。根据我国现行的民航管理体制,航空公司作为企业自主经营,接受民航当局的行业监督,接受资产归属机构的经营监管。航空公司的内部运营管理模式、组织结构和机构设置,取决于各航空公司的隶属管理关系、资本结构、经营模式及其规模、经营理念及其发展战略。尽管各航空公司的内部管理机构设置不同,但是如同大多数其他企业一样,航空公司管理组织的基本结构大体相似如图2-9所示。

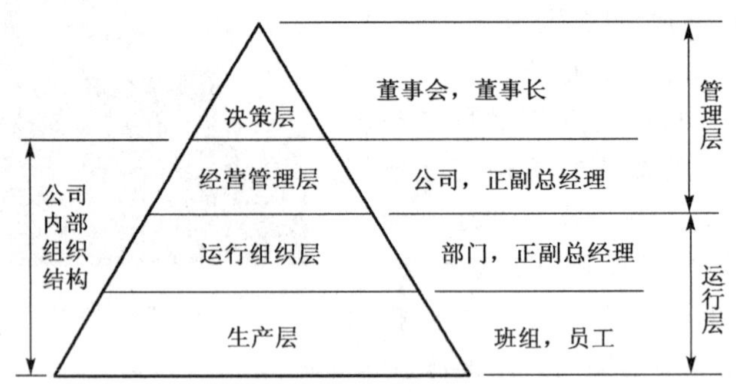

图2-9 航空公司管理结构示意图

现代航空公司的资本结构多元化,因此通常设有代表股东利益的董事会,根据股东大会决议负责对公司资产管理,对公司的投资计划和发展战略进行决策,对公司日常经营进行监督。航空公司经营实体负责经营公司资产,使资产通过市场进行增值。换言之,航空公司的总经理带领经营管理团队,负责经营航空公司,进行航空公司的日常运行管理,使航空公司通过市场经营获得利润。在不同的管理体制和管理模式下,航空公司内部的管理机构设置有较大的差异,所遵循的经营思想和管理模式也有所不同。图2-10为某国际航空公司的内部管理机构结构框架。不管航空公司的经营理念、管理模式或组织架构等有多么的不同,作为航空运输体系中具体承担航空运输任务的航空公司,其以市场为生存和发展基础的企业特征是相同的。

2.4.3 航空公司设立与取证管理

航空公司作为一种运输企业,必须具有从事航空运输业务的营运资质(air operator certificate),以证明其具有安全运输的能力和政府授予的合法营运许可。

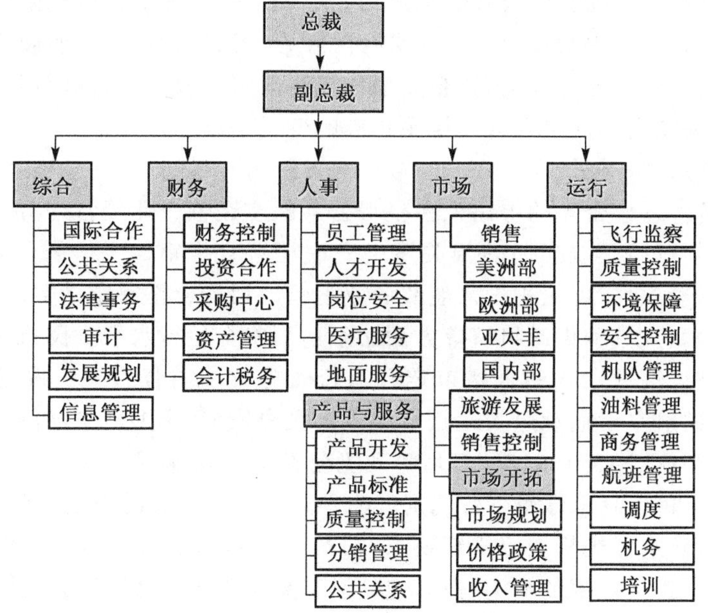

图 2-10　某国际航空公司组织结构示意图

1. 设立航空公司的基本条件

根据《国际民用航空公约》附件 6 的规定[20]，航空运输“经营人必须持有经营人所在国颁发的有效空运经营人许可证，否则不得从事商业航空运输运行”，“空运经营人许可证的授权经营人按照规定的授权、条件与限制从事商业航空运输运行”。根据《航空法》，在我国“设立公共航空运输企业，应当向国务院民用航空主管部门申请领取经营许可证，并依法办理工商登记”，必须符合《公共航空运输企业经营许可规定》[15]中规定的相关条件，并需要获得“公共航空运输企业经营许可”和运行许可。

2. 经营许可认证

根据我国《公共航空运输企业经营许可规定》，设立公共航空运输企业和申请经营许可，首先需要按照其规定条件向所在地民航地区管理局递交“筹建公共航空运输企业申请书”，正式提出初步申请，民航地区管理局对申请人的筹建条件进行初步审查通过后，由民航地区管理局上报民航局办理筹建认可手续。申请筹建公共航空运输企业需要提交的文件和资料包括筹建申请报告、投资人的资信能力证明、投资各方签订的协议(合同)，以及企业法人营业执照等民航局规定的其他文件材料。民航局对民航地区管理局所报送的申请筹建公共航空运输企业的申请材料组织相关部门进行审查，并在规定的期限内作出是否同意筹建的决定[15]。经民航局认可的筹建公共航空运输企业的有效筹建期限为 2 年。经民航局批准筹建后，申请人应向所在地民航地区管理局递交“公共航空运输企业经营许可证申请书”，正式申请经营许可初步审查，由所在地民航地区管理局上报民航局办理公共航空运输企业经营许可手续。申请经营许可需要提交的文件和资料包括：公共航空运输企业经营许可申请书、企业经营所需各项材料、购买或者租赁民用航空器(至少三架)的证明文件、与拟使用的基地机场签订的机坪租赁协议和机场场道保障协议，以及民航局规定的其他文件材料。目前我国公共航空运输企业经营许可证的有效期限为3年。航空公司必须按照经营许可证中所授权内容从事合法经营。当经营许可证所载明的事项发生变更时,如法人更换、企业合并或更名、企业地址或注册资本改变等,都应当向民航局提出变更申请,并按有关规定办理法人营业执照相应的变更手续[15]。

3.运行许可认证

设立公共航空运输企业的申请人在获得公共航空运输企业经营许可后正式投入航线运营之前,还必须按照民航当局的相关规定完成运行合格审定[21,22],运行合格审定通过后并获得民航局授权,方可正式投入航线商业运营。运行合格审定的目的,旨在保障航空公司从管理、技术、人员和生产组织等方面必须达到安全运行水平。民航局对在我国境内运行的公共航空运输承运人的合格审定和运行实施统一监督管理。根据民航局相关规定,目前我国公共航空运输承运人运行合格审定主要依据《小型航空器商业运输运营人运行合格审定规则》(CCAR-135)[21]、《大型飞机公共航空运输承运人运行合格审定规则》(CCAR-121)[22]和《一般运行和飞行规则》(CCAR-91)[23]。根据规定[22,23],运行合格证申请人根据其运行航空器规格按照规定要求,向其主运营基地所在地的民航地区管理局提交申请书,并同时提交规定的相关材料,包括运行合格审查日程、运行手册、训练大纲及课程、运行管理人员资料、飞机及运行设施设备的购买或者租用凭据等。申请人经过民航管理当局组织的运行合格审查并符合规定的全部条件后,可以取得民航当局颁发的小型或大型飞机公共航空运输承运人运行合格证和相应的运行规范。根据现行规定[23,24],运行合格证为永远有效,仅当公共航空运输承运人出现规定[22,23]中所列的任何一种情况时,运行合格证失效,如合格证持有人自动放弃、或被局方吊销等。据统计,截至2011年底,我国共有各类运输航空公司46家[29]。

2.5 民用机场

根据《航空法》,民用机场"是指专供民用航空器起飞、降落、滑行、停放以及进行其他活动使用的划定区域,包括附属的建筑物、装置和设施"。换言之,民用机场为保障民航运输不仅提供飞机起飞降落和停靠所必需的跑道、助航设备、机坪等一系列保障设施,还必须提供旅客候机、转乘和等候休息的候机楼、行李服务和货物运输的相关设施设备与场所。

2.5.1 民用机场管理体制

2002年3月国务院批准了《民航体制改革方案》[25],其重点改革内容之一是民用机场属地化管理,除北京首都机场和西藏自治区内的民用机场仍属民航局管理之外,我国境内所有民用机场的行政管理均脱离民航局归属机场所在地政府管理,与航空公司一样,民航当局只"负责对民用机场使用许可及其相关活动的统一管理和持续监督检查",包括:"制定有关规章、标准,并依法监督检查机场运行情况","审批并颁发运输机场的民用机场使用许可证","负责运输机场名称的批准"和"设立国际机场的审核",以及行使"法律、行政法规规定的其他有关职责"。民用机场属地化以后,不仅激发了地方政府建设和管理机场的积极性,也促进了机场管理模式的深化改革,各地出现了多种机场管理模式,有的以省

(直辖市)为单位将辖区内的机场组成机场集团(如上海机场集团有限公司、广东省机场管理集团公司),有的跨省组建机场集团(如西部机场集团),有的划归地方政府的交通部门管理(如江苏)。还有部分省市的30多家机场交由北京首都国际机场为主体的首都机场集团公司全资或部分控股或托管(如天津、重庆、南昌、武汉、贵阳、长春、呼和浩特、哈尔滨、沈阳和大连机场,以及其他26家支线机场,涉及天津、重庆、内蒙古、吉林、黑龙江、贵州、江西、湖北等6省2市)[25]。各地通过机场集团方式的重组,加强机场资源的有效整合和管理,提高机场的经营效率,同时也促进了区域机场的有序健康发展。

由于民用机场具有为社会经济发展和社会大众服务的公益性特征,因此在2009年国务院颁布的《民用机场管理条例》中,将我国民用机场定位为“公共基础设施”[26]。这种定位意味着我国民用机场将如同公路、铁路、水运一样被纳入政府的交通建设和管理之列,包括对机场的规划发展、投资建设与经营监督等行政管理。由于民用机场在交通运输体系中具有一定的区域垄断性,为了保证机场服务的公正性,2005年民航局颁布了《国内投资民用航空业规定(试行)》[27],对民用机场的资产结构和投资主体进行了规范,指出“国内投资主体投资民用航空业,应当有利于巩固和发展公有制经济,有利于鼓励、支持和引导非公有制经济发展,有利于坚持和完善公有制经济为主体、多种所有制经济共同发展的基本经济制度。国内投资主体投资民用航空业,应当有利于促进公平、有序竞争,防止垄断和不正当竞争”。该规定还进一步明确指出,“民用运输机场是自然垄断部门,鼓励各国内投资主体多元投资,非国有投资主体可以参股”,但是“大中型民用运输机场应当保持国有或者国有控股”。这里的“大中型民用运输机场”主要是指省级或计划单列市政府所在地机场和部分重点旅游城市所在地机场。政府通过立法对机场资产控股进行行政性限制,以保证机场的中立性和服务的公平性。

关于民用机场的“公共基础设施”特性,实质上是指与民航客货运输主营业务直接相关、直接用于公共航空运输的设施设备部分,如跑道及助航设备、滑行道、停机坪、登机口、候机区、安检设备、值机系统、机场信息系统、货运传送系统等,但不包括机场其他非主营业务部分的设施设备,如候机楼的商场、餐饮服务设施、宾馆及停车场等其他配套服务设施。《民用机场管理条例》中对机场设施设备的公共属性界定,有利于对机场投资主体的管理和机场资产的经营权管理。

随着机场管理模式的深入改革和发展,我国中大型机场的经营管理模式开始从资产管理与经营管理混为一体的传统管理模式逐渐向两者分离的专业化管理方向发展[28],以提高机场资产保值增值的经营效果。因此,我国机场属地化之后成立的各类机场集团公司,实际上主要负责机场资产管理和机场投资决策,机场的日常运行和经营活动则由不断专业化的机场公司按照企业模式进行营运。

2.5.2 机场分类

2005年我国政府颁布的《民用机场使用许可规定》中把“民用机场分为公共航空运输机场和通用航空机场”[15]两大类。实际上,由于机场所在区域的社会经济发达程度不同,机场所在城市的政治经济和国际地位不同,因而各机场的设施规模、经营规模及在航线网络中的角色与地位差异很大。根据机场通达城市的航线、航班业务性质等,通常还有航班机场、国际机场、通用航空机场之分,也有枢纽机场、门户机场、干线机场、支线机场之分。

1. 运输机场

顾名思义，运输机场泛指提供定期或不定期客货航班运输服务的民航运输机场。在这类机场中，不包括通用航空机场，但有部分机场属于军民合用机场。由于我国专用的通用航空机场相对较少，因此大部分航班运输机场兼营通用航空业务。据统计，截至 2011 年底，我国共有民用运输机场 180 个[29]。

2. 国际机场

国际机场通常是指提供国际定期客货运输航班服务、并且具有一定旅客吞吐量规模的中大型民用运输机场。虽然在国际上没有关于国际机场的统一标准，然而一般认为，国际机场不仅提供国际和国内定期与不定期客货邮航班运输服务，而且还必须设有边防、海关和检验检疫（亦称口岸）等政府派出机构，代表所在国政府行使相关职能。随着我国对外开放和国际客货运输业务的扩大，国际机场已经成为国家和地区连接世界的重要门户。

3. 通用航空机场

通用航空机场主要用于通用航空飞行服务，通常并不提供与客货运输航班飞行有关的设施与服务，如没有候机楼和旅客服务。但是，如前所述，大多数运输机场在经营民用航空客货运输业务的同时，也提供通用航空服务，如公务机服务、救援、消防等。随着社会经济发展，非航班性质或类似包机性质的非定期空中交通需求越来越多，使得通用航空业的服务领域在传统概念基础上不断扩展，已经在世界上部分国家和地区出现类似“空中出租车”(air taxi)的非航班性质的空中交通服务，如美国—加拿大边境地区的周末定期和不定期短程通勤飞行服务(commuter flight service)。随着通用航空工业和通用航空服务业的发展，类似通勤飞行的空中交通服务将发展成为通用航空服务业的重要内容。

4. 支线机场

根据民航局 2006 年 4 月 30 日颁布的《民用航空支线机场建设标准》(MH5023-2006)，我国支线机场设计规模一般为[24]：

(1)设计目标年旅客吞吐量小于 50 万人次(含)。

(2)主要起降短程飞机。

(3)规划的直达航程一般在 800～1500 千米范围内。

因此，支线机场通常都是小型机场，飞行区等级大多为 4C 以下，少部分为 4D，主要分布在边远地区或地市级小型城市，与省会城市机场或其他支线机场之间形成支线航线网络，在地面交通不便的小城市之间提供“点-点”支线航空运输，或与枢纽机场之间形成“输送”(feeding)关系，与干线构成“枢纽-支线”航线网络结构，为枢纽机场提供“集散”服务。

截至 2011 底，我国支线机场数已经超过 130 个[29]。

5. 枢纽机场

“枢纽机场”(hub and spoke airport)概念出现在 20 世纪 70 年代后期美国政府“放松管制政策”出台之后[30]。80 年代初期，随着美国国内民航运输市场的激烈竞争，部分大型航空公司为了提高航班载运率以降低成本增加利润，开始对航线网络结构进行战略性调整，逐步减少客座率较低的直飞航班，以经济繁荣、客货流量大、地面交通发达的大型城市机场为中转枢纽(hub)，构建“干-支”结合的航线网络，使得周边短程航线旅客通过枢纽机场中转到较远航线目的地(图 2-11)。采用这种以枢纽机场为中心、“干-支”航线相结合的航线网络结构，可以提高航班载运率，缩短航班飞机周转时间，增加航班密度，使旅客选择中转航班的机会明显增多。

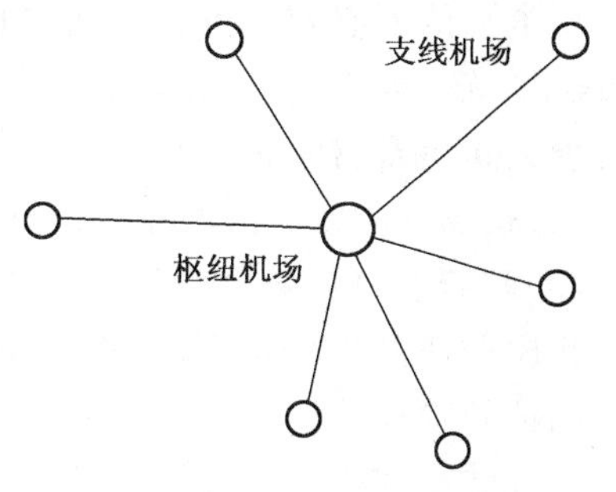

图 2-11　辐射型枢纽航线网络结构示意图

源于美国的这种“枢纽航线网络”和“枢纽机场”经营战略，显示出它的超强集散和中转优势以及它的强大经济动力，极大地促进了枢纽机场本身的发展和以它为中心的周边地区社会经济特别是临空经济的发展，如航空维修业、物流业、高新产业、国际贸易、金融业、房地产、配套服务业等。关于枢纽机场概念，将在第 4 章中详细阐述。

我国于 2004 年开始实施枢纽航线网络和枢纽机场发展战略，民航局从航线准入和航班时刻配置等方面，对航空公司经营枢纽机场航线进行行政性调控，强化“干-支”结合的结构性市场分工，支持发展支线航空运输。2008 年，民航局制定了《关于加强国家公共航空运输体系建设的若干意见》[31]，明确提出了加强北京、上海、广州三大门户复合型枢纽机场建设，以及昆明、成都、西安、重庆、乌鲁木齐、郑州、沈阳、武汉八大区域性枢纽机场建设的发展战略，使我国国内航线结构布局逐步向以枢纽机场为中心的枢纽航线网络发展。

6. 机场群（多机场系统）

虽然枢纽航线网络中的枢纽机场与周边机场之间存在着航线联系，但是这种关系主要依赖于航空公司所经营的航线网络战略，而在机场之间并不存在除了市场之外的任何其他直接关联性。在这些位于同一区域的机场之间，有的不仅没有合作关系或航线联系，甚至还存在市场竞争现象，如现在的“长三角”地区、环渤海湾地区和“珠三角”地区。20 世纪 70 年代，随着经济的发展，美国和欧洲的一些大型都市经济圈逐渐形成，为应对迅速发展的民航客货运输市场需求，周边分布密集的机场之间开始出现资源整合，形成跨越行政区域的多机场合作运行模式，称为多机场系统（multi-airport system），也有称之为机场群（airport group）[28,30]，共同服务于同一个大都市区域[32]，如英国的伦敦都市圈、美国的纽约都市圈和德国的法兰克福都市圈。从管理层面看，区域机场群（或多机场系统）实际上是一个大型机场集团，对成员机场实行集中经营管理，统一管理机场发展规划、机场建设与机场资产、统一协调各成员机场的市场和利益等。从日常运营层面看，机场群（或多机场系统）被看成是一个规模很大其跑道分布在不同地方的超级大机场，特别是地面交通十分便捷的今天，机场群是一个大型虚拟机场，统一航线布局、统一协调空域利用、统一调配机场设备和技术，共享机场资源。根据欧美机场群（或多机场系统）三十多年的运行经验，主要有以下特点：

(1)机场群成员机场的资产管理呈现多元模式，有涉及资产重组和产权转移的，也有自然进入联合体。例如，英国 BAA（参见第 1 章 1.1.2 节中“机场私有化”部分），它由英国的七大机场组成，资产则由“英国机场管理局机场股份有限公司”统一管理。而美国东北部地区的纽约机场群，包括肯尼迪国际机场（JFK）、纽瓦克自由国际机场（EWR）、拉瓜迪亚机场（LGA）和几个小型机场，由纽约新泽西港务局统一负责运营管理，但不拥有对各机场资产的所有权。这两种机场群(或多机场系统)管理模式具有的共同点:机场群对成员机场统一规划、统一市场营销、统一市场协调、实现协调发展,机场经营管理则由专业化管理公司负责日常运营。

(2)机场群的成员机场在跨行政区域的民航运输市场中合理战略定位和市场合理分工。

(3)政府在对机场群发展和管理中,处于授权管理和行业监督角色。

我国的西部机场集团、广东省机场集团等的现行运行和管理模式在某种意义上类似于机场群管理模式。

实践和研究[32,36,37,43,44]表明,机场群(或多机场系统)的优越性在于,成员机场之间通过统一管理和分工协作,能够充分发挥区域内每个机场的资源效用,功能互补,减少相邻机场之间的消耗性竞争,促进区域民航运输业的协调发展,能够有效缓解大型机场因规模过大、业务过度繁忙而带来的运行安全和运行效率下降问题。从国家大局利益出发,以枢纽机场为中心的机场群,能够有效减少机场规模不断扩大对土地资源和城市相关资源的过度需求,有利于促进区域社会经济的协调发展。

根据ICAO对全球机场经营状况和管理模式的调查研究[32],无论机场的管理模式如何,单个机场运行模式下呈现出一种两极分化的趋势:一些小型机场因客货流量小而设施设备闲置处于举步维艰的经营状态,而另一些大型机场的都市效应则过度发展规模不断扩大,致使机场运行成本和社会配套成本(如土地和地面交通设施)不断上升,两种情形都给区域发展带来一种不经济的社会结果。该研究认为,纵观世界各国机场发展现状,必须从有限的社会资源得到最优利用的全局观点出发,应该通过政府的政策或措施进行适度调控和干预,促进机场之间形成某种程度的合作,形成区域性机场网络、机场联盟、机场集团或其他合作经营管理模式,使得服务于同一区域或都市圈的机场之间形成均衡性协调发展。这一研究结果对可用耕地十分紧缺的人口大国中国而言,更具有十分重要的指导意义。

2.5.3 机场的管理组织结构

随着机场基础设施规模和经营业务规模的发展,机场的概念已经不仅仅是一个提供飞机起飞降落的专用场地,而且是一个地区促进社会经济发展以民航业为基础的新兴经济区。机场本身也不仅仅是为进出港航班提供保障服务,也同时大力发展非航空类业务[24]。因此西方业界将机场称为“空港系统”(airport system)。显而易见,有效运营和科学管理机场已经成为一项复杂而重要的工作。

机场是一个航空客货运输服务场所。管理机场日常运行和经营活动的行政机构通常被称为机场管理当局(Airport Authority)或机场管理机构。图2-12所示为一个典型的机场管理当局的组织结构。

2.5.4 机场的社会和经济特性

民用机场是社会公共交通运输体系中的一个重要组成部分,在区域社会经济发展进程中,已经成为跨越地理空间对外交流的重要门户,对促进地方产业结构调整、拉动地方经济发展发挥着越来越重要的作用,在经济发达地区已经形成以机场为中心、以民航运输业为基础的临空经济圈,成为带动地方社会经济快速发展的助推器。与航空公司不同的是,机场占用较大规模的土地空间,机场、驻场企业、环绕机场四周兴建的经济实体,使机

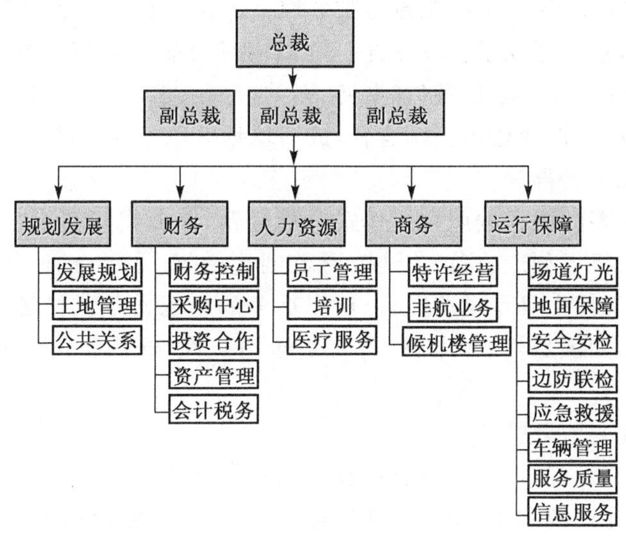

图 2-12　机场管理组织结构示意图

场地区成为当地经济社会不可分割的一个部分。机场作为民航运输业的一个重要组成部分，具有以下社会特性和经济特性：

1. 机场的社会特征

机场作为一种公共交通基础设施，具有以下主要社会特征：

(1)准公共产品属性强。航空运输是一种公共交通运输方式。它与其他交通方式一样，建设机场的首要目的在于提供航空运输服务，加强对区域外的客货流动，以拉动和促进地方乃至一个区域的社会经济发展，是一种为全社会公众服务、投资规模大、直接经济回报周期长、社会效益高、“自己栽树，果落他家”的准公共性产品[23]。因此，世界上大多数国家的政府将机场定性为公共基础设施[26]，并纳入政府的城市发展规划和投资建设范围。自然地，机场资产甚至有些机场的日常运行被纳入政府管理。

(2)社会关联度高。由于机场区位空间坐落一方，并且占地规模大，不仅是区域性公共交通基础设施，而且在机场周边形成了与之配套以及衍生的产业片区。不同于航空公司航线效益不佳可改飞其他城市，而机场则永远扎根并服务于一方，与所在地的地面交通系统、社会公共保障性基础设施(水、电、气、油、通信等)、地方政府、社会就业与配套生活服务等社会实体，形成了一个密不可分并具有一定规模的机场社区(airport community)，成为地方社会和经济结构中紧密关联的一个重要组成部分。

(3)社会功能多。机场作为公共交通基础设施，为社会大众提供航空运输服务，这是它的基本功能。由于机场作为一个城市乃至一个地区对外交流的空中门户，以及机场所具有的快速集散优势，机场对地方社会和经济发展具有重要的促进和拉动作用。由于航空运输的快捷、高度机动性和通达性等优势，机场又是重要的国防基础设施。

2. 机场的经济特性

机场作为一种营利性实体，具有以下主要经济特征：

(1)区域垄断性。由于机场服务覆盖的地理空间范围大，机场密集地区通常覆盖 1 至

1.5小时的车程范围,大中型国际机场的服务覆盖范围会更大。因此在这一区域内通常只有一个机场存在,这就形成了机场在这一区域内对民航运输市场的自然垄断现象。尽管在一些城市或地区存在多个机场(如上海、纽约、伦敦、珠江三角洲地区等),但是通过某些方式的资源整合已经形成整体协调运营,成为该地区的一种新的市场垄断模式,如机场集团、多机场系统或机场群等。

(2)营利性。大多数机场按照企业模式进行经营,因此机场具有营利性,通过发展主营和非主营业务,为机场创造收益,为地方财政创造税收。由于机场具有企业性质,因此在区域性航空运输市场中具有竞争性,以获得更多的市场份额。机场还具有民航运输业所共有的经济特征,如区域性、季节性、经济同步增长性、规模经济性和密度经济性等特征,参见第1章。

2.5.5 机场的设立与取证管理

根据2004年12月1日起开始施行的《民用机场建设管理规定》,国家民航局负责全国民用机场规划与建设的监督管理,要求运输机场的规划、建设和运行必须符合全国民用航空运输机场布局和建设规划,必须符合机场运行所具备的技术条件。根据我国政府对民用机场管理的有关规定,民用机场从筹建到投入运行,通常需要经历四大阶段的准备工作:

1. 机场布局规划阶段

机场布局是国家经济、社会和国防发展战略规划的一个重要组成部分。根据2009年7月1日起开始施行的《民用机场管理条例》规定,我国民用机场布局规划由国家民航局统一组织编制并上报国务院审批。因此,新建一座民用机场首先要被列入全国民用机场布局与建设规划。例如,根据民航局2007年12月公布的《全国民用机场布局规划》,到2020年,我国民用机场在2007年既有147座基础上将新增97座,民用机场总数到2010年底达到190座左右,到2020年将达到244座左右。该规划意味着在2007~2020年期间,全国有97座新机场被列入国家布局与建设规划。

根据上述《民用机场管理条例》,全国机场布局与建设规划必须根据各地区国民经济和社会发展需求以及国防要求,结合地区综合交通发展规划、土地利用总体规划和城乡发展规划,通过由民航管理当局组织的科学论证和国务院等相关部门的审批立项,才能纳入全国民用机场布局和建设规划。换言之,只有被批准列入国家机场布局和建设规划的机场,才能获得国家授权筹建机场的许可。图2-13所示为新机场申请立项的基本审批流程[26,33]。

在我国,新机场从获批立项到实施建设是一项极其复杂的工程,根据《民用机场建设管理规定》中关于运输机场工程建设程序[33],机场建设工程分为两大阶段,机场筹建阶段和机场实施建设阶段。

2. 机场筹备建设阶段

新机场筹建阶段的工作主要是为正式施行机场工程建设进行前期各项准备,包括:新建机场选址、编写机场建设项目建议书、机场建设可行性研究、机场总体规划、机场初步设计、机场建设施工图设计等[33](图2-14)。

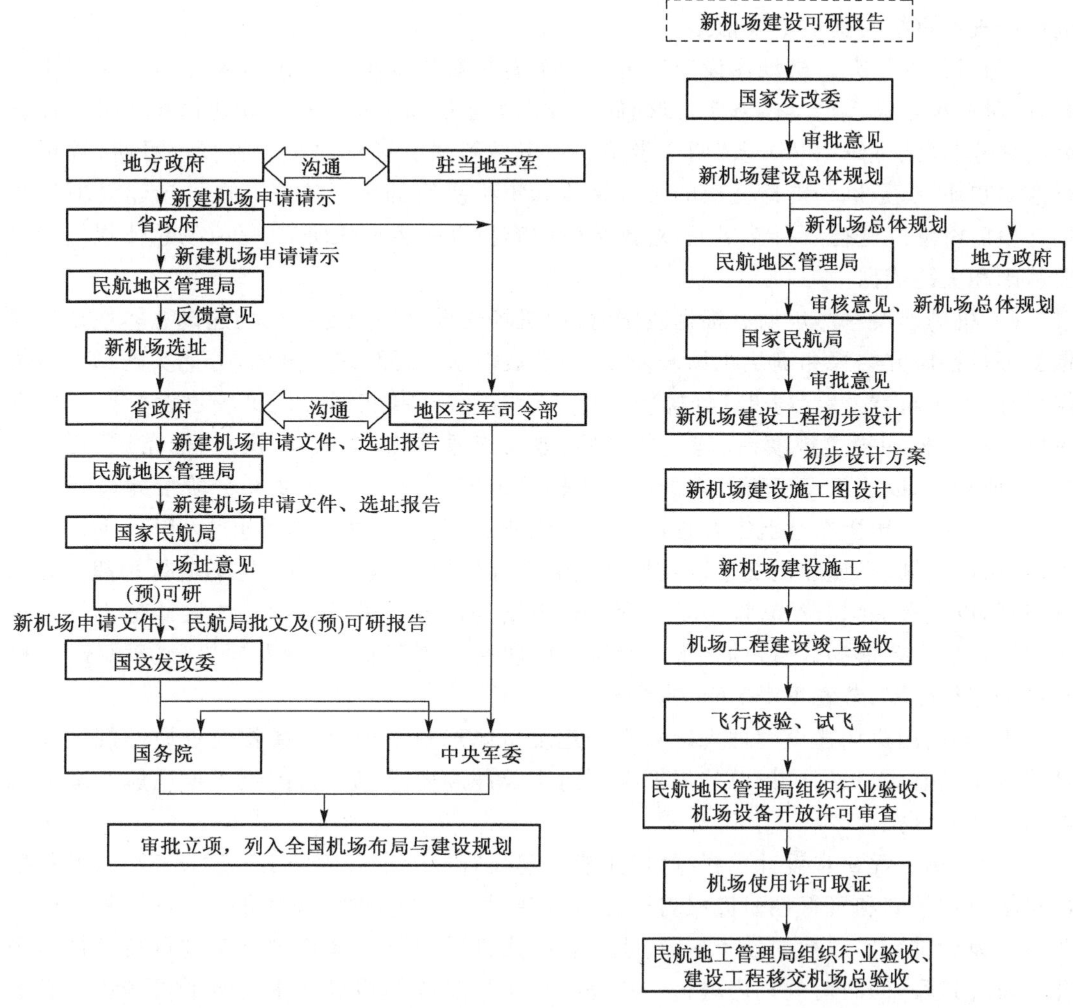

图 2-13　新建机场申请立项审批基本流程　　　图 2-14　新机场建设基本流程

(1)新机场选址。根据《民用机场建设管理规定》，新建机场申请人必须委托具有相应资质的单位按照民航局关于民用机场选址要求进行新机场选址研究，并根据民航局关于新机场选址报告内容编制要求，编写新机场选址报告。新建机场所在省、自治区、直辖市人民政府主管部门需向所在地民航地区管理局提出新机场选址申请，并同时提交新机场选址报告和相关申请文件，经民航地区管理局审核后，报送国家民航局审查，由国家民航局对选址报告组织现场踏勘和专家评审，最终形成场址审查意见。

新机场选址必须根据机场工程技术要求，从机场的净空条件、地形、地貌、地质、水文、气象、电磁干扰、国防、空域、环保、文物及自然资源、社会公共基础设施等方面，选择 2～3 个备选场址进行综合对比研究[33]，重点研究场址地区的地质结构、气象特征以及空域飞行性能，并形成研究报告供民航当局审核和组织论证。

(2)项目计划。新建机场申请文件之一是机场工程建设项目建议书，重点对机场建设背景、机场建设规模和融资渠道、用地方案、环境保护与节能减排、项目各主要部分的资金预算，以及机场未来发展前景和效益等进行阐述，为有关主管部门在对申请新建机场项目进行审查和审批时提供决策依据。

(3)可行性研究。机场建设项目可行性研究是对机场项目建议书内容的深入细化研究，以对机场建设提出具体方案，以确保实现机场建设和运行目标。新建机场的可行性研究通常分为“预可研”和“可研”两个步骤。在申请新建机场立项阶段进行预可研，或称可行性初步研究，是机场申请立项的必备材料和审批决策的重要依据。在机场建设项目获批立项后将继续进行可行性研究，对预可研内容再进一步深化研究，是机场总体规划的重要基础和关键依据。

(4)机场建设总体规划。根据我国《民用机场建设管理规定》，机场建设总体规划需要依据可行性研究结果和满足机场未来20年发展需求，按照“统一规划，分期实施”原则，依据《国际民用航空公约》附件14(机场设计与运行标准)和我国民用机场建设标准对机场总体工程规模和投资规模、设施设备布局、地面交通系统、水电气(汽)信油布局、环境保护、土地利用，以及机场运行管理的组织机构等内容，进行全面规划和分阶段建设目标设计，主要包括机场所在地航空客货市场需求预测、分阶段机场客货吞吐量目标、飞行区规划、航站区规划、机场陆侧交通以及地面交通系统规划、货运区规划、机场运行管理信息系统规划，以及有关综合配套设施及配套项目规划等内容。机场建设总体设计是机场建设工程设计的主要依据，对机场未来能否满足阶段性发展需求、充分发挥机场资源效用、提高机场运行效率、节省投资等至关重要[33]。

根据《民用机场建设管理规定》，机场建设总体规划必须由具备相应资质的规划设计部门按照民航局《民用机场总体规划编制内容及深度要求》编制，需要上报民航管理当局组织论证和审批。

(5)机场工程初步设计。根据《民用机场建设管理规定》，机场工程建设需要按照批准的机场总体规划和可行性研究报告进行机场建设工程初步设计，为进一步进行具体的工程施工设计进行实质性的技术准备，也是将概念性的机场总体规划方案进行技术性可视化的设计过程，同时对规划内容进一步完善。机场工程初步设计主要包括机场工程总图工程、场道工程、助航灯光工程、空管工程、航站楼工程、生产辅助和行政后勤设施工程、供电工程、信息系统工程、消防救援、给排水及污物处理工程、供油工程及供热工程，以及有关配套设施和保障设施工程等内容的设计，并根据初步设计报批材料的内容要求和规范要求，形成总体初步设计说明书、设计图纸、主要工程量表、主要设备及材料表工程概算书、初步设计汇总概算等文件材料。连同前期的有关批准文件，包括项目建议书，可行性研究报告，环境评价，通信、导航、雷达、气象台(站)选址等批文，以及进行初步设计的工程基础材料，如相应的工程勘察、地震评估、环境评价、工程试验等报告文本，汇编形成机场工程初步设计报告，上报民航管理当局审批[33]。

(6)机场工程施工图设计。按照获得批准的机场建设总体规划、机场工程初步设计，根据国际和国内机场工程标准和《民用机场工程施工图设计文件编制内容及深度要求》等进行机场工程施工图设计，设计内容包括机场场道、机坪、候机楼及各项配套设施，如航管楼、塔台、雷达塔、储油库、供油管线、地面交通及货运设施等所有工程涉及的结构、土方、基础、道面、排水、桥梁、管线等，为机场工程施工建设提供具体的工程图和相关工程技术文件。机场工程施工图设计需报送民航管理当局审批，并同时提交施工图设计图纸及其说明书、初步设计批准文件、工程勘察结果报告和工程试验报告、结构计算书等文件[33]。

3.机场实施建设阶段

根据《民用机场建设管理规定》，机场工程的建设实施应当执行国家规定的招标投标、市场准入、监理、质量监督等制度，选择具有相应资质的单位承担工程建设和工程质量监理。机场工程竣工后，机场建设单位根据机场规划和工程设计，组织设计、施工、监理等有关单位，按照验收程序对机场的工程建设、技术性能及建设资金使用等进行竣工工程验收和行业验收，确保整个机场工程质量符合设计目标和安全运行要求[33]。

4.机场使用许可认证阶段

为了加强对民用机场的管理，保障民用机场安全、正常运行，我国对民用机场使用施行许可证制，即任何新建机场或改扩建后的机场在工程验收合格后，还需通过民航管理当局依据相关规定对机场运行应该具备的运行和经营管理组织机构、关键岗位人员、机场运行管理的相关规章制度和操作手册、设施设备状况等进行全面审查和认证，并获得授予的运行许可证之后方才可以正式开放投入商业运行[34]。

根据《民用机场使用许可规定》，申请民用机场使用许可证的机场，应当具备下列各项基本条件[34]：

(1)机场管理机构具有中华人民共和国法人资格。

(2)机场高级管理人员具备相应的资格和条件。

(3)机场的资本构成比例符合国家有关规定。

(4)机场运行管理机构和管理体系完备。

(5)与其运营业务相适应的飞行区、航站区、工作区，以及服务设施和人员符合相应规定和标准。

(6)必要的空中交通服务、航行情报服务、通信导航监视、航空气象等设施和人员，符合民航局空管部门的规定，并具备相关的运行管理程序。

(7)飞行程序和运行最低标准获批准。

(8)符合国家规定的安全保卫设施和人员；具备处理特殊情况的应急预案以及相应的设施和人员；满足机场运行要求的安全管理系统。

(9)民航局认为有必要具备的其他基本条件。

民航管理当局对申请人提交的《民用机场使用许可证申请书》和规定的材料，包括机场管理机构(法人)及其法定代表人、高级管理人员和岗位人员的背景信息材料，机场资本构成的有效证明文件，机场建设的批准文件和竣工验收文件，飞行程序和运行最低标准的批准文件，通信导航监视及气象等设施设备开放使用的批准文件，按照规定编写的民用机场使用手册等，依据相关规定进行审查，必要时组织专家进行现场考察和核实。对于符合各项规定和要求并通过民航管理当局审查和认证的机场，民航管理当局将颁发《民用机场使用许可证》(图 2-15)。如果对现有运输机场申请设立国际机场，需要报请国务院审批[34]。

—— 标准航徽 ——

民用机场使用许可证

机场名称：______ 使用许可证编号：______
机场所有者法定代表人：______ 机场管理机构法定代表人：______
机场管理机构名称：______ 机场使用性质：______
飞行区指标：______ 道面等级号：______
可使用机型：______ 消防救援等级：______
跑道运行类别：______
目视助航条件：______

本机场使用许可证根据《中华人民共和国民用航空法》第六十二条、六十三条以及《民用机场使用许可规定》(民航总局第156号令)颁发。机场管理机构应当遵守相关法律、法规中关于机场开放使用条款及经认可的《民用机场使用手册》。否则，国务院民用航空行政主管部门有权责令该机场停止使用，没收违法所得，可以并处一倍以下的罚款。

本机场使用许可证不可转让，除被吊销、注销外，有效期五年。

发证机关

年 月 日

图 2-15 我国民用机场使用许可证样本[15]

2.5.6 机场与航空公司的协调发展关系

机场和航空公司在航空运输系统中扮演着不同的角色，航空公司承担具体的空中运输飞行服务，机场提供地面保障服务。但是在一些大型机场，除了跑道及助航灯光系统等直接服务于航班的设施设备属于机场的垄断性资源之外，机场的其他地面保障服务及非航空业务，在机场与基地航空公司之间存在着许多共同利益与市场竞争。一方面，机场拥有“地主”优势，对机场资源具有一定的垄断性，另一方面机场需要依靠基地航空公司“繁荣”机场，如同上节阐述的“枢纽航线网络服务体系”中枢纽机场与航空公司的关系。因此，在机场与航空公司之间存在着一种“唇齿相依”的协调发展关系。

在机场与航空公司之间，存在多种合作方式，主要有以下几种形式：

1. 服务代理关系

航空公司根据航班量、机型、客货运载量等情况，与航线机场当局就航班地面保障服务所涉及的旅客候机或货物仓储、飞机起降与停放、车辆使用、安全检查、廊桥、值机等一系列有关设施设备使用、服务和费用等事项进行商谈，达成协议，签订委托代理服务合约。机场将按协议内容对该航空公司经停本站的航班提供相应服务，航空公司将按协议支付费用。

这种代理合作方式，主要用于小型航空公司或者经由该机场航班量较小的情况下。例如，海南航空公司在南京禄口机场的委托代理服务。

2. 第三方专业代理

在一些中大型机场，机场当局采用专业化经营管理模式，如首都机场和上海机场等，将机场的所有地面保障服务，不包括跑道和灯光系统，由一家或多家专业化的地面保障服务公司经营和管理，负责各航空公司在该机场的地面服务代理或合作事项。

3. 租赁关系

一些大型航空公司由于在该机场的航班量较大，在该机场设有基地，因此承租不包括跑道及助航灯光设施之外的机场设施设备，如航站楼的某一区域，包括值机、安检、登机口、停机坪在内的整个服务设施，并有本航空公司派遣服务人员。这种方式对于航空公司而言相对经济，对于机场而言管理简单，因此承租时间较长。如首都机场的 T2 航站楼，东方航空和南方航空就采用这种合作方式与首都机场公司进行合作。

4. 股份关系

一些机场希望与航空公司签订长期协议，保持长期合作关系，以保证机场经济收入的稳定性。因此，在新建或改扩建机场的过程中，有的机场要求大型航空公司出资参股建设，以分担机场投资风险。另一方面，有的机场由于经济性好，建设和经营机场本身就有投资收益，一些航空公司也愿意参与机场投资。在这样的情况下，航空公司与机场存在股份合作关系，航空公司参与机场的建设、经营或管理，并根据双方协议，航空公司从机场投资收益中支付机场使用费，用于偿还投资机场的借贷与利息。另一方面，航空公司可以优先和优惠获得机场某些资源的使用权。例如，首都机场与国航合作的 T3 航站楼，近年来海南航空收购了一些小型机场，也属于此类合作关系。

2.6　本章小结

民航运输业是一种社会性的服务，从国际到国内的航空公司、机场和空管等一线生产部门，构成了一个严密的组织与管理体系，具有明确的宗旨和职责，通过各级组织的管理、协调和合作，实施旅客和货物的航空运输。

思　考　题

1.“国际民航组织(ICAO)”的作用是什么？
2.“国际航空运输协会(IATA)”的作用是什么？
3.“国际机场理事会(ACI)”的作用是什么？
4. 我国民航局在改革开放新时期的职责是什么？
5. 试说明中国民航系统的管理结构。
6. 分析我国关于对航空公司的管理政策。
7. 分析我国关于对民用机场的管理政策。
8. 试说明航空公司在国民经济建设中的作用。
9. 试说明民用机场在国民经济建设中的作用。
10. 试说明航空公司与机场的发展关系。
11. 分析航空公司和机场在“枢纽航线网络”中的作用。
12. 分析“枢纽航线网络”的利和弊。
13. 分析我国支线航空的发展状况。
14. 分析世界通用航空机场的发展趋势。
15. 试述设立航空公司的取证流程以及涉及的相关规定。
16. 试述设立民用运输机场的取证流程以及涉及的相关规定。

参考文献

[1] Milan Janice. Air Transport System Analysis and Modeling[M]. Gordon and Breach Science Publishers, 2000.

[2] Richard de Newville, Amedeo R Odon. Airport System: Planning, Design and Management[M]. McGraw-Hill Companies, Inc. , 2003.

[3] The Organization of ICAO. http://www.icao.int/icao/en/howworks.htm. 2010, 2.

[4] ICAO. History of ICAO. http://www.icao.int/icao/en/m_about.html. 2010,2.

[5] The Mission of IATA. http://www.iata.org/about/mission.htm. 2010,2.

[6] Articles of Association. http://www.iata.org/about/corporate-structure.htm. 2010,2.

[7] About ACI. http://www.airports.org. 2010, 2.

[8] ACI Governance. http://www.airports.org/cda/aci_common. 2010,2.

[9] 李江民译. 国际民航运输管理手册[M]. 北京:中国民航出版社, 1997.

[10] 中国民用航空局行政体制沿革. http://www.caac.gov.cn/G1/G2. 2010,2.

[11] 中国民用航空局的主要职责. http://www.caac.gov.cn/G1/G2. 2012,5.

[12] 中国民用航空局的主要职能部门. http://www.caac.gov.cn/G1/G4. 2012, 5.

[13] 中国航空运输协会. http://www.cata.org.cn/Web/index.aspx.

[14] 中国民用机场协会. http://www.chinaairports.org.cn.

[15] 中国民用航空总局. 公共航空运输企业经营许可规定. 2004.12.16.

[16] 中国民用航空总局. 从统计看民航(2009—2011年)[M]. 北京:中国民航出版社, 2011.

[17] 中国民用航空总局. 通用航空经营许可管理规定. 2007.2.14.

[18] History of the Southwest Airlines. http://en.wikipedia.org/wiki/Southwest_Airlines.

[19] Low Cost Carrier. http://en.wikipedia.org/wiki/Low-cost_carrier.

[20] ICAO. 国际民用航空公约附件6—航空器运行. 第30次修订. 2006.7.17.

[21] 中国民用航空总局. 小型航空器商业运输运营人运行合格审定规则(CCAR-135). 2006.1.1.

[22] 中国民用航空局. 大型飞机公共航空运输承运人运行合格审定规则(CCAR-121). 2010.3.10.

[23] 中国民用航空总局. 一般运行和飞行规则(CCAR-91). 2007.11.22.

[24] 中国民用航空总局. 民用航空支线机场建设标准(MH5023-2006)[S]. 2006.4.30.

[25] 中华人民共和国国务院. 民航体制改革方案. 2002.3.3.

[26] 中华人民共和国国务院. 民用机场管理条例. 2009.

[27] 中国民用航空总局. 国内投资民用航空业规定(试行). 2005,7.

[28] Patrick J Kearney. Commercializing Our Nation's Airports and Airway, Handbook of Airline Strategy, Aviation Week[B]. A Division of the McGraw-Hill Companies, 2001.

[29] 数字民航 2011. http//www.caac.gov.cn. 2011.12.28.

[30] Alexander T Wells. Air Transportation Management[M]. Wadsworth Publishing Co. , 1994.

[31] 中国民用航空局. 关于加强国家公共航空运输体系建设的若干意见. 2008.

[32] ICAO. 机场经济学手册[OL]. 2版. 2006.

[33] 中国民用航空总局. 民用机场建设管理规定. 2004.12.1.

[34] 中国民用航空总局. 民用机场使用许可规定. 2005,10.

[35] 首都机场集团. 首都机场集团公司概况. http://www.cahs.com.cn. 2010,2.

[36] Richard de Neuville. Management of Multi—Airport System:A Development Strategy. Air Transport Management[J]. 1995,6

[37] Richard de Neufville. Planning Multi—Airport Systems in Metropolitan Regions in the 1990s, Air Transport Management[J]. 2000,4.

[38] Richard de Neufville，Amedeo Odoni. Airport System：Planning，Design and Management[M]. McGraw Hill，2003.

[39] 王倜傥. 机场竞争与机场营销[M]. 北京:中国民航出版社，2005.

[40] ICAO. Convention on International Civil Aviation(1944). http://icao.org.

[41] Gregory N Mankiw. 经济学原理[M]. 梁小民，梁砾译. 5 版. 北京:北京大学出版社，2009.

[42] 中国民用航空局. 全国民用机场布局规划[OL]. http/www.caac.gov.cn. 2008.02.02.

[43] 张越. 珠江三角洲区域多机场系统协调运营有关问题的研究[D].同济大学，2007.

[44] 韦薇. 以枢纽机场为中心的机场群协调运行与管理机制、方法与理论研究[D]. 南京航空航天大学，2012.

第3章

民航运输市场与管理

本章基于广义的“市场营销”理论，结合民航运输市场特点，系统介绍民航运输市场需求与供给关系、民航运输市场营销组合、民航运输市场定价机制与价格管理、收入与收益管理、机场营销基本原理、民航运输市场营销环境分析与发展战略，以及民航运输市场准入和准出管理等知识及相关法规。

每当人们谈论“买”和“卖”的时候，实质上是在谈及“市场营销”方面的问题。那么，在民航运输市场中，“买”什么和“卖”什么，以及如何“买”和“卖”呢？

3.1 民航运输市场

“民航运输市场”不仅仅是简单的“买什么”和“卖什么”，而是一个复杂的社会群体活动的社会价值交换过程，涉及市场中需要什么、有什么可卖、谁买、谁卖、卖什么价、如何卖、有什么在影响买和卖，以及如何管理买和卖等问题，这些都是市场管理和市场营销所要面对的问题。就传统的“市场”概念而言，市场是一种以商品交换为主要内容的社会经济活动，具有供求、商品和价格三项基本要素。

3.1.1 民航运输市场及分类

在第1章中已经介绍过现代运输业的五大运输体系：铁路运输，公路运输，水运运输，航空运输和管道运输。由于每一种运输方式都有各自的特点，适用于社会的不同需求，因此便形成了各自的市场。那就是，铁路运输市场、公路运输市场、水路运输市场、民航运输市场和管道运输市场。

就民航运输市场而言，它可以分成旅客运输市场和货物运输市场两大部分。但是由于消费者和消费需求的差异性，便产生了不同类型的市场细分，民航运输企业需要针对不同的市场细分采取相应的市场营销策略，进行产品设计、定价、促销、销售和最后实施运输服务。民航运输市场通常有以下几种分类方法：

1. 按运载对象分类

根据运载对象特征，民航运输市场可以分为：

（1）民航旅客运输市场，包括商务客运市场、旅游客运市场和休闲客运市场，前两者是航空公司和机场的主要市场。

（2）民航货物运输（air cargo）市场，包括普通概念下的航空货物（air freight）运输市场，以及航空邮件（air mail）运输市场和航空快递（air express）运输市场。

2. 按区域范围分类

根据航空运输服务的区域范围，民航运输市场可以分为：

(1)民航国内运输市场，是指满足国内航线的民航运输服务，这是目前我国民航运输企业的主要市场。

(2)民航国际运输市场，是指满足国际航线的民航运输服务。

(3)民航地区运输市场，是指满足地区航线的民航运输服务。所谓的地区航线，是指通往具有领土主权但目前行政管辖权比较特殊的区域的航线，如我国大陆通往香港、澳门和台湾地区的航线。

3. 按航班性质分类

根据民航运输服务的航班性质，民航运输市场可以分为：

(1)民航定期航班运输市场，是指提供相对固定航班起飞时刻和班期及固定航线的航班运输服务市场。

(2)民航不定期航班运输市场，是指针对不确定航班起飞时刻或航线提供航班运输服务的市场，如包机运输和加班运输等。

4. 按航线结构分类

在枢纽-支线结构航线网络中，民航运输市场可以分为：

(1)干线民航运输市场，通常是指省会级城市或大型机场(如深圳、青岛等机场)之间的民航运输市场。

(2)支线民航运输市场，通常是指省会以下级别城市及其周边地区的民航运输市场如昆明至大理航线。

3.1.2 民航运输市场中的供求关系

正如第1章中所述，民航运输是一项有组织的社会集体活动，民航运输企业根据旅客或货主的运送要求，按照机票或货运单上的约定以及所支付的运费，在规定的时限内使用飞机将旅客或货物安全完好地运达指定目的地。这种由旅客或货主运送需求与航空承运人为满足这种需求而提供服务所构成的等价交换过程，形成了民航运输市场中的供求关系。在这个关系中，存在着消费者、客户、用户和服务供应者四种不同角色[1]，如图3-1所示，它们在这个市场关系中分别担负着不同的作用。

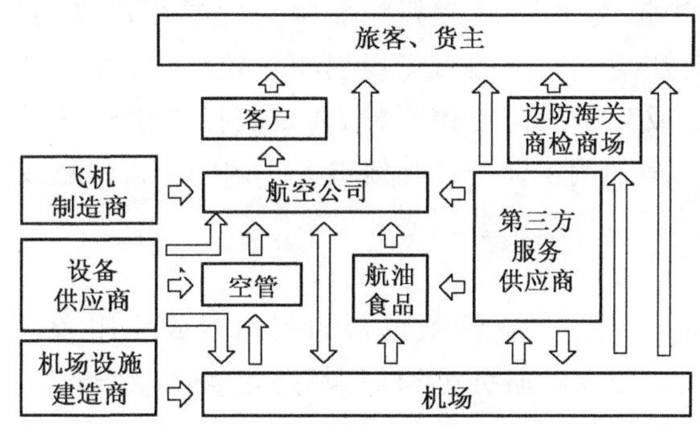

图3-1 民航运输市场中的供求关系

1.消费者

在民航运输市场中，消费者(consumer)是航空运输服务的终极需求者和直接受益者，是产生民航运输市场的基础因素，也是航空公司和机场的直接服务对象，实质上就是航空旅客(passenger，实际乘坐飞机者)或航空货主(shipper，实际发货人)。但是，这里的消费者，并不一定是选择出行交通方式、选哪一家旅行社或航空公司飞机、从哪一个机场出发的决策者。是否采用航空运输方式旅行或者运输，选择哪一个机场或者哪一家航空公司出行，接受什么样的服务方式(头等舱或经济舱，包机或租舱)和运输价格，部分消费者本身并不能够做出决定或选择，而是由某一个或某些权威者或出资方做出决定。例如，公司为了控制成本需要减少货物运输费用，便与某一航空公司签订优惠运价合作协议，因此，该公司的发货员只能遵照此协议通过这家指定的航空公司进行货物运输。但是消费者在这个市场关系中，由于他们是航空公司或机场服务的亲身经历者或者受益者，他们可以对航空公司或机场的服务质量进行评价，他们的评价不仅会影响航空公司或机场的市场形象和品牌声誉，而且会影响消费者以后对航空服务提供者的选择决策。因此，航空公司和机场与消费者的关系直接影响民航运输市场中的供求关系。

2.客户

如上所述，消费者不一定是决策者。那些能够决定消费者最终接受何种服务的“权威们”是航空公司或机场的客户(customer)。有的客户本身就是消费者(即旅客或货主)。如果消费者通过中间销售代理人购买机票或托运货物，他们可能在客运销售代理人(sales agent)或货运销售代理人(forwarder)的劝说或诱导影响下做出选择航空公司或出行机场的决定。因此，包括一家之长、单位行政主管或销售代理人等在内的这些为消费者行为能够做出决策的个人或单位，都是航空公司或机场的客户。显而易见，客户对于航空公司和机场与消费者同样重要，因为他们能够直接决定与谁建立航空运输服务供求关系。

航空公司是承担航空客货运输的主体，也是航空客货运输市场的销售主体，其他销售航空客货运输服务的任何团体，都是航空公司的销售代理人。所谓航空运输销售代理人，根据中国民航局规定，是“受民用航空运输企业委托，在约定的授权范围内，以委托人名义代为处理航空客货运输销售及其相关业务的营利性”企业[2]。航空公司运输销售代理人可以分为两类：一类是销售代理人，代表授权航空公司进行市场销售；另一类是航空公司业务代表。当航空公司在某一城市的市场规模相对较小时，为了节省市场销售成本，通常并不在该地开设营业部或其他任何销售机构，而是委托当地机场、其他航空公司或者第三方，代为处理本公司在当地的销售业务或其他事务。这些销售代理或业务代表，既代表授权航空公司为客户服务，同时也是航空公司服务的客户。

3.用户

顾名思义，用户(user)就是机场设施设备的租用者或使用者。航空公司、机场、航油公司、食品公司、空管或地面保障服务公司等，都是航空运输服务的供给方，为航班的安全正点飞行提供必要的保障服务。另一方面，航空公司、航油公司、食品公司、空管、客货运输销售代理人，以及海关和商检等驻场单位，需要租用机场的设施设备或场所，并且需要机场提供诸如电、水、汽(气)、通信、交通等配套服务，因此，它们是机场的用户。在这些用户中，航空公司对机场至关重要，它为机场及其他保障服务提供者的生存和发展带来机遇。

现代机场特别是大型国际枢纽机场，不仅是航空运输基础设施，为航空旅客出行和货主托运货物提供服务场所，而且是现代化的商场和观光景点。驰名世界的阿联酋迪拜机场，设有奢华极致的免税商店，汇集了世界各地的时尚商品和奇珍异宝，成为世界顶级商务中心和博览会，宾客如云；德国的法兰克福机场设有来自世界各国的美食店，美味佳肴吸引了世界各地的休闲客和观光客。这些旅客都是机场或航空公司的非航空业务经营者的消费者和客户，而这些商场则是机场的客户和用户。

4. 供应商

如图 3-1 所示，在民航运输市场中，服务供应商主要是航空公司和机场，航空公司主要提供空中运输服务，是旅客或货主的服务供应商；机场是航空公司完成航空运输飞行的地面保障服务主要供应商；此外空管、油料、食品公司等都是航空公司的服务供应商。

上述供求关系便形成一个在民航运输市场中相互关联的服务链、价值链和产业链。明晰它们之间的关系，有益于对它们进行民航运输市场定位。

3.1.3　民航运输市场影响因素

航空运输是现代社会经济发展的一种重要运输方式，并随着社会经济的发展而逐步成为大众化的出行选择。如同第 1 章中对民航运输业的特征分析，民航运输市场对外部发展环境具有较强的敏感性，市场需求和产品供给受到较多因素的影响：

(1) 社会环境：影响民航运输市场发展的社会因素主要包括国家政局、国家政治、国际环境、区域人口规模、民航政策，以及社会安全形势等。2001 年美国的“9 11”事件、2003 年春季在我国爆发的 SARS，都是影响民航运输市场的社会环境因素。

(2) 地理因素：航空运输能够飞越地理障碍，特别在地面交通不易通达的地区和远距离运输，具有发展民航运输市场的独特优势。

(3) 经济环境：民航运输市场属于运输市场中的高端细分，与区域经济的发达程度和产业结构密切相关。根据对 1991～2009 年我国 GDP 和民航运输总周转量的分析，在这 19 年中，我国 GDP 每增长 1%，我国的民航旅客运输总增长率增加 1.492%。从世界和我国情况分析，有利于民航运输市场发展的主要产业包括旅游业、高科技产业、科教文化事业、金融、商贸服务等行业。

(4) 居民可支配收入水平：居民可支配收入是衡量居民消费能力的一个重要指标，直接影响居民是否选择航空运输方式出行及对舱位等级的选择。

(5) 替代品：与民航运输业竞争的替代运输方式主要是铁路和公路。高铁和高等级公路网的出现，给客户出行方式提供了较多的选择，无疑对民航运输市场产生一定的分流作用。

(6) 产品内涵：航空公司和机场提供的产品内涵也是影响民航运输市场发展的因素之一，如通达航线、航班时刻、机型、航班正点率、机场服务、中转便利性、延伸服务等。

(7) 价格：航空旅客票价、航空货运价格及相关延伸服务费用，在某些程度上对客户选择航空运输确实存在一定的影响。

此外，在区域性民航运输市场中，季节因素也是不可忽略的一个影响因素。

3.2 民航运输市场营销管理

著名的市场营销学家菲利普·科特勒(Philip Kotler)认为[3],市场营销是个人或集体通过创造产品并通过产品与他人交换价值以满足社会需求或欲望的一种社会和管理的行为过程。换言之,市场营销是企业根据市场需求设计和生产产品并投入市场进行货币交换的过程,是一个有目标有计划有组织的实施与管理,为客户或消费者创造价值,并构建可以从中获利的客户关系。市场营销管理的任务,就是对整个营销过程进行计划、组织和实施。

3.2.1 民航运输市场营销理念演变

随着市场营销观念和民航运输市场的发展,民航运输市场的营销理念在市场竞争中不断演变,主要经历了以下三大阶段:

1."面向运送"的经营理念

在航空运输的发展初期,欧美国家以政府资助方式优先扶持航空邮件运输业务。由于航空运输速度快这一无与伦比的优越性,航空旅客运输的对象主要是高官显贵要人,乘坐飞机成为一种身份的象征。在这一时期,民航运输企业关注的重点主要是安全运送,提高运送能力,降低运输成本,提高利润,类似于有形产品的"生产"阶段。这种理念强调"运送",还没有"产品"和"市场"的概念[4],是一种社会需求驱动服务供给的初级产物。

2."面向销售"的经营理念

第二次世界大战刺激了航空工业的迅速发展,为航空运输提供了更为先进的飞机和通信导航技术与设备,为民航运输业的发展奠定了物质和技术基础,航空运力显著增加。为了扩大市场吸引更多旅客乘坐本公司航班,以提高航班乘坐率,增加航班收益,航空公司逐步意识到必须像有形产品那样加强市场销售,因此开始出现机票的市场推销,并从改善以服务为基础的产品差异化入手,加强产品内涵设计。随着IT技术的发展,继而运用计算机订座等先进技术,伴以价格手段,扩大市场销售范围,提高市场竞争力,其经营理念从"运送"逐步向市场"销售"(或产品)演变[4]。"面向销售"经营理念的实质是卖方主导市场,卖方的经营重点在于通过销售产品和价格优势等吸引消费者,以提高自身的市场竞争力。

3."面向服务"的营销理念

20世纪50年代后期,喷气式客机开始大规模投入市场,航空公司运力迅速增加继而有不同程度的过剩,民航运输市场竞争不断加剧。特别是70年代后期美国政府的"航空公司放松管制法"出台后,民航运输市场竞争加剧,消费者对民航运输产品的要求随着市场竞争的升级在逐步提高,卖方市场的主导地位开始出现动摇。因此,航空公司开始以满足乘客需求为目标,改变以空中运输服务为主的产品和价格竞争的传统经营模式,延伸空中运输两端的地面服务范围,改变产品策略。随着市场营销思想的发展及民航运输市场竞争的加剧,先进技术不断在民航运输市场中得到运用。到了21世纪初,民航运输市场中的卖方地位风光不再,以旅客为中心的"旅客满意度"营销观念逐步形成[5],进入服务营销竞争的买方市场时代。民航运输企业产品策略和战略彻底变革,产品内涵更为丰富,以满足市场中更为细化的消费需求,如送票上门、接送旅客、个性化服务、常旅客计划、网上订票等，并加强与消费者之间的感情联络和忠诚度培养，以巩固和拓展市场。这种“旅客需求驱动”和“以旅客满意度为核心”的服务营销理念，着眼于消费者的需求和满意度，成为现代民航运输市场产品设计和市场竞争的基础。

在民航运输市场营销观念演变的历程中，航空公司直接面对市场竞争，是营销理念演变的先行者。机场作为民航运输产品的“生产合作方”，随着民航运输业的发展和市场竞争，其经营理念和营销思想也随之而改变。民航旅客从这种竞争和演变中得到了更好更多的服务。这就是“竞争促进发展”的真谛。

3.2.2 民航运输市场营销组合

广义的“市场营销组合”（marketing mix）概念最初在20世纪60年代初开始出现。它是一种营销思想，认为企业在市场营销活动中，不仅要针对目标市场需求特点充分考虑企业的内部和外部环境设计、生产和销售产品，而且要制订适应这种环境的市场营销战略和营销策略，并通过有效的组织实施这些战略和策略，在满足目标市场需求基础上实现企业的市场销售收入最大化，实现企业的市场目标。根据市场营销组合思想，市场营销专家们把营销活动中的关键要素（即组合）归纳为4P，即产品（product）、价格（price）、销售地点（place）和促销（promotion）。随着市场竞争加剧和市场实践不断创新，市场营销思想得到不断丰富，市场营销过程与政治环境（politics）和客户关系（public relationship）的影响越来越密切，市场营销组合便扩展成为6P，著名的市场学家菲利浦·科特勒称之为战术性市场营销组合[3]。之后，菲利浦·科特勒提出了战略性市场营销组合的新4P概念[3]，即市场研究（probing）、市场分块（partitioning，亦即 segmenting）、目标市场的发展优先顺序（prioritizing）和市场定位（positioning）。他认为，企业首先必须制定战略性营销组合，战术性营销组合是实现战略性营销组合的阶段性目标行动计划。关于市场营销的学术观点较多，本书重点介绍当今比较具有影响力的著名市场学家菲利浦·科特勒的市场营销组合10P思想（即策略组合6P＋战略组合4P）[3]。

1. 产品

任何一种能够满足社会需求的有形体物品或无形体服务，都可以称之为产品[6]。产品是企业的生存基础，是企业投资以获取利润的价值载体。市场营销的目的旨在通过一系列有组织有计划的措施和行动发挥产品的市场价值以获得最大的利润。对于消费者而言，产品必须能够满足需求，无论是产品本身的功用、性能，还是对价值的认同。

产品通常有两类市场作用，大部分产品用于满足已经存在的市场消费需求，服务于现有市场；新型产品则能够引导新的市场消费需求，开拓新市场，是企业在市场竞争中实施市场营销策略和战略的创新举措。

产品的核心是它的特定功用和社会价值，需要通过产品计划、产品设计、产品生产、产品交付等环节才能实现产品的市场价值。产品特性、质量、品牌、商标、包装、服务等因素，都能够对产品的市场价值产生影响。

随着民航运输业的发展，民航运输是一种“以客户满意为核心”的全程服务行为，这种具有社会效用和市场价值的服务，就是民航运输业的产品。换言之，民航运输业的产品是一种服务过程，实现了社会经济活动中个体或者群体的运输需求，具有可以感知的客观事实行为过程和效果。民航运输业的产品具有以下几大特性：

(1)产品即时性。民航运输业的产品是以飞机的座位(或舱位)为载体的一种服务过程,产品(即为每一位乘客或每一位货主的货物提供服务)的市场价值体现在约定的本架次航班有效服务时限内。从本架次航班的值机程序关闭后航班飞机起飞开始,本架次航班飞机的剩余产品及其载体的市场价值在本架次产品的市场销售中随之消失,这就是民航运输产品的即时性,也称之为不可存储性。这一特点充分说明加强民航运输产品销售的重要性。

(2)产品交付消耗性。如上所述,民航运输业的产品是一个服务过程,产品效用只在本架次航班时限内存在,产品将随着航班飞机的起飞开始消耗,并在航班飞机安全抵达目的地旅客离开机场或货物完好交付后消耗殆尽,这也意味着航空运输企业的本次产品交付完毕。显而易见,民航运输这种无形产品不像其他有形产品那样,消费者支付货款购买产品后可以反复使用。这也是民航运输产品的不可储存性,也有称之为产品的生产过程依赖性。民航运输产品的这种一次性特征充分表明产品质量至关重要,无法做到像有形产品那样提供质量“三包”保障,民航运输产品的质量缺陷无法修复,只能通过其他方式进行弥补。因此,民航运输产品的这种特性进一步强调了加强民航客货运输服务过程质量保证的重要性。

(3)质量标准的弹性。有形产品的质量具有量化标准,通过多种具体指标说明产品的质量,如功能和性能指标等参数。有形产品在生产过程中,可以通过对材料、工具、设备、技术和工艺等环节的严格控制和管理,按照统一规范进行机械化生产,完全能够保障产品质量的稳定性和一致性。但是,民航运输产品的服务提供者和服务接收者都是具有个性的行为人,每一个人的社会背景、文化水平、个人修养、个人性格等个性因素不同,因此他们对民航运输服务质量的认知和认同必然存在差异,难以通过量化标准对服务过程中的每项工作质量进行统一衡量。另一方面,影响民航运输产品质量的不可控因素也多,例如,天气原因、空域调配及流量原因、甚至个人情绪等,都直接影响民航运输服务质量。尽管对民航运输服务过程中每一环节的质量都制定了明确标准,但是服务者和接受服务者,对质量的评判往往受到主观因素影响。因此,这种因人而异的因素便产生对质量评判标准的弹性,增加了民航运输产品质量管理的复杂性和运用标准的难度。尽管如此,民航运输产品依然有统一的和严格的质量标准[7,8]。

2.价格

价格是一种从属于商品运用货币价值进行衡量的手段,是产品供应者与消费者进行价值交换的货币成本①[6,9],反映了商品当时的市场价值。影响商品价格的因素很多,包括产品的生产成本、利润、税费、商品的市场定位、市场消费水平、同类商品的竞争、可替代商品的竞争影响、企业的市场策略和战略、国家对市场的调控政策等。因此,商品定价过程是一个非常复杂的过程。

传统的经济学理论认为,价格是一种调节社会需求与供给关系的杠杆[9]。在供需相对平衡并没有明显外界因素干预的市场环境中,价格杠杆对社会需求确实会产生一定的抑制或拉动作用,但对于那些对价格并不敏感的消费群体(如富人或特殊需求者)而言并

① 货币成本,是指客户购买和使用产品所付出的直接成本和间接成本之和[5]。

没有太多的实际意义。在需求大于供给的市场环境中，提高价格可能会抑制部分市场需求，在一定的时期内在某种程度上能够缓解供需矛盾；在供给大于需求时，降低价格确实能够刺激部分消费的增长。

但是，在某些环境下或在某个时段内或受某些市场外部因素影响情况下，这种“价格杠杆”作用有时会失去传统意义上的调控作用。具有典型意义的是，2010年年初，武汉至广州高速铁路开通，经营该航线的航空公司为了与高铁竞争客源，便将机票价格从690元降至260元（含机场建设费和燃油费）[10]。由于对高速列车的新鲜感及高铁确实比飞机便捷正点等显著优势，尽管当时高铁单程二等车票每张为490元，可是相当多的民航旅客并没有被低廉的机票所吸引而依然选乘高铁。显然，在这种具有强劲替代性的新产品竞争环境中，试图通过单纯降低机票价格来竞争和撬动市场，其“价格杠杆”的作用已经微乎其微。尤其是我国春运期间试图通过提高火车票价格来抑制返乡客流的行为[11]，根本没有丝毫“价格杠杆”作用，无疑是“趁火打劫”行为。

根据市场营销学的观点，价格一方面反映了产品的成本和利润的总体水平，是决定企业能否盈利的重要因素之一，另一方面也是企业在市场中的传统竞争手段。航空公司运用价格竞争也是最频繁最常见的手段之一，各种各样的打折票，其价格多样性是所有运输方式中种类最多的。在民航运输业界，运用价格竞争策略最成功的国际范例当数美国西南航空公司，当然也不乏失败的例子。20世纪90年代中期，英国Debonair航空公司试图采用低票价竞争以吸引更多的乘客，便将客舱座位空间减小以增加座位数提高航班收入弥补票价损失。由于不少乘客并不能接受票价虽低但座位窄小乘坐不舒适这一事实，这种以牺牲产品质量为代价降低航班成本的结果是，航班收入不但没有明显增加，无法覆盖包括座舱改装费用在内的航班成本，反而失去了旅客，最终价格竞争策略以失败告终[1]。美西南低票价竞争获得成功的秘籍是在保障质量的基础上降低成本，它虽然降低了票价，但是并未以降低产品质量为代价降低航班运行成本，虽然它减少了机上服务，但是它以增加航班频次作为补偿，给予旅客更多的航班时刻选择机会，它的低票价竞争策略成功了[1]。市场实践说明，产品的价格必须与产品的社会价值或市场价值一致。“物有所值”、“价廉物美”、“物超所值”等说法，都反映了产品价格与产品价值之间的密切关系。

3.促销

产品的市场促销在市场营销中有两大基本作用：

(1)成熟产品在现有市场中通过促销，以巩固在现有市场中的地位，并扩大产品的市场影响力，以吸引更多的消费者。尽管“好酒不怕巷子深”，已经具有很好的品牌影响力，但是在新产品不断涌现的激烈竞争市场中，适度促销也是必要的。

(2)新产品通过促销，能够引导市场消费，拓展市场，或培育新兴市场。特别是市场的新进入者，更需要通过促销行为提高企业和产品的市场知名度。另一方面，通过促销，使得消费者在购买前能够对产品的价值认同。

民航运输市场的产品促销，通常是航空公司或销售代理人通过广告或网络方式推销。在互联网和移动通讯技术普及的今天，民航运输企业的网站成为最为有效的促销手段之一，它不仅宣传整个企业，更重要的是通过网站即时发布新产品新价格等新信息，成为航空公司或机场与消费者之间直接沟通的重要手段。

此外，当客户或消费者谈论使用某产品的满意经历时，实际上是在向身边周围的人对该产品进行隐形促销，这种隐形促销的作用，取决于消费者对产品质量满意还是抱怨。“好事不出门，坏事传千里”，充分反映了产品质量在产品促销中的影响力。

4.销售渠道

产品的“销售渠道”，通常是指产品投放的目标市场，对于民航运输市场更重要的是指销售途径，即产品在什么地方销售，通过什么渠道销售。民航运输产品的销售渠道通常有以下几种：

(1)直销网点。一般的大中型航空公司在大中型城市或机场都设立自己的办事处或营业部，一方面作为本公司的市场销售窗口，直接销售本公司的产品，另一方面也作为本公司在该地区的市场前哨阵地，担负着了解和掌握市场动态等重要任务。

(2)销售代理人。为了降低销售成本，航空公司在一些市场规模较小或国外的城市，通过委托销售代理人代销本公司的产品。民航客货运输销售代理人，是民航当局授权从事民航旅客运输或货物运输产品销售的营利性企业，如旅行社、宾馆、专业销售代理机构或机场等，航空公司本身也可以是其他航空公司的销售代理人。这里需要说明的是，一些机场公司本身在销售民航旅客机票或承接民航货运销售业务，或提供异地值机等服务，机场的这些业务实质上都属于航空公司的委托代理服务范畴。

(3)基于互联网的电子商务。航空公司、机场或者销售代理人通过互联网进行销售和支付，是降低销售成本的有效方法，不仅能够减少销售场所费用和销售人员费用，而且能够直接回笼销售收入。另一方面，随着有线或无线(WiFi,3G)互联网的延伸，销售网络和市场范围随之不断扩大，延伸到世界的每一个角落。

春秋航空公司是2004年以来我国改革民航投资政策以来经营最为成功的一家民营航空公司。春秋航空公司经营成功的重要原因之一，是它拥有一个非常成熟遍布全国的销售网络，上海春秋国际旅行社，该旅行社不仅是春秋航空的销售代理人，而且是春秋航空的旅客市场组织者和开拓者。

5.政治

政治包括政策在民航运输市场竞争中的作用越来越明显。

事实上，政治对民航运输市场的影响，从1919年10月通过的《巴黎国际航空公约》中关于“国家领空主权原则”的提出就已经出现。1947年生效的《国际民用航空公约》中关于航权的规定，成为各国政府维护本国民航运输市场利益的法律依据。

20世纪70年代后期，美国政府“航空公司放松管制”政策的出台不仅促进了美国国内市场的自由竞争，而且随着经济全球化进程在国际上也逐步演变成“开放天空”的政治诉求，对世界民航运输市场的国际化产生了深远影响。

随着我国改革开放的不断深入，我国民航运输业得到了空前发展，民航体制改革、民航运输价格管理政策改革、民营航空公司的准入政策出台等，活跃了我国民航运输市场，这些都充分反映了国家政治和政策对民航运输业和民航市场的影响力。2004年中美双方签署的中美航空运输议定书，就是两个国家的政治和政策对民航运输市场准入放宽控制的结果。

6. 公共关系

在市场营销中，产品销售渠道与公共关系密切相关，发挥着不可估量的作用，这包括航空公司与销售代理机构、与客户或消费者的关系，也包括机场与航空公司的关系，通过关系协调，建立沟通渠道，为开拓市场和建立销售网络构建长久合作关系。随着经济的发展和大众生活水平的提高，旅游业发展越来越兴旺，团体旅游乘客已经逐步成为我国民航旅客运输市场的主要组成部分。团体旅客的主要特点是，他们的整个行程均由旅行社决定，包括对航空公司和机场的选择，这就意味着旅行社是航空公司和机场的重要客户，也反映了航空公司和机场与旅行社之间关系的重要性。

7*. 市场研究

市场实践证明，在民航运输市场营销过程中，不仅存在内部影响因素和外部竞争因素，还有许多不可控制因素，在企业市场行为决策时，不可避免地受其影响，如国家政策、社会经济条件、风俗习惯、地理环境、自然资源、自然现象等。因此，在制定市场营销方案时，需要对市场进行前期调查研究。

民航运输运输市场调研的主要内容有：

(1)政治环境，主要包括发展民航运输业的国家政治、行业政策、准入准出限制、管理机构、旅游业政策、优惠政策等，在某些国家和地区甚至需要了解碳排放限制、噪声限制和夜间宵禁等法规。

(2)经济环境，主要是发展民航运输业的国家经济基础和发展规划、区域经济及产业结构、居民可支配收入、区域经济发展规划、进出口贸易、自然资源等。在国际民航运输中，还需要了解结算方式方法、货币限制或货币汇率等规定。

(3)社会环境，包括人口规模及人口结构、种族、宗教、消费习惯、旅游偏向、重大节假日等。同时需要评估合作伙伴关系，如代理人、航空公司联盟成员、机场甚至军方、客户关系、航路条件、地理因素和气象条件等。

(4)竞争环境，主要是可替代性交通运输方式和同行产品，以及同行竞争规模、竞争策略、发展战略、价格和服务水平等。在国际航空运输中，还需要研究关于航权的使用与限制。

(5)技术因素，主要包括机场及通信导航设施、信息系统、信息规范、通信标准及其他技术支持。

8*. 市场分块

市场是企业赖以生存的根本。因此，市场分块的目的在于，通过深入细致的分析市场需求特征，对相同或相似特征的市场需求进行归类分块(亦称市场细分)，并从中寻找和确定适合本公司市场发展目标的市场块或市场细分(即目标市场的消费群体)，以便制定相应的市场营销方案，包括产品设计和销售方案等。产品的差异化设计建立在合适的市场细分基础之上，这种差异化不仅要能够体现产品的市场竞争力，同时要能够体现不同需求类型客户群体的消费价值以及产品个性化特点。

不仅如此，从企业发展战略考虑，还需要确定市场的地理分布，根据地理分布进行市场需求及其差异性分析和研究。例如，中国民航运输服务企业是否准备进入欧美市场，中国与欧美之间的民航运输市场需求如何，主要航线集中在中国和欧美的哪些城市。根据这些分析，为开拓国际民航运输市场的决策提供依据。

9*.优先发展顺序

市场需求可能多种多样,任何一个企业都不可能满足市场的所有需求。因此,企业必须根据自身的能力和特点及市场环境,在目标市场块中,确定优先发展重点和发展顺序。例如,在我国西南地区,特别是云南地区,旅游资源十分丰富,因此市场开发的重点首先应该是航空旅游市场。

10*.市场定位

市场定位,就是确定目标市场,服务什么样的客户群体,满足什么样的消费需求。市场定位的基础是企业实力和企业发展战略。

随着我国的经济改革和对外开放,我国经济稳步增长,民航运输市场增长速度举世瞩目。面对我国巨大的民航运输市场需求和发展前景,国内航空公司不断扩大发展规模,社会资金随着我国政府对民航运输市场准入管制的放松,民营航空公司相继诞生。在面对国内国际巨大需求和强大对手的竞争环境中,民营航空公司如何生存和发展是世人关注的焦点,也是民营航空公司创建时必须面对的现实和必须要解决的问题。民营航空公司根据自身所处的区域地理优势、区域自然资源和区域经济环境优势,大多数认为应该首先发展国内支线旅客运输,伴以货邮运输,优先发展旅游市场。这样,它们可以在发展初期避免与既有航空公司在干线上的直接竞争。

2007 年 10 月 28 日空客 A380 客机在新加坡航空公司全球首航,引起业内外人士对这个空中巨无霸的兴趣。在国际民航运力过剩、客货运输市场竞争激烈的形势下,民航业界拭目以待高度关注空客 380 的市场表现。新加坡航空公司将装修豪华的空客 380 投放到远程国际航线的高端商务客市场,首航机票通过网上拍卖方式预售。人们争相亲历“超五星空中客房”这一历史性的首航风采。其预售情形可以用“火爆”形容,最贵的套房舱机票拍出一张 10.05 万美金的价格[12],满足了民航旅客运输市场中部分高端旅客的显贵和奢华需求。这就是新加坡航空公司对空客 380 飞机的市场定位。

3.2.3 民航客运市场营销策略

根据上一节关于市场营销理论的讨论,本节和下一节将重点阐述民航旅客运输市场和货运市场的市场营销策略。

1.航空公司的市场定位

市场定位是航空公司发展战略的重要组成部分,关系到航空公司的机队结构、产品规划、航线网络布局、市场营销策略等一系列问题。航空公司的市场定位,其目的在于确定公司阶段发展战略目标中目标市场的主要市场范围、服务对象和市场规模,实际上就是航空公司的发展目标定位。航空公司在制定发展战略过程中,根据其自身的发展基础、发展环境及公司长期发展战略,确定其市场的阶段性发展目标,并随着公司内部和外部环境及阶段发展战略实施情况进行动态调整,参见表 3-1。

2.市场细分

一个企业生产什么样的产品,首先必须根据企业的市场定位,针对目标市场类型进行市场分析。必须清楚无论是当前还是在未来的一段期间内,目标市场需要什么产品。市场细分的目的,就是为设计“产销对路”的产品提供依据。

民航旅客运输市场的细分方法主要有以下几种:

表3-1 航空公司市场定位

航空公司定位	企业特征与市场定位	市场特点
国际航空公司	1. 规模较大的国家骨干航空公司 2. 经营国内干线和国际航线为主 3. 基地通常设在国际枢纽机场，如CA、CZ、MU、AA、BA、NW	1. 国际国内旅客与货物运输 2. 国内市场分布于国家经济发达地区 3. 国际市场分布于国家首都和国际商务热点城市或者地区 4. 以中远程航线及商务旅客为主 5. 国际航空公司联盟成员，拥有国际航线网络和国际市场销售网络
干线航空公司	1. 中等规模的区域性航空公司 2. 经营国内干线和热点航线为主 3. 基地通常设在国际枢纽机场，如CN、HU、FM、MF	1. 国内旅客与货物运输 2. 国内市场主要分布于干线及热点支线 3. 国际市场以中短程航线为主 4. 拥有国内航线网络与国内市场销售网络
支线航空公司	1. 通常为小型航空公司 2. 以经营支线为主 3. 基地通常在地市级城市机场，如8L、BK	1. 以航空旅客运输为主，兼营货运业务 2. 市场通常分布在旅游航线或热点支线 3. 通常与枢纽航线网络衔接 4. 市场规模小，通常借助其他航空公司的销售网络
低成本航空公司	1. 通常为小型航空公司 2. 以经营支线为主 3. 以票价相对较低为主要特征，如9L、KY、WN	1. 国内支线、低端旅客为主 2. 以薄利多销为主要竞争策略
货运航空公司	1. 经营全货运航空业务 2. 基地通常设在进出口贸易或经济发达的大中型城市机场，如CK、Y8、GS	主营国际国内航空货邮运输、航空快件运输业务

(1)按出行目的划分。乘坐飞机旅行的目的主要有以下几类(图3-2)：

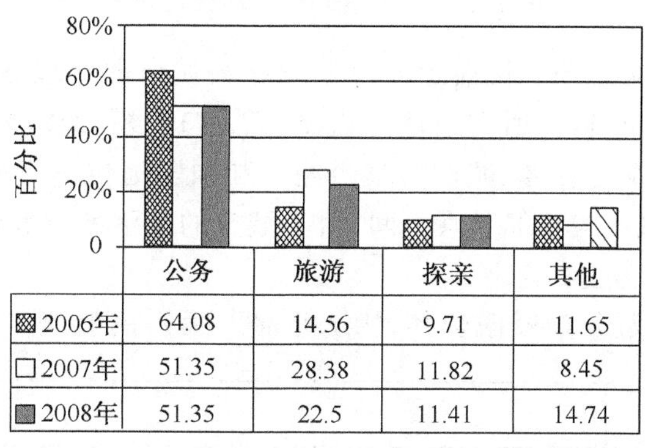

	公务	旅游	探亲	其他
2006年	64.08	14.56	9.71	11.65
2007年	51.35	28.38	11.82	8.45
2008年	51.35	22.5	11.41	14.74

图3-2 按出行目的细分的市场比例[13]

①公务旅行，主要包括因公出差的旅客，无论他或她是乘坐什么类型的舱位。在公务旅行的旅客中，也有以团体方式出行的，如文体团体、会议代表团及其他各种类型的团体等。公务性质的团体旅行具有一定的批量，其效益比单个散客明显，一直是航空公司非常重视的市场板块。

公务类旅客通常比较关注航空公司品牌、航线和航班时刻，目前这部分旅客占我国民航旅客市场的一半强[13]。

②休闲旅行，主要是指旅游和休假的旅客，通常是由旅行社组织以团体方式出行。因

此，航空公司与旅行社的合作关系特别重要。休闲类旅客比较关注航空公司的航线和机票价格。随着我国大众生活水平的提高和国家旅游事业的发展，我国休闲旅游市场在民航旅客运输市场的比例逐年增长，参见图 3-2。休闲旅行类旅客市场具有明显的季节性特征，我国大部分地区主要集中在每年的 4～11 月期间。

③私事旅行，这类旅客主要是探亲访友等私事出行，他们比较关注航线和机票价格。私事旅行市场具有较强的季节性特点，通常集中在大的和传统节假日，如春节、“五一”和“十一”等是此类旅客的出行高峰。

(2)按旅客行业划分。根据对 2006～2008 年三年期间某机场旅客行业分布的调查数据分析，我国民航旅客分布与行业存在密切关联性，主要分布在企事业单位(图 3-3)，其中企业约占七成，反映了民航运输与产业结构的关联性。这一市场特征与图 3-2 所示的出行目的也基本吻合。

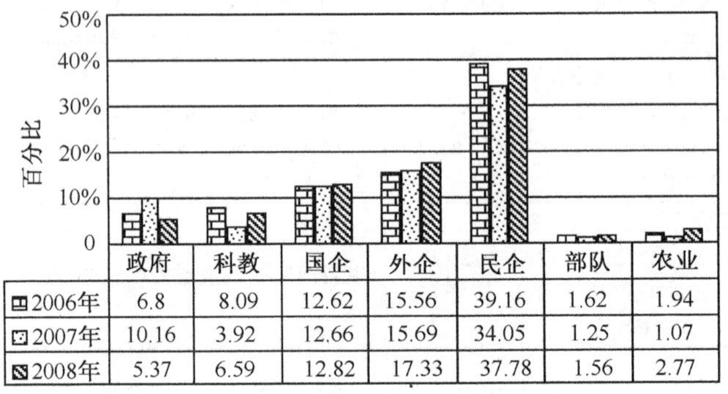

	政府	科教	国企	外企	民企	部队	农业
2006年	6.8	8.09	12.62	15.56	39.16	1.62	1.94
2007年	10.16	3.92	12.66	15.69	34.05	1.25	1.07
2008年	5.37	6.59	12.82	17.33	37.78	1.56	2.77

图 3-3 按行业细分的市场比例[13]

(3)按地理区域分布划分。民航运输市场分布与城市的地理分布密切相关。城市的区位影响因素主要体现在城市所在地理位置、地区人口规模、经济繁荣程度、资源禀赋、产业结构、地面交通系统发达程度、城市的政治经济和国际地位等方面，直接影响航线和航班性质。在我国省会城市与首都北京之间，由于城市的政治地位和经济地位，这些干线主要以商务和观光客市场为主。

(4)按旅客年龄段划分。根据资料[13]分析(图 3-4)，民航旅客年龄分布主要集中在

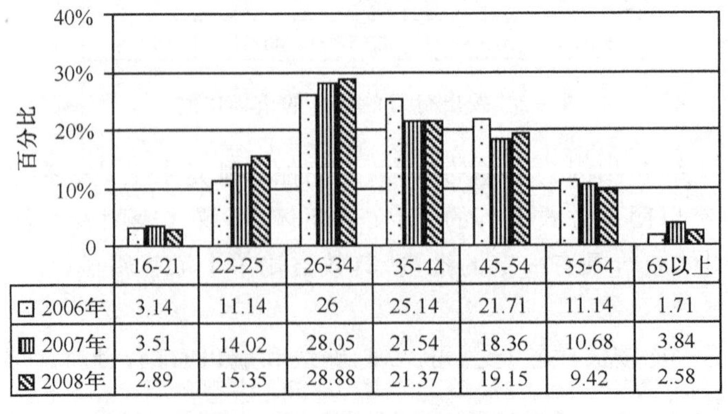

	16-21	22-25	26-34	35-44	45-54	55-64	65以上
2006年	3.14	11.14	26	25.14	21.71	11.14	1.71
2007年	3.51	14.02	28.05	21.54	18.36	10.68	3.84
2008年	2.89	15.35	28.88	21.37	19.15	9.42	2.58

图 3-4 按年龄段细分的市场比例[13]

26～54岁之间。不难想象，这个年龄段的消费群体正处于事业有成、精力旺盛的人生黄金时段，出行频率相对较高。16～22岁这个年龄段主要以学生为主，其特点是节假日出行量较高。在55岁以上的这个年龄分布中，主要是旅游性质的旅客居多。

通过以上几种主要类型的细分，基本能够勾勒出民航旅客市场的主要结构。其中，公务客和常旅客是民航运输企业的主要收入来源。

3. 产品设计

没有产品，任何一个企业都无法生存。民航运输企业需要在市场细分和市场需求特征分析基础上，设计具有针对性和竞争性的对路产品。虽然航空公司和机场的最终服务对象都是旅客和货主，但是它们的产品内涵和重点则不完全相同。

随着民航运输市场的竞争，旅客在同一航线上的产品选择机会越来越多，作为航空公司或者机场的产品设计人员，必须要解决这样两个关键问题，“旅客喜欢什么样的产品”，“怎么样才能让旅客购买我的产品”。实际上，第一个问题是要解决市场产品的共性问题，第二要解决产品个性（亦即差异性）和促销问题。因此航空公司的产品设计在以空中安全运输为核心的基础上必须针对不同类型的市场细分提供具有竞争性的内涵和延伸（表3-2）。民航旅客运输产品通常包含以下内容：

表3-2　民航旅客运输市场细分及其特点

特点／分类／航线	商务	旅游	其他
国际	1. 到达时刻敏感 2. 中转航班多 3. 舒适	1. 票价好 2. 延伸服务多	1. 票价好 2. 到达时刻敏感 3. 中转航班多
国内	1. 航班多 2. 舒适	1. 票价好 2. 延伸服务多	1. 票价好 2. 出发时刻敏感

1）基本服务

民航旅客运输产品的基本要素主要包括：航线、航班时刻、机型、班期、班次、舱位、票价、地面与机上服务等。

民航旅客需求很多，但是从图3-5中10个影响民航旅客购票选择的主要因素可以看出，旅客首先注重航空公司品牌、安全记录和航班时刻，前两者是航空公司长期努力在市场中建立的企业信誉与形象，而第三者则是航空公司在航线市场中的竞争能力。

航班时刻是短途旅客（通常是指1000千米航程以内）选择航空公司的重要影响因素之一（图3-6），大多数短程旅客偏爱9:00～20:00之间的航班。由于大多数短程旅客为公务客，他们早出晚归，因此希望有早点出发和迟点返回的航班，能够有较多的航班选择灵活性。特别是在“枢纽-支线”结构的航线网络中，必须联程中转的远程旅客更为关注中转航班的班次和衔接时刻。

在上述10个影响因素中，票价因素对购票选择的影响在逐年提升，已成为旅客特别是休闲客选择航空公司的重要关注点之一，这也是低成本（或廉价）航空公司赖以生存的市场空间。另一方面，企业、政府机关和科研院所出于降低出差费用的考虑，对价格也比以往任何时候都更为敏感。虽然在图3-5中没有反映航线因素，但实际上航线是航空公

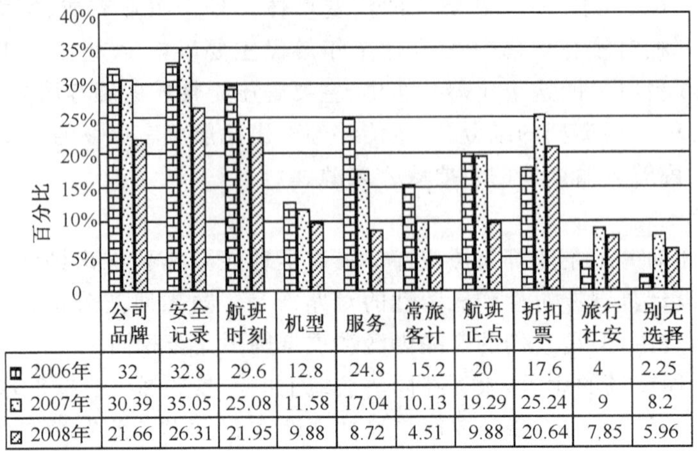

	公司品牌	安全记录	航班时刻	机型	服务	常旅客计	航班正点	折扣票	旅行社安	别无选择
2006年	32	32.8	29.6	12.8	24.8	15.2	20	17.6	4	2.25
2007年	30.39	35.05	25.08	11.58	17.04	10.13	19.29	25.24	9	8.2
2008年	21.66	26.31	21.95	9.88	8.72	4.51	9.88	20.64	7.85	5.96

图 3-5 影响民航旅客购票选择的因素比例[13]

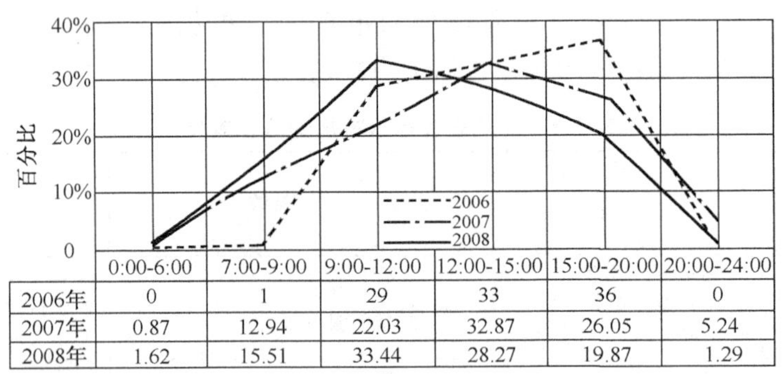

	0:00-6:00	7:00-9:00	9:00-12:00	12:00-15:00	15:00-20:00	20:00-24:00
2006年	0	1	29	33	36	0
2007年	0.87	12.94	22.03	32.87	26.05	5.24
2008年	1.62	15.51	33.44	28.27	19.87	1.29

图 3-6 旅客偏爱的航班时间段[13]

司产品的重要内涵之一。航线分布反映了航空公司的市场规模和综合能力,联程旅客更希望是同一个公司的航班一票到底,当然,代码共享和航空公司联盟的出现使得联程旅客有了更多的选择,这对参加 FFP 的常旅客而言更有吸引力,可以获得更多的里程奖励。

对于远程旅客而言,他们的关注点更多。首先他们最为偏爱直达航班,可以减少途中中转的诸多麻烦,尽管现在大多数机场能够直接处理中转行李。第二,长途旅客关注航班起飞时刻和到达时刻,这出于对到达站城市的地面交通和夜间安全的考虑。长途旅客也比较关注机型,宽敞的座位可以减少旅途疲劳。特别是头等舱和公务舱旅客,更希望有舒适并能够进行事务处理的私人空间,这也是空客 380 和波音 747 等大型客机所定位的市场。对于休闲旅游和私事旅行类乘客而言,价格也是一个重要影响因素。总体而言,航线、机型、航班时刻、价格最能直接体现航空公司的产品竞争性。

2)机上服务

在航空旅客运输中,机上服务主要包括餐饮、读物、环境、娱乐、广播等。空乘人员的服务态度和仪表也是一个重要方面。疲乏的长途旅行希望有多样的精美餐饮选择,丰富的机上读物和个性化的视频及音频娱乐节目,以及及时温馨的广播提示,周到体贴的机上服务和赏心悦目的空乘仪表,舒心惬爽的机舱内饰,能够帮助旅客调节远程乏味的旅途生活。新加坡和全日空等航空公司推出的“空中寝室”服务，汉莎航空公司的“空中办公室”和“空中休息室”服务，以及机上上网及电话服务等，都体现了各航空公司产品的差异性特色。

出于成本和市场定位，支线或廉价航空产品的机上服务内容则比较简单。

3）延伸服务

除了以上服务内容之外，延伸服务是现代航空公司与机场差异化产品设计的重要内涵，也是它们的产品竞争性所在。民航旅客运输市场产品的延伸服务内容，主要体现在旅客购票与支付便利性、进出机场便利性、机场候机环境和候机服务、登机便利性、航班信息、常旅客计划、航班延误处理、免费行李限制、行李完好率、机场和机上购物、个性化服务等方面。

近年来，一些航空公司推出网上购票、网上支付与选座、市内和异地值机交运行李与免费送达机场服务，延误航班旅客手机信息通知服务，常旅客免费市区接送机场服务，航班延误保险服务，机上代订旅馆、旅行社和租车服务等，各显奇招，通过提供更多方便旅客的延伸服务，体现产品的差异性和竞争性。

4．产品分销

民航旅客运输市场产品有两种方式的销售渠道，一种是直销方式，另一种是间接销售方式（表3-3）。

1）直接销售方式

表3-3　民航旅客运输市场产品销售方式

销售渠道 销售方式	售票处（CRS）	电子商务	销售者
直接销售	√	√	航空公司
间接销售	√	√	销售代理人

航空公司通常在本地和外地设立若干营业部，负责本地区的市场开拓和市场销售。直销的优越性主要是能够直接有效地掌握市场动态，能够直接对市场采取灵活的销售政策，资金回笼快。但是，由于直销需要专门的销售机构、销售场所和销售人员，在市场规模不大时，销售成本相对较高。因此，大多数航空公司在规模较小的城市，采取委托代理的销售方式。随着互联网的普及和电子商务技术的发展，航空公司利用自己的网站进行网上销售，网上电子银行直接支付方式极大地方便了客户。手机订票和订座也越来越受市场欢迎。网上直接销售已经成为欧美发达国家航空公司的主要销售渠道。

直接销售的优越性还体现在航空公司能够直接向消费者销售，可以降低航空公司的销售成本；可以与乘客直接沟通，推介本公司的各类产品，倾听消费者对产品的要求和建议，以便改善服务。通过直接销售，航空公司可以直接掌握市场动态，能够为企业的决策提供第一手信息。

2）间接销售方式

航空公司随着经营规模的扩大，直销方式已经不能满足自身市场发展需要，必须借助第三方的销售力量进行市场开拓和产品销售，旅行社或销售代理人是航空公司的主要销售渠道之一。1978年美国政府“航空公司放松管制”政策出台之后，以及90年代初我国民航运输市场大发展时期，旅行社或销售代理人曾经一度成为民航运输市场竞争中航空公司之间竞相争夺的销售力量。

1987年我国民航进行“政企分开”体制改革以后，航空公司开始以市场化的企业模式经营，促进了我国民航运输市场的快速发展。随着民航运输市场规模的不断扩大，航空公司由早期分布在中大城市的民航主管部门专属销售机构“民航售票处”代销模式，开始向社会化的民航销售代理人模式转变。1988年4月12日，我国第一个航空运输销售代理人，中国航空服务有限公司在北京成立[14]，这标志着我国民航销售代理机制正式进入市场化。

民航销售代理人，是从事民航客货运输销售业务的营利性机构[2]。它(们)接受航空客货运输企业的委托，根据与航空公司签订的委托销售代理合同进行授权范围内的航空运输服务销售，并按销售收入获取一定比例的报酬(即佣金，commission fee)。尽管电子商务在民航运输市场销售中应用越来越广泛，但是销售代理人目前仍然是我国民航运输市场的重要销售力量。它们是联结航空公司和客户的中介人，熟悉本地市场，有自己的销售网络。因此，它们是航空客货运输企业市场销售的重要依靠力量。

航空公司通过销售代理人的市场网络扩展市场。销售代理人通过销售航班机票或货机吨(舱)位，从中获取利润或从航空公司获得佣金。航空公司与销售代理人之间的合作紧密程度与双方的利益直接相关。一方面，航空公司通过销售代理人可以获得更好的市场效果；另一方面，销售代理人通过销售业绩能够从航空公司得到更多的利益回报。因此，关于销售代理人的政策，如何协调与销售代理人的合作关系，是航空公司市场营销战略的重要内容之一。

电子商务也是销售代理人扩大销售市场规模的一种重要手段，特别是结合多样化旅游产品的民航旅客运输产品层出不穷，活跃了民航销售代理市场，也促进了民航旅客运输市场的发展。

1987年我国开始试行民航运输销售代理制，1993年7月经国务院批准正式实行，民航总局正式颁发《民航客货运输销售代理业管理规定》[2]，加强对民航销售代理人市场准入和市场行为的规范与管理，保障民航运输市场秩序及民航运输企业与公众的利益，促进民航运输市场健康发展。尽管欧美国家销售代理人市场随着电子商务的广泛应用在逐渐萎缩，但是我国民航运输市场中由于多种利益的交织目前依然存在一支庞大的销售代理人队伍。

目前我国民航运输销售代理业务分为两类，一类代理和二类代理[2]：

一类民航运输销售代理，具有经营国际航线或者香港、澳门、台湾地区航线的民航运输销售代理业务资格。

二类民航运输销售代理，具有经营国内航线(不包括香港、澳门、台湾地区航线)的民航运输销售代理业务资格。

按照我国民航销售代理业管理规定，销售代理人属于企业性质，在当地经工商税务机关注册登记，按市场规范从事经营活动；接受中国民航运输协会的行业监督管理和定期审核；独立经营，自负盈亏，根据销售代理人与民航运输企业的代理合同约定范围开展销售代理业务[2]。

3)计算机销售系统

不同于民航发展初期的手工售票，现在的民航旅客销售系统，是一个以旅客订座为核心的全球性大型计算机网络系统，每天处理大量的旅客订票和出票等销售交易，而且这种系统的功能随着代码共享、航空公司联盟、电子商务等新业务、新技术的发展越来越复杂(图3-7)。

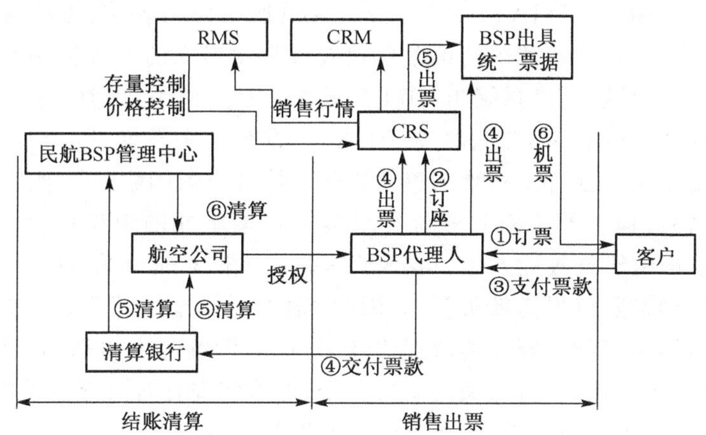

图3-7 民航销售系统结构及业务流程示意图

民航销售系统，主要包括计算机订座系统(computer reservation system，CRS)、销售结账与清算系统(billing & settlement plan，BSP)、收入管理系统(revenue management system，RMS)和客户关系管理系统(customer relationship management，CRM)。

(1)计算机旅客订座系统(CRS)，主要用于旅客订票和出票处理，系统中存储着代理服务的航空公司航班信息、每一航班座位信息，包括座位等级、价格、订座状况、出票状况、旅客信息和售票人信息等。系统根据旅客要求的出行日期和时间、始发地和目的地、航班班次和舱位要求，甚至指定的机型和航空公司等要求，在相应的航空公司提供的航班中进行座位预留，即订座。在旅客支付票款之后，系统进行出票处理。

1964年美国航空公司(American Airlines)研制成功世界上第一套计算机座位控制系统(inventory control system，ICS)，并投入使用代替烦琐的手工订座。后来由IBM公司与泛美航空公司、达美航空公司等联合研制了更为先进的订座系统(Sabre)，这也是目前世界上应用最广的四大民航旅客分销系统之一。如今的民航旅客全球分销系统(global distribution system，GDS)，则在民航旅客订座的基础上，增加了航班控制、旅游产品销售等多种功能，通过电话线或者互联网可以连接到世界上的任何一个角落。因此，CRS或GDS不仅是一个民航旅客运输市场的销售工具，而且是开拓市场的战略武器。目前世界上的民航GDS主要有北美洲的Sabre和Worldspan、欧洲的Amadeus和Cendant-Galileo、我国的Travelsky(中航信)、东南亚的Abacus、韩国的Topas、日本的Axess和Infini、南太平洋的Fantasia及SITA的Sahara等[15]。

随着市场竞争和IT技术的快速发展，民航销售系统已经不仅仅是订座和订舱，而是广泛运用新技术、新理念、新系统辅助市场销售，以提高市场销售效率和效益。

(2)销售结算与清算系统(BSP)，是国际上普遍使用的一种航空旅客运输销售结算工具。它基于计算机网络通信和自动清算系统，使用国际上统一格式的票据凭证(即所谓的“中性凭证”)供代理人用于销售业务，制作销售报告，并通过指定的银行自动票款结算、转账与付款，避免航空公司和代理人之间多种票证、多头结算、多次付款的复杂程序。采用BSP，可以规范民航运输市场销售行为，方便民航运输企业之间的业务结算，提高结算效率和清算质量。目前我国所有航空客货运输销售都通过销售结算与清算系统进行清算。BSP是“国际航空运输协会”(IATA)根据协会会员航空公司要求，为适应国际民航运输市场销售需要，扩大销售网络和规范销售代理人行为而建立的一种供销售代理人使用的中性客票销售和结算系统。该系统于1971年开始在日本使用，目前已在全球广泛应用。

(3)收入管理系统(RMS)，是一种基于计算机旅客订座系统订座和出票信息的计算机软件系统，主要用于根据订座系统销售的实际行情对市场趋势进行动态预测，并根据市场变化趋势与销售过程中的价格和座位存量等进行策略性的销售控制，包括超售(over booking)，使得航班销售收入最大化。收入管理系统不仅对航班销售收入进行管理，而且还对航班成本进行管理，以提高航班利润，因此也称之为收益管理系统。收入管理系统的主要特点是，以市场销售和航班离港数据为依据，针对市场销售动态和预测趋势进行“实时定价”，确定动态销售策略，重点关注高端市场，力求使现有航班资源销售收入最多。我国几大骨干航空公司先后引进美国PROS公司的RMS，并进行本地化开发升级。世界上第一个收入管理系统则是在1985年由美国航空公司研发成功并投入使用的。目前收入管理系统已被广泛运用，成为航空公司增加市场销售收入的重要工具。

(4)客户关系管理系统(CRM)，是一种基于计算机旅客订座系统销售信息的计算机软件系统。其主要功能是运用信息技术，通过CRS或GDS、销售或其他服务过程，收集旅客或客户的出行、偏好等相关信息，分析旅客或客户对航空公司的累积贡献和潜在价值，挖掘高价值客户，并以客户满意为目标，通过一系列措施，如生日短信问候、特殊气象信息短信、电话询问、里程奖励、会员俱乐部等方式，培养客户忠诚度，达到巩固现有市场，发展和拓展高价值客户市场的目的。CRM中目前运用最为广泛的是常旅客计划，通过里程奖励和候机优待等措施吸引旅客，稳定部分客户市场。CRM的另一个重要作用是，销售部门能够集中管理高价值客户信息，以避免传统销售过程中客户信息随销售人员的流动而流失。

4)电子商务

电子商务是民航旅客市场中的一种新型销售方式，它以互联网和IT技术为基础，通过互联网或手机进行民航旅客订座和客票销售，代替传统的纸质机票销售。旅客通过网上订票、网上支付，凭有效身份证件可以实现全球“无票航空旅行”。采用电子商务，航空公司可以直接对旅客进行销售，减少销售代理人中间环节，不仅可以降低销售成本，而且可以直接掌控市场销售状况，另一方面，直接收集市场销售信息，为RMS、CRM和FFP等系统提供直接的信息资源，为航空公司市场营销提供直接信息资源。另一方面，采用电子商务，方便旅客订票和支付，有助于航空公司的市场开拓。1993年，全球第一张电子机票在美国问世；2000年3月，南方航空公司推出我国第一张电子机票。随着电子商务的普及，民航旅客运输市场销售根据“国际航空运输协会”(IATA)的要求从2008年6月1日起全球停止使用纸质机票[16]。

随着电子商务的普及，航空公司的直销比例大幅提升，使得销售代理成本显著降低。根据文献[17]对1978～2007年美国航空公司支付民航旅客运输销售代理人费用的统计

(图 3-8)，1993 年，全美航空公司的民航销售代理费用达到 76 亿美元，占全美全年旅客销售总收入的 13%，到 2007 年，这个比例下降到只占 1.7%。

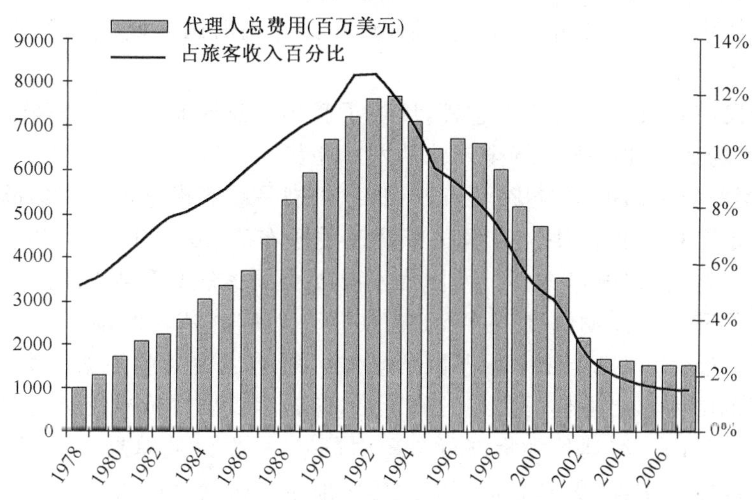

图 3-8 1978～2007 年期间美国的航空公司支付的代理人费用[17]

5. 运价管理

运价是民航客运市场中决定旅客票价和货物运费的基准价格，与航线、航程、舱位等多种因素有关。运价管理，是民航运输行业管理的一项重要内容，我国政府对民航客货运价施行基于“政府指导价”的“基准价和市场浮动幅度”的运价原则，并对运价进行行业监督和管理[18～21]。

随着我国民航管理体制改革的不断深入，我国民航客货运输定价体制从 1992 年前的完全政府定价逐步改革为政府指导价和部分市场定价的定价机制[22]。1992 年以前，我国政府对民航国内运价实行严格的政府控制，国内航线旅客运价由国家物价局会同民航总局共同商定，实行政府统一定价。1992 年，国务院确定了民航运价确定机制的初步改革方案，确定民航公布票价、价格浮动幅度和航空邮件价格等由国家物价局管理，折扣票价、省区内航线公布运价和货运价格由民航总局管理，同时允许航空公司可以对票价上下浮动 10%。从 1996 年 3 月 1 日起，我国国内民航运价管理采取以民航局为主、会同国家发展和改革委员会，实行政府指导价，国内货物运价由民航总局统一制定。1997 年 7 月 1 日起，开始实行境内和境外旅客乘坐国内航班同价政策。同年 11 月，开始实行“一种票价、多种折扣”的票价政策，由政府确定基准票价，航空公司可以根据市场行情决定票价调整幅度。2000 年，国内航线推行收入联营的国内部分航线特种运价协商报批制，由联营共飞航空公司共同协商制订具体定价方案，报民航总局审批。

经过了自 1992 年以来的民航定价机制渐进式改革，随着民航运输市场化的逐步发展与成熟，2004 年 4 月 20 日，民航局颁布了《民航国内航空运输价格改革方案》[18,19]。该方案确定，以当时境内各航线公布的票价为基准价，允许航空公司票价在上浮幅度不超过 25%、下浮幅度不超过 45%的范围内自行制定具体票价种类、票价水平和适用条件，提前一个月上报民航总局和国家发展与改革委员会备案，并对外公布后执行；对省级及以下级别城市之间的航线，以及与其他运输方式存在竞争的短途航线，不受规定票价浮动幅度限制，实行市场调节价；对独家经营航线和部分旅游航线，票价下浮幅度不限，以鼓励航空公司积极开拓支线市场。2010 年 6 月 1 日起，政府允许民航国内航线头等舱、公务舱票价实行市场调节价[23]。

纵观我国民航定价机制的变革过程，反映了我国在逐步推进国内民航运价管理机制改革，以适应市场经济和民航市场全球化的发展趋势。

目前，我国民航国内航空客货运价现行管理机制是政府指导价与市场调节相结合，民航运输企业制定市场销售价格。根据国家发改委颁布于 2004 年 4 月 20 日开始实施的《民航国内航空运输价格改革方案》，由国家发改委会同民航总局共同制定民航国内航空客货运价基准价和运价浮动幅度、对浮动幅度进行管理，并核定浮动幅度及适用航线、实行市场调节价的航线、浮动幅度下限不限的航线。航空运输企业根据基准价和市场在规定的浮动幅度范围内制定具体的最终销售价格，即旅客机票票价或货运运费。

关于国际航班的旅客运价和货邮行李运输费率，根据民航总局 1995 年发布的《国际航空运价管理规定》，中国“民航局负责制定国际航空运价管理的有关政策、法规及制度”，“凡由中国始发和(或)至中国的国际航空运价一般由中、外方航空公司根据政府间航空运输协定协商确定，并向民航总局申报，经批准后方可生效”。“经国际航空运输协会(IATA)运价协调大会讨论通过有关中国的国际航空运价决议，必须经民航总局批准后方可生效”。“外方航空公司经中国至第三国(经营第五种业务权)涉及中国的国际航空运价，必须经民航总局批准后方可生效”。

IATA 通常每半年组织召开一次全球运价协调会议，各成员航空公司对国际旅客、行李和货物运价进行多边协商，形成指导性基础运价，各国航空公司在此基础上结合国际运价分区和本国情况制定具体运价和销售价格[20,24]。

6. 定价与收入管理

任何一个企业，最终都需要通过产品的市场营销，获得收入和利润，回馈投资。众所周知：

$$利润 = 收入 - 成本 = (产品价格 \times 产品销售数量) - 成本 \tag{3-1}$$

收入与产品价格和销售数量直接相关。事实上，定价管理和收入管理是航空公司市场营销中的两项重要内容，直接关系到航空公司的运营效益、产品竞争力和企业营利能力，是衡量航空公司运营水平的重要指标。

民航运输市场的定价(pricing)分为三大类，航空旅客运输定价、航空货邮运输定价、机场服务收费定价。航空旅客运输定价首先需确定民航旅客运输的基本运价(tariff)。根据基本运价，结合舱位等级及票价结构等其他因素确定旅客机票的销售价格，即票价(fare)，图 3-9 所示为民航旅客运价与销售价格之间的关系。民航货物和行李运价是根据货物行李运输费率(即运价)(rate)确定最终销售的运费(charge)。

在实际定价过程中，需要考虑多方面因素的综合影响。在技术方面，需要考虑产品的成本、税费和利润；在市场方面，需要结合公司品牌、产品市场定位、市场销售策略、同类产品或地面运输替代性产品的市场竞争性及市场消费水平；在环境方面，需要结合国家或行业的发展政策、经济形势和市场调控需求；在国际方面，需要考虑国际航空运输市场竞争影响、国际经济、汇率、油价等影响。此外还涉及定价方法和定价权问题。

1)定价基本原则

根据价格学，产品定价有多种方法，如成本导向定价法、盈亏平衡定价法、需求导向定价法、竞争导向定价法等，其基本思想是制定的产品价格既要能够回收成本并能获得一定的利润，又要兼顾产品的市场定位和价格的市场竞争性。因此，对于不同的产品在不同的市场环境中，采取的定价方法也迥然不同。我国民航旅客市场运价通常采用基准价定价法制定票价水平[25,26]，作为政府指导价。

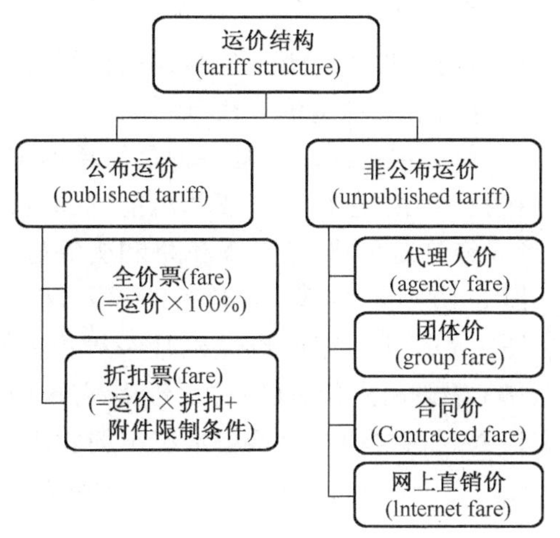

图3-9 民航旅客运价与票价的关系

2)民航旅客运输基准价

通常，价格可以表示成

$$价格 = 成本 + 利润 \tag{3-2}$$

成本可以分为直接成本和间接成本。直接成本为运输过程中产生的直接费用，如燃油、起降费、机场服务费、航路费、机组人员薪酬、机上餐食及服务用品费、销售费用、飞机租赁或折旧费等。间接成本为航班运输过程中产生的非直接费用，如管理费用、财务费用、培训费等。我国民航采用的基准运价计算方法[25]是：

$$基准运价 = \frac{\dfrac{\dfrac{最大客千米平均成本}{目标客座率} \times 目标成本利润率}{(1 - 营业税收及附加费率)}}{(1 - 民航基金费率)} \tag{3-3}$$

式中

$$最大客千米平均成本 = (全行业国内航线总成本 - 国内航线货运收入)/最大客运周转量 \tag{3-4}$$

因此

$$旅客票价 = 基准运价 \times 收费距离 + 其他费用 \tag{3-5}$$

这里的基准运价，主要是指旅客经济舱单位客千米运价(元每客千米)，公务舱和头等舱的运价则根据基准运价按比例进行折算，其他费用是指航空公司的销售费用、代理费和其他费用等。

在我国，民航客货运输基准价由国家发改委会同民航局，依据航空运输的社会平均成本及社会承受力进行核定和调整并颁布的国内航线客货运输基本标准价格，航空运输企业在此基础上，依据相关航线票价浮动幅度管理规定和市场行情等因素，确定航线具体销售价格[19]。

3)定价策略

如何确定具体的销售价格,将会对收入(revenue)产生不同的影响。民航旅客运输市场主要有以下三种定价方法[27,28]:

(1)单一定价法。这是一种最简单的定价方法,就是一种产品只采用一种价格进行销售。在我国民航进行价格改革之前,民航旅客基本运价采用的就是这种方法,然后根据比例,形成经济舱价格、公务舱价格和头等舱三种票价。

图 3-10 所示为单一定价时的收入,横坐标表示座位数,纵坐标表示旅客机票销售价格。图中 OB' 为一架航班飞机某一舱位的最大可用营利座位数,即最多可售机票数量,OA' 为客票最高限价。C 点为“价格-需求曲线”上的一点,表示实际销售的客票价格和已售座位数。在这种单一价格情况下的收入可以表示为

$$\text{收入}_C = \text{每客票价} \times \text{销售座位数} \tag{3-6}$$

即

$$\text{收入}_C = OA \times OB = \text{矩形 } OACB \text{ 的面积}$$

式中,OA 为实际销售价格;OB 为这种价格下销售的座位数。从图 3-10 可以看到,收入 $OA \times OB$ 为矩形 $OACB$ 所包围的面积 S_{OACB}。因此,航班收入可以用价格与人数为边的矩形面积表示。

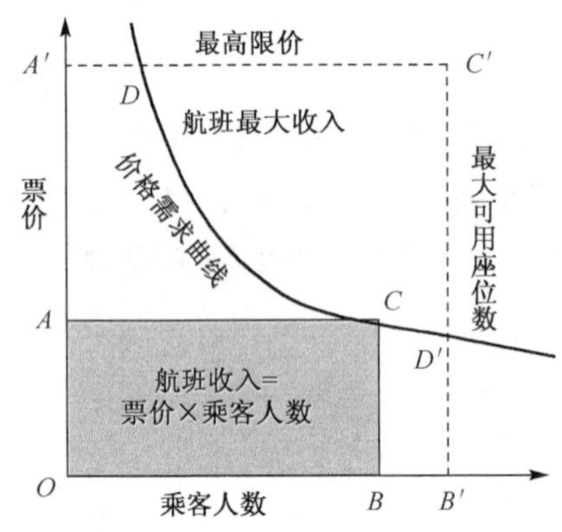

图 3-10 单一定价与收入

从图 3-10 还可以看到,最大理想收入是所有座位 OB' 均以最高价格 OA' 销售,其收入为矩形 $OA'C'B'$ 的面积

$$\text{收入}_{C'} = OA' \times OB' = S_{OA'C'B'}$$

但是,最大可能收入通常是曲边形$OA'DCD'B'$所包围的面积:

$$\text{收入}_{\max} = S_{OA'DCD'B'}$$

不难看出

$$\text{收入}_C < \text{收入}_{\max} < \text{收入}_{C'}$$

(2)多等级差异定价法。从图 3-10 分析可知,单一定价法简单,便于管理。但是,不难看出,在最大可能收入收入$_{\max}$中,即曲边形 $OA'DCD'B'$ 所包围的面积,还存在着两个曲边形 $ACDA'$ 和 $BB'D'C$ 所对应的收入潜力可以挖掘。实际上,市场中对同一类产品都存在着多种需求,可以通过市场细分采取多种产品规格和多种价格以适应不同的客户需求,获得更多的销售收入。另一方面,同一种产品在市场中可以在不同时段采用不同的价格销售。有的旅客“不差钱”,对航班时刻敏感;有的旅客则对机票价格敏感,而对航班时刻需求弹性大。因此,针对不同的市场细分可以采用多等级差异定价,以获得更多的航班收入,参见图 3-11(a)。

在图 3-11(a)所示的多等级差异定价方法中,假设有 n 种市场需求,分别采用 n 种价格,设为 C_1、C_2、C_3、…、C_n,对应的收入分别为 S_1、S_2、…、S_n。那么,这时的航班收入为

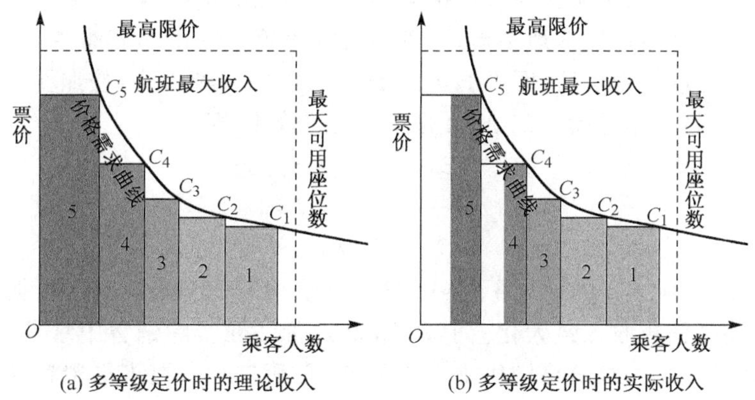

(a) 多等级定价时的理论收入　　(b) 多等级定价时的实际收入

图 3-11　多等级定价与收入

$$收入_{多} = S_1 + S_2 + \cdots + S_n = \sum_{i-1}^{n} S_i \qquad (3-7)$$

式中，n 为价格的种类。

与单一定价法相比，显然 $S_1 + S_2 + \cdots + S_n > S_{OACB}$，即

$$收入_{多} > 收入_{C}$$

S_{OACB} 为图 3-10 中的单一定价收入。在实践中，航空公司将旅客航班经济舱设置成多个等级的舱位，以 Y 舱票价为基准价，按比例分成若干子舱定价等级。例如，某航空公司将国内航班经济舱分为 15 个等级(表 3-4)，以 Y 舱价格的 4%折扣为一级，对其他子舱进行价格推算。很显然，多等级定价增加了产品销售时的价格灵活性，适应了更多的消费需求，增加了航班收入。

表 3-4　多等级舱位的定价

舱位	公务舱		经济舱														
代码	C	A	Y	H	K	L	M	T	E	V	U	Q	G	B	R	I	J
折扣率	130%	免费	100% 基准价	92%	88%	84%	80%	76%	72%	68%	64%	60%	56%	52%	48%	44%	常旅客 免费

但是，如何控制每一种价格的座位存量则比较复杂。另一方面，如果由于几种价格同时开放，则有可能使得本来可以购买高端价格的客户购买了低端价格的机票，有高端收入流失的可能。不仅如此，由于优先开放销售低价舱位，使得后来的高价值客户无票可买而转向竞争者，导致旅客流失[15]。图 3-11(b)所示为多等级定价时的实际销售情况。为了避免上述两种现象的发生，通常低端价格机票销售采取附加条件：

$$票价 = 基准价 \times 折扣 + 附加限制条件 \qquad (3-8)$$

通过对机票附加某些限制条件，以避免优先开放低端价格而流失本可以接受较高价格的“不差钱”旅客或高价值客户。附加的限制条件通常有：必须提前一定天数付款购票，不接受预订；或购票后不退票不改签；或座位在飞机尾舱位置；或是联程航班；或运输淡季；或只能网上购买等。至于每一种价位的座位存量如何设置[29]，需要根据销售历史和市场预测结果进行统筹分析。

(3)嵌套定价法。为了避免高端价格的客户流向低端价格,在多等级价格的基础上,优先开放高端价格并尽可能多地销售,一直销售到该价位的市场有滞缓趋势时才开放低一级价格。这就是嵌套定价法(图 3-12)。因此,对于同一种价格,按照图 3-12 所示的嵌套定价法,其收入将会超过图 3-11 所示的多等级定价法,即

$$S_{嵌5} > S_{多5}, S_{嵌4} > S_{多4}, \cdots$$

因此有

$$收入_{嵌} > 收入_{多}$$

$S_{嵌5}$、…、$S_{嵌1}$分别为第 5 种价格、……、第 1 种价格时的销售收入。根据以上分析,嵌套定价法能够使得销售收入最大化。但是,嵌套定价法在实际销售中掌控价格开放时机比较复杂,何时开放低一级价格销售是一个关键,必须实时掌握市场销售动态。否则,可能会因不能及时掌握市场动态而一直保持在高价位销售,导致因价格缺乏市场竞争力而错失销售时机使收入反而下降。

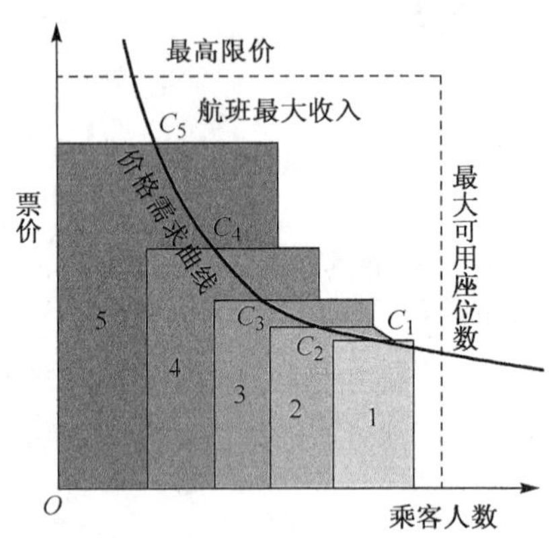

图 3-12 嵌套定价时的收入

实际上,上述多等级定价或嵌套定价中存在一定程度的价格歧视(price discrimination)现象[27]。由于客户购票时机不同或选择的购票条件不同,座位相邻的两个乘客所付机票的价格可能会相差很大。虽然持较低价格机票的乘客享受了相同的机上服务,但是他或她的机票可能有不同的附加限制条件,如提前三周购票并且不能退票不能改签等。价格歧视,通常是指商品或服务的提供者在向不同的接受者提供相同等级、相同质量的商品或服务时实行了不同的销售价格或收费标准。这种现象在民航运输市场中比较普遍,实质上就是价格"随行就市"现象。我国民航旅客票价的基准价差异主要体现在航线上,而没有机型差异。因此,同一航线的所有航班,不管是采用大飞机还是小飞机,同一种等级舱位的票价差异主要体现在折扣方面。

4)收入管理

衡量民航运输企业主营业务经营水平,宏观上主要是通过市场销售的航班收入。实际上,经营水平或航班收入水平与以下几个关键指标密切相关:运量、周转量、收益和单位成本[27]。

(1)运量(traffic volume)。民航旅客运输市场需求统指具有乘坐飞机欲望或进行航空运输货物的客户。这种需求通常有两类,一类是有需求欲望并且实现了欲望的客户,另一类是有需求欲望但未实现欲望的客户。运量则是指实现需求欲望并成为航空运输企业的消费者数量或货物载运量(不包含免票乘客和免费货邮),因为只有付费的客户或货物才对航班收入产生贡献,这也是航空公司所关注的客户。因此,航班收入的基础是运量。

(2)周转量(output)。旅客运输周转量为运送的付费旅客人数与运送的收费距离之乘积,又称为营利客千米(revenue passenger kilometer,RPK):

$$\mathrm{RPK} = \sum_{i=1}^{n}(P_i \times K_i) \tag{3-9}$$

式中，P_i为第i个航段上运送的收费旅客数；K_i为第i个航段飞行的收费千米数；n为该航班的航段数。

货邮运输周转量为运送的收费货邮重量与运送的收费距离之乘积，称为营利吨千米(revenue passenger kilometer，RTK)：

$$\mathrm{RTK} = \sum_{i=1}^{n}(T_i \times K_i) \tag{3-10}$$

式中，T_i为第i个航段上运送的收费货邮重量；K_i为第i个航段飞行的收费千米数；n为该航班的航段数。

(3)收益(yield)，是指运送一个旅客或一吨货物飞行一千米的平均营利收入[30]，而不是单位价格。

(4)单位成本(unit cost)，是指运送一个旅客或者一吨货物飞行一千米所产生的直接成本。

(5)航班收入(flight revenue)，是指航班营利旅客运输收入与营利货邮运输收入之和[30]

$$\text{航班收入} = \text{航班客运收入} + \text{航班货运收入}$$

$$\begin{aligned}\text{航班客运收入} &= \sum_{i=1}^{n}(F_i \times P_i) = \sum_{i=1}^{n}(t_i \times K_i \times P_i) \\ &= \sum_{i=1}^{n}(t_i \times \mathrm{RPK}_i)\end{aligned} \tag{3-11}$$

式中，F_i为第i个航段上的旅客票价(fare)$=t_i \times K_i$；P_i为第i个航段上运送的收费旅客数；t_i为第i个航段上每千米旅客运价(tariff)；K_i为第i个航段飞行的收费千米数；n为该航班的航段数。

$$\begin{aligned}\text{航班货运收入} &= \sum_{i=1}^{n}(R_i \times T_i) = \sum_{i=1}^{n}(r_i \times K_i \times T_i) \\ &= \sum_{i=1}^{n}(r_i \times \mathrm{RTK}_i)\end{aligned} \tag{3-12}$$

式中，R_i为第i个航段上的货运价格(freight charge)$=r_i \times K_i$；T_i为第i个航段上运送的收费货物重量；r_i为第i个航段上每吨货运费率(rate)；K_i为第i个航段飞行的收费千米数；n为该航班的航段数。

从式(3-11)和式(3-12)可以看出，航班收入与RPK及RTK有关。但是，要使得航班收入最大化，不仅需要更多的RPK和RTK，而且需要灵活的运价结构和销售策略。

收入管理(revenue management)的目的和作用在于，通过对销售过程的控制，使得一个航班的可用座位或可用业载吨位(pay-load)能够通过多种价格在合适的时机销售，获得最大的航班收入[28]。根据现代收入管理的理念，通过对市场客户需求的科学预测

(demand forecasting)和市场细分,结合销售历史和销售经验,制定一套富有弹性结构的销售价格,根据销售动态进行座位存量控制(seat inventory control),并科学地采取超售(over booking)手段,实现航班销售收入最大化的终极目标[29,31]。

图 3-13 所示为一个多航段航线,航线 A→B→C 上存在三种出行方式的旅客 O-D 流,A→B、B→C 和 A→C,每种旅客票价如图中所示。现在的关键问题是,在航班飞机可用座位数量一定时,该航线的航班机票如何进行销售才能获得最多的航班收入?这一问题包含两个方面。第一,采取什么销售策略可以获得最多的收入?即是优先开放销售 A→C 段的票还是优先分段销售 A→B、B→C 的票?第二,每一航段的座位存量应该控制在多少个可以使航班收入最多?不难看出,最理想的销售情况是,所有座位全按 A→B、B→C 分段票销售时航班收入最多。但是,如果 A→B、B→C 旅客不满座,那么有可能流失 A→C 段全程旅客。如果优先销售 A→C 票,那么当 A→B、B→C 旅客需求较多时就有收入流失。最佳销售策略是,优先销售 A→B 和 B→C,剩余票通过开放 A→C 票销售来补充。那问题是每一种票控制在多少张呢?这就需要知道每种票有多少需求。这就是收入管理中市场需求预测与座位存量控制的任务。

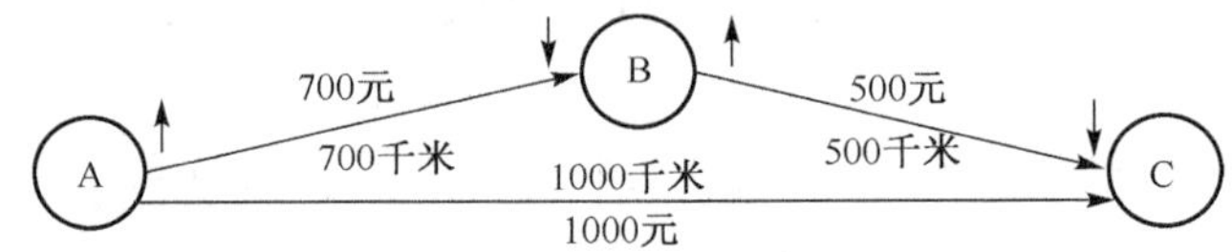

注: ↑为上客, ↓为下客

图 3-13 多航段销售策略

收入管理中的座位存量控制,通常根据票价结构对每一种价格的需求进行预测,设置一定的销售限制数量。在嵌套定价中,对座位存量控制通常采用"向下挤占"原则,即当高价位座位存量不足时,可以挤占低价位座位存量,反之则不能,这样有利于增加高端价位销售收入。因此,当出现高价位需求而座位存量不足时,可以收回已订座但未在规定期限内付款出票的低价座位,也就是所谓的座位召回制(callable revenue)[32]。

由于经常出现一些购票旅客因某些特殊原因在飞机临起飞前突然改变主意不登机(no show),而是退票或取消订座或改签别的航班,从而造成航班座位虚耗现象,导致航班收入减少。为了弥补这一损失,航空公司便采取超过航班可用座位数量的超额销售办法来弥补座位虚耗,即超售。超售确实能够增加民航运输企业的航班收入,一是能够弥补座位虚耗产生的航班收入损失,另一方面,超售可以获得更有价值的客户。但是,由于超售有时使得持票者到了机场(go show)却上不了飞机(denied boarding),因此造成新的麻烦。航空公司实施超售策略,必须给予这些有票却上不了飞机的旅客几套解决方案:劝其改乘,优先安排在下一航班,并在其等候期间给予适当补偿(如免费餐食、贵宾室候机或者经济补偿);如果旅客不愿意,则动员同一航班的其他愿意改签的乘客出让座位,并给予适当补偿。当然,这些补偿会给航班收入带来一定的损失。对于因超售而不能登机的持票旅客,民航运输企业应当尽可能的给予安排。从法律角度来看,造成持票旅客(而不是仅仅订座,订座可能未付款购票)不能登机的原因是民航运输企业违约在先,根据合同法应当给予补偿。从市场角度来看,超售拒载一是有损企业信誉,二是该旅客可能会转向其他航空公司而失去一个客户。在实际的超售控制过程中,收入管理遵循"唯客户价值"原则,可能把航班的最后座位留给超售的高价值客户,而拒载了低价值(并非低票价)客户。为了减少由于这些因超售而产生的损失,收入管理的任务之一就是合理控制超售数量[29]。

现代收入管理思想认为[28],在现在运力普遍过剩和竞争激烈的市场环境中,不能单纯运用"成本加利润"的传统理论来定价,必须根据细分市场后客户能够接受的价格来定价,甚至根据市场需求对产品"待价而沽",优先销售给具有较高价值的客户,而不是单纯追求客座率。

5)收益管理

收益管理(yield management)实质上是一个与收入管理不完全相同的概念。

收入管理是通过销售过程对座位存量和销售价格进行动态控制,使得航班的每一可用座位千米(available seat kilometer,ASK)或可用吨位千米(available ton kilometer,ATK)收入最大化,从而实现航班收入最大化。换言之,收入管理不仅通过提高客座率或业载利用率增加收入,而且强调每一个 ASK 或 ATK 都要卖出好的价钱[27]。

航班收入高低还不能完全衡量航班运营的真正水平。其原因是,航线有长短,即便是同一条航线,航班所使用的机型有差异,舱位设置有差异,航班成本有差异,都可能导致最终的航班收入差异。从微观角度看,不管飞机大小、航线长短、舱位等级如何,同样飞行一客千米的收入水平如何呢?这是收益管理所关注的重点[27]。

如同前面所定义的,航班收益(yield)是指航班的每营利客千米(RPK)或每营利吨千米(RTK)的平均收入水平[27,30,33]。根据式(3-11),旅客航班收益为

$$
\begin{aligned}
\text{Yield}_{11} &= \text{航班客运收入} \Big/ \sum_{i=1}^{n}(P_i \times K_i) \\
&= \sum_{i=1}^{n}(t_i \times \text{RPK}_i) \Big/ \sum_{i=1}^{n}(P_i \times K_i) \\
&= \sum_{i=1}^{n}(t_i \times K_i \times P_i) \Big/ \sum_{i=1}^{n}(P_i \times K_i) \\
&= \sum_{i=1}^{n} F_i \Big/ \sum_{i=1}^{n} K_i
\end{aligned}
\tag{3-13}
$$

式中,$F_i = t_i \times k_i$ 为票价。根据式(3-12),货运航班收益为

$$
\begin{aligned}
\text{Yield}_{F} &= \text{航班货运收入} \Big/ \sum_{i=1}^{n}(T_i \times K_i) \\
&= \sum_{i=1}^{n}(r_i \times RTK_i) \Big/ \sum_{i=1}^{n}(T_i \times K_i) \\
&= \sum_{i=1}^{n}(r_i \times K_i \times T_i) \Big/ \sum_{i=1}^{n}(T_i \times K_i) \\
&= \sum_{i=1}^{n} R_i \Big/ \sum_{i=1}^{n} K_i
\end{aligned}
\tag{3-14}
$$

式中，$R_i=r_i\times k_i$ 为运费。为了提高航班的实际收益水平，现在一些航空公司所考核的是航班每可用座位(吨位)千米的收入水平：

$$\begin{aligned}\text{Yield}_S &= \text{航班客运收入}\Big/\sum_{i=1}^{n}(S_i\times K_i)\\ &= \sum_{i=1}^{n}(t_i\times \text{RPK}_i)\Big/\sum_{i=1}^{n}(S_i\times K_i)\\ &= \sum_{i=1}^{n}(F_i\times P_i)\Big/\sum_{i=1}^{n}(S_i\times K_i)\end{aligned}\tag{3-15}$$

式中，S_i为航班在第 i 个航段的可用座位数。

$$\begin{aligned}\text{Yield}_T &= \text{航班货运收入}\Big/\sum_{i=1}^{n}(C_i\times K_i)\\ &= \sum_{i=1}^{n}(r_i\times \text{RTK}_i)\Big/\sum_{i=1}^{n}(C_i\times K_i)\\ &= \sum_{i=1}^{n}(R_i\times T_i)\Big/\sum_{i=1}^{n}(C_i\times K_i)\end{aligned}\tag{3-16}$$

式中，C_i为航班在第 i 个航段的可用吨位数。

从式(3-13)～式(3-16)可以看到，收益反映了航班的平均价格水平，航班收益水平的高低直接影响航班的实际收入。

在实际定价过程中，由于远程航班通常采用大飞机，航班的单位成本相对于短程飞机要低，因此大多数远程航班的运价相对略低，但是这并不意味着航班的利润水平低。由于远程航飞行距离远、乘客人数多，因此航班整体收入水平通常比短程航班要高。

3.2.4 民航货运市场营销

前面大部分篇幅论述了关于航空旅客运输市场营销方面的内容。事实上，1918 年 5 月美国第一条邮件运输航线的开通便掀开了民航货物运输(air cargo)的发展史。在经历了一个多世纪发展的今天，航空货运已经成为全球经济增长的重要支柱、航空公司和机场收入的重要来源。

航空货物运输市场范围十分广泛，包含了除人之外的所有符合国家法令法规的物品运输活动。根据《国际民用航空公约》第三十五条关于航空货物的限制，"从事国际航行的航空器，非经一国许可，在该国领土内或在该国领土上空时不得载运作战军火或作战物资"。

1. 货物特征

既然运用飞机这种快速的运输工具运送，那么航空货物(air freight)一定与地面运输货物有着不同之处：

(1)附加值高。由于航空货运成本高，运费通常比地面运输高，因此只有附加值高的货物才会选择航空运输。货物的附加值高，主要体现在它的市场价值或社会价值。附加值高的货物通常是体积小、价值高，一般是高科技产品或贵重物品等。

(2)时效性强。航空运输的最大优势是运输速度快和无地理障碍。因此,对时效要求高的远距离货物运输,航空运输具有无与伦比的优势。这种时效性有些体现在货物的市场价值,而有些则体现在货物的社会价值,如救灾、急救等紧急情况下的货物调运,民航运输发挥了重大作用。

(3)安全性高。航空运输不仅途中运输时间短,相对于地面运输而言,没有颠簸,没有地面运输途中比较突出的安全与护卫问题,因此对于安全性或保密性要求高、防震防颠、易碎易损、贵重物品、精密设备仪器、鲜活易腐的货物,通常采用航空运输。

2. 市场特征

与航空旅客运输市场不同,航空货运市场通常具有以下特征:

(1)产业关联性。航空旅客运输市场虽然与地区经济发达程度密切相关,但是与自然资源的关联度要比航空货运显得更为明显。例如,即使在第一、第二产业经济欠发达的地区,若有丰富的旅游资源,也能开辟出一片繁荣的航空旅客运输市场,我国的云南、海南和九寨沟等地区就是典型案例。

航空货物运输则不同,它与地方经济的产业结构密切相关,特别是基于第一产业、第二产业的高新产业、进出口贸易,以及高附加值农副产品等高附加值产业,都是航空货运的重要货源。

(2)方向不对称性。在航空货运市场中,存在着与旅客运输市场特点不同的方向不对称性。①O-D流不同。旅客到达目的地后大多数旅客会返回出发地,尽管他们中的部分旅客可能会选择不同的回程路线或交通运输方式返回,但是大多数旅客来回程航线和选择的航空公司基本相同。货运市场则不同,几乎所有的货物到达目的地后不会再返回出发地,即使是在来料加工业发达的地区,来料加工成为产品或半成品后也不会返回原地,而是运往第三地。②来回程运量差异明显。就目前国内不少地区而言,航空客运与货运的来回程运输量的差异比较明显。根据对民航局公布数据的统计分析(表3-5),2007年和2009年西北地区机场出港旅客人数比进港人数分别多14%和18%,其次是中南地区。但是,机场货邮吞吐量进港出港相差则更加明显,典型的是中南与华东地区,相差超过40%。这种明显的进出港数量差异,反映了这些地区相关航线上货运市场的方向不对称性。

表3-5　全国各地区机场吞吐量进港-出港的对称性分析

地区＼年度	货邮		旅客	
	2007	2009	2007	2009
全国	25.82%	26.08%	7.06%	7.35%
新疆	48.50%	18.13%	2.86%	3.43%
中南	46.17%	36.20%	10.04%	10.51%
华东	43.03%	59.36%	8.68%	9.92%
西南	7.33%	−2.67%	3.89%	2.82%
西北	7.08%	−28.29%	14.09%	17.71%
华北	−5.19%	−7.97%	2.19%	2.51%
东北	−18.41%	−30.34%	1.43%	1.22%

说明:机场吞吐量进港-出港相差百分比=(出港−进港)/进港。

数据来源:从统计看民航。

(3)市场多样性。旅客运输的对象只能是人,反映在市场的价格上没有性别和形态差异,只有儿童与成人之别。而货物运输的对象则是多种多样的,有活体动物和新鲜植物;有化工类、金属类、纺织品类;有固态的、液态的、甚至气态的等等,只要是国家法律法规允许的物品,都可以采用航空运输。这也意味着航空货物运输市场十分广泛。货物的这些差异给民航运输市场带来明显的价格差异性和运输过程的差异性(表3-6)。

表3-6 航空旅客与货邮运输市场的特点与区别

特征＼市场	客运	货运
飞行安全	√	√
机上保安	√	
完好性		√
舒适性	√	
正点要求	强	弱

3.航空货运市场细分

采用航空运输的货物,其共同点都是附加值高、要求途中运输时间短。但是按照货物本身的性质和特征分类,航空货运市场可细分为以下几大类:

(1)普通货物运输市场。这一类物品在航空运输过程中,不需要特别处理,按正常性航空货物运输方式和流程进行管理与运送。

(2)危险品运输市场。这一类物品具有腐蚀性、辐射性或其他破坏性(如爆炸或易燃),需要采取特殊的运输管理流程与防护措施。

(3)常规鲜活易腐类货物运输市场。这一类货物如活体动物、海鲜、鲜花、水果之类,容易死亡、腐烂或者变质,对运输时间、保温、保鲜有特别要求,需要在航空运输过程中采取一些不同于普通货物的辅助措施。

(4)急快件货物运输市场。这一类货物的时效性要求比较高,如文件、证书、信函、票证、急用物品、产品配件、救援物资及紧急调运物品等,要求快速运达和专门投递。

(5)精密贵重货物运输市场。这一类物品主要是精密仪器设备、药物、贵重物品等,货物价值和价格特别高,运输过程中需要特别的安全防护措施。

(6)其他特殊货物运输市场,如特种物品的运送等,此类市场相对较小。

随着全球经济和信息技术的发展,面对不断上涨的成本压力,越来越多的国际企业在全球范围内寻求更廉价的资源,以提升产品的市场竞争力。电子商务的发展,让越来越多的人在全球范围内选购商品。这种经济全球化和市场全球化的发展趋势,为航空货物运输不断提供规模越来越大的市场和发展空间。

4.产品设计

航空货运市场的产品,如同旅客运输市场一样,是为货主或托运人的货邮运输需求提供航空运输及其相关的配套服务。航空货运产品包括以下主要内容:

1)基本服务

航空货运市场产品的基本服务包含的关键要素有:航线、班期、班次、舱位和价格等,其基本服务有:

(1)定期航班运输,又称班机运输(scheduled flight service)。按照获准颁布的航班计划表,在指定的航线上有规律地提供货运航班服务,通常有定期旅客航班客货混运,利用旅客航班飞机的多余运载能力捎运货物;在市场充足的航线上采用定期全货机航班运输。定期航班货物运输的特点是，航线、班期和航班时刻具有规律可循，市场比较稳定，颇受客户欢迎。

(2)包机运输。在有的情况下，客户需要空运的货物较多，需要租用整架货机的所有舱位装载货物，即包机(charter)运输。包机通常没有固定的班期，属于不定期航班范畴，所载货物可能是来自一家航空公司收运的，也可能是多家航空公司或货运代理人收运的货物，共同租用一架飞机完成一批货物的运输。包机货运的好处在于，由于没有固定的航班时刻，起飞时间机动性强；通过包机运输，可以弥补由于市场不足而无法开通定期货运航班航线上的货运市场需求；对于已经开通定期货运航班的航线，包机可以弥补货运繁忙季节航线货运运力不足。

也有一些客户，他们的货运量相对稳定，但不足以租用整架飞机的所有舱位，因此通过协议，在指定航线上的货运班机上包租固定空间大小的舱位(blocked space)，或租用一定数量的货物集装板或集装箱，以保障他们的货物在指定航班上拥有预留空间，能够按时发运货物。对于这种包舱或租舱的运输方式，无论托运人是否交运货物，都必须支付协议上规定的运费。

(3)航空快递(air express)。对交运物品采用航空运输，并提供专门派送服务。航空快递通常用于小件物品运输。随着航空货运和物流的发展，包括FedEx、UPS、DHL、TNT等在内的国际著名快递公司，同时经营航空货运。

(4)集中托运(consolidation)。由于航空运价随着货物计费重量的增加而逐级递减，因此，航空货运销售代理人或集运商组织的货物批量越大，就能够从航空公司得到更优惠的运价，就能获得越多的经营利润。基于这样的利益驱动，航空货运销售代理人或集运商便将运往同一目的地的货物集中后一起托运，形成较大的托运批量。这中集中托运方式也深受航空公司欢迎，它可以减少零散收货和交货过程的许多烦琐工作，也比散装货更能利用舱位空间和方便装卸。但是，由于集中托运方式中货运代理人收货的时间较直接托运要长，因此所能承运的货物范围受到限制，诸如贵重物品、活动物、尸体、骨灰、外交信袋、危险物品、鲜活易腐、紧急货物或其他对时间要求高的货物，不适宜集中托运。

2)地面服务

航空货运的地面服务主要是货物订舱与仓储，货物安检、收验与交验，以及分拣等服务。随着电子商务的广泛应用，网上货物订舱与仓储服务越来越受销售代理人或货物托运人的欢迎。

3)延伸服务

实际上，航空货运服务只占整个货物运输服务全过程的一小部分。因此，从市场营销角度出发，航空货运服务的产品内涵更需要拓展地面的延伸服务。为了货物托运人或货主的方便，航空公司或机场提供货物包装、清关服务、地面派送等延伸服务。物流业是传统货运市场的典型延伸与扩展，它将货物运输与派送、货物信息、运送流程信息融为一体，能够及时为货主提供货物运输过程的实时信息。现代物流的“门到门”服务，完全改变了传统的“机场到机场”航空货运模式，这不仅方便了客户，也为航空公司、机场或第三方服务企业开辟了更大的市场和收入来源。FedEx、UPS、DHL、TNT、中国邮政，以及我国的物流新秀“顺丰速运”等都是典型的“门到门”服务物流公司。

5.运价与运费

与民航旅客运价和票价不同,民航货物运价(rate,亦称费率)和运费(charge)与货物分类、货物形态、货物重量、货物体积及运输距离等因素有关。

航空货运运费,是指一张货运单(air waybill)上所列货物根据适用运价计算发货人或收货人应当支付的运输费用,可以表示成下式:

$$航空货运运费 = 基本运费 + 声明价值费 + 其他费用 \tag{3-17}$$

其中

$$货运基本运费 = 适用运价 \times 计费重量 \tag{3-18}$$

航空货物运价,是指将一吨货物航空运送一千米所支付的机场到机场之间的空中运输价格,不包括承运人、代理人或机场收取的其他费用,也不包括包装、提货、仓储、地面配送等费用。

1)国内运价

航空货运的国内运价由民航局统一制定、颁布和管理。国内航空货物运价通常分为以下几种[32]:

(1)普通货物运价。普通货物运价分为基础运价(代码为N,normal rate)和重量分界点运价(代码为Q,quantity rate)。基础运价为重量在45千克以下的普通货物运输单价。重量分界点运价为重量在45(含45)千克以上的普通货物运价,分为三个等级,45千克级(≥45千克)、100千克级(≥100千克)及300千克(≥300千克)以上。

(2)等级货物运价。等级货物运价(代码为S)主要适用于急件、生物制品、珍贵植物和植物制品、活体动物、骨灰、灵柩、鲜活易腐物品、贵重物品、枪支弹药、押运货物等特种货物,其运价通常为基础运价的150%。

(3)指定商品运价(代码为C)。对于批量大、季节性强、单位价值低的货物,航空公司通过申请,采取指定商品运价进行货物计费。

(4)最低运费(代码为M),是指每票国内航空货物最低运费不低于指定的金额,如30元人民币。

(5)集装箱运价(代号M):以集装箱或集装板为运输单元的运输货物,航空公司可以申请集装箱货物运价。

此外,国内普通邮件和快递邮件的运价,需要参照民航局的相关规定[32]。

2)国际运价

国际航空货物运价一般分为四种[34]:一般货物运价,特种货物运价,货物等级运价和集装箱货物运价。

(1)一般货物运价(general cargo rates,GCR)。一般货物运价是使用最为广泛的一种货运单价。当一批货物不能适用特种货物运价或等级货物时,就使用一般货物运价。一般货物运价按货物重量划分成等级价格:N级运价,是指45千克(100磅)以下货物计费价格;Q级运价,是指45千克以上(含45千克)货物计费价格。对于45千克以上Q级分类中,又可分为100、200、250、300、500、1000、2000千克等多个计费重量分界点,记为Q45,Q100,Q300等。

(2)特种货物运价(specific commodity rates,SCR),通常是指在某一航线上,根据经常运输某一类货物托运人的请求，或为促进某地区间某一种类货物的运输，经“国际航空运输协会”同意所提供的优惠运价。

(3)货物的等级运价(class rates or commodity classification rates,CCR)，指适用于指定地区内部或地区之间的货物运输价格。适用等级货物运价的货物通常有：活体动物、活体动物的集装箱和笼子、贵重物品、尸体或骨灰、报纸杂志等出版物、作为货物托运的行李。

(4)集装箱货物运价(unitized consignments rates,UCR)，是指采用任何一种注册集装器、非注册集装器、集装板、海空联运集装箱、主货舱集装箱或下货舱集装箱时的运价。

(5)最低运费(minimum charges)，即一票货的最低运费，是航空公司办理一批货物所能接受的最低运费，用于平衡航空公司在办理小批量货物过程中产生的固定费用。

根据国际航空货运运价适用规则[34]，计算运价的基本原则是：首先适用指定货物运价，其次等级货物运价，最后是普通货物运价；如按指定货物运价或等级运价或普通货物运价计算的货物运费总额低于所规定的最低运费时，按最低运价计收。

3)计费重量

国际航空货运运费的计费重量，最低为 0.5 千克，分为两类：

(1)实际重量，对于体积小重量重的重货，按货物“实际毛重”计费。

(2)体积重量，对于体积大重量轻的轻泡货，按货物的“体积重量”(measurement weight)计费。

4)运费计算

国际航空货运运费计算，需要按照“国际航空运输协会”(IATA)所制定的国际区划货运费率、航线和货物分类等进行计算[20,34]。

根据式(3-18)，一票货物的基本运费为

$$\text{基本运费} = \text{适用运价} \times \text{计费重量} \tag{3-19}$$

式中，适用运价为该单货物所对应的运价类型所使用的运价；计费重量则为该单货物重量和体积比例所使用的重量标准。

需要说明的是，基本运费中只是从始发机场到目的地机场的单向空中运输费用，不包含任何其他费用。如果运输合同中含有地面派送等业务，则需要另外计费。根据式(3-17)，运输费用中可能包括声明价值费用。声明价值费用通常是指根据客户要求对该单货物进行保险而增加的货物保险费。其他费用为地面运杂费、中转手续费等。

在航空货运市场营销中，无论是国内货运还是国际货运，运价的适用直接影响货运销售收入和市场竞争力。

3.2.5　机场营销

长期以来，机场一直被认为是社会公共基础设施，为航空公司的航班飞机起降停靠提供跑道、场地和地面保障服务，为进出港旅客和货物提供服务，只有航空公司才需要为生存与发展进行市场营销。直到 20 世纪 80 年代，航空公司和客户对机场的挑剔与选择使机场之间产生了竞争，机场开始面临威胁，逐渐认识到也必须要为自身的生存与发展进行市场营销(airport marketing)[35]。

机场营销旨在通过营销过程，能够吸引更多的航空公司和驻场单位为机场提供更多

的航空客货服务能力，吸引更多的客、货流量，带动机场的综合发展，发挥机场资产的社会价值，使机场资产得以保值和增值。

随着社会经济和民航运输业的发展，机场已经成为国家和地区对外交流的重要窗口，是地区经济和社会发达程度的象征。在区域客流和物流中，机场成为航空运输与地面运输(surface transportation，包括铁路、公路和水路运输)之间运输方式变换与衔接的汇集点，其交通运输枢纽作用日益显现。随着民航运输市场规模的不断增长，大中型机场聚集了越来越多的航空公司、商家、旅客和货主，形成了以机场为中心的区域性航空产业链，成为吸引投资、提升产业结构、促进区域社会经济发展、扩大就业、增强城市社会经济地位与竞争力、改善城市生活品质的重要资源和推动力。从某种意义上来说，机场对一个地区甚至一个国家的社会和经济发展所产生的推动和促进作用远远超过普通意义上的社会公共基础设施或经济实体[36]。在经济全球化背景下，机场在区域社会经济和交通运输价值链中的地位不断提升，受地区社会经济发展必须加快提升竞争力的驱动，机场之间便出现争夺客户的竞争。机场需要招徕更有价值的航空公司、商家或投资者，以扩大机场经营规模，提升经营效果，乃至提升区域经济发展活力。特别是大型国际枢纽机场的国际性市场竞争，直接影响国家在国际区域经济发展中的地位。新机场则更需要吸引客户，以便尽快打开经营局面。随着机场地位的提升，繁忙机场的设施设备容量(主要是跑道起降时刻、停机坪、登机口、候机区、值机柜台、安检通道等)越来越紧俏，市场价值越来越高。虽然这些资源具有公共基础设施服务大众的基本属性，但是机场以这些资源为主体的有偿服务，以及通过发展辅业进行营利性经营活动的商业行为，使机场成为实质性的企业，吸引更有价值的客户便成为重要的盈利驱动力。尽管全球范围内机场行业总体亏损，并在不同程度上得到政府扶持，但是这一国际性现象并不能改变民用机场的双重性特征[35,37]。对于旅客而言，随着民航的发展，乘坐飞机出行的选择也越来越多，不仅仅是选择票价、航班时刻、航班机型或航空公司品牌，而且希望选择出行便利、航班选择多、中转时间短、服务品质好的机场。航空公司则优先选择经济发达、客货运输市场繁荣地区的机场。零售商则选择客流量大的机场。这些来自航空公司、商家和旅客的比较和选择，无疑使机场之间产生竞争。本来机场拥有的区域性寡头垄断优势，随着地面高速公路网和高铁的出现在逐渐弱化，机场正面临着未有过的挑战，机场营销则成为机场经营管理的一大重要内容。

机场营销主要有两大任务[35]：一是与航空公司共同开拓市场，促进机场主营业务发展；二是扩大机场的非主营业务规模。

那么，机场如何进行市场营销以获得更多的客户和收入呢？

1. 机场定位

机场定位是机场建设和发展首先必须确定的内容。机场定位将决定未来一段时期内机场的发展方向和营销战略，直接影响机场基础设施建设投资规模和未来运营成本。与航空公司定位不同，影响机场定位的主要因素是以机场所在城市为中心的区域发展环境，包括机场所在城市和以机场为中心的区域政治、经济、文化，及其在国际国内和区域发展中的地位，机场的地理区位、地方经济产业结构、自然资源、地面交通、邻近机场竞争影响，以及国家机场布局战略和区域经济政策等因素[38]，需要综合研究分析。

机场定位，按经营业务类别通常分为综合型运输机场、旅游型机场和货运型机场。一般机场都是客货兼运，吞吐量的多少完全取决于当地的社会和经济繁荣程度。如果按照机场在区域交通中的地位、作用和规模，机场又可以分为枢纽机场、国际机场、干线机场和支线机场。在我国，如北京首都、上海浦东和广州白云三大机场，被规划定位为复合型大型国际枢纽机场[39]，因此它们的市场营销区域范围应当面向全球，重点在亚太地区。关于机场的定位及特点，参见表3-7和2.5.2节。

表3-7　基于业务和规模的机场基本分类及其特点

<table>
<tr><th>分类
特点
定位</th><th>综合性</th><th>货运为主</th><th>旅游</th><th>通用航空</th><th>低成本</th></tr>
<tr><td>国际
门户枢纽</td><td>1.国际国内客货兼运
2.国际国内中转客货多
3.国际门户机场
4.航班波密集</td><td rowspan="2">1.国际国内货运(包括邮件、快递)为主
2.中转货邮多
3.航班多</td><td rowspan="2"></td><td rowspan="4">兼有通用航空运输服务</td><td rowspan="2"></td></tr>
<tr><td>国际机场</td><td>国际国内客货兼运</td></tr>
<tr><td>国内
区域枢纽</td><td>1,国内客货兼运
2.国内中转客货为主
3.干支结合
4.航班波密集</td><td rowspan="3">通常不单独经营航线货运</td><td rowspan="2"></td><td rowspan="2"></td></tr>
<tr><td>干线机场</td><td>国内干线客货兼运</td></tr>
<tr><td>支线机场</td><td>国内支线客运为主</td><td>以旅游市场为主</td><td>专业性通用航空服务为主</td><td>1.二线机场
2.服务简洁
3.运行成本低</td></tr>
</table>

这里需要特别说明的是关于低成本机场的概念[36]。低成本航空公司是民航旅客运输市场中激烈竞争的产物，以适应低票价旅客市场需求，参见2.4.1节内容。对于低成本航空公司而言，为了降低航班运行成本通常选择服务费用和相关收费较低的机场。支线机场为了与邻近大中型机场竞争以招徕航空公司，便改变服务理念和运行模式，简化服务流程，缩减运行成本，降低机场收费，迎合低成本航空公司的发展需求，低成本机场便应运而生。低成本机场在欧洲逐步普遍，如意大利的奥日奥和茨阿皮诺机场，英国的利物浦、卢顿、斯坦斯特德和普雷斯特维克机场，法国的毕奥瓦易斯和茨基机场、德国的哈恩机场等。由于经停这些小型机场的都是小型飞机，是一种典型的“空中巴士”，飞机经停时间短，通常在30分钟左右，航班频次高，因此在机场规模小的情况下，就必须缩短旅客和飞机在机场的停留时间。因此，低成本机场通常在保证机场安全和正常运行的前提下，精简机场管理，简化服务流程，提高工作效率，降低人力成本；机场设施简洁而实用，没有豪华时尚而宽敞的候机厅，没有琳琅满目的购物商场，采用自动售货亭，小型零售商店，缩短旅客在机场的停留或换乘时间，避免机场候机楼扩大规模，降低机场设施设备投资（建设和维护）；提高自动化服务程度，先来先服务，自动售票，自动值机，减少服务费用。当然，某些地方政府也减免低成本机场的许多税费，通过政策支持低成本机场的发展，以带动本地经济的发展。在低成本机场中，一部分主要为本地区的交通服务，还有一部分作为大型机场或者枢纽机场的支线机场，担当集散旅客的作用。

在我国，无论是航空公司还是机场，真正意义上的低成本还需要经历一个相当长的阶段。首先是旅客“乘飞机就得享受”的出行理念的改变，才能与低价格和简洁服务相适应。只有在支线飞机购置成本、支线机场运行设施设备和运行标准、相关税费等方面的政策调整适应“低成本”要求，真正意义上的低成本航空公司和低成本机场才有可能得到发展。

2. 主营业务营销

机场营销首先是机场的主营业务营销。机场主营业务，通常是指与民用机场基本功能直接相关的航空性业务，以机场场面运行保障和航班旅客、货邮保障服务为主体的业务活动，其他业务都属于非主营业务，或称为非航空性业务[40]。

1) 营销对象

机场主营业务营销的首要对象是航空公司，如图 3-1 所示。如果一个民用机场没有航空公司提供航班服务，那么这座机场还有存在的必要吗？航空公司与机场不同，航空公司首先考虑开通某一机场的航线是否具有市场或发展潜力，执飞该航线是否带来经济效益。航空公司一旦发现该航线没有效益，将可能改飞其他航线，除非另有所图。但是机场不同，机场不能随市场变化而任意搬迁或关闭。另一方面，机场只要有航班飞就有收入而无论航空公司收入如何。因此，机场招徕航空公司提供航班运输是机场营销的首要任务。对于地处经济发达或旅游资源丰富地区的机场而言，如省级城市或旅游热点地区机场，通常担心的不是航空公司是否愿意来飞，而是如何甄选优质航空公司和优质航线，以充分发挥机场资源特别是跑道起降时刻的价值。所谓优质航空公司，通常是指航空公司的航线网络覆盖范围广、市场占有率高、运输能力强、具有较强品牌影响力和市场营销能力的航空公司，能够给机场带来更多的起降架次、更多的客货流量和更多的航空代理，不仅产生丰厚的主营收入，而且能够给机场商业带来更大的市场机会。北京首都国际机场的战略目标是发展成为东北亚地区的国际航空枢纽中心[41]。因此，它希望更多的欧美大型国际航空公司开辟直达北京的航线，它的营销对象必然是全球的大型国际航空公司。由于它地处中国的首都，其政治、经济和国际地位使得它的市场营销比其他国内机场较为容易，但是对于国际上的那些大品牌国际航空公司和旅客而言，则存在东北亚地区其他国家大型国际机场的竞争。对于地处“老、少、边”经济落后地区的机场而言，机场则完全成为被航空公司选择的对象，机场甚至必须附带某些优惠条件“请”航空公司来飞。因此，机场针对航空公司所采取的营销策略因机场所具备的优势条件而不同。

机场主营业务的第二大营销对象是政府。众所周知，世界上大部分机场的投资主体是政府，我国更不例外。机场需要政府对机场建设和发展在政策和资金等方面给予长期支持。因此机场必然地要向政府推销本机场的优势和在地方社会经济发展中的作用，以获得政府更多的重视和支持。

机场主营业务的第三大营销对象是航线机场。机场必须有可供经营航班的航线才能吸引航空公司，因此机场需要寻找合作伙伴共同开辟客货航线以招徕航空公司。2003 年 5 月 22 日，由新加坡航空公司执飞的新加坡—厦门—南京—芝加哥(洛杉矶)国际货运航线首航，这是我国开放的第一条“第五航权”货运航线。在开辟这条航线的前期准备过程中，南京禄口国际机场联合另外四家机场，历经了两年多时间的共同努力，一方面寻求政府支持，另一方面各机场大力开拓本地区国际货运市场，最后“赢得了”新加坡航空公司的“芳心”才得以开航。这一事实充分说明，虽然航空公司是航线的经营主体，但是机场在新辟航线过程中的作用同样重要，需要用市场和效益来“打动”航空公司。

机场主营业务的第四大营销对象是旅行社和航空客货销售代理人。随着旅游业和物流业的快速发展，旅行社和航空客货销售代理人对机场的作用越来越重要。旅行社和航空客货代理人很大程度上决定了旅客出行和货主发货对机场的选择。虽然机场不直接承担旅客或者货邮的航空运输，但是可以通过向销售代理人和旅行社推销本机场的航班、航线等优势条件，影响旅客或货主对机场的选择。另一方面，机场本身就是航空公司的销售代理人，可以像其他代理人一样对航空公司的客货运输服务有选择性地销售，同时通过营销在代理人市场中争取客户。

机场主营业务的第五大营销对象是大中型企事业单位，特别是大中型高新企业，是民航货运市场的重要来源。大中型企业对机场的选择，是机场选择航空公司和航空销售代理人的优势之一。

机场主营业务的第六类营销对象是旅客和货主，他们是机场服务的直接受益者，他们中的一部分人能够直接选择出行或发货机场。另一部分人的出行机场虽然可能由旅行社或航空销售代理人左右，但是旅客或货主的选择在某些程度上会影响旅行社或代理人对机场的选择决定。

机场主营业务的第七类营销对象是潜在客户，他们经常出入机场迎送亲朋好友，或到机场取货或送货，或到机场观光，他们可能成为机场的客户，或影响其他人对机场的选择。

机场主营业务的第八类营销对象是地面交通运输。地面交通在发达地区给旅客和货主提供了更多的可替代性运输方式选择，直接影响民航运输业。首先是高速公路网的出现，催生了“卡车航班”。卡车利用便捷、受天气影响小及运输价格低廉等优势，在一些货运航班不发达的地区代替了支线货运航线运输，因此它们便成为机场的争取对象。“卡车航班”最初于2003年4月出现在贵阳地区。之后一些进出口货物的卡车航班盛行在广州和深圳等地，代替了国际货运的国内短途航线运输。特别是高速铁路的出现，对中短程航线的民航旅客运输影响更为明显。2009年11月成渝线动车组开通，迫使于2002年开航了19年的成渝航线航班停航；2009年12月26日，我国首条高铁“武汉—广州”线正式开通运营，“武广”航线航班量骤然减少了三分之一；2010年1月31日，“郑州—西安”客运专线开通运营，“郑西”航班停运。根据中国高铁发展规划，高铁将会进一步影响我国民航中短程航线的旅客运输市场。面对这种来自高铁的竞争，不仅直接影响了航空公司的收入，同时也影响了机场等相关民航企业的收入。因此，多家航空公司和机场纷纷筹划“空地联运”[42]。基于机场的“空铁联运”模式基本上可分为三类：第一类是轨道交通没有直接衔接但与火车站距离较近的机场，可以通过如免费穿梭班车接送等方式的联合运输实现“空铁联运”；第二类是机场与火车站之间直接轨道交通连接，旅客通过火车进出机场；第三类是实行“一票通”方式的无缝隙“空铁联运”服务，机场的旅客值机和交运行李服务在火车站办理。在这些“空地联运”方式中，机场的营销对象必然是公路或铁路运输部门。

2)市场需求分析

如同航空公司在进行产品设计过程中的市场需求分析一样，机场的市场需求分析同样需要从区域经济、产业结构、人口规模、自然资源、地面交通等多方面进行细分，从而进行机场发展定位和机场产品定位。与地面运输市场不同的是,民航运输市场需求与地方经济产业结构的关系更为密切。

3)机场主营业务产品设计

与航空公司不同,机场不提供航空运输飞行服务,它的主营产品主要是以机场资源为基础、为进出港航班提供设施和设备及地面保障服务。机场主营业务(亦称航空性业务)的产品可以分为四大类:

机场的核心产品是基于机场所在城市区位优势和航空客货运输市场的旅客或货邮运输航线。缺少这一核心产品,机场的任何先进设施设备和服务都没有任何意义。因此机场的区位优势、地方自然资源及社会经济发展带来的航空客货市场,是机场开设航线引进航空公司的重要资本。同样是边陲偏僻山区,云南省政府和当地机场共同开发该地区的丰富旅游资源,发展地方航空旅游,成为诸多航空公司竞相争夺的支线航空旅客运输市场。理所当然的这些小机场便成为航空公司争取合作的对象。由此可见,机场的航线产品必须具备以下特点之一:①航空公司能够从通达该机场的航线运输飞行中获得直接经济效益;②该机场是航空公司在该区域航线网络中的一个重要节点;③该机场属于航空公司市场发展战略中的潜在市场,尽管该航线近期亏损,但是从航线网络战略布局的远期发展考虑,具有重要的战略作用,典型的当属西北地区机场在海南航空公司最先开拓西北地区支线航空战略中的角色。

机场主营业务的第二大产品是机场地面运行保障服务。机场地面运行保障服务主要是指在飞行区(跑道与站坪)内直接为航班运输飞行提供的一系列保障服务,包括跑道及灯光服务、飞机进港引导服务、飞机牵引服务、飞机加油加水充电与安全护卫服务、机身清洁及除冰服务和飞机航线例行检修服务等,并提供与这些服务相关的设施设备,如跑道及灯光系统、停机坪、各种特种车辆、机务维修设备等。这些服务及设施设备都属于机场必须提供的基本服务内容。

机场主营业务的第三大产品是机场地面客货服务。机场地面客货服务主要是指为进出港航班的旅客、行李及货邮提供的一系列上下飞机、装载或卸载服务。为出港航班旅客提供的主要服务有,值机服务、行李交运服务、安检服务、候机服务、登机服务(包括车辆摆渡)、航班信息服务等;为到港旅客提供的主要服务有,下机服务(包括车辆摆渡)、行李交付服务等。为出发航班货邮行李提供的主要服务有,行李货邮安检、分拣、配载、地面运输、装机等服务;为到达航班行李货邮提供的主要服务有,机上货邮卸载、运输、分拣、交验和仓储等服务。与这些服务相关的设施设备有,值机柜台、安检通道、候机楼、登机口、廊桥、旅客摆渡车或客梯,以及行李货邮装卸与传送设备、分拣设备、运输车辆、仓储设施设备等。机场通过提供这些服务和设施设备使用获得服务费用,形成机场的主营业务收入。机场主营业务收入与航班飞机起降架次、旅客和货邮吞吐量,以及所代理的地面保障服务内容有关。机场主营业务营销的目的在于,通过机场优势,吸引更多航空公司、航空代理、旅客和货主对机场的选择,以获得为航空公司客货运输提供更多地面保障服务及机场资源利用的机会,创造机场收入,并带动机场非航空业务的发展。

机场主营业务的第四大产品是延伸服务,包括民航客货销售代理、航空公司业务代理、航班配餐服务等。

在设计机场主营产品过程中，需要考虑对机场主营产品具有直接影响的诸多因素，通常有：

(1)机场的区位因素。机场的地理位置对机场在航线网络中的地位影响至关重要，直接与机场所在城市或地区社会、经济和文化发达程度紧密相关，决定了机场的民航客货运输市场规模。机场的区位因素与区域机场布局密度有关，意味着机场周边是否存在相邻机场竞争。比较典型的是北京首都机场对天津滨海机场的影响，上海机场对无锡和南京机场的影响，以及珠三角地区的广州、深圳、香港、澳门等几个机场之间的相互影响。

(2)地面交通因素。地面交通运输网络，尤其是高铁，对中短程民航旅客运输市场的影响越来越明显，这将不可避免地影响沿线机场的主要业务，对机场的寡头垄断地位带来严峻挑战。根据研究，民航对高铁的等成本竞争距离在 800 千米左右[38]，显而易见，在地面交通发达地区，机场需要重点发展中远程航线业务。从另一个侧面也说明，我国干线航空公司之间的竞争将转向地面交通不发达的西部支线市场，这将给西北地区的支线机场带来发展机遇。

(3)自然资源因素。自然资源分布在世界上的不同地方，美丽的自然景观，丰富的地下资源，蓝天碧海沙滩等，都可能成为休闲度假的旅游胜地，成为发展航空旅游的重要资源。通用航空的发展，也能使一望无际的大沙漠变成业余飞行爱好者的乐园。这些资源，都成为机场开发旅游航线的重要基础。

(4)地方经济产业结构。地方经济及其产业结构，直接影响航空旅客和货物运输市场的发展。现代服务业、高新产业、总部经济、旅游业，给航空客货运输市场带来广阔的资源。

(5)其他因素。此外，机场自身的服务能力，配套的休闲娱乐与购物设施设备及环境，机场品牌，居民消费能力，地方政策等对机场主营产品都有直接影响。

通过对诸多因素的综合分析，设计出富有特色的机场主营产品。

3. 非主营业务营销

随着客货吞吐量的增大，机场规模越来越大，特别是枢纽机场，面积大、装修时尚的候机楼，不仅成为旅客进出港和中转的重要场所，而且是一座世界名品荟萃的大型现代化商场，成为旅客选择出行或中转的重要理由之一。特别是机场候机楼内的商业化程度，成为现代化机场的重要标志。无论政府对机场属性如何定位，在保障安全运行、提供优质服务的前提下，扩大非主营业务(亦称非航空性业务)增加机场收入是政府和机场的共同目标。机场非主营业务以服务业为主，主要集中在候机楼商业，特许经营；宾馆、旅游、休闲；金融、投资；物流、物业、停车场、咨询服务等方面，参见表 3-8。

表 3-8　机场非主营业务

营销产品	营销对象
机场地面服务代理	航空公司
候机楼商业、特许经营	零售商
宾馆、旅游、休闲	旅行社、旅客
金融	企业、旅客
投资	企业
物流、仓储	驻场单位、周边企业
物业	驻场单位
停车场	驻场单位、旅客、货主
咨询服务	机场、社会企业

机场已经成为机场的重要收入来源。英国 BAA 机场、德国的法兰克福机场、荷兰阿

姆斯特丹的史基浦机场、新加坡的樟宜机场、韩国首尔的仁川机场，以及我国厦门的高崎机场，都是经营非主营业务的出色样板[36]。

1)营销对象

候机楼商业的营销对象主要有五大类消费群体：①出发、到达和中转旅客，特别是国际机场的免税商店，对他们更有吸引力；②迎来送往者，即旅客的亲朋好友；③机场服务提供商的企业员工；④本地居民；⑤空港区域的企业员工，特别是随着空港城和临空经济的建设和发展，机场周边地区高新企业和服务业员工，成为机场候机楼商业的目标客户群之一。随着机场旅客量的增加及机场营销策略的推陈出新，“贵族式”的机场商业消费模式正转向平民化市场模式，通过扩大销售量而不仅仅是以昂贵的价格获得更多的收入。候机楼商业最重要的营销对象是零售商，有了零售商的入驻，机场商业销售才有可能发展。

随着空港城和临空经济的发展，将使机场与地方经济形成互动发展的双赢局面，为机场的非航空业务带来庞大的市场。因此，地方政府及临空经济实体，都是机场非航空性业务的营销对象。

2)产品设计

这里以机场候机楼商业和特许经营产品为例，机场商业并非销售机场自身生产的具体产品，而是根据机场消费群体的需求特征引进最受欢迎的商品和经销商。机场商业消费者的特点是人来人往，商品需要彰显异域风情、时尚雅致、与航空旅行特征相媲美。

(1)时尚用品类，如服装、服饰、箱包、珠宝、首饰、手表、化妆品、烟酒类。特别是免税店，来自世界各地的名牌精品，备受消费者的青睐。

(2)异域风味特色食品与餐饮。德国的法兰克福机场汇聚了世界各地的著名风味餐食，成为闻名全球的美食空港。

(3)休闲娱乐类。如游泳池、桑拿、电影院、咖啡厅、茶馆和高尔夫球场等，这些将会成为本地客和中转客的休闲好去处。

3)经营方式

机场非主营业务的经营方式多种多样，有直接经营、租赁经营、合资合作经营、委托经营或出售，也有通过企业联合并购、公司股份制合作或特许经营。不管经营方式如何，机场必须充分发挥和利用候机楼场地等资源及旅客流通带来的市场优势，通过第三方或与第三方联合经营，产生商业效果获得经济收益。

4)虚拟候机区

通常，旅客到达机场后才能换取登机牌交运行李。为了提高自身的竞争力吸引更广区域范围的旅客选择本机场出行，一些机场在邻近城市的市区内开办“市区值机服务”，周边旅客可以便利地到达“市区值机室”，办理值机和交运行李，然后乘坐机场免费大巴前往机场。一些大型机场在这种“市区值机室”内增设免税商店，不仅向乘客开放，同时向市区普通消费者开放。有一些大型机场，在保障机场正常运行的前提下，扩大机场候机楼内商业销售区域范围，供旅客边候机边逛商场，并通过广播或者视频使旅客能够及时掌握航班动态，这不仅使旅客消除候机的乏味等待，而且增加了旅客消费机会，为机场带来收入。

这种将机场候机楼的传统候机功能区域延伸到市区，或延伸到候机楼内商业区，则被称为“虚拟候机区”。虚拟候机区的出现，不仅缓解了旅客候机时枯燥无味的烦躁心情，而且为机场创造了更多的商业销售机会，增加了机场非主营业务收入。更为重要的是，对于一些经常旅行的旅客而言，美好的旅途经历会使他(她)再次选择该机场出行。

4. 机场收费管理

机场收费是机场主营业务收入的主要来源。机场通过对航班保障提供设施设备和相关服务，收取必要的费用以弥补运营成本并获得合理效益。机场收费政策和管理模式，与各国的机场管理体制密切相关。我国政府对民用机场的航空性业务和非航空性主要业务收费实施统一管理[40]，以规范国内机场经营秩序。

1) 机场收费管理

根据我国国家发改委和民航局联合制定，于 2008 年 3 月 1 日开始实施的《民用机场收费改革实施方案》[40]，我国机场收费采取差异化定价政策分类收费。根据该方案，机场收费项目分为三类：

第一类，机场的航空性业务收费(亦称主营业务)，主要包括起降费、停场费、客桥费、旅客服务费及安检费，参见附表 3-1。

第二类，机场的非航空性业务重要收费，主要包括头等舱、公务舱或贵宾休息室出租、办公室出租、售补票柜台出租、值机柜台出租及地面服务等收费，参见附表 3-2。

第三类，机场的非航空性业务的其他收费，其收费项目是机场管理机构或服务提供方遵照国家有关法律法规从事的其他经营活动，如候机楼内的商业经营、场地租赁、停车场、餐馆、宾馆等其他经营活动。

2) 机场收费定价方法

制定机场收费范围和收费标准，一方面需要保护机场的合理利益，另一方面不能增加航空公司的不合理航班成本，更不能使机场将成本负担转嫁于旅客或货主。我国机场收费采用政府指导价原则[40]，设定收费项目的基准价，同时给予一定的价格浮动范围，由机场与航空公司根据具体服务内容进行商定并签订服务与收费协议，以增加机场的定价自主权。

根据《民用机场收费改革实施方案》，我国机场收费采用分类基准价定价法，在上述三大收费项目分类基础上，根据以下四大因素对具体服务内容分级确定基准费率：机场类型(旅客吞吐量规模)、航线类别(国际、港澳台、或国内)、机型(最大起飞重量)，以及航空公司类别(国内航空公司、国际航空公司)。按业务量分，机场收费分为三大类四个等级。一类机场，是指单个机场换算旅客吞吐量占全国机场换算旅客吞吐量的 4%(含)以上的机场，其中，国际及港澳航线换算旅客吞吐量占其机场全部换算旅客吞吐量 25%(含)以上的机场为一类 1 级机场，不足 25%的为一类 2 级机场；二类机场，是指单个机场换算旅客吞吐量占全国机场换算旅客吞吐量 1%(含)～4%的机场；三类机场，是指单个机场换算旅客吞吐量占全国机场换算旅客吞吐量 1%以下的机场。按照 2006 年的机场业务量核算，北京首都机场和上海浦东机场为一类 1 级机场，广州、上海虹桥、深圳、成都、昆明等 5 个机场为一类 2 级机场，杭州、西安、重庆、厦门等 19 个机场为二类机场，其余的为三类机场。随着机场业务量规模的变化，机场分级将会随之调整。

上述分类方法具有一定的灵活性，其收费基准费率随当年机场吞吐量增减而动态调整，民航局每年将公布机场分类名单。在基准费率标准基础上，机场和航空公司可以协商服务内容与收费标准，按照具体航班乘客人数和货邮重量、场地或设备使用量等具体内容，收取相应的机场服务费用。

3)机场收费的管理程序

机场收费涉及机场、航空公司和广大旅客利益，因此《民用机场收费改革实施方案》中明确规定了我国机场收费申请、受理、审批和备案的具体程序，以规范我国机场收费行为[40]，同时对申请调整收费价格的项目内容提出了具体规定，要求申请材料报送民航局后，由民航局会同国家发改委依据机场管理机构提供设施及服务的合理成本，以及用户承受能力等因素进行审批，并对机场收费进行监督。

4)通用航空机场的收费管理

关于通用航空飞行的机场收费，我国实行由政府统一管理。2010 年 9 月 1 日开始实施的《通用航空民用机场收费标准》[43]中规定了通用航空飞行的机场收费项目，包括飞机起降费、停场费，以及其他收费项目与收费减免项目，并制定了每种收费项目的收费标准。

5)国外机场收费管理

国际上机场航空性收费和定价政策由于各国机场的管理体制不同，因此收费政策有较大差别。但是随着对民航管制政策的放松，机场收费定价趋于市场化，逐步由政府定价和政府指导价向"市场定价，政府监管"的管理模式逐步转变。

"国际民航组织"(ICAO)在《国际民航组织关于机场和空中航行服务收费政策》(亦称 9082 号文件)中提出，机场的航空业务收费标准应该由机场制定。但它指出，机场收费不应让用户承担所受服务之外的任何设施或运营所产生的成本。"国际航空运输协会"(IATA)认为，机场具有垄断地位的设施(如跑道系统)与服务收费应该受到第三方的监督，机场应该根据公正的、合理的运营成本制定收费标准，有关运营成本应该使用透明化的国际会计标准核算，用户只应为所受服务和所使用的设施付费，不应承担没有得到的服务或没有使用的设施的成本，同时要求机场努力降低运营成本，机场收费水平应该充分考虑用户的承受能力[44]。而"国际机场协会"(ACI)则认为，机场收费应该包括机场运营所产生的所有成本、合理的利润及其他财务成本，并认为，机场可以与航空公司协商收费标准，但这并不意味着机场妥协，机场可以单方面执行自己的收费标准[44]。

美国虽然是世界第一航空制造大国、民航运输大国、市场高度自由化和财产高度私有化的国家，但是美国政府认为，机场具有垄断性和公益性，因此将机场定性为"公共服务设施"，大部分机场由所在地市政府管理，以保障机场服务的公正性和公平性。虽然美国的机场自己可以制定收费标准，但是机场收费受美国联邦政府监督和法律制约。美国政府于 1982 年开始生效的《机场和航空公司改进法案》中明确规定，由于机场接受联邦政府的资金支持，机场有义务制定收费标准对机场用户实行"合理"收费。1996 年美国联邦航空局(FAA)颁布的《机场收费和租金最终政策》中规定，使用机场地面保障设施和公用道路的收费标准，应该根据其实际成本来确定，机场必须提供确定具体成本的详细说明，并要求机场收费必须"公平、合理"，机场收费不能作为机场盈利的手段。并认为，机场收费虽然是作为企业收入的一部分，但是机场收费产生的收入不能产生利润，因为机场属于公共服务设施，不应该按照商业模式运营进行盈利[44]。由于机场航班量逐年增加，出现拥挤导致航班严重延误的机场越来越多，美国政府经过多年酝酿后终于对 1996 年制定的《机场收费和租金最终政策》进行了修改，增加和明确了适用于拥挤机场的高峰小时拥挤收费的特殊定价条款，并于2008年7月正式生效。根据这一特殊条款，将在拥挤机场的高峰小时时段对航班飞机按照航班性质和飞机起飞重量的双重标准计算征收起降费。对于征收双重起降费，FAA明确规定必须遵循两个条件：一是双重标准起降费必须是在经济可行的基础上将成本合理分摊给用户，二是双重起降费的总收入不能超过机场空侧设施和服务的最大成本。FAA把拥挤机场分为两类，现有拥挤机场和潜在拥挤机场，以此作为判定是否在高峰小时征收拥挤收费的依据。现有拥挤机场是指近期航班延误量占全国航班延误总量1%以上(含1%)的机场，FAA将在每年的机场容量基准报告中列出；潜在拥挤机场是指预计在未来一段时期内将达到机场容量目标拥挤临界值的机场。FAA定义高峰小时为航班起降需求超过跑道平均容量而导致航班延误的单位小时。通过征收机场高峰小时附加费，一方面弥补机场的运营成本，另一方面通过增加航空公司的航班运营成本抑制对机场高峰小时的起降需求[45]。

部分欧洲国家的机场收费，则由政府确定机场收费标准的价格上限，机场在规定的范围内根据成本自行确定具体收费项目的收费价格，与用户协商并报经政府审核批准后执行，如德国的法兰克福机场和慕尼黑机场，英国BAA机场集团的下属机场[46]。

澳大利亚的悉尼、墨尔本等机场私有化之后，政府不再为它们制定机场收费标准，而是给予机场充分的自主权，自行制定收费价格，政府保持最终定价权，对机场收费进行审查和监督，使其保持在合理的收费价格范围之内[44]。

日本机场收费管理则采取“谁管谁定价”模式。日本一部分机场隶属政府管理，如羽田和大阪等机场，其收费标准由国家定价。部分机场完成了私有化改造实行公司化运营，或由地方政府投资兴建和管理，机场收费标准则由机场自主制定。日本政府对收费定价体制改革的目标是“谁运营，谁定价”[44]。

5.机场收入与机场效益

机场收入包括航空性业务收入与非航空性业务收入，如前所述，也称为机场的主营业务收入和非主营业务收入。

机场航空性业务收入主要为机场的各项航空性业务收费所得。由于机场航空性业务收费与机场客货吞吐量、起降架次和机型有关，因此，机场主营业务收入与民航运输市场及其结构密切相关。特别是大型国际机场，不仅飞机起降架次多，而且运输飞机机型大，必然的，客货吞吐量大，因此，同样是完成一次航班保障服务，大型机场获得的收入要比小型机场高。当然，大型机场的运营成本相对于小机场也要高。

非航空性业务收入范围较广，不仅包含与航班保障服务密切相关的设备设施使用费用和服务收费，而且扩大到其他领域的经营收入，如航站楼的商业经营、特许经营、停车场、物流、宾馆、广告、代理、休闲、旅游、会展等其他经济实体。伴随着机场业务量的增长和机场规模的扩大，非航空性业务收入已经逐步成为越来越多的中大型机场的主要收入来源。机场多元化经营的非航空性业务收入在机场总收入中的比例逐步提高。根据有关统计资料分析，2010年，南京禄口机场的主营收入占机场总收入的42%，机场实现经营性盈利2亿元[47]。2008年，英国曼彻斯特机场航空主业收入只占机场总收入的36%；1998年度英国BAA机场管理集团的航空主业收入占总收入的29%，新加坡樟宜机场的航空性经营收入占机场总收入的26%[48]。但是,我国绝大多数机场的非航空收入在机场总收入中的比例不到20%[47]。

普遍认为,兴建和发展机场不仅需要考虑机场本身的直接经济效益,而且必须考虑机场对地方社会经济发展乃至国防建设的作用,特别是支线机场对改善地方交通和投资环境的作用更为重要。伴随机场和航空运输业而快速崛起的临空经济,已经成为促进地方经济快速增长的一种新型经济模式,这是机场对经济发展产生助推作用的典型诠释。

3.3 民航运输市场营销环境分析方法

营销环境,通常是指企业在市场营销过程中受到的各种来自社会、政治、经济、市场、技术、自然资源等多方面的外在环境影响因素。通过对市场营销环境的分析研究,总结归纳出有利于和不利于市场发展的关键因素,以便对企业发展目标、市场目标、产品定位、产品设计、产品定价、产品销售等营销活动制定针对性的具体行动方案和实施计划。

3.3.1 PESTE 分析法

PESTE 分析法把营销环境分为五大类影响因素:政治因素(political factors),经济因素(economic factors),社会因素(social & cultural factors),技术因素(technical factors)和环境因素(environmental factors)[1]。

1. 政治因素

如同3.1.4节和3.2.2节中所述,民航运输是一个高度政治敏感的行业,涉及的政治因素包括国家政治、经济政策、航权开放政策、市场准入准出政策,以及航空公司航线、航班、班次、运价、收费、税收等的政策和规定。特别是开辟国际航线,更需要分析目标机场所在国和当地政府的相关政策法规。例如,1978年美国政府的“航空公司放松管制政策”和2001年12月11日我国政府加入WTO以后“天空开放”政策对我国民航运输市场带来的历史性影响;2001年“9 11”事件对全球民航安全管理体系建设的深远影响;2008年世界金融危机后,国际上的贸易保护主义抬头对国际货运市场产生的影响;国内突飞猛进的高铁;欧盟征收航空碳排放税政策等的影响。

2. 经济因素

经济因素主要包括地区产业结构、GDP、进出口贸易、自然资源、居民可支配收入、国际汇率、市场价格等。通过对经济因素的分析,能够反映目标市场规模和发展潜力及居民实际消费能力。在经济因素中,还包括同行竞争因素和可替代性产品竞争因素。

3. 社会及文化因素

社会因素主要包括机场所在城市的政治、经济和国际地位,地区人口环境和文化背景,如人口规模、种族结构、人口分布、年龄结构、收入水平及宗教信仰、消费习惯、消费观念等因素。社会因素主要反映目标市场对产品需求和对产品的接纳认可度。典型的,我国西部地区不仅较东部地区存在经济上的差异,而且人口分布密度比东部要低得多,因此民航客货运市场相对较弱。

4. 技术因素

营销环境中涉及的技术因素,主要是与市场拓展和新产品设计有关的新技术、新设备。拥有专业技术的人力资源总是最宝贵的制胜因素。飞行员、机务工程师、营销人员、航线规划师、航班计划设计师、收益分析师，都是航空公司的宝贵财富。

例如，新加坡航空公司一直率先运用新技术设计航班服务新产品：20世纪90年代初，新航率先在远程航班公务舱和头等舱座椅上安装液晶视频个人影院系统，对机舱文化带来历史性变革；2007年10月25日，世界上第一架采用全新设计理念和设计工艺制造的空客380客机由新航首航，开辟了最大机型的民航运输史。此外，诸如互联网技术广泛运用衍生的电子客票、电子商务和GDS，产生了新的促销渠道。CRM和RMS系统的应用，为市场销售增加收入提供了先进的手段。互联网技术、射频技术和物流技术的应用，使全球货邮运输管理自动化成为可能。

5. 环境因素

环境因素，包括地理环境和气象环境。就民航运输而言，地理因素对民航运输市场的影响相对较小，航空运输可以跨越地理障碍是地面运输无法比拟的。

气象环境因素，已经成为现代民航运输业发展中不可忽视的重要影响因素之一，不仅是自然气象条件对航班正点和航班运输飞行的影响，更为国际关注的是关于航空碳排放对大气臭氧层(atmospheric ozonosphere)的影响问题，已经上升到国家发展战略和国家的国际战略高度[17]，直接影响民航运输市场的发展。

全球气候变化对人类生存和发展的影响日益显现，引起世界各国政府的高度关注，几乎所有国家的政府都通过立法或制定政策来积极应对。科学家研究认为，全球气候变暖的主要原因是二氧化碳排放过多。因此，目前世界各国政府的立法和采取的措施主要针对二氧化碳气体排放。1992年6月4日通过了《联合国气候变化框架公约》(United Nations Framework Convention on Climate Change)，并于1994年3月21日正式生效，这是世界上第一个为全面控制二氧化碳等温室气体排放应对全球气候变暖的国际公约，确立了"共同但有区别的责任"原则。1997年在日本京都召开的《联合国气候变化框架公约》第三次缔约方大会上通过的《京都议定书》(Kyoto Protocol)，为世界各国二氧化碳排放量设定了限制标准，要求在2008～2012年期间，世界主要工业国家的工业二氧化碳排放量要比1990年的排放量平均降低5.2%。2009年12月7日～18日，在哥本哈根联合国气候会议上，来自192个国家的环境部长和有关官员就未来应对气候变化的全球行动进行协商，重点讨论了三大问题：一是解决温室气体排放目标，特别是发达国家的排放；二是向发展中国家提供资金援助，以减缓和适应气候变化；三是探讨碳排放交易机制，以便在2030年终止对全球森林的破坏。

航空碳排放对大气污染和对全球气候变暖的影响问题，已经引起全球各国关注。在2009年10月7～9日"国际民航组织"(ICAO)召开的"国际航空与气候变化高级别会议"上，对ICAO在国际航空碳排放中的作用、国际航空碳排放需要采取的进一步行动、促进开发和实施能源效率更高的航空器技术及可持续的航空代用燃料、制定新型航空器的全球二氧化碳排放标准、制定关于国际航空减排技术和运行措施的标准及建议措施等议题进行了广泛讨论[49]。2009年1月，欧盟正式颁布将航空纳入温室气体碳排放交易体系，并要求从2012年开始对进出欧盟及欧盟区域内飞行的航空公司规定碳排放限额，并对超出限额的航空公司收费。中国政府对二氧化碳减排一直持积极支持态度，呼吁ICAO应该发挥主导作用,对欧盟的经济手段予以研究和评估,根据“共同但有区别的责任”原则和“协商一致、积极参与、广泛合作”的原则,控制航空排放,反对单方面行动和不加区别的强制性减排措施,反对不加区别的全球排放交易,敦促将民航尽快纳入清洁发展机制,建议发达国家向发展中国家提供资金和技术援助[49]。美国政府则强烈反对欧盟将国际民用航空纳入欧盟碳排放机制,认为欧盟的举动违反了1944年《国际民航公约》规定的欧盟成员国的国际义务和双方签订的航空协定,希望ICAO在处理航空碳排放问题上发挥主导作用[49]。2012年初,世界上有27个国家(包括美国和中国在内)一致坚持反对欧盟强制征收航空碳排放税政策,中国政府并禁止中国民航运输企业加入该碳排放交易体系[50]。这些争论充分说明,气象环境已经在影响航空运输业发展,另一方面,在开辟国际民航运输市场过程中需要充分了解相关国家政府的环境保护政策。

影响民航运输市场营销的环境因素还有机场噪声、机场污水、机场和旅游垃圾污染等[1]。

3.3.2 SWOT分析法

SWOT分析法最初于20世纪80年代初由美国旧金山大学的一位管理学教授提出[51],又称为态势分析法,通常用于客观地分析研究一个企业试图在目标领域寻求发展时内部和外部所处的形势,为制定战略或规划决策提供依据。在民航运输市场营销环境分析过程中,特别是开辟新航线时,通过SWOT分析法客观地分析市场形势,有利于制定相应的营销战略和策略。SWOT分析法包含四方面的内容:

1. 优势分析

优势分析(strength),主要是分析企业在目标领域发展过程中,如市场开拓、新产品研发推广、开拓新领域等所具备的有利条件,如人才、技术、品牌、市场、产品、资金、区位、合作伙伴、政策、政府支持等方面已经拥有的基础、优势或有利因素。

2. 劣势分析

劣势分析(weakness),主要是分析企业在目标领域发展存在的弱项或劣势,或者面临的问题。特别是实现发展目标所具备的一些关键因素方面是否存在致命弱点。

3. 机会分析

机会分析(opportunity),一个企业实现发展目标,不仅需要自身应该具备必要的基本条件,而且可以借助外部客观环境产生的一些有利因素和有利时机,而这些时机可能是千载难逢的历史性机遇,如我国的改革开放。通过机会分析,梳理有利于实现发展目标的时机。

4. 威胁分析

威胁分析(threat)。在分析机遇的同时,必须客观地分析是否存在来自内部或外部的风险,包括人力资源风险、技术风险、投资风险、竞争风险、或政策风险等。例如,某一航空公司准备开辟一条飞越北极的“北京—纽约”旅客航线,最为关键的风险则是通讯、飞机的安全性能保障和北极上空不可知的气象信息等。

通过SWOT分析,能够发现已经具备的有利条件,存在的不利因素,特别是那些致命的不利因素,以及风险的大小程度,经过综合分析和权衡,做出科学的评估。SWOT方法的优点在于分析逻辑性强、条理清晰、容易掌握,因此被广泛应用。

3.3.3 波特“五力”分析模型

市场的竞争环境分析，是制定市场营销战略的重要内容之一。1980年美国哈佛大学教授迈克尔·波特在他的《竞争战略》(Competitive Strategy Techniques for Analyzing Industries and Competitors)一书中归纳了五种竞争力的分析模型和三种战略模型，已被业界广泛应用于市场营销环境分析和营销战略管理过程中。

“五力”竞争分析模型的主要内容[52]参见图3-14和图3-15。

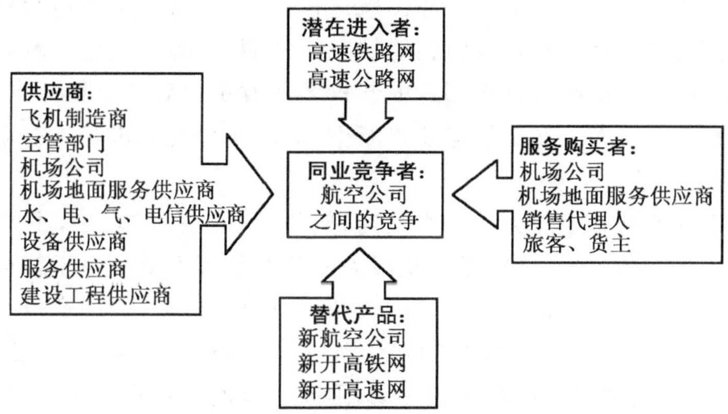

图3-14 航空公司的“五力”竞争分析模型

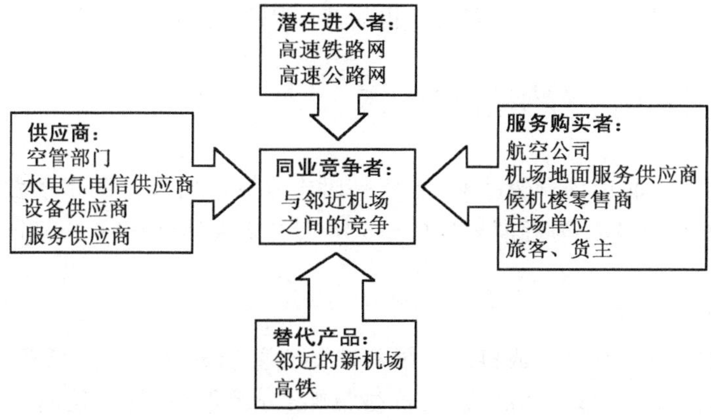

图3-15 机场的“五力”竞争分析模型

(1)供应商的议价能力分析，实际上是指分析与产业链上游企业之间的合作与竞争能力。价格高低直接关系经营成本。通过议价这一环节，寻找最合适的合作伙伴，不仅获得理想的价格，而且能够获得理想的产品质量，以及建立长期合作伙伴关系。航空公司和机场的上游供应商很多，首先是水、电、气、电信这四大国家垄断行业，无论是航空公司、机场还是其他企业，在这些垄断企业面前都处于劣势。对于一些设备供应商和服务供应商，航空公司和机场则具有一定的选择优势。

(2)购买者的议价能力分析。这里的购买者，实际上是在航空公司或机场作为服务发包方时的那些为航空公司和机场提供地面保障服务的产业链下游企业，如机场的地面客货服务提供商和航空公司的客货销售代理等。航空公司和机场服务的另一类购买者是旅客和货主。

所谓议价能力，是价格与供应内容之间的利益权衡问题。无论是供应商还是购买者，在议价这一博弈过程中的能力高低，与议价双方在市场中的地位和实力有关。显然，任何一家国内航空公司试图增加通达北京首都国际机场的国内航线时，它必然处于劣势。当任何一家航空公司要开通淮安涟水机场航线时，它的优势则是显而易见的。

(3)潜在竞争者进入市场的能力。在民航运输市场中，对航空公司和机场带来共同威胁的主要潜在进入者是地面交通的高铁；对航空公司而言，另一类竞争者则是来自国内或者国外的航空公司；对机场而言则是邻近的新机场或改扩建后的机场。

(4)替代品的竞争能力。在民航运输市场中，对航空公司和机场具有竞争力的替代品主要是高铁和高速公路。

(5)行业内竞争者的竞争能力。毫无疑问，航空公司之间的竞争，主要体现在航线网络的战略布局、航线市场竞争、价格竞争及服务品牌竞争等方面。由于航空公司的竞争范围具有国际性，而且对航线选择具有一定的灵活性，因此航空公司的竞争主要体现在航线市场的销售策略和价格策略上。机场之间的竞争主要体现在邻近机场之间争夺航空公司和航线市场。由于机场的地理位置无法变动，因此竞争的焦点集中在争夺航线市场，有了市场就能吸引航空公司执飞航线。

图 3-14 和图 3-15 分别为航空公司和机场的"五力"竞争分析模型。由于航空公司和机场的市场不完全相同，因此它们需要分析的竞争因素也不完全一样。

3.4 民航运输市场营销战略管理

航空公司和机场的市场营销战略，主要是对未来一段时期内的市场发展进行前瞻性、系统性的战略规划，通常分为近期规划(3～5 年)、中期规划(5～10 年)和远期规划(10 年以上)。

3.4.1 营销战略

市场营销战略是航空公司或机场发展战略的重要组成部分。市场营销战略的主要内容包括：市场定位、航线规划、产品战略、价格策略、分销策略、促销策略、竞争战略等。其中产品战略是市场营销战略中的关键内容之一，它既是一种发展战略，也是一种竞争战略，包括产品系列化、产品差异性、产品竞争性和产品品牌等。航空公司或机场能够经营成功的战略之一，就是产品的独特性和较低的可模仿性(或可替代性)。美国西南航空公司的低成本与廉价经营战略、我国厦门高崎机场多元化的经营战略，充分彰显了产品战略的魅力[1,13,48]。这里重点介绍联盟战略和集团战略。

3.4.2 联盟战略

众所周知"国王和一把筷子"的故事，寓意"团结就是力量"，"团结"就是整合资源形成的规模竞争优势。航空公司联盟就是民航运输市场营销战略中最为典型的规模竞争战略，它将对抗性的同业竞争关系转变为存在局部竞争的合作伙伴关系，联合形成更利于应对共同竞争者的整体力量，减少对抗性竞争产生的巨大成本。

1. 航空公司联盟

正如在第 1 章中所述，航空公司联盟是航空公司在激烈的市场竞争中求得生存和发展的一种市场营销战略。航空公司之间通过联盟，事实上是一种紧密型战略合作，可以实现航空公司之间的优势互补，避免同盟伙伴之间的直接对抗性利益竞争，产生“1＋1＞2”的市场效果，使得联盟各方都能从市场中得益[48]。

1）航空公司联盟的作用

航空公司联盟的作用，主要体现在以下一些方面：

（1）优势互补。航空公司加入联盟的必要条件之一，就是要能够使联盟成员从市场中得益。因此，航空公司通过联盟，形成旅客或货运市场的区域性市场互补，达到扩大市场范围的目的。

航空公司联盟成员之间进行客货运输航线互补或航班互补，使得航班密度增加或航班“无缝隙”连接，形成联盟体内航线网络覆盖面更广的优势，增强市场竞争力。这一类的合作通常采用“代码共享”方式，以减少运量不足的航班飞行，提高航班运载率，降低运营成本，从而增加航班收益。

（2）资源共享。航空公司通过联盟，在联盟成员之间形成资源共享机制，相互共享机场地面服务设施设备、相互客货销售代理、相互提供航线维修支持和地面保障服务等，这样可以减少航班运营成本。

（3）扩大规模效益。航空公司联盟将会增强市场实力。例如，航油、配件、设备、食品、保险等，在联盟内部形成全球性服务网，由于购销批量大，可以获得价格优势，形成规模效益。

由于联盟，联盟成员航空公司航班在 CRS 上的出现频率增加，这将增加航班销售交易成功的概率。

（4）巩固和拓展市场。航空公司联盟后，可以通过联盟体的整体实力共同开辟新市场，减少航空公司独家开拓新市场过程中可能面临的风险。通过航空公司联盟形成的市场整体竞争力将远远超过单个航空公司，对市场侵蚀有较强的抵御能力，能够有效地巩固自身的市场。

（5）提高服务质量。虽然航空公司联盟的成员航空公司可以保持自有的经营管理模式，但是必须与航空公司联盟统一质量标准，包括各类航班信息标准、服务流程、服务行为规范、服务标识等，这个“统一”和“保持统一”的过程，实际上是在不断提高航空公司服务质量的过程。

2）航空公司联盟类型

出于航空公司的合作目的，航空公司联盟通常有两大类[48]：

（1）策略性联盟。航空公司之间的所谓策略性联盟，主要针对某条（些）航线或某个（些）航班进行合作，以达到相互弥补运量不足、避免相互之间的对抗性竞争、或共同对付竞争对手等目的。有的航空公司试图通过合作，从中学习对方的管理与经营经验。策略性联盟的范围比较有限，如舱位出租、代码共享，常旅客计划互认等合作方式，合作期限通常比较短。

（2）战略性联盟。这是一种宽范围深层次的长远合作关系，如通过联合运营航线、联合开拓市场、联合投资、相互参股、联合采购维修、资源共享等方式。这种联盟,从航空公司的整体发展角度来看,从合作中受益会更多。

3)航空公司联盟的入盟要求

航空公司联盟已经成为航空公司国际市场营销战略中进行紧密合作的重要方式之一,它以营利为目的,因此要求入盟航空公司必须能给联盟带来好处,并且满足一些基本要求。例如,入盟航空公司必须具有开拓市场的能力;能够为联盟成员公司带来商业机会;能够在合适的航线上与合适的承运人进行代码共享;能够在国际和国内市场上加强多层次的互利合作,以共同应对主要的竞争对手;能够提供进入新市场和获得更多收入的途径;能够提升至少不有损于联盟的服务质量和信誉;能够发展和维护成员之间的互利战略;必须关心联盟的进一步发展和不懈地追求更广泛合作与更大互利的机遇[17]。

4)航空公司联盟的"双刃效应"

航空公司联盟之所以具有较强的生命力,在于这种紧密合作无论对于加盟航空公司还是旅客都能从中得益:航空公司可以用较少的投资完善航线网络扩大市场规模,提升在市场中的竞争力;旅客能够享受更多的航班选择和时刻选择,一体化的转机服务,优惠的环球票价,共同的常旅客计划优惠政策等。

任何事情都有它的多重性,航空公司联盟也不例外,在获益的同时也面临多方面的挑战。

由于航空公司联盟的影响力在提升,使得成员航空公司自身的品牌作用在减弱。由于必须保障联盟成员航空公司的服务质量一致,因此必须保障运行安全、服务品质和市场管理等方面的高度协调。由于联盟内市场、运行和服务等信息必须共享,因此联盟成员航空公司之间必须保持IT平台和信息标准的一致性。由于这些"保持一致",不仅协调难度增加,而且导致运行成本增加。

由于航空公司联盟的影响力已经远远超越了一个航空公司,因此欧美地区的部分航空公司担心,由于其他航空公司的工会为了维护员工利益而采取的行动会产生全球性连锁反应而波及自己[17]。

由于航空公司联盟类似于一种"超级国际航空公司",是大型国际航空公司的"国际俱乐部",使得在世界范围内对某些航线产生了前所未有的竞争影响,形成了一定程度的"垄断"现象,对于那些无法获得入盟机会的小型航空公司而言无疑是处于竞争弱势。因此,在欧盟和美国,包括政府在内的一些官方机构,针对这种"违反市场'自由竞争'原则的不公平竞争行为"采取调查,以清查航空公司联盟是否存在触犯"反托拉斯法"的相关行为[17]。

不难看出,航空公司联盟这种合作方式比较复杂,因此目前主要是一些大型国际航空公司出于开拓国际客货运输市场的目的而采取的市场营销战略。在国内市场中,通常采用"代码共享"或航空公司参股加入集团公司的合作战略。

2.航空公司"代码共享"

航空公司"代码共享"是航空公司联盟中的一种基本的、直接有效的合作方式。由于航空公司在某些航线上航班运量不足,但又不愿放弃该航线的经营权,或者虽然在该航线上有市场但是没有经营权,因此采取与其他航空公司合作的方式,让持本公司机票的旅客搭乘合作伙伴航空公司的航班前往目的地。

例如，根据我国南方航空公司与美国达美航空公司(Delta Airlines)签订的代码共享及常客合作协议，达美航空公司直接使用本公司代码"DL"，销售南方航空公司"洛杉矶—广州"航线上的旅客机票，旅客可以从美国的任何地点经洛杉矶搭乘可能是南方航空公司执飞的飞机到达广州；对等地，南方航空公司可以使用自己的代码"CZ"，销售从广州经洛杉矶转至美国国内亚特兰大、旧金山、纽约、底特律、明尼亚波尼斯、西雅图、芝加哥、华盛顿、波斯敦、火努鲁鲁、达拉斯、迈阿密、波特兰、拉斯维加斯、费城等15个城市的机票，旅客可以搭乘可能是达美航空公司执飞的飞机到达目的地。对于旅客而言，可以一次性办理包括行李在内的全程手续，实现一票到底的"无缝隙"旅行。

对于"代码共享"航班，会在一个航班上出现来自多家航空公司的旅客。根据航空公司之间的"代码共享"协议，"代码共享"航班的机上服务、机上安全等通常统一由执飞航空公司负责，"代码共享"航空公司共同分担责任。至于航班销售收入、航班成本、对旅客和行李承担的责任，则由航空公司之间的"代码共享"协议约定[30]。

在"代码共享"出现的初期，根据航空公司之间的合作协议，在它们指定航线的同一航班上，通常使用执飞航空公司代码作为共享航班代码。随着航空公司联盟成员之间的"代码共享"航班越来越多，使得远程旅客能够"无缝隙"旅行。由于航班代码在市场和旅客中的影响力，直接影响旅客购票时对航空公司的选择，因此"代码共享"被一些航空公司和客户认为有市场欺诈嫌疑。部分旅客认为，原以为整个航程都是乘坐他/她所选择的航空公司航班，实际上有时并不是，这种行为也没有事先告知。因此，"国际民航组织"(ICAO)要求"代码共享"航班在销售过程中必须标明共享航班的航空公司和使用的机型，并对客户加以告知，同一航班在CRS上只能出现一次[15,54]。"代码共享"航班的各家航空公司代码在CRS或GDS销售系统、航班信息显示、登机牌等各类媒介上的出现顺序，通常约定为航班承运人的代码在先。

经过多年的实践和发展，航空公司"代码共享"通常有以下几种主要类型：

1)航线合作经营类

航空公司根据相互之间的"代码共享"协议，在合作航空公司运营的航线上，销售本公司代码的机票，如同上例所述。从乘客角度来看，同一航线上的航班密度明显增加。从市场效果看，提高了航班乘坐率，同时增加了航线的市场竞争力。这种方式主要用于市场竞争比较激烈的航线上。

2)航线联合经营类

在一个骨干航空公司和一个支线航空公司之间进行"代码共享"时，在协议约定的航线上，使用骨干航空公司的航班代码，以利用骨干航空公司的品牌效应和广阔的销售网络拓展市场。这样，骨干航空公司可以用较低的成本进行市场促销，就能够将它的市场扩展和延伸到支线。支线航空公司则利用骨干航空公司的市场影响，带动本身的市场发展。在这种情况下，通过"代码共享"，骨干航空公司主要飞骨干航线，合作伙伴支线航空公司执飞支线，形成航空公司的"枢纽-支线"航线(funnel connecting，漏斗状航线)网络[15]。资料[15]将仅仅在市场层面合作的航空公司联盟戏称为"有婚约关系"，那些在资产层面联合的航空公司联盟才是"结婚"，说明两者之间的合作程度截然不同。

3)租舱方式

对于“代码共享”的航班销售，通常实行航班座位总量控制，各航空公司的销售量视各自的销售能力而定，这就是航空公司联盟中的合作性竞争。但是在有的情况下，合作伙伴在承运人航班上承包固定座位数的销售，即“租舱”(blocked space)，并按合作协议分担航班收入、成本和责任。

3.机场联盟

早在20世纪70年代后期，在欧洲就出现了几个邻近机场之间进行资产重组资源整合的多机场系统，形成一种紧密型规模竞争优势。

我国随着机场密度的增加和高铁对航空运输中短程航线的竞争日益增大，机场正面临前所未有的挑战，松散型合作的机场联盟在我国应运而生。2009年5月，以大连机场为发起人有27家机场参加的“东北机场联盟”宣告成立[55,56]，标志着我国机场进入联合开拓市场共同迎战高铁竞争的新阶段。东北机场联盟的基本目标是，以增加各机场间的航班为主，构建以大连为“东北亚区域大型中转客运港”的区域性“枢纽-支线”航线网络，为干线提供客源。2010年7月，泛珠三角“9+2”区域机场(集团)(泛珠三角地区为福建、江西、湖南、广东、广西、海南、四川、贵州、云南九个省(自治区)及香港、澳门两个特别行政区，简称“9+2”)在广州共同签署《泛珠三角机场战略合作行动纲领》和《泛珠三角机场合作与发展论坛章程》，以中国最大规模的区域机场联盟形式开启机场规模竞争战略，在机场密集的泛珠三角区域近60家机场之间形成广泛联合，发展航线网络，资源优势互补，构建区域内“公交化”的空中交通便捷服务网络[55]。

虽然我国这些形式的机场联盟不像航空公司联盟那样具有较多的约束力，但是它可以减少区域内的同业竞争，通过联合加快发展，共同面对来自地面交通的分食竞争。

3.4.3 集团战略

“航空公司联盟”主要是市场战略层面的合作，成员航空公司与联盟之间通常没有资产联系，是一种市场合作或协作，没有领导和被领导关系。而航空公司集团战略是企业发展战略和市场营销战略中合作关系最为紧密的规模竞争战略，是全球经济一体化进程中通过资本渗透资源共享的深层次合作，形成更加牢固的市场规模竞争优势。成员航空公司与集团存在资产和控股关系，利益攸关，因此集团统一制定企业发展战略、对成员(子公司或股份公司)公司的人事、经营和财务等活动拥有监督权，集团采用董事会制。

在我国民航运输业界，海南航空集团是采用集团战略发展成功的典范之一[57]。

海南航空集团有限责任公司于2000年1月在海南航空股份有限公司基础上组建。海南航空股份有限公司成立于1993年1月，前身为1989年注册成立的海南省航空公司。1993年1月经股份制改造成为国内首家股份制航空公司。1995年，通过成功发行外资股票成为我国第一家中外合资航空公司，并于1997年正式更名为“海南航空股份有限公司”。

2000年8月，海南航空集团参与陕西省重组长安航空公司，成立了长安航空有限责任公司，并持有长安航空超过85%的股权。

2001年7月，海南航空股份有限公司、山西航空公司与长安航空公司联合组建山西航空有限责任公司。

2001年2月，海南航空股份有限公司、神华集团有限责任公司和海南航空集团共同出资重组新华航空公司，并更名为新华航空有限责任公司。海南航空股份有限公司占注册资本的51%。2002年，海南航空股份与海南航空集团签订资产置换协议，海南航空集团将持有新华航空的9%股权置换给海南航空股份，至此海南航空股份有限公司持有新华航空60%的股权，新华航空总部迁至海南省海口市。2006年6月，海南航空股份有限公司通过定向增发社会法人股，使新华航空控股成为海航集团的第一大股东。

2002年10月，海航集团对旗下的上述四家航空公司（海南航空、新华航空、长安航空、山西航空）实行集团管理下的"一体化"运营，统一使用海南航空代码（HU）、统一CI标识、统一安全责任，实行代码、机队、营销网络、地面保障等各类资源共享，实施统一安全监察体系、生产运行体系、服务保障体系、市场销售体系、财务管理体系和人力资源管理体系。

2002年7月，扬子江快运航空有限公司成立，其中海南航空集团持有85%的股权，运营基地为上海浦东国际机场，主营国际国内航空货运和综合物流。

2004年6月，由海航集团有限公司、山西航空有限责任公司、云南石林航空旅游服务股份有限公司共同出资，共同组建云南祥鹏航空有限责任公司，海航集团有限公司持股67.95%，基地为昆明机场。

2006年，由云南祥鹏航空有限责任公司、建盈投资有限公司、深圳市国瑞投资公司、四川三星通用航空公司、新疆四维达科技公司等五家企业共同投资组建西部航空有限责任公司，总部在重庆市，基地为重庆江北国际机场，主营国内航空客货运输业务、航空公司销售代理、航空器维修、航空器材进出口和航空配餐服务等。

2007年11月29日海南航空集团在北京正式宣布新华航空控股有限公司更名为大新华航空有限公司，在海口市注册，主运营基地为北京首都国际机场，成为海南航空集团航空产业的核心企业。

2010年2月7日，北京市政府与海航集团签署战略合作框架协议，由首旅集团代表北京市参与组建金鹿航空有限公司，其中海航集团持股70%，并将其更名为首都航空有限公司，基地为北京首都国际机场。

从海南航空集团的发展历程可以看到，海航集团的集团战略首先是紧抓我国民航大发展的历史性机遇和地方政府大力发展航空运输的高度积极性，通过地方政府支持、资产重组和资本运作，不仅使企业资产规模快速发展壮大，而且形成较大的民航运输市场网络和竞争规模，成为我国第四大航空运输集团。更为重要的是，它的航线网络得到快速扩展和完善，从1993年开始以海口为基地的航线，发展成为现在以三大机场为重点，遍及华北、华东、中南、西南和西北的全国性网络，并且向国际民航运输市场拓展。

目前，海南航空集团由一家单一的航空运输企业，发展成为以航空旅游、物流、金融服务三大产业为支柱，覆盖航空运输、旅游服务、现代物流、金融服务、商贸零售、房地产开发与机场管理等相关产业的大型集团[57]。截至2010年12月，海航集团资产总值达到3300亿元人民币，成为我国民航发展史上集团战略最为成功的典型范例之一。

机场集团也是机场发展战略的一种紧密合作形式。如同航空公司集团一样，机场之间通过资产重组参股或控股等方式，形成较大规模的经营实体，以提升机场发展和竞争的整体实力。2002 年我国机场管理体制改革施行机场属地化管理之后，全国范围内先后组建了多个以省内机场资产重组为主体的省机场集团公司，形成了资产、经营和运行的统一管理，促进了机场发展和地方经济发展。

3.5 民航运输市场管理

民航运输是一个比较特殊的行业，它涉及国家领空安全问题。因此，国家对空域和空中活动实行统一管理。根据《航空法》[8]第三条规定，“国务院民用航空主管部门对全国民用航空活动实施统一监督管理；根据法律和国务院的决定，在本部门的权限内，发布有关民用航空活动的规定、决定。国务院民用航空主管部门设立的地区民用航空管理机构依照国务院民用航空主管部门的授权，监督管理该地区的民用航空活动”。随着我国经济改革的深入和民航运输市场的逐步开放，为了保障公平竞争，防止市场垄断和区域壁垒，促进民航运输业安全、有序、公平、健康和持续地发展，我国民航主管部门依据《航空法》及相关法规对民航运输企业设立、民用机场、航线及对民航投资等进行行业准入和准出管理，以维护民航运输市场秩序和航空运输运行安全。

1949 年以来，我国民航运输领域犹如其他经济领域一样，主要是国有投资和政府经营管理。实行经济改革开放以后，随着经济体制的改革，为加快我国经济发展，2005 年 2 月国务院出台了《国务院关于鼓励支持和引导个体私营等非公有制经济发展的若干意见》。根据这一文件精神，民航总局于 2005 年 7 月发布了《国内投资民用航空业规定(试行)》[58]，放宽非公有制经济的民航行业准入，鼓励和支持国有与非国有投资主体经济组织和个人投资民用航空运输业，鼓励和支持各种投资主体以独资或参股形式投资和经营公共航空运输、通用航空、航空维修、航空燃油供应、航空地面服务及其他民航相关项目，鼓励和支持各种投资主体以参股形式投资建设和经营民用机场。为了保持国有经济的主导地位，《国内投资民用航空业规定(试行)》中也明确规定了国航、东航、南航三大国有航空公司必须国有控股，主要机场必须国有控股。该规定发布后，包括奥凯、春秋、鹰联等 10 多个民营航空公司先后成立，改变了我国长期以来公有经济和国有航空公司一统民航运输业的局面，促进了我国民航运输业的多元化发展。实际上从市场角度看，《国内投资民用航空业规定(试行)》从投资主体方面放宽了民航运输市场准入的限制，这是我国民航运输业发展史上体制改革的一个重大里程碑。

3.5.1 准入管理

民航运输市场准入，是指一个国家的政府对进入本国民航客货运输市场从事经营活动的许可审批管理，以保障本国领空安全、维护本国利益和民航运输市场秩序。各国政府关于民航运输市场准入管理的政策不同。我国政府对民航企业的设立、经营及经营范围等均实行统一归口管理[58,59]。

民航市场准入管理主要包括：航空公司的设立，航空公司经营航线和航班管理，民航客货市场销售，机场建设和经营，以及对民航相关领域投资的审批。

1. 航空公司准入管理

我国《航空法》对在我国从事民航运输服务的企业及其活动做出了原则性的规定，其中第九十二条指出，在我国“设立公共航空运输企业，应当向国务院民用航空主管部门申请领取经营许可证，并依法办理工商登记；未取得经营许可证的，工商行政管理部门不得办理工商登记”。《航空法》中的“公共航空运输企业”，是指“以营利为目的，使用民用航空器运送旅客、行李、邮件或者货物的企业法人”，实际上就是从事民航客货运输的航空公司。这一规定首先从法律上确定了航空运输企业的设立必须进行行业许可审批，同时也确立了政府对民航运输市场进行准入管理的法律责任。

我国2005年1月开始实施的《公共航空运输企业经营许可规定》[59]对航空公司的经营权限施行统一管理，该规定的第三条明确指出，“中国民用航空总局负责公共航空运输企业筹建认可、经营许可。中国民用航空地区管理局负责所辖地区公共航空运输企业筹建认可和经营许可的初步审查”，明确了关于对民航运输企业准入管理的政府机构及其责权。该规定第四条中还明确了对设立民航运输企业申请的基本审批程序和要求，“应当按照其设立条件经所在地民航地区管理局对申请人的筹建申请初步审查，并由民航地区管理局报民航总局办理企业的筹建认可手续。经民航总局认可筹建的公共航空运输企业在规定期限内完成筹建工作后，申请人应当向所在地民航地区管理局申请经营许可的初步审查，并由所在地民航地区管理局报民航总局办理公共航空运输企业经营许可手续”。从设立航空公司的取证管理及上述一系列规定，加强对通过设立航空公司进入民航运输市场的准入进行管理。

2. 航线准入管理

航线是航空公司开展航空客货运输业务的空间和市场，是航空公司赖以生存的基础。另一方面，航线属于国家所有，是为国家安全、社会和经济发展服务的有限资源。对于航线准入，我国政府于2006年3月起开始施行《中国民用航空国内航线经营许可规定》[60]，对“根据中华人民共和国法律设立的公共航空运输企业从事国内旅客、行李、货物、邮件的民用航空运输的航线经营许可”实施统一管理，“中国民用航空总局（以下简称民航总局）和民航地区管理局根据空运企业经营国内客、货航线的申请，分别采取核准和登记方式进行管理”。“民航总局负责对区际航线实施经营许可的核准、登记管理，并对全国国内航线经营进行监督和管理。民航地区管理局负责对其所辖区域内航线实施经营许可的核准、登记管理，并对涉及其辖区内所有航线经营进行监督和管理”。“空运企业按本规定取得的航线经营许可的有效期为三年。期满后无特殊情况，空运企业未提出变更申请的，该项经营许可自期满之日起自动延续三年，民航总局或民航地区管理局对该类许可采取简易程序办理核准或登记”。对于航线的经营和使用，《中国民用航空国内航线经营许可规定》第三十七条也做了明确规定，“空运企业通过航线经营许可取得的航线经营权不得租赁、转让、买卖和交换”。第三十八条还规定，“空运企业未经批准，不得以代码共享或湿租其他空运企业飞机等经营方式变相转让或出租航线经营权”。政府通过上述规定，从航线的准入许可和经营使用等方面对航线准入进行管理。

3. 机场准入管理

关于设立民用机场及运用机场从事民航运输服务，我国政府也有严格规定。根据目前我国的管理体制,民用机场属于国家的公共交通基础设施,国家是机场资产的主体,地方政府代表国家对机场实施统一管理。2009 年 7 月开始实施的《民用机场管理条例》[37]对民用机场的布局、规划、建设、使用、经营及其相关活动的管理给予了明确规定,“国务院民用航空主管部门依法对全国民用机场实施行业监督管理。地区民用航空管理机构依法对辖区内民用机场实施行业监督管理。有关地方人民政府依法对民用机场实施监督管理”,“运输机场的新建、改建和扩建应当依照国家有关规定办理建设项目审批、核准手续”,“运输机场总体规划由运输机场建设项目法人编制,并经国务院民用航空主管部门或者地区民用航空管理机构(以下统称民用航空管理部门)批准后方可实施”。“运输机场投入使用的,机场管理机构应当向国务院民用航空主管部门提出申请”,“通用机场投入使用的,通用机场的管理者应当向通用机场所在地地区民用航空管理机构提出申请”,并报送相关材料,经国务院民航主管部门审查批准后颁发机场使用许可证,机场方可根据许可证规定的范围进行使用。这里的民用机场包括从事客货运输的运输机场和通用航空机场[37]。

4. 外航准入管理

为了规范外国航空公司进入我国民航运输市场的管理,我国政府在遵循《国际民用航空公约》原则基础上,于 2008 年 7 月起开始施行《外国航空运输企业航线经营许可规定》[61]。根据该规定,“中国民航局负责外航航线经营许可的统一管理”。“外航应当在其本国政府通过外交途径对其正式指定后依据本规定向民航局申请经营外国地点和中华人民共和国地点间规定航线的经营许可。民航地区管理局负责对本地区运营的外航航线航班进行监督管理”。“外航申请经营许可应当向民航局递交由该外航总部法定代表人或者经其书面授权的人员使用中文或者英文签发的申请书及其附带材料。申请书应当包括以下内容:计划开通的外国地点和中华人民共和国地点间的规定航线、开航日期、航班号和代码共享航班号、每周班次和班期、本企业所有或者以湿租方式租赁的飞机机型和航空器登记号”。“外航应当在经营许可允许的范围和有效期内经营外国地点和中华人民共和国地点间规定航线”,“不得涂改、转让、租赁、买卖民航局颁发的经营许可”。

对于外国航空公司从事在我国内地境内的不定期航班业务,我国政府于 2006 年 7 月开始施行的《外国航空运输企业不定期飞行经营许可细则》[62]中界定为,“民用航空运输不定期飞行经营许可是指除定期飞行和加班飞行以外的商业航空运输飞行,包括非固定团体包机、综合旅游包机、公共包机、社会团体包机、同益包机、特殊活动包机、学生包机、自用包机、货运包机、客货混合包机、合用包机等种类”。“外航在外国和中华人民共和国之间从事不定期飞行,应当按照本细则向中国民用航空总局提出申请,取得经营许可并按照《外国公共航空运输承运人运行合格审定规则》完成运行审定后,方可飞行”。该细则中明确指出,我国“民航总局对不定期飞行的经营许可实行互惠对等的原则。外国政府航空主管部门对中华人民共和国民用航空运输企业从事至该国的不定期飞行经营许可进行不合理限制的,民航总局也将给予该国航空运输企业同等限制”。

除了上述管理规定外,两国之间开展国际航空运输业务,首先必须签署国家之间的航空运输协定,一是保护本国民航运输市场和本国民航运输企业的利益,二是建立平等互惠的市场基础,三是商定市场范围。

中美两国政府之间的航空运输协定自 1980 年首次签署到 2007 年经历过多次修订,

典型地反映了两国政府关于民航运输市场准入政策的变化和调整[63,64]。1980年9月17日，中美两国政府首次签署《中美民用航空运输协定》。协定规定，中美双方可各有两家空运企业在规定航线上经营协议航班。截至1999年，经过多次修改的协定明显不能满足中美两国之间快速增长的航空客货运输市场需求。双方过一年多的谈判，中美两国政府于1999年4月8日再次达成新的《中美民用航空运输协定》，进一步扩大双方市场规模和运力投入。之后中美双方经过多轮谈判后，于2004年7月24日中国民航总局与美国运输部分别代表两国政府在北京正式签署了《中美政府民航运输协定议定书》[64]。根据该议定书，在双方各自现有四家承运人（我国是国航、南航、东航、中货航，美国是美利坚航、美西北航、美联航、达美航）的基础上，双方可在未来的六年内分阶段再分别增加五家承运人进入中美民航运输市场。该议定书允许各方的航班数量由2004年的每周54班在未来六年内分阶段增至每周249班，六年共新增195班，其中111班为货运航班，84班为客运航班。协议对双方客运航班的通航城市将予以大幅扩展。2007年5月22日，中国民航总局与美国运输部交通部双方就修改2004年《中美政府民航运输协定议定书》、扩大两国民航运输市场准入达成新协议[65]。根据修改后的新协议，中国民航运输企业可以立即不受限制地进入美国民航运输市场。在维持2004年协议有关包机、第三方代码共享、客运第五业务权等规定的基础上，2011年两国航空货运市场将全面开放，2007～2012年美国至中国东部地区的客运运力将在2004年协议基础上逐年增加各方共70班每周，中国中部地区（安徽、湖南、湖北、江西、河南、山西）至美国的直达民航运输市场完全开放。此外，双方还将从2010年开始就两国民航运输市场完全开放协定和时间表进行进一步磋商，以最终实现中美民航运输市场的全面开放。可见，中美两国之间的航空运输协定为两国的民航运输市场准入提供了法律依据。

5.投资准入管理

除了通过以上法规对民航运输企业、航线和机场等的市场或行业准入管理之外，政府还对通过投资方式进入民航运输市场的行为进行管理。依据我国的公司法、《航空法》及国家其他法律，民航总局于2005年7月制定了《国内投资民用航空业规定（试行）》[58]，在鼓励、支持国内投资主体投资民航运输业以促进民航运输业快速健康发展的同时，对投资民航的项目类型（即投资建设内容）、投资规模等方面进行了限定。根据该规定，“中国政府民航总局及地区管理局依照《航空法》、有关行政法规、规章和本规定，对国内投资主体投资民用航空业事项实施许可和监督管理”，原则上“国有投资主体和非国有投资主体可以单独或者联合投资民用航空。本规定有明确限制的，应当符合其要求”，其主要要求是[58]：

（1）国航、东航和南航“应当保持国有或者国有控股”。

（2）“民用运输机场是自然垄断部门，鼓励各国内投资主体多元投资，非国有投资主体可以参股”。“各省、自治区、直辖市政府所在地机场；深圳、厦门、大连、桂林、汕头、青岛、珠海、温州、宁波等九个城市的机场”“应当保持国有或者国有控股”。

（3）“民用机场、航空燃油销售储运加注企业、计算机订座系统服务企业及其关联企业，不得投资公共航空运输企业。但是投资全货运航空公司的除外”。

同时还规定[58]，“国内投资主体投资设立公共航空运输企业、民用运输机场及其他需要许可的民航企业，应当按照有关法律、行政法规和民用航空规章，向民航总局或者地区管理局申请取得相应的许可”。

这里的国内投资主体，主要是指“各级政府及其授权国有资产投资机构、国有或者国有控股企业、其他国有经济组织”，以及“集体企业、私营企业、其他非国有经济组织和个人”[58]。

通过上述规定，①政府可以控制对民航的投资准入；②有利于保障民航运输企业服务的公正性和公平性，防止通过投资进入后形成利益集团垄断；③保障国有资本在民航重要领域的控股地位。实际上，这一规定的出台，对非国有资本投资民航运输企业放宽了准入门槛，扩大了发展民航的资金来源，加快了中国民航事业的发展。2005 年 3 月，奥凯航空公司成为我国第一家获得民航总局颁发营运许可证的民营航空公司。其后，鹰联、春秋、东星、吉祥等 10 多家民营航空公司相继诞生；诸如海航集团对一些支线机场的投资，都充分体现了我国政府放松民航运输市场准入限制后的多元化发展模式。

关于外资投资我国民航业的准入管理，2002 年 6 月民航总局、外经部和国家发改委联合发文，颁布了《外商投资民用航空业规定》[66]，允许“外商投资民航业范围包括民用机场、公共航空运输企业、通用航空企业和航空运输相关项目”，“鼓励外商投资建设民用机场”，但是“禁止外商投资和管理空中交通管制系统”。同时明确规定，“外商以合作经营方式投资公共航空运输和从事公务飞行、空中游览的通用航空企业，必须取得中国法人资格”，“外商投资民用机场，应当由中方相对控股。外商投资公共航空运输企业，应当由中方控股，一家外商（包括其关联企业）投资比例不得超过 25%。外商投资从事公务飞行、空中游览、为工业服务的通用航空企业，由中方控股；从事农、林、渔业作业的通用航空企业，外商投资比例由中外双方商定”。

6. 销售代理人准入管理

除了上述通过直接经营民航运输企业或者通过投资方式进入民航客货运输市场的行为受到政府的准入控制之外，民航客货运输销售代理业务同样受到准入控制。民航客货运输销售代理业务，是指受民用航空运输企业委托，在约定的授权范围内，以委托人名义代为处理民航客货运输销售及其相关业务的营利性行业[2]。根据民航总局《民航客货运输销售代理业管理规定》和我国的公司法，任何在我国从事民航销售代理业务的企业，首先必须依法取得中华人民共和国企业法人资格。具有法人资格的企业在注册资本、营业条件、业务人员、资质认可等方面均符合规定要求的前提下，向民航行政主管部门或者民航地区行政管理机构提出申请，经民航当局审查批准并授予民航管理当局颁发的空运销售代理业务经营批准证书，凭此证书向营业机构所在地的工商行政管理机关申请办理企业登记手续。获准从事民航运输销售许可权的企业，即为民航运输销售代理人，可以在获准的代理业务类别范围内（如国内、国际、旅客、货运）与在我国境内有经营权的任何民航运输企业签订空运销售代理合同，从事民航客货运输销售代理经营活动。销售代理人可以是旅行社或其他合法企业，也可以是航空公司或民用机场。通过对代理人的市场准入，保障和促进我国民航客货运输销售市场的健康有序发展。

7. 通用航空市场准入管理

如同对公共航空运输企业设立和市场准入管理一样，对于通用航空企业设立和从事通用航空经营活动，我国政府也有明确的准入规定。2007年2月开始施行的《通用航空经营许可管理规定》[67]中明确指出，“中国民用航空总局对通用航空经营许可进行统一管理。民航地区管理局负责实施本辖区内的通用航空经营许可和市场监管工作。未经民航地区管理局批准，任何单位和个人不得擅自筹建通用航空企业、购租民用航空器从事通用航空经营活动”。“经批准设立的通用航空企业，必须遵守国家法律、行政法规和民用航空规章的规定，在批准的经营项目、范围内依法开展经营活动”。该规定所管理的对象，包括所有“在中华人民共和国境内从事经营性通用航空活动的通用航空企业，以及使用限制类适航证的航空器和轻于空气的航空器从事私用飞行驾驶执照培训、航空运动训练飞行、航空运动表演飞行、个人娱乐飞行的具有企业法人资格的经营性航空俱乐部”。

以上规定是针对从事通用航空经营活动的准入管理。2010年8月《中央军委关于深化我国低空空域管理改革的意见》[68]，对4000米以下的低空空域试行限制性开放，放松对通用航空飞行活动空域的管制，扩大了通用航空企业的经营活动空域范围，有利于促进我国通用航空业的发展，是我国空域管理的一次历史性改革。

3.5.2　准出管理

为了保障民航运输市场的稳定发展，维护市场秩序，统筹兼顾国家和地方、企业及消费者等多方面利益，我国政府对民航运输市场的准出实行统一管理。例如，在欠发达或“老、少、边”地区的航线和民用机场，国家通过市场准出控制机制和政策措施，保障民航运输为地区社会经济可持续发展服务。换言之，民航运输企业、销售代理人或机场，如果要退出某条航线或完全退出民航运输市场，或关闭机场，必须获得民航主管当局的批准。

1.航空公司准出管理

2005年民航总局颁布的《国内投资民用航空业规定(试行)》[58]第十八条中明确规定，“公共航空运输企业、民用运输机场和其他需要许可的民航企业作出下列决定，应当按照《行政许可法》第六十七条规定，报请民航总局或者地区管理局批准：(一)停业或者歇业；(二)解散或者关闭；(三)其他涉及国家安全和重大公共利益的事项”。实际上，这一规定包括了航空公司、机场和民航运输销售代理人。

关于航空公司的转让、改制、扩大经营范围或改变基地机场等，根据我国政府的管理规定[59]，都必须获得民航管理当局的批准。

2.航线准出管理

关于航空公司退出航线，我国民航管理当局有明文规定。

《中国民用航空国内航线经营许可规定》[60]第三十九条规定，“空运企业申请暂停、终止经核准或登记取得的航线经营许可的，应当于拟停止经营之日起30日前向民航总局或相关民航地区管理局提出申请，并详细说明理由。民航总局或相关民航地区管理局在收到申请之日起10日内作出是否批准的决定并予以公告”。

《外国航空运输企业航线经营许可规定》[61]第二十六条规定，“外航应当按照民航局批准的航班计划经营外国地点和中华人民共和国地点间的规定航线。外航因商业原因计划停止执行全部或部分规定航线的，应当书面通知民航局并说明理由。外航擅自停航的，民航局对其提出的新航季航班计划不予批准”。

通过上述航线退出管理，一方面保障航线的经营秩序，另一方面以便于国家统筹区域的协调发展。

3. 机场准出管理

由于机场涉及的利益相关方比较多，因此机场的准出必须遵循《国内投资民用航空业规定(试行)》[58]中的规定之外，还必须执行《民用机场使用许可规定》[69]等规定。《民用机场使用许可规定》第十六条明确指出："有下列情况之一的，机场管理机构应当于机场预期关闭前至少45天报原审批机关审批：

(1)机场因改扩建暂不接受航空器起降。

(2)航空业务量不足，暂停机场运营的。

(3)决定关闭机场不再运营的。

机场恢复开放使用时，机场管理机构应当报原审批机关批准"。

此外，《民用机场管理条例》[37]中也同时明确规定，"机场管理机构拟关闭运输机场的，应当提前45日报颁发运输机场使用许可证的机关，经批准后方可关闭，并向社会公告"。

4. 自动终止经营权

对于一些已经获得民航运输市场经营许可、但又迟迟未能开展经营活动的民航企业，我国政府也有相应的管理法规。

《公共航空运输企业经营许可规定》第四十条规定，"公共航空运输企业取得经营许可证1年内未能实际安排航班经营的，由民航总局注销其经营许可证"。第四十四条规定，"公共航空运输企业经营许可证有效期满，企业不再申请延期的，经营许可证自动失效"。第四十二条规定，"公共航空运输企业经营许可证自注销之日起，其名称、标志、代号及有关票证等自行终止使用"[59]。

"销售代理人在空运销售代理业务经营批准证书有效期满后继续从事该项代理业务的，应当在经营批准证书有效期满前一个月向核发空运销售代理业务经营批准证书的民航行政主管部门或者民航地区行政管理机构书面申请换领空运销售代理业务经营批准证书。销售代理人未按前款规定申请换领经营批准证书的，其空运销售代理资格自经营批准证书有效期届满时自动丧失"[2]。

上述这些都属于民航企业经营许可期满自动终止行为。

3.6 本章小结

民航运输市场是民航运输企业赖以生存的基础。随着民航运输业的发展，民航运输市场营销理念从根本上影响着民航企业的发展定位和营销战略。随着民航运输市场环境的变化，民航运输市场的准入准出管理机制、价格管理机制、定价方法、竞争战略等，都在不断变革。信息化技术的广泛应用，在加快推进经济全球化进程的同时，不断促进民航运输市场营销手段的创新、民航企业规模化经营和发展。

思 考 题

1.试说明民航运输市场的基本组成。

2.试说明民航运输市场营销理念的演变背景及其市场作用。

3.说明影响民航运输市场的关键要素。

4.试分析民航运输市场营销组合与广义概念有何同异?

5.如何进行民航运输市场细分?

6.试分析“航空公司联盟”的市场意义。

7.“代码共享”有哪些基本方式?

8.试说明航空公司的产品战略和品牌战略的市场作用。

9.试分析机场营销的基本内涵,以及与航空公司市场营销有何同异?

10.试说明影响机场发展的关键因素。

11.机场发展有哪些竞争策略?

12.我国政府如何对民用机场属性定位?这样定位的意义何在?

13.阐述我国民航运输市场的现行价格管理机制。

14.阐述我国机场的现行收费管理机制。

15.如何评价航空公司和机场在国民经济建设中的作用?

16.政府从哪些方面对民航运输市场准入和准出进行管理?

17.民航与高铁的竞争优势主要体现在哪些方面?

18.分析民航运输中的运价与价格之间的关系?

19.分析收入与收益的区别与联系?

附 录

附表3-1 我国的机场分类[40]

机场分类	机场名称
I类-1级	北京首都、上海浦东
I类-2级	广州、上海虹桥、深圳、成都、昆明
II类	杭州、西安、重庆、厦门、青岛、海口、长沙、大连、南京、武汉、沈阳、乌鲁木齐、桂林、三亚、郑州、福州、贵阳、济南、哈尔滨
III类	其他民用机场

附表3-2 航空性业务收费项目表[40]

项目	内 涵
起降费	机场管理机构为保障航空器安全起降,为航空器提供跑道、滑行道、助航灯光、飞行区安全保障(围栏、保安、应急救援、消防和防汛)、驱鸟及除草,航空器活动区道面维护及保障(含跑道、机坪的清扫及除胶等)等设施及服务所收取的费用
停场费	机场管理机构为航空器提供停放机位及安全警卫、监护、泊位引导系统等设施及服务所收取的费用
客桥费	机场管理机构为航空公司提供旅客登机桥及服务所收取的费用

续表

项目	内 涵
旅客服务费	机场管理机构为旅客提供航站楼内综合设施及服务、航站楼前道路保障等相关设施及服务所收取的费用。包括航班信息显示系统、电视监控系统、航站楼内道路交通(轨道、公共汽车)、电梯、楼内保洁绿化、问讯、失物招领、行李处理、航班进离港动态信息显示、电视显示、广播、照明、空调、冷暖气、供水系统;电子钟及其控制、自动门、自动步道、消防设施、紧急出口等设备设施;饮水、手推车等设施及服务
安检费	机场管理机构为旅客与行李安全检查提供的设备及服务,以及机场管理机构或航空公司为货物和邮件安全检查提供的设备及服务所收取的费用

附表 3-3 非航空性业务重要收费项目[40]

项目	内 涵
头等舱、公务舱休息室出租	机场管理机构向航空公司或地面服务提供方出租头等舱、公务舱,用于向头等舱、公务舱乘客或常旅客提供候机服务所收取的费用
办公室出租	机场管理机构向航空公司或地面服务提供方出租办公室,用于工作人员日常办公使用所收取的费用
售补票柜台出租	机场管理机构向航空公司或机票业务经营商出租售补票柜台,用于办理售票、补票、改签等票务业务所收取的费用
值机柜台出租	机场管理机构向航空公司或地面服务提供方出租值机柜台,用于办理旅客交运行李、换取登机牌等登机手续所收取的费用
地面服务收费	机场管理机构或地面服务提供方向航空公司提供包括一般代理服务、配载和通信、集装设备管理、旅客与行李服务、货物和邮件服务、客梯、装卸和地面运输服务、飞机服务、维修服务等服务所收取的费用

参 考 文 献

[1] Stephen Shaw. Airline Marketing and Management[M]. London: Ashgate Publishing Company, 2000.

[2] 中国民用航空总局. 民航客货运输销售代理业管理规定. 1993. 7. 5.

[3] Philip Kotler, Gary Armstrong. Principles of Marketing[M]. 12th Edition. 北京:清华大学出版社, 2009.

[4] Alexander T Wells. Air Transportation Management[M]. Wadsworth Publishing Co., 1994.

[5] ISO. http://www. iso. org/iso/iso_9000_selection_and_use-2009. pdf.

[6] 吴泗宗. 市场营销学[M]. 北京:清华大学出版社, 2008.

[7] 中华人民共和国国家质量监督检验检疫总局, 中国国家标准化管理委员会. 公共航空运输服务质量 GB/T 16177—2007[S], 2007. 3. 7.

[8] 中国民用航空总局. 中华人民共和国民用航空行业标准, 民用机场服务质量标准(MH/5104-20060)[S]. 2006. 10. 16.

[9] Alfred Marshall. Principles of Economics[M]. 北京:中国社会科学出版社, 2007.

[10] 高铁价让机票跳水广州飞武汉 260 元. http://www. 022net. com. 2009. 12. 15.

[11] 铁路春运:硬座票价上浮 15% 其他席别 20%. http://news. xinhuanet. com/ fortune/, 2005-01/12/content_2447520. htm.

[12] A380 客机首航头等舱机票拍卖价超 10 万美元. http://news. sohu. com. 2007. 09. 04.

[13] 陈碧程, 夏洪山. 机场营销策略研究[D]. 南京航空航天大学硕士学位论文. 2010.

[14] 孙冀. 中国航空服务业的发展, http://travel. people. com. cn/BIG. html. 2005. 11. 07.

[15] Paul Stephen Dempsey, Laurence E Gesell. Airline Management Strategies for the 21st Century[M]. Coast Aire Publications, 1997.

[16] 孙洪岩. 浅谈电子商务在民航票务中的应用[J]. 电子商务. 2009,12.

[17] Peter Belobaba, etc. The Global Airline Industry[M]. John Wiley & Sons, Ltd. , 2009.

[18] 国家发改委,中国民用航空总局. 民航国内航空运输价格改革方案. 2004. 3. 17.

[19] 中国民用航空总局，国家发改委. 关于国内航空运价管理有关问题的通知. 2004. 3. 18.

[20] 中国民用航空总局. 国际航空运价管理规定. 1996. 1. 1.

[21] 中国民用航空总局. 关于下发国内航空货物运价的通知. http//www. caac. gov. cn. 1999. 7. 1.

[22] 张淼青. 从政府单一定价到多级票价体系——民航国内运价改革回顾与展望. http//www. caac. gov. cn. 2009. 11. 2.

[23] 中国民用航空局，国家发改委. 关于民航国内航线头等舱、公务舱票价有关问题的通知. http// www. caac. gov. cn. 2010. 05. 21.

[24] IATA. Passenger Air Tariff. http://www. iata. org/ps/publications/pages/pat. aspx.

[25] 闵宗陶，杨秀云. 中国民航客运价格定价方式及其构成因素分析[J]. 价格纵横，2004，2.

[26] 中国民航局. 民航局规划司关于价格的名词解释. http//www. caac. gov. cn. 2008. 3. 1.

[27] Stephen Holloway. Practical Airlines Economics[M]. Ashgate Publishing Limited, 2003.

[28] Kalyan Talluri, Garrett van Ryzin. Revenue management under a general discrete choice model of consumer behavior[J]. Management Science. 2004, 50(1).

[29] 周晶，杨慧. 收益管理方法与应用[M]. 北京:科学出版社，2009.

[30] Stephen Holloway. Straight and Level-Practical Airline Economics[M]. 3rd Edition, Ashgate Publishing Limited, 2008.

[31] Robert L Philips. Pricing and Revenue Optimization[M]. Stanford University Press, 2005.

[32] Guillermo Gallego. Flexible and Callable Revenue Management[J]. 4th Annual INFORMS Revenue Management and Pricing Section Conference, June 10-11, 2004.

[33] Barry C Smith, Leimkuhler F, Ross M Darrow. Yield Management at American Airlines[J]. Interface, 1991, 22(1).

[34] 陈文玲. 民航货物运输[M]. 2 版. 北京:中国民航出版社，2010.

[35] Rigas Doganis. Airport Business[M]. Routledge, 2000.

[36] David Jarash. Airport Marketing[M]. Ashgate Publishing Limited, 2005.

[37] 中华人民共和国国务院. 民用机场管理条例. 2009. 4. 13.

[38] 刘晓明，夏洪山. 不确定环境下基于智能计算的航空客流分布性研究[D]. 南京航空航天大学. 2008.

[39] 中国民航局. 全国民用机场布局规划. http//www. caac. gov. cn. 2008. 02. 02.

[40] 中国民用航空总局，国家发改委. 民用机场收费改革实施方案. 2007. 12. 28.

[41] 北京首都国际机场. http://www. bcia. com. cn/aboutus/index. Shtml.

[42] 钟啸. 高铁逼停多条短途航线，32 机场加速空铁联运. 南方日报. 2011. 04. 08.

[43] 中国民用航空局，国家发改委. 通用航空民用机场收费标准. 2010. 8. 5.

[44] Forsyth P. The Economic Regulation of Airports[M]. Ashgate Publishing Limited, 2004.

[45] U. S. Department of Transportation, FAA. Policy Regarding Airport Rates and Charges. 2008.

[46] 逄艳红. 国内外机场收费政策比较分析[J]. 中国民用航空，2006. 12.

[47] 中国民用航空总局. 从统计看民航[M]. 北京:中国民航出版社，2011.

[48] Rigas Doganis. The Airline Business[M]. 2nd Edition. Routledge Publication, 2006.

[49] 吴建端. 航空排放问题与哥本哈根气候变化峰会[N]. 中国民用航空报，2009. 12. 15.

[50] 邱婧. 中美俄等 26 国将聚首共商抵制欧盟航空碳税. http://news. carnoc. com. 2012. 02. 07.

[51] 侯章良，刘立新. 战略管理最重要的 5 个工具[M]. 广州:广东经济出版社，2008.

[53] Werner Delfmann, etc.. Stratigic Management in the Aviation Industry[M]. Ashgate Publishing Limited, 2005.

[52] Michael E Porte. Competitive Strategy Techniques for Analyzing Industries and Competitors[M]. Ashgate Publishing Limited. 2006.

[54] Nadine Godwin. ICAO Finalized CRS COD of Conduct[J]. Travel Weekly, Dec. 22, 1988.

[55] 郭军. 泛珠三角区域机场合作正式启动[N]. 中国新闻网，2010. 7. 16.

[56] 李佳鹤. 中国大型机场成立航空市场发展联盟[N]. 大连天健网. 2011.12.22.
[57] 海航集团. http://www.hnagroup.com.
[58] 中国民用航空总局. 国内投资民用航空业规定(试行). 2005.7.15.
[59] 中国民用航空总局. 公共航空运输企业经营许可规定. 2004.12.16.
[60] 中国民用航空总局. 中国民用航空国内航线经营许可规定. 2006.1.16.
[61] 中国民用航空总局.外国航空运输企业航线经营许可规定. 2008.6.11.
[62] 中国民用航空总局. 外国航空运输企业不定期飞行经营许可细则. 2008.6.21.
[63] 董念清. 中美航空运输协议研究. 中国民航大学学报[J]. 2008，26(4).
[64] 中美签署民航运输协定. http://www.sina.com.cn. 2004.07.24.
[65] 中国民用航空总局. 中美两国达成扩大民航运输市场准入协议. http//www.gov.cn. 2007.05.25.
[66] 中国民用航空总局，中华人民共和国对外贸易经济合作部，中华人民共和国国家发展计划委员会.外商投资民用航空业规定. 2002.6.21.
[67] 中国民用航空总局. 通用航空经营许可管理规定. 2007.2.14.
[68] 中华人民共和国国务院,中央军委. 中央军委关于深化我国低空空域管理改革的意见. 2010.8.19.
[69] 中国民用航空总局. 民用机场使用许可规定. 2005.10.5.
[70] 中国民用航空总局. 中国民用航空货物国际运输规则(CCAR-274). 2000.8.1.

第4章

民航运输生产组织与管理

本章首先介绍民航运输生产涉及的相关基本概念，重点以旅客运输的计划与组织过程为主线，详细介绍民航运输生产计划及其制订方法、航班时刻管理方法、飞机及机组排班技术、运输组织与实施流程、地面保障现场管理、不正常航班处置与恢复管理、机场运行环境管理等知识，并介绍民航运输生产过程所涉及的相关法规、规范和标准。

民航运输是一个有组织、有计划、有规范、有标准的社会集体性航空运输服务过程。随着世界经济的稳步发展，民航客货运输需求逐年增长，航空公司运力规模和机场地面保障规模不断扩大，面临的航班时刻、空域资源以及航空安全等方面的挑战越来越严峻，民航运输过程的计划、组织、实施与管理也随之变得越来越复杂。

4.1 基本概念

为了便于理解和掌握民航运输生产组织过程的有关知识，首先介绍几个相关的基本概念。

4.1.1 领空

领空，是一个国家的政府能够合法行使主权的空气空间。根据《中华人民共和国民用航空法》，“中华人民共和国的领陆和领水之上的空域为中华人民共和国领空。中华人民共和国对领空享有完全的、排他的主权”。根据《国际民用航空公约》，“每一国家对其领土之上的空域具有完全的和排他的主权”。

领土有疆界，那么，领空的疆界如何确定呢？一个国家的领陆通常以陆地上的标志性边界或以自然障碍为界，领水领海则以国际公认的离岸距离为界，以此作为界定领陆或领水的疆界。由于地球是一个球体，包围在地球之上的空气空间是一个比地球更大的球体。根据国际公认法则，领空是从地心向领陆和领水疆界所做射线与大气层所包围的球体锥型空气空间[1]。关于大气层之上的外层空间目前属于自由空间。

4.1.2 空域

空域(airspace)通常是指大气层以下的空气空间，是民航运输的活动空间范围。对于一个国家领空范围内的空域，“国家对空域实行统一管理”[2]。由于“空域是国家资源”，因此，“应当得到合理、充分和有效的利用”[3]。

关于空域的高度层划分，世界各国标准存在一些差异。根据我国民航局《民用航空使用空域办法》中的划定划分方法，标准海平面气压 6000 米(含)以上的空域为高空空域，

6000 米以下属于中低空域[3]。根据 2010 年 8 月 19 日国务院中央军委《关于深化我国低空空域管理改革的意见》,4000 米以下空域属于低空空域。

关于空域的分类和使用,国务院、中央军委及民航局先后颁布了相应的规定和规则,以加强对空域的规范利用和科学管理[3,4]。

根据航路结构、机场布局、飞行活动性质和空中交通管制需要,空域分为飞行情报区、管制区、限制区、危险区、禁区、航路、固定航线等类型[5]。

飞行情报区是一种为民航飞行提供飞行情报服务和告警服务而划定范围的区域及其空域。为了便于对在我国境内和经"国际民航组织"(ICAO)批准由我国管理的境外空域内飞行的航空器提供飞行情报服务,全国共划分沈阳、北京、上海、广州、昆明、武汉、兰州、乌鲁木齐、香港和台北十个飞行情报区[5]。

为了对航空器飞行提供有效的空中交通管制服务,根据空域内的航路结构、通信、民航、气象和监视能力等因素,我国将管制空域划分成 A、B、C、D 四类。A 类空域为高空管制空域,我国境内为 6600 米(含)以上的空间,B 类空域为中低空管制空域,我国境内为 6600 米(不含)以下最低高度层以上的空间,C 类空域为进近管制空域,其垂直范围通常在 6000 米(含)以下最低高度层以上;D 类空域为塔台管制空域,通常包括起落航线、第一等待高度层(含)及其以下地球表面以上的空间和机场机动区。危险区、限制区和禁区是指,根据需要经国家空域管理当局批准划设的特殊空域[5]。

4.1.3 航路

任何一种载运工具的移动,都必须根据事先设定的路径运动。汽车运输需要公路,火车行驶需要铺设的铁轨,轮船航行需要设定的航道,飞机飞行则需要航路。航路(air way)是由国家统一划定、设有通信导航设施设备,以引导飞机沿着一定高度、宽度和方位进行安全飞行的空域。设定航路的目的,一是为民航飞行提供固定飞行路线,维护空中交通秩序,保证飞行安全;二是加强空中交通秩序管理,提高空间利用率。根据相关民航规定[4],"航路和固定航线地带应当设置必要的监视和导航设备。沿航路和固定航线应当有备降机场。备降机场应当有必备的设备和良好的通信、导航、气象保障"。

我国的航路宽度为 20 千米,其中心线两侧各为 10 千米。根据规定[4,5],当航路的某一段受到地理空间障碍或通讯导航等条件限制时,可以减少宽度,但不得小于 8 千米。在我国境内空域飞行的任何民航航班飞机,都必须遵照此规定飞行,不得偏离航路。按照我国空域管理规则,通过对高度层的动态调配,可以及时协调同一航路上航空器之间的上下空间飞行间隔,在保障飞行安全的前提下,提高空域和航路利用效率[5]。

4.1.4 航线

从事民航运输业务的航空公司在获得经营许可证之后,可以在获准的一系列站点(即城市)之间提供航空客货邮运输服务。由这些站点形成的航空运输路线,称之为航线(air route)。换言之,航线是由飞行的起点、经停点、终点、航路等要素组成的航空运输飞行路线。例如,"南京—兰州—乌鲁木齐"航线,"北京—纽约"航线,等等。

航线不同于航路,航线更多的是强调飞行线路,以及所连接的城市或飞行方向,虽然航线必然与航路有关,但航线并不关注实际飞行的具体空间位置。例如,开通"北京—纽约"航线,向市场发出的信息是,北京与纽约之间可以提供客货航班服务,可以经营相关航空运输业务。至于如何从北京飞到纽约，经过哪一条航路进行具体的航空运输飞行，可能是沿北太平洋沿岸航路，也可能是经过北极上空的极地航路，这必须由空管和航空公司的飞行部门共同商定，这对市场销售部门和客户并不重要。

航空公司经营航线，必须经申请并得到民航管理当局批准后才能提供具体的航班服务。因此，航线是航空公司获准授权经营航空运输业务的空间，是航空公司获准经营客货运输业务的市场范围，是航空公司赖以生存的必要条件。因此，对航空公司而言，经营的航线优劣与多少，对其发展至关重要。

航班航线按照行政区域空间分布，通常分为三大类[6]：

1. 国际航线

国际航线(international airline)，是指运输的始发地、经停地或目的地之一不在同一国领土主权行政管辖范围之内的航线[6]。如“北京—莫斯科”航线。

2. 国内航线

国内航线，是指运输的始发地、经停地和目的地都在我国领土主权行政管辖范围之内的航线[6]。

根据航线通达城市的政治、经济、文化地位及航线繁忙程度，国内航线又分为干线(trunk route)、支线(regional route)和地方航线(local route)。

(1)干线。干线一般是指中大型城市之间的航线，航线客货运量大、航班密度高。我国的骨干航线主要是指首都北京至全国各省会城市和各大城市之间，以及省会和大城市之间的航线，形成省际或大城市之间的空中交通干线。例如，北京—南京，杭州—北京，深圳—上海，大连—深圳等。

(2)支线。支线是相对于干线而言的一种概念，通常是指飞行距离在600千米以下的航线[7]；也有认为支线是通达支线机场的航线[8]。如果按照民航局《民用机场收费改革实施方案》[9]中根据机场旅客吞吐量规模划分，支线应该是开通至三类机场的航线。上述三种观点的共同特点是，通至省会以下城市的航线，航线客货流量相对较小，航班密度较低，通常采用100座以下的小型飞机。相当一部分支线连至枢纽机场，形成中枢辐射型航线网络，为大型机场的干线航班提供客货集散作用(feeder)。例如，上海—黄山，昆明—丽江等。

(3)地方航线。地方航线属于支线的一种，主要是指一省(地区)之内的短程航线。例如，南京—连云港，丽江—西双版纳等。

3. 地区航线

目前世界上还有一些地区，虽然一国政府对其拥有领土主权，但是由于历史原因，国家的中央政府对于这些地区目前还没有能够行使行政管辖权，如我国的台湾。与这些地区通航的航线，通常称为地区航线。由于历史原因，目前我国政府对香港、澳门和台湾这三个地区的民航运输业务采取一些不同于内地的特别管理政策，主要包括航线经营、航班管理、订座与销售、运费与结算、机场收费、出入境和海关等方面的业务。

4. 区间航线

按照我国目前民航管理体制下的行业管理区域划分，七大民航地区管理区之间的航线称为区间航线。区间航线又可以分为[6]：

(1)区际航线。区际航线是指民航运输的始发地、经停地和目的地分别在两个或两个以上的民航地区管理局管辖区域之间的航线。对于这类跨民航地区管理局的区际航线的航班飞行,如南京—兰州,需要经过的地区管理局航班运行管理部门进行协调。

(2)区内航线。区内航线是指民航运输的始发地、经停地和目的地都在同一个民航地区管理局管辖区域内的航线,如南京—厦门。

4.1.5 航段

一条航线至少由两个城市组成,有的航线在始发城市和终点城市之间还有经停点。一条航线上相邻两个城市之间的一段航程,称为一个航段。航段概念实际上又分为旅客航段(segment,即通常所说的航段)和飞行航段(leg,有称为航节)。

旅客航段通常是指构成旅客航程的航段。例如,在"上海—北京—旧金山"航线上,有三种可能的旅客航程:上海—北京、上海—旧金山和北京—旧金山。飞行航段则是指航班飞机实际飞经的航段。例如,在上海—北京—旧金山航线上,飞行航段为上海—北京和北京—旧金山两段。

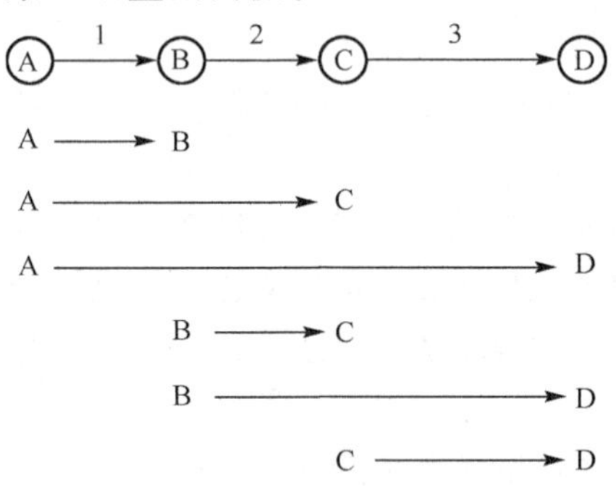

图 4-1 旅客航段示意图

图 4-1 所示为旅客航段的组合方法。假设由 n 个城市组成的航线,单向旅客航段数 N 为这 n 个城市中任意选择两个的单向组合数量:

$$N = C_n^2$$

4.1.6 航季

根据国际惯例,航班计划分为夏秋航季和冬春航季两个。夏秋航季是指当年三月最后一个星期日开始执行,至当年十月最后一个星期六的最后一个航班;冬春航季是指当年十月最后一个星期日开始执行,至翌年三月最后一个星期六的最后一个航班[6]。每个航季的航班计划执行半年,如需调整航班计划或新航线(不含增加或取消航班),则需要提前申报,获准后通常在下一航季执行。

4.1.7 航班

航班(flight service),是指民航运输企业按照规定的航线、班期和起降时刻所提供的航空运输飞行服务。

1. 航班分类

航班有定期航班和不定期航班之分。凡是有固定航线、固定班期和航班时刻的航班服务,称为定期航班(scheduled flight service),否则为不定期航班(non-scheduled flight service)。

在运输繁忙时期,根据运输需要,在批准运营的定期航线上已确定的航班数目以外增加的临时航班,称之为加班航班。

按照运输飞行的去向,航班又可以分为去程航班和回程航班。

根据航班飞行的航线性质,航班可以分为国内航班、国际航班和地区航班。

2. 航班号组成规则

航班采用具有编排规则的航班号标识具体的飞行班次。航班号由两个字母的航空公司二字代码加最多四位数字组成,参见表 4-1。

表 4-1　航班号组成规则

第一位	第二位	第三位	第四位	第五位	第六位
航空公司二字码		执飞航空公司所在地区代码	执行航班终点站所在地区代码	具体航班序号 去程航班用单数， 回程航班用双数	

航空公司二字代码又称航空公司代码，是航空公司的唯一标识码，根据“国际航协”(IATA)762 号决议统一编排[10]，由两个英文字母或字母与阿拉伯数字组成，用于航空公司的订座、航班时刻表、票据凭证和结算等过程。如 CA，MU 和 CZ 分别代表中国国际航空公司、中国东方航空公司和中国南方航空公司，8L 代表我国的祥鹏航空公司。“国际民航组织”(ICAO)对航空公司采用三字码标识。航班号的后四位数字用于标识航班序号，国内飞行航班号基本组成规则参见表 4-1，我国民航地区代码见表 4-2。

表 4-2　我国民航地区代码

代码	民航地区
1	民用航空华北地区
2	民用航空西北地区
3	民用航空中南地区
4	民用航空西南地区
5	民用航空华东地区
6	民用航空东北地区
9	民航乌鲁木齐地区

4.2　航线基本结构

民航运输活动发生在城市之间。旅客出行或货物运输，在始发地与目的地之间产生 O-D 流(origin-destination flow)，这种客货 O-D 流能够影响民航运输企业的航线结构。航线通常有以下几种基本构型：

4.2.1　城市对结构

城市对结构(city pair)的航线为直达航线，也有称“点-点”结构(point-point)，如图 4-2(a)所示，在始发机场和终点机场之间往返直飞，中间没有经停点。在旅客或货物运输量较大的城市对之间通常采用城市对结构航线。其特点是，直达航班没有中间经停点，旅途时间相对较短，飞机周转快，机组资源调配简单，运行成本相对要低，深受旅客特别是商务客欢迎。

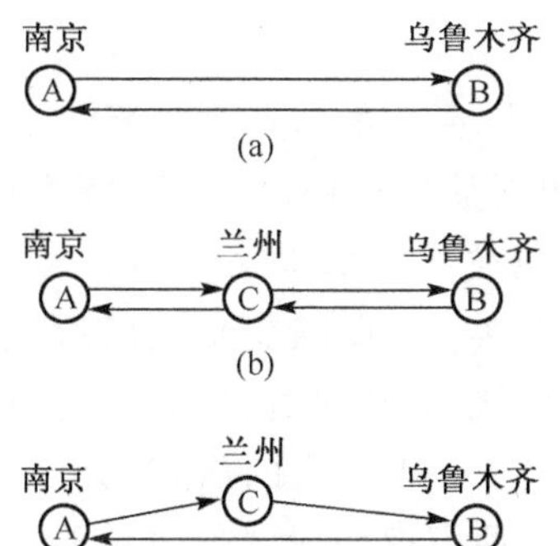

图 4-2　航线基本构型

4.2.2　线性结构

线性结构航线(linear，又称甩辫子航线)，如图 4-2(b)所示，在始发机场和终点机场之间有经停点，回程按原路返回。采用这类结构的航线主要原因是直飞航线没有足够的客货运量，需要通过中途机场的经停补充载运业务，以提高乘坐率或运载率降低航班成本。

4.2.3　环形结构

环形航线结构(round)。与线性航线结构类似，航线之间有经停点，但不同之处是环形航线结构来回程不是同一航线，如图 4-2(c)所示。

与城市对直飞航线相比，无论是线性结构还是环形结构，由于增加了中间经停点，对于航空公司而言,能够提高航班乘坐率和航班收入,但是对于旅客而言则增加了旅途时间。另一方面,由于增加了中间经停点,便增加了飞机起飞-降落次数,因此会增加航班运行成本。

线性结构或环形结构航线,通常是在干线上缺少竞争力的航空公司采用较多,或用于远程航线。

4.2.4 中枢辐射型航线结构

现在世界上的枢纽航线网络有多种构型,但最基本的是中枢辐射型航线结构。

1. 中枢辐射型航线基本结构

从图 4-2 所示的基本航线结构特点可以看到,城市对直飞航线适宜于航空客货运输量充沛的市场。对于一些乘坐率不高的航线,航空公司既要保持市场占有,又要保障航班效益,特别是国际航线,通常与航线多、航班密度高的区域性中心机场或大型门户机场(gateway)之间构建如图 4-3(b)所示的中枢辐射型航线结构(hub and spoke)。以中心机场(hub)或门户机场为中转枢纽,一些支线或干线与中心机场形成辐射航线(spoke),为中心机场输送和疏散旅客或货物,实现支线或短程航线与远程航线的衔接。

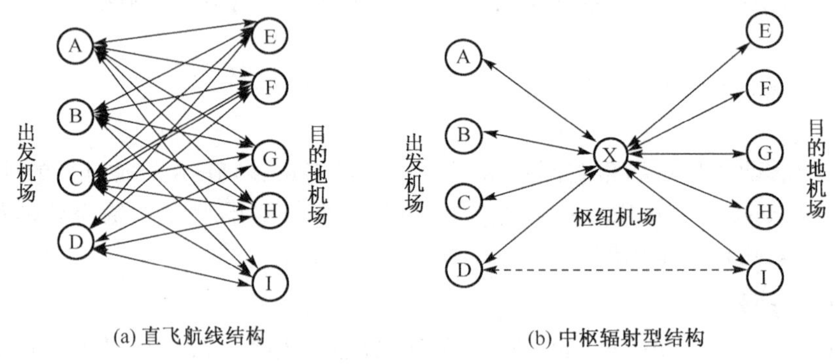

图 4-3 中枢辐射型航线基本结构

在中枢辐射型航线网络中,作为中转机场,可以为旅客提供更多的目的地选择,同时也为航空公司提供更多的航线服务。如图 4-3(a)所示的城市对航线结构,如果在 M 个始发机场与 N 个目的地机场之间开通航航班,则需要 $M\times N$ 条航线。如果采用图 4-3(b)所示航线结构,只要 $M+N$ 条航线。显然,中枢辐射型结构航线,可以减少直飞航线,不仅可以减少飞机需求量,而且可以减少用于远程直飞的中大型飞机,降低民航运输企业的运行成本。但是,由于本可以乘坐直达航班[如图 4-3(b)中的 D—I 航线的旅客]必须在枢纽机场 X 进行中转,因而增加了旅客的旅途时间。因此,这种中枢辐射式航线结构,更适合于远程旅客通过枢纽机场进行中转。

2. 构建枢纽机场的基本要素

作为中枢辐射型航线结构中的枢纽机场,需要具备以下基本要素:

1)突出的区位优势

枢纽机场在区域的政治、社会、经济和交通等领域具有突出的中心地位,处于中枢辐射型结构航线网络的中心节点,在区域性旅客和货物航空运输中具有突出的中转和集散优势。例如,北京首都机场、广东白云机场、上海浦东机场及新疆乌鲁木齐机场,作为我国连接国际的空中门户具有显著的区位优势，它们所在的城市都是区域性政治、经济和交通中心，其区域性中心地位十分明显。

2)大型基地航空公司支持

枢纽机场必须依靠大型基地航空公司或航空公司联盟的航线支持，只有通过基地航空公司或航空公司联盟，才能构建以枢纽机场为中心的航线网络，才能构建便于有效衔接的中转航线和安排高频次的航班，才能构建合理的航班波，才能真正发挥枢纽机场的中枢辐射和大批量客货中转作用。

3)便捷的地面保障服务

枢纽机场必须具备足够的地面保障能力，能够满足高峰小时内大量中转航班、旅客和行李的转运服务需求，包括先进的基础设施设备和一流的现场运行保障与服务保障体系。

4)有效的政策与发展环境

稳定的社会政治和开放的市场环境，是构建和实施中枢辐射型航线网络战略的重要保障。宽松有序而稳定的航空运输市场，不仅有利于航空运输市场本身的发展，而且有利于航线网络的发展和枢纽机场的保障能力建设。

5)配套的地面快捷运输系统

作为区域航空运输中心的枢纽机场，每天的进出港客货流量大，需要有配套的地面快捷交通运输系统，为枢纽机场提供便捷的集散服务，如穿梭于城市与机场之间的轻轨和地铁、城市道路交通运输系统，便于机场客货的快速便捷汇集与疏散。

显而易见的是，在中枢辐射型航线网络中，由于中转而增加了旅途时间。因此，在某些区域，即使采用中枢辐射型结构航线，也有可能在某些城市之间由于运输量较大而直接开通直飞航班，如图4-2(b)中所示的D—I航线。有的航空公司可能通过直飞与这种中枢结构航线竞争(hub attack)，因为旅客特别是商务旅客总是青睐城市对直飞航线，免受中转麻烦。

综上分析，枢纽机场实质上是中枢辐射型航线网络的运输与服务中心，具有最强的区域性中转服务能力。枢纽机场地位的建立，不仅需要机场具有完备的中转服务保障能力，更需要基地航空公司的航线网络支撑。枢纽机场不仅是区域航空运输的枢纽中心，也是区域的经济中心和综合运输中心。因此，实施中枢辐射型航线网络战略不仅需要枢纽机场和基地航空公司的共同打造，更需要地方政府的支持和协调，共同构建“中枢辐射型航线网络服务体系”(hub and spoke service system)。

4.3　枢纽航线网络

枢纽航线网络构型与枢纽机场的区域地位、基地航空公司规模及其经营战略密切相关。枢纽航线网络通常有两种构型，一是“单中心”中枢辐射型航线网络，另一类是“多中心”枢纽航线网络。

4.3.1　“单中心”枢纽航线网络

“单中心”中枢辐射型航线网络，是枢纽航线结构的最基本构型，其航线主要以单个枢纽机场为中心向周边区域辐射。在这种结构中，主要以基地航空公司为主体提供区域性中转航班服务，基地航空公司在该地区的航空运输市场中，具有一定的区域性优势地位。例如，乌鲁木齐机场在我国西北新疆地区具有明显的区位优势，周边阿勒泰、阿克苏、和田、且末、库车、喀什、库尔勒、克拉玛依、那拉提、塔城、伊宁等十几个机场构成了以乌鲁木齐机场为(中转)枢纽中心的辐射型航线网络，为我国广阔的西北地区提供区域性航空服务，同时通过乌鲁木齐机场连接东部主要城市和西亚地区，形成跨区域的航线网络。云南和四川地区构成了以昆明机场和成都机场为区域性枢纽机场(regional hub)的“单中心”式中枢辐射型航线网络。由于区位优势，根据我国《全国民用机场布局规划(“十一五”及至 2020 年)》，乌鲁木齐机场是我国通往西亚和欧洲的重要门户机场之一。

4.3.2 “多中心”枢纽航线网络

2002 年，我国民航进行体制改革，对原属民航总局管理的 9 家直属航空公司进行联合重组，分别组建了中国航空集团公司、中国东方航空集团公司和中国南方航空集团公司。根据这三大集团骨干成员公司的地理分布，这三大集团公司各自依靠自身的航线就完全能够构建成以骨干成员公司基地机场为区域枢纽的多中心枢纽航线网络(图 4-4)，覆盖我国境内主要的经济发达城市和地区。例如，南方航空集团，由广州—沈阳—乌鲁木齐三大基地构成的多中心枢纽航线网络，辐盖了我国南方、东北和西北的广大地区。

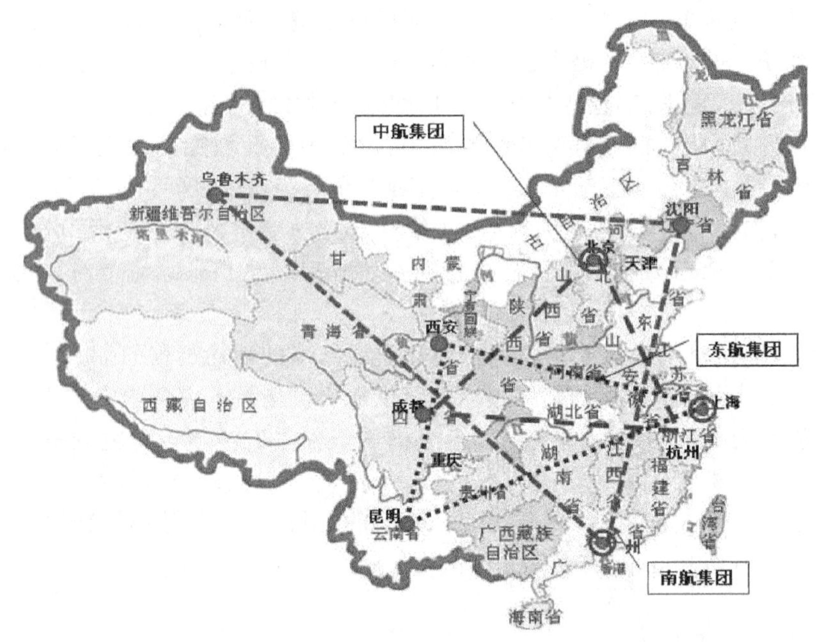

图 4-4 “多中心”枢纽航线网络

4.3.3 复合型枢纽航线网络

北京、上海和广州地处我国政治、经济、贸易、金融和交通最发达的地区，是我国三大航空集团公司的基地机场所在地，航线网络遍布全球。三大机场不仅是区域枢纽中心，担负着我国 33%和 61%的航空旅客和行李货物运输，而且是我国通向国际的主要门户，通航国家和城市占我国通航国家和城市总数的 87%和 83%[11]，是我国国内航线与国际航线衔接的重要枢纽和航空客货集散中心，构成一种典型的复合型枢纽航线网络。

4.3.4　航班波与时间窗设计

枢纽航线网络的一个重要特征，就是航空公司为枢纽机场的中转航班衔接而设计的航班波(flight bank 或 flight wave)。航班波的设置和运用涉及三大重要因素：

一是航线衔接。航空公司必然考虑航班的集中到达(如图 4-5 中的 A→X，B→X，C→X 和 D→X 航班)要能够为即将出港航班(如图 4-5 中的 X→I 航班)提供足够的客源，但是需要考虑旅客只要通过一次中转就能到达目的地，减少旅客的换乘航班次数，增加旅客中转便利性，否则旅客选择其他机场中转可能更便利。

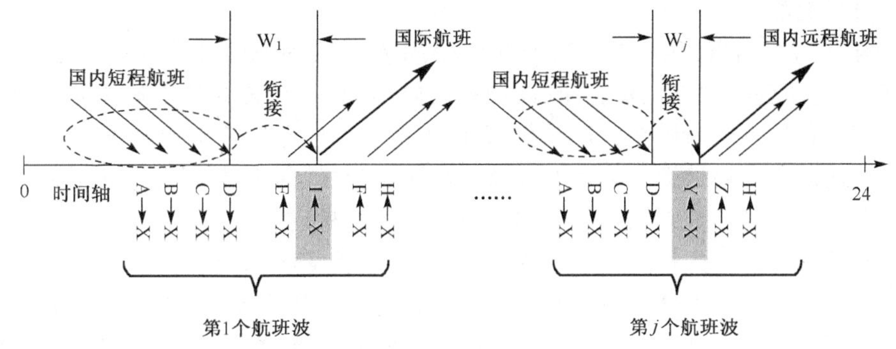

图 4-5　航班波与时间窗

二是航班衔接，保证旅客有足够的中转时间。到达航班(如图 4-5 中的 A→X，B→X，C→X 和 D→X 航班)与衔接航线的出发航班(如图 4-5 的 X→I 航班)之间的间隔时间(W_1)设计，称之为航班波的时间窗(time window for transfer)，一方面必须考虑到中转旅客有足够的时间办理中转手续，特别是由国内航班转乘国际远程航班，或由国际转乘国内的最末一班，需要考虑办理出入境手续所需的时间；另一方面中转间隔时间过长则会增加旅客的等候时间，虽然可能会增加航班乘坐率和机场商业销售收入。

三是便捷的服务流程。航班波设计需要考虑枢纽机场的服务流程便捷性和流畅性水平。例如，“国内-国际”航班之间的换乘问题，这是国际旅客面临最多的一个问题[12]。由于一些国际机场的“国内-国际”航班换乘不在同一座航站楼或同一楼层，旅客需要从一座航站楼转赶到另一座航站楼、或从这一层转到另一层。如果换乘指示标牌不明确或不明显，则容易导致中转旅客的换乘时间不够而延误航班。因此，枢纽机场的“国内-国际”换乘、行李、出入境手续等流程的设置，需要符合枢纽机场中转和航班波设计要求，否则，要么旅客误点，要么航班误点。

随着枢纽机场之间、航空公司之间的市场竞争，枢纽机场提供中转行李联程服务、简化出入境和换乘签转手续、优化服务流程，不仅提高了枢纽机场的服务水平和航班波运用水平，也使枢纽机场的竞争力不断提升。

4.4　航班计划编制与管理

航班计划，看上去是一个航空公司的航线运输飞行计划(表)或航班时刻表，而实际上它涉及国家关于民航运输市场准入和市场管理政策，涉及航空公司、民航管理当局、机场、空管、军方等多个部门的合作与协调,是航空公司综合实力运用和实施市场发展战略能力的全面展现,是航空公司准备投向航空运输市场的具体产品,是航空公司市场营销的重要内容之一。另一方面,航班计划也是民航管理当局与民航企业组织运输和提供保障服务的行为依据。

4.4.1 航线与航班管理

根据我国《航空法》规定,我国对民航运输航线和航班实行政府统一管理[6]。我国公共航空运输企业申请经营定期航班运输的航线,暂停或终止经营航线,应当报国务院民用航空主管部门批准。

2006 年 1 月 16 日民航局颁布实施《中国民用航空国内航线经营许可规定》。根据该规定,我国政府对公共航空运输企业(即持有民航局颁发的“公共航空运输企业经营许可证”的航空公司)从事国内旅客、行李、货物、邮件的民用航空运输实行航线经营许可制,民航局和民航地区管理局根据空运企业经营国内客、货航线的申请,分别采取核准和登记方式进行管理。民航局负责对区际航线实施经营许可的核准、登记管理,并对全国国内航线经营进行监督和管理。民航地区管理局则负责对其所辖区域内航线实施经营许可的核准、登记管理,并对涉及其辖区内所有航线经营进行监督和管理。民航局和民航地区管理局分别设立国内航线经营许可评审委员会,负责划分核准、登记的航线经营许可管理范围,制定每航季航线经营许可评审规则,负责每年度两次所辖范围内航线经营换季申请的集中评审工作,决定所辖范围内航线航班经营许可管理中的其他重大事项。根据该规定,申请国内航线经营许可,应当具备下列基本条件:

(1)根据中华人民共和国法律设立的公共航空运输企业。

(2)符合民航局安全管理的有关规定。

(3)符合航班正常、服务质量管理的有关规定。

(4)符合国家航空运输发展的宏观调控政策。

(5)符合法律、行政法规和民航局规章规定的其他条件。

根据该规定,空运企业只有在取得航线经营许可后才能安排航班,并取得相应的起降时刻后方能从事商业性航班运营。

4.4.2 航班计划编制

众所周知,民航的核心工作就是围绕保障航班安全正点运输飞行,而组织和实施各项保障工作的依据和基础则是航班计划(flight schedule)。实际上,航班计划不仅是民航运输企业组织生产的依据,而且是投向市场产品的目录,是民航运输企业市场战略的体现。航班计划充分反映一个航空公司的市场规模、机队规模、市场营销能力乃至市场战略,也充分反映组织和利用航班资源从市场获得最大主营收入的盈利能力和市场竞争能力,是航空公司综合实力和核心竞争力的具体体现。航班计划的基本内容主要包括:航空公司二字码(或三字码)、航班号、飞行航线及起降时刻、班期、机型[13],基本格式如表 4-3 所示。

编制航班计划是一项重要、复杂和枯燥的工作,特别是新开航线或新成立的航空公司,首先需要与航线机场、空管和军方等单位进行协商和协调,以获得航线和航班时刻许可。在编制航班计划过程中,需要航空公司的市场、商务、机队、维修等多个部门紧密配合,充分发挥企业资源效用,并要在航班计划中具体贯彻和实施企业市场营销战略。对于

表 4-3　航班计划基本组成结构

航班号	起飞站	到达站	起飞时间	到达时间	班期	机型
NH5103	南京	北京	0950	1120	1.3.5.7	733
NH5104	北京	南京	1200	1320	1.3.5.7	733
承运人	航线		航班时刻		航班日期	运输飞机

说明：由 NH 航空公司执飞的 5103 次航班，每周星期一、三、五和星期日的 9:50 从南京起飞，预计 11:20 到达北京；使用的飞机机型为 737-300。5104 为回程航班。

一个已经在运营的航空公司而言，航班计划编排工作主要是在现有航班计划基础上对下一航季的航班计划进行局部调整。航班计划编制工作通常需要经历几大基本步骤，如图 4-6所示，编制流程参见图 4-7。

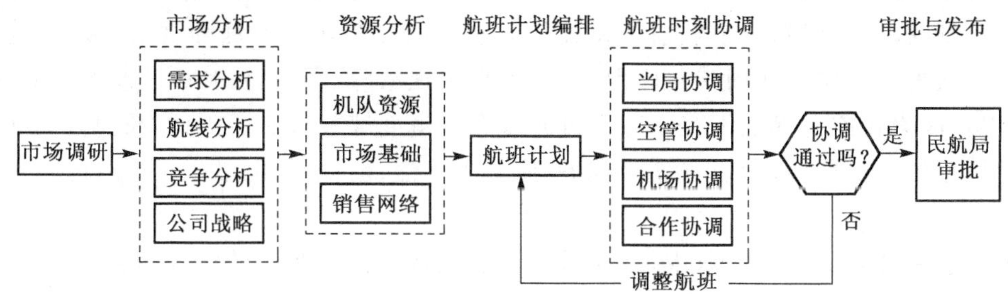

图 4-6　航班计划编制工作的几大阶段

1. 航线选择与构型设计

编制航班计划，首先必须选择目标市场，并根据市场情况进行航线选择（或开辟新航线）和航线构型设计。目标市场的确定，不仅需要考虑发展环境、客货市场容量、市场成熟度、市场竞争程度、航空公司联盟合作，以及与机场和空管的合作关系等因素，而且需要结合航空运输企业自身市场发展战略、现有航线及其航线构型，以及运行成本等诸多因素。特别是开辟新航线，更需要进行前期的可行性分析，研究进入的难易性、市场前景及市场风险等因素。

在枢纽航线网络中，航线选择需要考虑中转联程航线和航班时刻的安排。

确定航线构型的依据是航线市场规模，需要结合航段运量历史和未来市场发展趋势，决定采用的航线结构。

2. 航段运量分析

目标市场的航段运量，是选择航线及其构型、选择机型和确定航班班次等航班要素的关键依据。结合航段客货市场在下一航季的区域性、季节性及重大事件（如大型全国性或国际性会议、重大假日等）特

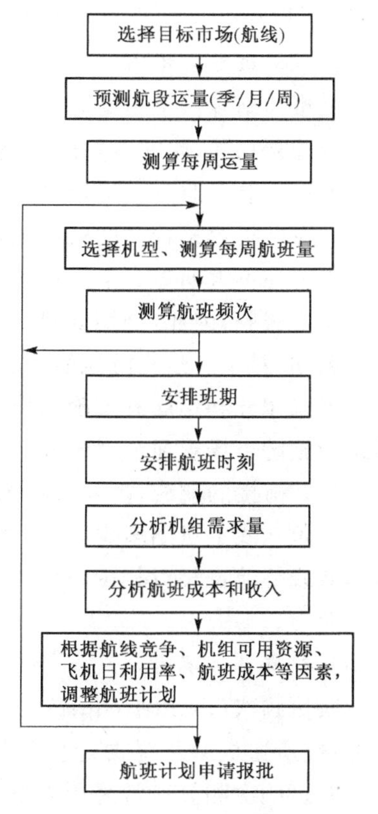

图 4-7　航班计划编制流程

征，对市场进行定量细分和市场份额测算，以作为确定目标市场及航班计划的依据。在目标市场份额的预测过程中，不仅需要结合历史运量，还需要考虑可替代品进入可能带来的竞争影响。

3. 机型选择

机型选择需要考虑的因素比较多，主要有目标市场细分的旅客和货运市场特征，市场规模、航程、机型的运行经济性、航路特点等。例如，旅游航线和商务航线之分、国际航线和国内航线之分、高新产品和鲜活易腐商品之分、高原和平原地区之分，甚至需要考虑机场地理环境等诸多因素对机型的要求。在有些远程航线上，还需要考虑飞机的周转(rotation)、机组安排和航线维修等问题，以及在枢纽航线网络中，需要考虑是否存在中转联程改换机型问题。例如，一个航空公司如果只有一架 A380 大型远程客机，那么，这架飞机的安排就需要考虑如何周转。原因是，如果它出现故障，那么，用什么飞机替代这个“独宝宝”呢？因为目前世界上没有一种飞机的旅客容量能够替代它。因此，机型选择不仅需要考虑机型的飞机周转问题，还需要考虑航线适航性、航线维修、机组、飞机运行成本等因素。

由于航班计划适用一个航季，因此对于季节性特征比较明显的航线而言，机型选择需要具有一定的灵活性，通常淡季采用小型飞机，旺季换用大型飞机，或根据市场销售情况确定机型，以应对市场需求的变化。因此，现在出现了根据市场销售情况动态选定机型的研究[14]，以提高飞机的载运效率。

4. 航班班期安排

航班计划以一个星期为一个基本循环周期。换言之，在同一个航季里，每一周同一天的航班计划相同，除非有加班或航班取消。航班班期表明航空公司在一条航线上每周的哪几天提供航班服务。确定班期不仅需要依据航线客货运量，而且需要结合航线的市场特征。在市场容量较大的航线上，每天都能够安排航班，而且可能安排多个班次，因此班期的重要性不太明显。但是在运量较小的航线上，出于航班运行成本考虑，并不能每天都提供航班服务，因此，班期安排，特别是周六和周日航班的安排，具有非常重要的市场意义。例如，对于一条旅游航线而言，通常周五晚上和周日晚上的航班比较适合游客需求，旅客可以充分利用周五夜晚出发和周日夜晚返回而不妨碍正常工作，这样的航班时间安排颇受旅游市场欢迎。对于商务航线，周一上午和周五晚上的航班比较受欢迎。对于“国内-国际”衔接的航线，需要兼顾国际航班的班期，便于旅客在枢纽机场中转。

一条航线上班期多少，一方面反映了航线市场规模，如新航线，“老、少、边”航线，远程国际航线等航班相对较少；对于一条热线或干线，则充分反映一个航空公司在该市场中的竞争能力。

5. 航班频次确定

航班频次(flight frequency)是一条航线上一天内可以安排的航班次数，它与航段每周运量、所选机型及航线竞争策略有关。

航班频次测算通常采用以下方法：首先根据预测的航段运量及所选用的机型，测算航段上一周内可以安排的航班数：

$$F=\frac{P_{\text{leg}}}{7\times(S_{\text{available}}\times \text{LF})}$$

式中，F 为航段的航班频次；P_{leg} 为航段周运量；$S_{\text{available}}$ 为所选机型的可用座位数；LF 为航段溢出客座率。通常认为，当一条航线的客座率超过 LF＝90％时，可能会导致旅客因担心座位紧张被航空公司超售拒载而改乘别的航空公司航班。在这种情况下，需要更换较大机型，或增加航班班次。

航班频次的高低，表明航空公司在航线上的市场份额大小和市场竞争能力强弱。因此，航空公司为了提升在航线上的竞争力，增加在 CRS 销售显示屏上的覆盖率以增加成交机会，通常采用"少量多餐"策略，即在保障航程、航路条件及商务要求基础上选用相对较小机型，以增加航线上来回程航班次数，增加旅客选乘本公司航班的机会和选择灵活性。这种策略深受商务旅客的青睐。2009 年，东航在以上海和北京为基地的航线上，推出采用 A320 的"空中快车"航班，每天上海至北京往返航班量达到 32 班，上海至香港往返航班量达 22 班，平均每半小时一个来回程航班，有力地提高了东航在这两条航线上的竞争力。但是对于商务客而言，一部分人欢迎航班频次增加，而有些人则喜欢大飞机的平稳性。因此需要根据航线旅客特点选定航班机型。

6. 航班时刻

航班时刻，是指"向某一航班提供或分配的在某一机场的某一特定日期的到达或起飞时刻"[13]，即航班飞机在指定航线上的预定起飞时间和到达目的地机场的预定降落时间。是航班计划的一个重要组成部分，也是民航运输市场中的稀缺资源。航班时刻的选择和获得反映几大问题：首先是，能否获得一条航线上的航班时刻，意味着航空公司在这条航线上能否获得航空旅客或航空货物运输业务经营权；二是获得什么时刻，涉及航班具有的竞争性和市场价值。此外，航班时刻的确定还有许多技术问题[15]。

1）航班时刻及影响因素

航班时刻涉及航班出发时间（departure time）和航班到达时间（arrival time），是一个极具市场敏感性和市场竞争性的产品要素。对于大部分国内短程旅客而言，他们不仅关注航班班期和航班班次，而且非常关注航班时刻，特别是商务旅客。根据统计（图 3-6），80％左右的旅客偏爱 09：00～20：00 之间的航班，这与我国旅客的生活和工作习性有关。对于具有竞争性的短程航线而言，出发时刻对旅客选择航班甚至票价有着十分明显的影响力，即便是先后几分钟的调整，都可能对航班客座率和机票销售收入带来明显差异。在枢纽航线网络中，航班在枢纽机场的到达时刻和衔接航线的后续航班出发时刻直接关系到中枢辐射航线的航班波设计效果，参见图 4-5。对于一些国际航班，航班时刻安排还关系到航线机场所在国家或城市是否施行宵禁法令。从市场细分角度看，清晨或深夜到达的航班多为旅游航班和货运航班。

航班时刻还与机场近空空域容量和机场容量（主要是跑道容量）密切相关，特别是繁忙机场的高峰时段（peak hours，peak period），航班时刻成为一种稀缺资源[16]。由于航路流量控制、机场繁忙对起降航班架次的限制及航空公司之间对时空的竞争，要获得比较理想的航班时刻越来越困难。即便拥有好的航班时刻，但由于高峰时段航班密度高，在实施过程中极容易受空域、机场容量等因素影响而产生航班延误甚至航班取消现象。这也充分说明了在编制航班计划过程中需要充分考虑航线和机场的繁忙程度及航班时刻可靠性问题，以确保历经艰辛争取而来的航班时刻的有效性。

2）航班时刻的稳定性

航班时刻不仅需要具备竞争性，更为重要的是要能保证精心设计和安排的航班时刻具有稳定性并得以实施，才能产生预期的市场效果。

航班时刻的稳定性主要体现在两大方面：①同一航班号的航班时刻不会改变。在公布的航班时刻表上，同一航线同一航班（相同航班号、相同出发站、经停站和到达站）的出发时间和到达时间在每个航季都保持相同，给经常在这条航线上来回的访亲友旅客（air passengers visiting friends and relatives，VFR）和常旅客（frequent flyer program，FFP），形成一个固定印象。换言之，航空公司的一个航班号代表一个产品的铭牌，这个铭牌所代表的产品内涵必须保持不变，尽管它的质量可能发生变化。②航班正点率高。每一架次的航班起飞时间和到达时间基本上就是航班时刻表上公布的时刻。这种稳定性，也意味着航空公司在这条航线上的市场稳定性，并形成产品品牌，对旅客会产生无形的吸引力。稳定的航班时刻给销售代理也带来便利，会给销售代理产生固定印象，有利于销售和成交。

相对而言，航空公司要保障航班时刻稳定性的第一点比较容易实现，而要真正实现第二点，航空公司则面临诸多自身不可控制的影响因素，如天气、空域流量控制等原因，尽管已从技术和管理等方面不懈努力以提高航班正点率，但是航班延误现象不可避免地时有发生，特别是在繁忙机场。

欧美国家一些航空公司为了提高通往枢纽机场的航班时刻稳定性，对枢纽机场航班波的航班衔接时刻设计采取一些策略，以提高航班时刻的抗扰动性[17]。例如，适当加长轮挡时间（block to block time）（图 4-8），或者在两个航段之间适当留有时间间隙（或松弛时间，slack time），一方面保证航班在轻度延误情况下不影响后续航班的正点出发，避免航班延误蔓延和扩散，另一方面有利于旅客正常中转。这种措施对于中远程航班而言比较适合，因为航程飞行时间相对长，飞行时间的调整空间比较大。有的则通过适当延长过站时间以缓冲到达延误。这些调整的弊端是，对有中间经停或需要中转的旅客而言会延长中途等待时间，同时也会降低飞机周转率和日利用率。

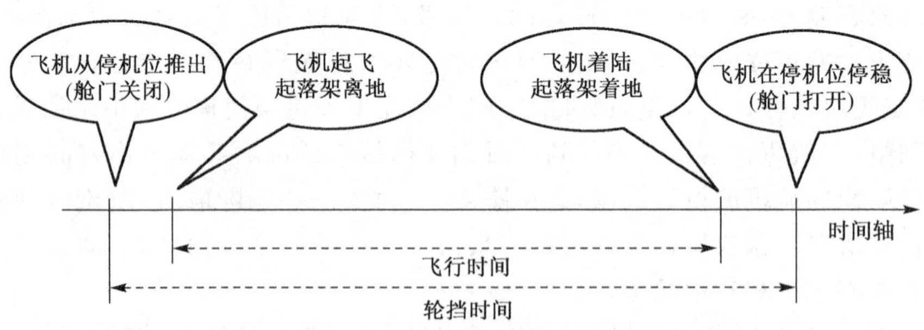

图 4-8 航班轮挡时间示意图

关于“飞行时间”（flight time），有多种解释。中国民航关于“飞行时间”的定义为，航空器为准备起飞而借助自身动力开始移动时起，直到飞行结束停止移动为止的时间[18,19]。FAA（14 CFR 1.1）关于“飞行时间”的定义为：飞机运用自身动力为起飞而开始移动时起，到飞机着落后停车时止所经历的时间总和[20]。《国际民用航空公约》附件1(人员执照)[21]中关于飞行时间的定义为:从飞机为了起飞而开始移动时起到飞行结束停止移动时为止的总时间。

3)航班时刻的确定

在设计航班时刻过程中,不仅需要考虑上述诸多因素,还需要遵循以下基本规则:

(1)遵循航班时刻的"祖父权利"[22],即我国的"历史航班时刻"优先原则[13]。在航班时刻分配原则中,航空公司可以继承既有航班时刻继续使用,除非航空公司主动放弃。这一原则一方面回报航空公司对航线市场的开发,鼓励航空公司开辟新航线,另一方面有利于航空公司保持航班时刻的稳定性。

(2)符合民航规定的最短过站时间要求[23]。

(3)符合细分市场特点和需求,如旅游航线和公务航线、直达航班和中转联程航班、国内短程航班和国际远程航班等。

(4)具有竞争性,航班时刻对旅客的吸引力优于竞争对手。

(5)兼顾联程中转旅客和枢纽机场航班波设计。

(6)兼顾飞机例行维修。

(7)兼顾运力周转效率。

4.10节中所示实例,反映了不同的航班时刻,对航空公司飞机和机组的周转效率、运力规模和运营成本的直接影响。

需要说明的是,航班时刻均为起飞站或到达站的当地时间。因此,在安排航班时刻的过程中,需要考虑航线站点之间的时差因素。国际航线还需要考虑当地政府对夜间飞行的限制。

7. 机组资源

虽然在航班计划编制阶段还未涉及航班的机组人员具体安排问题,但是,必须考虑在实施航班计划过程中的机组资源问题,是否有足够的机组,特别是飞行员的可用性。实际上,在我国民航体制改革之后,机组资源是制约我国民航快速发展的关键因素之一。

8. 航班及航线效益分析

航班效益分析是航班计划编制过程中必须考虑的重要目标之一,通过分析航班效益和航线效益,一方面对航班设置和航线选择进行优化,另一方面也能反映航空运输企业的主营业务的盈利能力。

航班效益包括以下几个主要指标:

1)航班边际收入

航班边际收入(flight marginal revenue)通常是指航班旅客运输和行李货物运输的销售总收入。

根据式(3-11),假设一个航班飞经 n 个航段,则该航班的客运边际收入为

$$\text{航班客运边际收入} = \sum_{i=1}^{n}(F_{Fi} \times P_{Fi} + F_{Bi} \times P_{Bi} + F_{Ci} \times P_{Ci}) \tag{4-1}$$

式中,F_{Fi},F_{Bi},F_{Ci}分别为第 i 个航段上的头等舱、公务舱和经济舱的旅客平均票价;P_{Fi},P_{Bi},P_{Ci}为第 i 个航段上运送的头等舱、公务舱和经济舱收费旅客数;n 为该航班的航段数。

2)航线边际收入

假设一条航线上有 m 个航班，则这条航线上的航班边际总收入为所有航班的边际收入之和：

$$\text{航线客运边际收入} = \sum_{j=1}^{m} \text{航班客运边际收入} = \sum_{j=1}^{m}\sum_{i=1}^{n}(F_{Fi} \times P_{Fi} + F_{Bi} \times P_{Bi} + F_{Ci} \times P_{Ci}) \quad (4\text{-}2)$$

3)航班边际成本

在航班运行中，将产生一系列的运行成本，主要包括以下费用：

旅客服务费，主要包括为机上旅客服务产生的费用、为旅客安全而支付的保险费、旅客购票过程中产生的销售代理费和订座费等。

航空公司支付给机场的相关费用，主要包括机场旅客服务费(旅客过港费、旅客及行李安检费、头等舱和公务舱旅客)、机场货物服务费(货物运输费、货物安检费)、机场服务费(起降费、机务费、客桥费、装卸平台费、加油费、机上清洁费)、其他费用(机场灯光费、附加费、夜航费、飞机停场护卫费)等。

航空公司支付给空管的相关费用，如航务费(空中交通指挥费、航路费)等。

此外，航班成本中还要计算飞机燃油费、机组人员工资及出勤补贴等费用。有的航空公司还要计算飞机的折旧费或租赁费。

4)航班边际利润

一般而言，航班的边际利润(图 4-9)为

航班客运边际利润 = 航班客运边际收入 − 航班客运边际成本

航班边际利润对航空公司来说，是衡量航班效益和航线价值的关键指标。对航班或航线效益(边际利润)可以从两个角度进行评价：一是从近期利益着眼，需要有直接经济利益回报。虽然某些航段或航线的航班亏损，但是从航线或航线网络整体效益出发，这些航段或航线为干线航班发挥了不可或缺的集散作用。二是从长期战略考虑，具有市场发展潜力或航线网络的市场战略作用。当然，有些航线的效益需要从国家支持“老、少、边”地区社会和经济发展的国家整体利益出发。

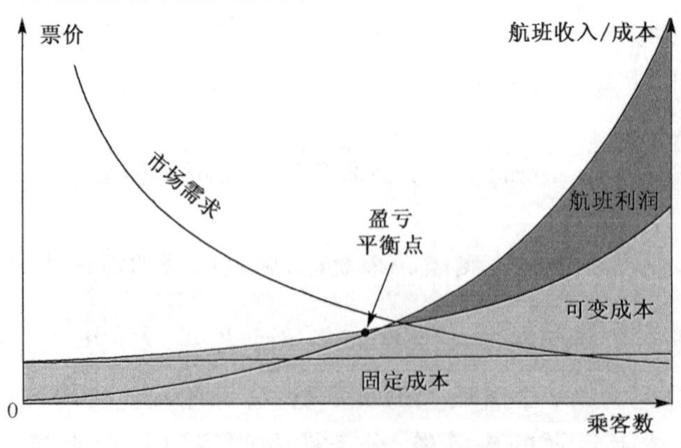

图 4-9　航班收入-成本-利润的关系图

5)飞机日利用率

飞机是航空公司最重要也是最贵重的生产工具。因此,提高飞机的利用率(utilization),是航空公司编排航班计划过程中必须充分考虑的一个重要方面,也是评价航班计划的一个重要指标。根据我国民航局统计资料[11],2010 年底我国可用运输飞机 1396 架,平均日飞行时间为 10.02 小时。假设,如果每架飞机每天多飞半小时,那么我国全民航可以节省约 70 架飞机,其中,国航、南航和东航每家均可以分别节省约 10 架。当然,需要考虑备用飞机因素。不难估算,这些飞机连同它本身的购置(或租赁)费用、维护和必备的机组人员等,一年需要开销多少成本。可见,航空公司提高飞机利用率的经济意义十分重要。

假设一架机型 j 飞机一天共飞行 n 个航段,第 i 个航段的飞行时间为 T_{ji},国际公认的该机型最大日飞行时间为 M_j 小时,则机型 j 的飞机日飞行时间合计为:

$$\text{飞机日飞行时间 } F_j = \sum_{i=1}^{n} T_{ji} \tag{4-3}$$

则机型 j 飞机的日利用率为

$$\begin{aligned}\text{飞机日利用率} &= \text{飞机日飞行时间} / M_j \\ &= \left(\sum_{i=1}^{n} T_{ji}\right) / M_j \end{aligned} \tag{4-4}$$

编制航班计划在努力提高飞机利用率的同时,必须考虑飞机的最大日飞行小时数限制。根据飞机性能,飞机制造商或航空公司对每种型号的飞机规定最大日飞行小时数,以保证有足够的时间对飞机进行维护和保养。

事实上,随着航班时刻资源的减少,一些航空公司在申请航线和航班计划时,试图尽可能多地申请理想航线、理想班期和理想时刻,即使没有足够的市场,也会通过航班“代码共享”等方式占据有利的航线和航班时刻资源,同时对航线竞争对手也产生不利的市场影响。为了避免此类现象发生,一些国家的民航管理当局出台了相关规定,对航线利用率进行审查,以决定下一航季航线和航班计划的审批,参见 4.4.4 节。

4.4.3　航班计划编排规则

航班计划编排是一个烦琐而复杂的工作,虽然现在一些大型航空公司采用先进的计算机软件系统进行自动编排,但是少不了人工手动调整。因此,有必要掌握航班计划的基本编排规则。

1. 航班计划表示规范性

首先必须保证航班计划表示形式的正确性和规范性。

1)航班号组成规范性

航班号(或航班代码, flight number)组成必须符合国际规范,航班号总长度不超过 6 个字符,详见 4.17 节“航班号组成规则”部分。

为了便于区别国际航班和国内航班,国际航班号中的序号部分通常采用三位数字,如 GA897 和 GA898,参见表 4-4。

表 4-4 航班计划示例

航班号	起飞站	到达站	起飞时间	到达时间	班期	机型	说明
GA897	MNL	SIN	2220	0135	1·3·5·7	332	经停起飞，航班跨次日，周末航班跨周
GA897	SIN	PVG	0205	0710	12·4·6·	332	
GA898	PVG	SIN	0955	1525	1……	332	班期互补，回程起飞时间改变
GA898	PVG	SIN	1005	1540	·2·4·6·	332	
GA898	SIN	MNL	1555	1705	1……	332	
GA898	SIN	MNL	1610	1715	·2·4·6·	332	
CZ1209	PKG	XIY	9:55	12:05	1·45·	321	去程起飞时间不同，但班期互补
CZ1209	PKG	XIY	10:00	12:05	·23·67	321	
CZ1210	XIY	PKG	13:25	15:15	1234567	321	

2)航班号唯一性

在航班计划中，航班号是标识一天中一个航班的唯一代码。从航班号的组成可以看到，在同一航线上同一时间段不可能出现两个航班号相同的航班，否则无论是旅客还是运行和保障部门都将无法辨识究竟是哪一个航班，即出现航班冲突。如果一家航空公司认为一条航线上运量充沛，则可以安排更大一些的机型，或另外增加不同航班号的航班班次，以在航班时刻上有所区别。换言之，尽管航班计划中一周 7 天同一航班可能每天都在重复，但是它们的班期不同，并且一天中这个航班号的航班只有这一班。

3)班期表示规范性

班期的一般表示方式为 7 个字符长的阿拉伯数字组成，数字代表星期几，只能为数字 1～7 中的任何一个字符，按星期一开始的顺序排列。有航班的这一天则在对应的位置上用星期几的阿拉伯数字表示，没有航班的这一天，则在相应位置上用“·”表示，不能出现重复数字。例如，每天都有航班，则表示成:1234567。这里的 1、2、3、4、5、6、7 分别表示星期一、星期二、……、星期日。

如果周三和周六没有航班，则表示成 12·45·7，对应的班期位置为“·”。

航班计划通常以周(一个星期)为单位编制，以星期一作为一周的开始，航班按周循环。但是，对于一些远程航班，可能会出现跨周才能完成一个循环的情况。

4)航班时刻表示规范性

航班时刻，即航班离站或到达的时间，其表示形式为 HH:MM。如 08:25，有时会表示成 0825，又如 2345，为 23:45。

为了提高航班计划的稳定性，通常同一航班号航班时刻保持不变。但是，有的情况下考虑到市场细分特点，特别是周末航班，航班时刻可能会不同于其他几天。

5)航段名称规范性

航班飞行的航段名称，通常有几种表示方式。一种是直接用机场所在城市名称表示，如北京—南京。由于有的城市有两个甚至更多个机场，则航段名称使用机场所在城市和机场名称，如上海浦东—北京，上海虹桥—广州。

在航班计划中，航段通常采用国际标准机场三字码或四字码表示，如 PVG—SIN(上海浦东—新加坡樟宜机场)，SIN—MNL(新加坡樟宜机场—菲律宾马尼拉机场)。

6)机型代码的规范性

机型代码是“国际航空运输协会”统一编制和发布的标准代号,用于统一标识全球航空旅客和货物运输的航班机型[10]。

例如,733代表波音B737-300型飞机;312代表空客A310-200/C型飞机。

7)来回程航班成对

定期航班计划中的航班来回程通常成对出现,形成一个闭环航程。回程航班号为去程航班号尾数+1。例如,GA897为去程,回程为GA898。

例 表4-4中列出了GA897/GA898航班的几个来回程航线,始发站是菲律宾马尼拉机场,中间经停新加坡樟宜机场,终点站是上海浦东机场:菲律宾(马尼拉机场,MNL)→新加坡(樟宜机场,SIN)→上海(浦东机场,PVG)→新加坡(樟宜机场,SIN)→菲律宾(马尼拉机场,MNL)。航班采用空客A330-200飞机,航班次日返回,航班计划跨周完成一个循环。

2.航班时空连续性

航班计划必须保证一个航班来回程飞行线路的空间连贯性,不仅是航段首尾相连,而且去程航班要返回到始发站(或基地机场),来回程飞行路线形成一个闭环。航班计划安排的各航段飞行时间先后顺序连贯,保证航班飞行路线的时间和空间连续,航段衔接时间没有重叠,空间上没有间断。

3.经停时间合理性

航班计划中,航班飞机的过站或经停时间必须符合民航当局规定的最小时间间隔,以保障航班飞机在经停站准备继续前飞或到达目的地机场后准备返程所做的必要工作。过站或经停时间,与机型、机场和航班性质有关[23]。

例如,根据2008年3月30日开始执行的《民航航班正常统计办法》[23],过站时间是“从航空器滑至停机位开启机门至航空器准备工作就绪关机门之间的时间”,最少过站时间是指“通常情况航班过站需要的最少时间,以便有足够的时间进行航班的地面保障服务。航空公司安排航班计划时,不得少于最少过站时间”。该办法中规定的过站时间为:

(1)60座以下的航空器不少于35分钟,如EMB145、ATR72、CRJ200、DORNIER328和SAAB340等。

(2)61~150座的航空器不少于50分钟,如B737(700型以下)、A319、MD82和BA-El46等。

(3)151~250座的航空器不少于60分钟,如MD90、B767、A310、A320、A321、B757-200和B737-800等。

(4)251座以上的航空器不少于75分钟,如A300、B747、A330、A340、MD11、B777和IL86等。

(5)此外,北京、浦东、广州机场的航班过站时间在相应机型过站时间基础上增加15分钟,虹桥、深圳、成都、昆明机场航班过站时间在相应机型过站时间基础上增加10分钟。

当然,过站时间长,航班飞机得到的保障服务时间充裕,但降低了飞机日利用率和机场停机位的利用率、延长了经停时间和旅客途中旅行时间。

4. 机型适航性

航班计划中在对航班配置机型时，不仅需要考虑如 4.4.2“机型选择”一节中关于市场的考虑，还需要考虑机型的航线适航性和机型的机场适航性。例如，A380 目前只能在我国的少数几个大型机场降落；有些飞机适合高原地区飞行，如 A319，这些在制订航班计划时都需要充分考虑。

4.4.4 航班计划申报、审批与生效

我国《航空法》第九十六条中规定：我国“公共航空运输企业申请经营定期航班运输的航线，暂停、终止经营航线，应当报国务院民用航空主管部门批准”，以保障我国民航客货运输市场的有序、公平和健康发展。因此，航空公司的航班计划须申报经民航管理当局审批获准后才能营运。

由于航班计划与航线密不可分，因此，我国关于航班计划的管理分为两大部分：一是航线经营许可管理，二是航班计划管理。

1. 航线经营许可管理

根据《中国民用航空国内航线经营许可规定》，航空公司经营航班，应在计划开航 45 日前提出航线经营许可申请，按所申请航线经营许可的管辖范围，报送民航局或相关民航地区管理局进行审批。我国政府对经营国内客、货航线分别采取核准和登记方式，对申请经营的航线进行审批。民航局或相关民航地区管理局根据航空公司经营许可登记管理范围、航线及机场繁忙程度、航空公司基地等多项因素进行审核，对批准的航线颁发《国内航线经营许可登记证》，并对获准经营的航线经营情况进行管理和监督[6]。

根据《中国民用航空国内航线经营许可规定》[6]，在航线经营换季时，航空公司集中提交航线经营许可核准和登记申请，并于该航季航班计划执行的 80 日前向民航局或民航地区管理局报送区际或区内航线有关资料。当航空公司决定不在已经登记的航线上安排航班经营时，将按照所申请的航线经营许可的管辖范围，向民航局或相关民航地区管理局办理该航线经营许可登记的注销手续；已经开航但又决定停止经营的，于拟停止经营之日起 30 日前向民航局或相关民航地区管理局提出申请，民航局或相关民航地区管理局在收到申请之日起 10 日内作出是否批准的决定并予以公告。根据规定[6]，航空公司应当确保办理经营许可登记航线的正常运营。凡航线经营许可登记后 60 日内未安排定期航班或因空运企业自身原因航班执行率不足 50%的，航线经营许可登记将被注销，并且两年之内不予重新登记。

根据规定[6]，航空公司取得的航线经营许可有效期为三年，期满后无特殊情况，经营许可自期满之日起自动延续三年，民航局或民航地区管理局对该类许可采取简易程序办理核准或登记。根据该规定，目前我国航线经营许可权不得租赁、转让、买卖和交换；未经批准，航空公司不得以航班代码共享或湿租其他空运企业飞机等经营方式变相转让或出租航线经营权。

2. 航班计划管理

根据《中国民用航空国内航线经营许可规定》[6]，航空公司在获得航线经营许可并取得相应的起降时刻后才能运营航班，以一种合理的载运比率提供足够的航班班次，以满足航线

市场旅客、货物和邮件的运输需求。根据规定[6]，航班安排由航空公司自己确定，报民航局或民航地区管理局依据航季评审规则进行评审确定。航班计划经民航管理当局审批后，以航班时刻表的方式向社会公布，航空公司在下一航季按获准公布的航班时刻执行。

实际上，民航局公布的航季航班计划在实际执行中会有不同程度的调整。例如，由于市场原因，某些航线会增加航班或包机，而某些航线则可能减少航班甚至停飞或调整航班时刻。根据《中国民用航空国内航线经营许可规定》，航空公司可以根据市场需求在其所经营的航线上自行安排加班，提前一周报送始发机场所在地民航地区管理局备案，并取得相应的起降时刻后实施。但是加班不得冲击其他航空公司的定期航班正常经营。如果航空公司准备停止经营航季客座率达到 50%以上的航线，应当经民航局或民航地区管理局评审核准，未经评审核准，不得停止经营，以保障航线的航班正常经营秩序和消费者利益。对于调整航班时刻或增加新航班，都必须根据民航局《民航航班时刻管理暂行办法》[13]事先申报并获准后才能正式向社会公众提供航班服务。

对于一些具有公益性或基于国家发展需要的特殊航线，我国政府采取一些特殊政策[6]，予以保障航线运行。民航局和民航地区管理局在进行航线经营许可核准和航班安排协调时，对承担政府协调、执行指定的特殊贫瘠航线飞行任务的航空公司，按其要求酌情给予增加由该地区始发的航班或开辟该地区始发效益较好的航线；对新辟独飞的“老、少、边、穷”地区支线航线采取市场培育期保护措施，在两年内不再核准或登记其他空运企业进入经营[6]。

4.4.5　航班时刻管理

航班时刻，“是指向某一航班提供或分配的在某一机场的某一特定日期的到达或起飞时刻”[13]。根据欧盟的解释，航班时刻是“准许指定航班在一指定机场着陆和起飞的指定日期和指定时间”[24]。实际上，飞机的起飞或着陆是一个过程，涉及对机场近空空域、机场跑道、滑行道、停机位，甚至机场近空及夜间航行设施等资源的使用[22]（图 4-10 和图 4-11）。因此航班飞机不仅需要起飞或着陆的时刻，而且需要一个保证安全起飞或着陆过程的一段时间，故航班时刻又被称为时间片、时隙或时间槽（time slot）等。对于一个繁忙机场而言，一条跑道每天可用于飞机起飞和降落的时间十分有限，因此这些时间片是一种非常珍贵的稀缺资源。在航班时刻这种稀缺资源的背后，就是民航管理部门的权利，直接关系航空公司、机场和空管等相关部门的直接利益。因此关于繁忙机场的航班起飞时刻或降落时刻分配与管理问题，是目前全世界民航运输业发达国家民航管理当局、航空公司、机场、甚至军方等多个部门都极为关注的复杂话题。从技术角度看，航班时刻的分配和管理与机场容量、空域容量等因素紧密关联。

1. 机场容量及影响

从航班计划的编制、申报与管理过程可以看到，一方面，航空公司为了使航班更具竞争性会竭尽全力争取理想航班时刻；另一方面，对于热点航线机场或繁忙机场而言，一天 24 小时中可用的黄金时间段极为有限，对每小时的飞机起降架次设有限制，以保障起降安全；民航管理当局需要考虑机场容量、进近空域容量、协调区域经济发展、兼顾航空公司之间利益、实施政府对市场调控，以及保障航空运输安全和国家安全等多方面因素，进行统筹规划和综合权衡。其中，有限的机场容量是限制增加航班时刻的主要瓶颈。

1)跑道容量

影响机场运行能力的主要因素有空侧(air side)的跑道容量、滑行道容量、机位和登机口数量,以及陆侧(land side)的候机楼容量和地面交通能力等因素。所谓跑道容量,即机场每小时能够提供的航班飞机起飞和降落服务架次的能力。根据飞机着陆过程(图 4-10),理论上通常采用以下公式估算单跑道机场每小时可以降落的飞机架次[24,25],即跑道的进港容量:

$$\lambda_{到达} = 1/(t_a + t_p + t_k + t_x) \tag{4-5}$$

式中,t_a为飞机进近过程飞行所需时间;t_p为飞机着陆过程中占用跑道时间;t_k为飞机落地后滑离跑道所需时间;t_x为规定的两架先后使用跑道的飞机之间的间隔时间。

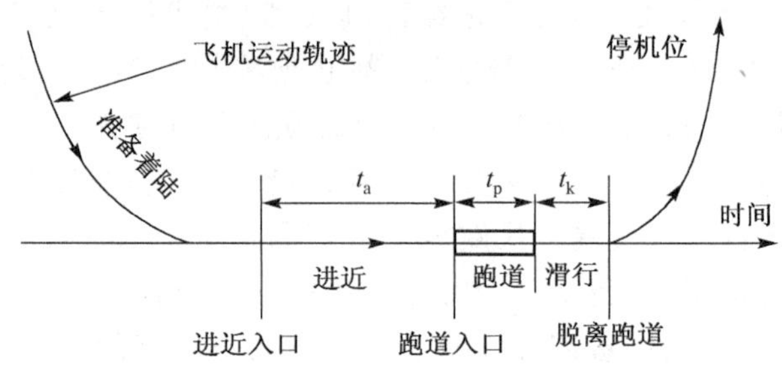

图 4-10 飞机着陆过程的几个阶段

实际上,飞机着陆过程中每一阶段的飞行时间,与机场附近空域云底高度、能见度、风向风速、降雨量、机场海拔高度及周边净空条件、机型、着陆飞行模式,甚至前一架着落或起飞飞机机型等因素都有密切关系[26]。

对于出发航班(图 4-11),单跑道每小时可以起飞的飞机架次,即跑道的离港容量,理论上通常采用以下公式进行估算[26]

$$\lambda_{出发} = 1/(t_d + t_k + t_c + t_y) \tag{4-6}$$

式中,t_d为飞机进入跑道起飞端等候起飞所需时间;t_k为飞机起飞过程中占用跑道时间;t_c为飞机爬升进入航路前所需时间;t_y为规定的两架先后使用跑道的飞机之间的间隔时间。

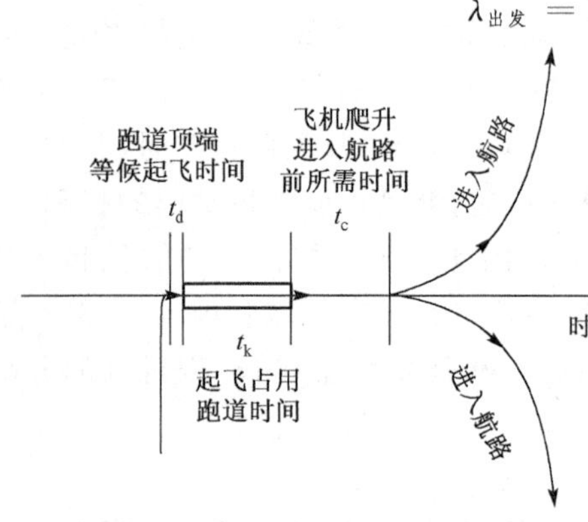

图 4-11 飞机起飞过程的几个阶段

无论是跑道的进港容量还是离港容量,实际上的影响因素还有许多,如不同机型的飞机进出港先后顺序、飞机载荷量、飞行员的操作技能、空管人员的指挥能力等因素,都会对每一架飞机起飞或降落所需的时间产生直接影响,都会影响机场跑道的利用率。对于多跑道机场的飞机起降过程,由于多架同时起降的飞机在进近空间和离场近空空域的协调,以及跑道之间存在的相互影响,导致多条跑道机场的实际容量并不是单条跑道容量的倍数关系[25]。因此,航班时刻安排,需要理论和经验的科学结合,特别是航班延误现象比较严重的繁忙机场,更需要结合机场的实际运行能力进行航班时刻分配,才能保障航班计划的有效性和可靠性。

2)停机坪容量

机场停机坪(apron,简称为机坪),是在机场场面划定的专供飞机停放以便上下客货、补充给养和能源、维护和检修、或驻留停放的场地,统称为停机坪或机坪。一般分为客机坪、货机坪、远机位机坪、驻留机坪、过夜坪和维修坪等。靠近航站楼的停机坪通常称为站坪。在停机坪上根据具体机型和飞机停放方式等要求划定若干个区块并编号供飞机停放,这些编号的区块称为停机位(aircraft stand)[27]。机场的停机坪容量是直接影响机场容量的重要因素之一。所谓停机坪容量,即在单位时间里,机场停机坪能够停放航班飞机以便上下客货的停机位数量。在理论上,停机坪容量可以采用以下公式进行估算[25]。假设机场的所有停机坪适合于所有机型,那么,机场停机坪容量为

$$\lambda_{\text{停机坪}} = N_g \times [1/(T_g + S_g)] \tag{4-7}$$

式中,$\lambda_{\text{停机位}}$为机场 N_g个停机位每小时可以提供服务的飞机数量;N_g为机场可用停机位数量;T_g为一架飞机在停机位接受服务所占用的时间,必须满足“机型最短服务时间”限制[23];S_g为一架飞机保障服务完毕离开停机位与下一架飞机进入停机位接受服务之间的平均间隔时间。

关于机场容量评估方法的详细讨论,可以参阅相关资料[24,25]。

2. 高峰时段

由于旅客对出行时间的偏好,以及各航空公司出于枢纽航线网络对航班波的需要,故形成了一批航班在某一段时间内(如在 30 分钟)在某一机场密集起飞或降落的“高峰”现象,特别是在黄金时段(09:00～13:00 和 16:00～21:00),参见图 4-12,造成对机场近空空域和机场跑道等航班保障资源的需求在较短时间段内急剧增加。

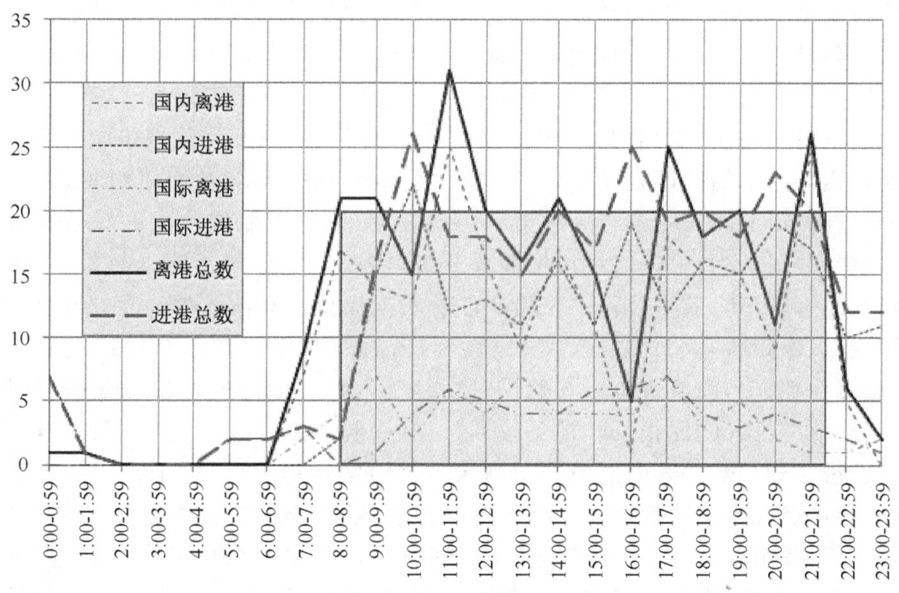

图 4-12　2011 年夏季上海浦东机场星期一航班飞机起降时间分布

就理论而言,如果航班运行对机场近空空域和机场航班资源的需求按每天 24 小时平均分配(即“削峰平谷”),可以最大限度地充分利用空域和机场资源,缓解黄金时段航班过度集

中产生的航班时刻矛盾。从图4-12可以看到，我国一些大型国际机场现在已经将机场的开放时间延长，从清晨的05:00开始，一直开放到次日凌晨03:00。实际上，人们日常生活习惯和旅客出行对航班时刻偏好产生的航空公司对航班时段的需求，随着民航运输市场的快速发展和激烈竞争在不断增长，而有限的空域和机场资源却无法与市场增长同步，因此不可避免地出现高峰小时现象。这种现象，客观上是对机场近空空域和机场极限容量的挑战，也是对空管指挥和机场服务能力与服务质量保障能力的挑战。为此，空管部门和机场当局通常设定"小时最大起降架次"限制，以保障机场运行安全。在美国和欧洲等地区的一些繁忙机场，对繁忙机场的不同时段采取不同的机场收费标准，以此抑制航空公司对高峰时段的需求。也正因为繁忙机场高峰小时时段航班时刻十分紧缺，而且延误率较高，因此出现了机场群，以分流旅客。

关于如何确定"高峰小时"，或如何确定"高峰时段"，世界上并没有统一标准，因国家和机场而异。"高峰小时"或"高峰时段"通常是指一个机场跑道的飞机起降架次超过机场设计容量（小时起降架次）的那个时间段。例如，"国际民航组织"（ICAO）采用年度两个高峰月的日均小时作为"高峰小时"；"国际航协"（IATA）则采用年度高峰月的平均周第二个最繁忙日的"高峰小时"；美国FAA采用年度高峰月的日均小时[71]；我国上海浦东机场采用了类似FAA的方法，以年度高峰月的日均小时作为高峰小时[72]。"高峰小时"内航班飞机起降架次限制的设置，与机场近空空域容量、净空条件、通信导航设备条件、空管指挥能力、机场指挥协调能力、机场设施设备保障能力等因素有关。

3.航班时刻的分配、协调与管理模式

航班时刻分配、协调与管理的主要目的，旨在建立一种公开、公平、公正分配航班时刻和规范管理航班时刻的有效机制，以权衡各方利益，加强对交通繁忙或拥挤机场的航班起飞和降落时刻进行分配、使用、管理与监督[13]，以充分发挥繁忙机场有限的航班时刻资源的最大效用，规范航空运输市场秩序，促进航空运输市场的健康发展。

由于航班时刻的多方利益交织，因此，关于航班时刻的分配和管理机制一直是一个争论和不断探索与改革的国际性话题[25,26]：作为航班时刻的需求者和使用者，航空公司希望有一种比较灵活的航班时刻管理政策和协调机制，以利于航线市场的竞争和发展。一些国家的航空公司认为，由于航线市场需要开发，需要航空公司不断进行投入，以建立自己的市场和品牌，因此，航空公司不仅希望能够长期保持已有航线的经营权和已有航班时刻的使用权，以保障航空公司的产品稳定性和产品品牌，保持在已有航线上的市场竞争力，而且希望在拥有当前航班数量和航班时刻基础上拥有增加航班量和新航班时刻的优先权，作为对前期投入的回报，即"祖父权利"。有些航空公司认为应该允许交换或有偿转让拥有的航班时刻。新进入的航空公司则认为，"祖父权利"是一种不公平的市场垄断行为，不利于促进航线市场的发展。一些经济学家也认为，航班时刻分配中遵循的"祖父权利"违反了公平竞争原则，是一种不公正的垄断行为，客观上保护了既得利益集团利益。但有的航空公司认为，基于已经拥有的航班时刻使用权，不应该限制航班的始发地或目的地。有的航空公司对航班时刻采取有偿使用的政策表示不同程度的赞同，但认为收费不宜太高。作为提供跑道、停机坪、候机楼及相关地面保障服务的机场，特别是繁忙机场则认为，机场为了扩大自身客货吞吐能力，对基础设施建设投资巨大，除了对航班的正常收费之外，应该对高峰时段的航班时刻收取较高的使用费，这样可以提高高峰时段航班乘坐率和航班时刻使用效率，减少为了提高航班密度或航线衔接的小飞机航班，避免空占虚耗航班时刻现象。一些机场还认为，机场应该在航班时刻分配决策过程中具有决定权，因为航班时刻不仅涉及供飞机起降的跑道容量，而且涉及停机位、登机口、安检通道、值机柜台、行李处理、候机楼容量、地面交通等诸多机场设施设备能力和地面保障服务能力等因素，这些都需要机场的大量投资和管理。一些国家的空管部门认为，航班时刻不单单涉及机场容量，同时也涉及空域容量，空管不仅提供保障航班安全飞行的空中交通指挥服务，而且为航班飞机在机场的起飞和降落过程提供指挥服务，空管在航班时刻分配决策过程中应该具有主导作用。我国有学者认为，航班时刻与空域一样，属于公共资源，应属国家所有，因此航班时刻应该像空域管理那样由政府控制[16]。关于繁忙机场、交通拥挤和可能产生拥挤的机场航班时刻分配与管理，由于各国管理体制不同，因此在具体实践中国际上存在多种模式[16]，莫衷一是。

航班时刻管理涉及定期航班的换季航班时刻、不定期航班的航班时刻和通用航空飞行的航班时刻，本章主要论述几个具有代表性的定期旅客航班的航班时刻分配与管理模式。

1)“国际航空运输协会”模式——多方协调模式

自 1947 年以来，“国际航空运输协会”(IATA)一直推行“航班协调会议”模式，致力于为繁忙或交通拥挤机场的航班时刻安排和管理提供公正、透明、非歧视性的协调机制，原则上反对以行政手段强行分配航班时刻[26]。IATA 通过定期出版《世界航班协调指南》(Worldwide Scheduling Guidelines，WSG)，向各成员航空公司发布关于国际航班时刻的协调原则和协调程序等规定，作为各国分配和协调国际航班时刻的参考依据[22]。IATA 每年 6 月和 11 月召开两次国际航班协调会议(International Schedules Conference)，成员或非成员航空公司、相关机场，以及民航管理机构的代表均可参加，分别对春夏和秋冬航季的国际航班的航班时刻进行协调。根据 IATA 颁布的《世界航班协调指南》中关于航空时刻协调总则，航班时刻只分配给航空器承运人，航空器承运人在获得正式分配的航班时刻后才能在指定的机场正式运营航班。经过 IATA 航班协调会议确定的航班时刻，最终经过航空承运人所在国的民航主管当局批准后在下一航季正式生效。目前，IATA 的这种航班时刻协调机制和方法，已被世界上许多国家所采用。

航班时刻协调的主要对象是出现航班拥挤的国际机场，这种航班拥挤实际上是一天中的某个时段内出现航班起降密度超过机场跑道或机场其他设施的设计能力。为了确定航班时刻协调的重点，IATA 出版的《世界航班协调指南》按照机场航班时刻的紧张程度将机场分为三个等级：

一级机场，为非协调机场(non-coordinated airport)，这一类机场的航班时刻在下一航季中能够满足航空公司的航班需求，毋需对航班时刻进行协调。

二级机场，为辅助协调机场(schedules facilitated airport)，这一类机场的航班时刻有点紧张，但是通过机场、空管、航空公司等各方的正式协调，能够满足下一航季航空公司的航班时刻需求。

三级机场，为(完全)协调机场(coordinated airport)，这一类机场已经无法满足航空公司的航班时刻需求,必须通过机场、空管、航空公司等部门的通力协调和航班时刻精确分配,才能解决航班起飞和降落时刻问题。

因此,国际航班协调会议的主要内容是重点针对三级协调机场的航班时刻协调。根据IATA《世界航班协调指南》中发布的规则,机场协调等级的确定和机场可用分配的时刻容量,需经机场所在国的民航主管当局根据机场实际运行数据和机场容量评估进行确认。凡是希望获得三级机场起降时刻的使用者,必须向IATA的航班协调委员会提出正式申请。申请者所在国的民航主管当局必须向IATA航班协调委员会提供协调机场的可分配容量(即航班时刻),航班协调委员会将依据公布的协调原则对所有申请协调的航班时刻进行时刻协调。在整个协调过程中,有一个很重要的角色,航班时刻协调员(coordinator),他/她由民航主管部门经与协调机场和航空公司协商后指定。协调员身份独立,不代表任何一家利益团体,要确保协调工作中立、透明和无歧视。协调员的工作和职责是,掌握协调机场容量信息、拥挤时段航班信息、拥挤时段的航班时刻申请信息,负责沟通协调机场和航班时刻申请者,提出航班时刻协调方案。

根据IATA的《世界航班协调指南》,协调机场的航班时刻协调工作必须遵循以下几个基本原则[22]:

(1)历史航班时刻优先原则,即"祖父权利"原则。航空公司以往同一航季的拥有航班时刻使用率不低于80%,则可以继续使用已拥有时刻,除非自己自愿放弃,为第一优先使用权。这一要求旨在提高航班时刻的利用率。

(2)航空公司以往同一航季的拥有航班时刻使用率不低于80%,但是需要调整下一航季的起飞或降落时刻,则为第二优先使用权。

(3)新进入航空公司的航班时刻优先权。"航班时刻池"(slot pool)中50%的可用航班时刻优先分配给新进入航空公司。不过,实践结果表明,航班时刻池中的航班时刻多为不受欢迎的时刻,没有航空公司愿意自动放弃已经在握的好航班时刻。

(4)两个航空公司之间可以进行航班时刻的一对一交换,至于是否有偿交换,则视所在国政策而定。

(5)两个航空公司之间可以进行航班时刻转让,至于是否有偿交换,则视所在国政策而定。新分配的航班时刻则不得转让,至少使用该航班时刻运行航班两个相同航季。

(6)分配给航空公司的航班时刻如果不使用、不交换、或不转让,则必须退还到"航班时刻池",以作再分配。

(7)航班时刻可以用于共享航班,只要相关国家没有规定限制。

以上这些基本原则的主要目的,就是要提高繁忙机场航班时刻的使用效率[22]。

IATA WSG中的航班时刻协调政策制定是一个复杂过程。众所周知,IATA是一个全球范围的国际航空公司之间的非政府性"民间组织",它本身没有对成员航空公司的直接行政管理职能。因此,它在国际航班时刻协调过程中的主要作用就是充分代表大多数航空公司、机场和相关民航管理机构的意见,制定透明、公正、无歧视的航班时刻分配与协调政策,定期组织和召开全球航班时刻协调会议,促进航班时刻申请人与相关机场和管理代表机构的平等协商,以最终就航班时刻达成一致意见。

IATA的航班协调政策和规则制定,主要由它的两个下属机构负责[22]:

一个是“航班协调政策工作小组”(Schedule Policy Working Group,SPWG),主要负责《世界航班协调指南》的修订工作,向IATA总干事提供有关航班协调事务的建议。IATA总干事任命10名来自成员航空公司的代表作为SPWG成员,并任命SPWG主席和副主席各一人,任期均为两年。SPWG的主要职责是:就“航班协调顾问联合小组”(Joint Scheduling Advisory Group,JSAG)提出的“航班时刻协调程序总览”(Schedules Process Review)实施意见,向IATA管理层提出建设性建议;就航班时刻协调和航班时刻分配规则,向IATA管理层及相关监管部门提供技术指导。此外,SPWG委派一个小组代表IATA参加JSAG的活动,与业界代表沟通和商讨有关航班协调会议以及航班时刻管理等事务。

另一个机构是“航班协调顾问联合小组”,实际上这是一个成员航空公司和机场协调员参加的论坛,讨论航空公司航班计划及航班时刻分配与协调等事项,并对航班协调会议的管理提出建议。JSAG根据论坛建议,对IATA如何加强航班协调会议管理以提供更有价值的服务提出建议,并将该建议提交给“IATA航班协调政策工作小组”(SPWG)、“世界机场协调小组”(Worldwide Airport Coordinators Group,WACG)和“IATA航班协调会议代表团(IATA Heads of Delegation to The IATA Schedules Conference)。IATA总干事根据地理分布,指定7名成员航空公司代表为JSAG成员,并指定其中一人为JSAG主席。“世界机场协调小组”(WACG)从机场协调员中选举产生7名JSAG成员,并产生一名JSAG副主席,任期均为两年。JSAG秘书由IATA管理层成员担任。JSAG的主要职责是:确保IATA《世界航班协调指南》真实反映业界的商业规则和监管需求,作为机场航班时刻协调与管理的依据;开发辅助机场协调和航班时刻分配的标准规则;向IATA管理层提供指导意见,以开发有利于机场协调和航班时刻分配程序的服务与体系;向IATA管理层提出组织和管理航班时刻协调会议的指导意见。

从IATA的航班时刻协调机构组成、航班时刻协调规则形成过程及航班时刻协调流程等整个协调机制可以看到,这是一种以航空公司和机场为主要协调方的多方协调模式,充分体现了IATA关于国际航班时刻协调的基本原则:公正、透明、非歧视性。由于IATA本身的性质所定,对各成员航空公司获得的航班时刻使用情况与违规行为则缺乏直接和有力的监管机制。

2)欧盟模式——政府主导的多方协调模式

欧盟的航班时刻协调机制遵循IATA的航班时刻协调这一基本规则,并根据欧盟自身特点进行了适当调整[22]。

1993年1月18日,欧洲共同体(European Community)理事会通过了关于共同体机场航班时刻分配共同规则的(EEC)第95/93号章程,明确了欧共体成员国机场航班时刻分配与协调的基本规则、组织机构及其职能,以确保成员国航班能够通过一种公平、透明和无歧视的航班时刻分配与管理机制在航空拥挤机场正常起飞和降落,提高机场利用率和竞争力[28]。1993年11月1日在欧共体基础上建立的“欧洲联盟”(European Union)正式诞生。随着欧盟成员国数量的增加和航空运输市场规模的不断扩大,机场拥挤现象日益严重。2004年4月21日欧洲议会和欧盟理事会通过793/2004规章[29],对原来的欧共体机场航班时刻分配共同规则(EEC)95/93规章进行了修改,包括对规章强制性执行的监督、对违规行为更有力的制裁、对一些概念更清晰地定义,以及关于机场协调员的相对独立性等进行了一些技术性补充;强调了成员国政府在航空时刻分配与管理中的作用,并且"成员国可以在协调机场的航线上预留一定的航班时刻";明确"航班时刻"是一种在指定机场指定时间起飞和降落的许可,遵循"祖父权利",两个航空承运人之间可以进行航班时刻的一对一交换。对申请航班时刻的新进入航空承运人给予较宽的政策[29],以增加航班时刻分配的公平性。由于95/93规章中允许两个航空承运人之间对拥挤机场的航班时刻进行一对一交换,但是这种交换是否有偿则并未作明确限制,因此出现了航空公司之间出于各种目的的航班时刻交易。2008年在对95/93规章的修改意见中认可了这种交易,参见表4-5,并建议成员国政府对航班时刻的二次交易加强管理[29,30]。

表 4-5 英国伦敦希斯罗机场航班起降时刻交易价格[31]

购买者（航空公司）	出售者（航空公司）	交易年度	时刻对数量	总价格（百万美元）	每对均价（百万美元）
BA	AirUK	1998	每日 4 对	25	6
BA	SN Brussels	2002	每日 7 对	65	9
BA	Swiss	2003	每日 8 对	55	7
BA	United	2003	每日 2 对	20	10
Qantas	Flybe	2004	每日 2 对	35	18
Virgin	Flybe	2004	每日 4 对	35	9
Virgin	Air Jamaica	2007	每周 4 对	10	N/a
BA,Qatar Airways,Continental	GB Airways	2007	每日 4 对	160	40
Continental	GB Airways,Air France,Alitalia	2008	每日 4 对	210	52
Continental,US Airways,BA	Alitalia	2007	每日 3 对	140	47

2008年11月,欧盟成立了类似"欧盟机场容量论坛"(The Community Observatory on Airport Capacity)的组织,所有成员国航空公司、机场等相关部门的代表都可以参加,对航班时刻协调规则提出修改意见[30]。

欧盟航班时刻协调机制的特点是[29,30],更多地发挥欧盟及各成员国政府在航班时刻协调政策制定、航班时刻分配、协调与管理过程中的监督作用。政府在与机场、航空公司及相关民航代表机构协商后指派机场协调员。由机场、航空公司、空管及相关民航代表机构代表组成协调委员会,加强对机场协调员工作的组织和管理,保障协调员工作的代表性、中立性和独立性,并充分发挥其在机场航班时刻分配与协调过程中的沟通、协调与监督作用;加强对政府预留航班时刻分配的公开性监督。协调委员会的职责是:对成员国和协调员就有关航班时刻分配提出方案和建议,包括扩大机场容量的可能性、对航班时刻分配和使用的监督,以及航班时刻分配和使用监督中各方争论的协调。协调委员会按航季一年召开两次会议,对航班时刻分配、协调、监管等方面的议题进行讨论、协调,欧盟官员、成员国代表及协调员均作为观察员参加协调委员会会议。会议上提出的任何问题,通过成员表决予以决定。从欧盟的航班时刻协调机制可以看出,它是一种政府主导下的多方充分协调模式。

3)美国模式——政府主导的初始抽签辅以二级市场化模式

美国的民航航班时刻分配与管理模式经历了几次大的改革之后，借助市场化手段，使得几大交通拥挤机场的航班时刻安排方法越来越体现公平性和科学性。

20 世纪 60 年代中期，随着全球民航运输业的发展，美国航空面临的航班时刻需求与机场容量的矛盾日益突出，特别是纽约地区的肯尼迪机场、拉瓜地亚机场、纽瓦克机场，以及华盛顿里根机场与芝加哥奥黑尔等几个大型国际枢纽机场，高峰时段的航班延误现象和因延误带来的损失日益剧增，引起旅客和航空公司本身的强烈不满。为此，1968 年美国政府的联邦航空局(FAA)针对这五大交通拥挤机场制定了高交通密度机场航班时刻管理条例[32]。根据该条例，在 1969～2006 年，政府将保持对纽约肯尼迪机场在东部时间下午 03:00～07:59 高峰小时期间的跨大西洋地区航班需求进行数量限制，以缓解航班拥塞。

随着 1978 年美国政府关于航空公司放松管制法案的出台，美国的航空运输市场竞争更加剧烈，航班时刻的供需矛盾更加突出。由于各航空公司为了自身利益，原先 FAA 制定的“先来先服务”和“一致通过”的航班时刻分配机制失灵。1985 年，FAA 出台了新的高交通密度机场航班时刻分配与管理条例[16]，采用抽签方式抽选航班时刻，实现拥挤机场起飞和降落时刻的首次分配，辅以二级市场对航班时刻的交易提高航班时刻的使用效率。根据该条例，首先由 FAA 局长牵头制定航班时刻的抽签及分配程序等相关管理政策，由联邦民航空管部门确定和提交机场容量，由 FAA 下属的具体负责处理航班时刻管理事务的日常机构“航班时刻管理办公室”组织，对申请航班时刻的航空公司进行资格审查和航班时刻申请与转让等事务受理[16]。在遵循航班时刻“祖父权利”原则的基础上，对新增、收回、退回或重新安排的航班时刻建立“航班时刻池”。抽签过程首先是所有航空公司通过抽签确定选择航班时刻的先后顺序，然后航空公司根据抽得的排列顺序轮流在“航班时刻池”中选取航班时刻。为了促进竞争，均衡新进入航空公司与既有航空公司之间的利益，新进入航空公司拥有优先选择航班时刻的权利。此外，在每一轮航班时刻选择过程中限定每一航空公司选择航班时刻的数量，以保证选择顺序排列偏后者能够得到相对满意时刻的机会[16,33]。最后公布抽签结果。根据该条例，航空公司对所拥有的国内航班时刻可以进行无偿转让或交换，也可以进行有偿买卖或租赁等方式的交易。这种公开抽签方式，规避了政府直接分配航班时刻可能导致的权力寻租行为，以充分体现航班时刻分配过程的公开、公正、公平原则。另一方面，通过二级市场机制，盘活了拥挤机场的航班时刻资源，体现了政策与市场作用的互补性。

根据 1985 年美国政府的航班时刻分配与管理条例，FAA 的主要职责是制定抽签选择航班时刻的一整套管理规则，同时也明确了 FAA 在航班时刻管理过程中的权力，如“航班时刻可以在任何时候被撤销，以便履行运输部的运行需要”，“任何在两个月内使用率低于 80%的航班时刻将由 FAA 召回”，“抽签获得的航班时刻在使用期满前不得出租”等规定，以加强 FAA 对航班时刻资源的管理[16,34]。

随着航空运输量的不断增长，纽约地区三大机场及芝加哥奥黑尔机场繁忙程度日益严重，美国政府一直在推进航班时刻分配方法的改革，以寻求能够有效缓解机场拥挤现象的政策与措施[16,32]。2008 年 4 月和 5 月，FAA 分别发布了《纽约拉瓜迪瓜机场以及管理条例(草案)》及《纽约肯尼迪机场和纽瓦克机场拥挤管理条例(草案)》，提出了关于初始分配中部分航班时刻拍卖和二次市场交易管理方案。根据该提案,保持"祖父权利原则",仍采用抽签方式对一部分航班时刻进行初始分配,但初始分配中留有一定比例高峰小时时段的航班时刻通过拍卖方式进行分配,以抑制对高峰时段航班时刻的旺盛需求[35]。

从美国政府关于航班时刻的管理可以看到,美国政府主要通过制定航班时刻分配政策和分配方法,加强对航班时刻分配过程的管理和监督,加强对航班时刻使用的管理,确保航班时刻分配方法和分配过程的公开性及公正性、航班时刻信息和分配结果的透明性,航班时刻使用的有效性。

4)中国模式——政府主导的配置模式

随着我国民航运输业的快速发展,我国民航管理体制改革在不断向前推进。2005 年 4 月民航总局在开始在华北、华东地区试行《民航航班时刻管理试行办法》,探索建立公平、公正、公开的航班时刻分配与管理制度。经过几年实践和探索,2007 年 8 月 7 日民航总局颁发了《民航航班时刻管理暂行办法》[13],以规范我国民航航班时刻的分配、管理与监督工作。

根据《民航航班时刻管理暂行办法》,民航局统一负责全国民航航班时刻管理工作,民航地区管理局负责辖区内机场的航班时刻管理工作,民航空管局和民航地区空管局分别承担所辖范围内的航班时刻具体协调、初步分配与使用监督等工作。明确了民航局负责研究制定统一的全国民航航班时刻管理政策,批准确定协调机场及其协调时段并确定协调机场的机场小时保障容量,批准协调机场航班时刻协调委员会的成立及其工作规则,以及确定的机场时刻池中在换季航班时刻协调中应分配给新进入航空公司和基地航空公司的比例,确定预留用于特殊航线航班的时刻及分配结果,保留对全国航班时刻协调与分配结果的最终决定权,对航空公司、机场及其他有关利益方对时刻分配、处理结果的异议进行最终裁决,监督和检查全国民航航班时刻管理工作。此外,民航局还负责确定那些"在某一特定的时间段里航班起降架次已经达到或接近机场的保障容量,需要进行时刻协调的"机场名单[13]。

根据《民航航班时刻管理暂行办法》,各民航地区管理局主要负责协调解决辖区内航班时刻管理工作的重大问题,包括组织航班时刻协调委员会,组织对辖区内协调机场和非协调机场的容量评估工作,为每一协调机场的协调时段建立相应时刻池,协调和分配协调机场的区内航班时刻,初步协调和分配协调机场的跨区航班时刻,协助协调和分配外国及台港澳地区航空公司在我国内地机场的航班时刻;监督和检查航空公司的航班时刻执行情况。

根据《民航航班时刻管理暂行办法》,民航局成立专门的航班时刻管理领导小组,加强对全国每航季航班时刻调整和分配管理工作的领导,领导小组组长由民航局主管领导担任,小组成员由民航局政策法规司、运输司、国际司、机场司、纪委(监察局)、总局空管行业管理办公室、总局空管局领导担任,总局空管局为领导小组办事机构。各民航地区管理局成立协调机场航班时刻协调委员会,航班时刻协调委员会由所属地区管理局、地区空中交通管理局、定期使用协调机场的航空公司、机场管理机构的代表共同组成,航班时刻协调委员会主席由地区管理局代表担任。航班时刻协调委员会及其书面工作规则由地区管理局报经国家民航局批准。航班时刻协调委员会采用按比例投票表决方式进行航班时刻分配[13]：航班时刻协调委员会在一次会议中投票总数为1000票，其中航空公司总共拥有600票、机场管理机构拥有150票、地区空管局拥有150票、地区管理局拥有100票。当航空公司在该机场拥有的时刻比例大于30%时，该航空公司(包括其控股航空公司)最多获得30%的航空公司选票，剩余选票再按不包括该航空公司(包括其控股航空公司)在内的其他航空公司的时刻比例分配。航班时刻协调委员会的重大决议采用多数票决定机制，如果正反方票数相同，则协调委员会主席拥有决定性的1票。航班时刻协调委员会主要负责研究各协调机场的综合保障能力，在平衡空域容量的基础上确定机场小时保障容量并报国家民航局批准，研究确定各协调机场时刻池中在换季航班时刻协调中分别应分配给新进入航空公司和基地航空公司的比例，并报民航局批准，提出监督各协调机场航班时刻使用的建议，裁决有关各方对时刻分配的争议，提出改进协调机场航班时刻管理工作的措施，监督航班时刻协调机构的时刻协调与分配工作。

根据《民航航班时刻管理暂行办法》，目前我国民航航班时刻协调采取的主要原则是：主辅机场协调原则，即以主协调机场为主，辅协调机场的时刻协调需配合主协调机场的时刻要求，同为主协调机场或同为辅协调机场则以起飞机场为主；标准化航段运行时间和使用机型的最少过站时间，并沿袭了“祖父权利”原则和新开航线优先原则。日常定期航班时刻，区内航班时刻由民航地区管理局协调确定并报民航局空管局备案；跨区航班时刻由地区管理局初步协调，协调结果由总局空管局审核确定。民航局空管局负责召开全国民航航班时刻协调会，并负责汇总、审核、确定和上网公布航班时刻协调结果[13]。

为了有效使用繁忙机场紧缺的航班时刻资源，《民航航班时刻管理暂行办法》中对航班时刻的交换、调整、归还和收回等事项做了明确规定：允许航空公司对以新进入航空公司身份取得的时刻在运营两个相同航季以后在航空公司内部或在航空公司之间进行一对一的交换；航空公司在原航班时刻协调机构认可后可以在不改变航班时刻情况下调整飞行航线；航空公司因航班调配或其他原因取消航班时，应主动归还不再使用的时刻；航空公司不能达到全航季80%使用率的航班时刻，由航班时刻协调机构取消其历史时刻优先权；当某一已分配时刻已不能达到全航季80%使用率时，航班时刻协调机构在听取相关航空公司的解释后，可决定在航季剩余时间将此时刻收回放入时刻池；当时间已超过已分配时刻有效期的20%，而该时刻仍未被使用，航班时刻协调机构在听取相关航空公司的解释后，可视情况决定在航季剩余时间将此时刻收回放入时刻池；航空公司因不可抗拒原因或特殊情况下未执行的航班时刻，在计算使用率时应视为已执行。航空公司未经航班时刻协调机构认可擅自交换时刻、调整时刻、改变已分配时刻用途，航班时刻协调机构应责令其立即改正，不予改正的，航班时刻协调机构将航季剩余时间的该时刻收回放入时刻池；航空公司连续4周未使用已取得的时刻且不主动归还，航班时刻协调机构将航季剩余时间的该时刻收回放入时刻池。航空公司连续4周时刻使用率平均低于50%，航班时刻协调机构取消其后续4周该时刻总量的50%，并放入时刻池；航空公司取得航班时刻后14个工作日之内没有取得航线经营许可，航班时刻协调机构应收回已经分配的时刻放入时刻池；定期航班换季前，航空公司应于该航季起始之日前14天办妥军民合用机场使用权和新辟航线的航路等手续，否则航班时刻协调机构将这些已分配时刻收回放入时刻池。通过这些管理规则，促进航空公司充分发挥已获得的繁忙机场起降时刻。

航班计划经民航局审核批准后向社会公布，并在下一航季付诸实施。

根据《民航航班时刻管理暂行办法》，可以看到我国现行的民航航班时刻管理机制和分配程序中，民航地区管理局和民航局空管局具有主导航班时刻配置的影响性作用[16]。

除了定期航班时刻的分配与管理之外，关于不定期航班、加班或包机航班、特殊航班的航班时刻分配与管理，各国政府都有具体规定。

关于航班时刻资源的分配、管理与监督等机制问题，目前仍然是世界各国在根据本国国情进行不断探索的一个课题，其中包括航班时刻归属权问题、航班时刻的市场机制及交易主体问题等。

4.5 航班运行计划与管理

本章前几节重点阐述了关于航班计划的制订、生效及航班时刻管理等内容。根据第3章市场营销观点，航班计划编制和航班时刻申请等工作实际上是航空公司的产品设计过程，而航班的地面保障服务和空中运输飞行才是民航运输产品的实质性生产和交付过程。事实上，民航运输业就是围绕保障航班计划顺利实施，通过各部门的组织和协调共同开展的一系列工作。

如表4-6所示，航空客货运输生产过程可以分为三大阶段五小阶段，分别为运输前的准备阶段、运输生产的实施阶段和运输结束后的服务跟踪阶段。其中，“实施阶段”可以进一步细分为出发航班的地面保障服务阶段、航班的空中运输阶段和到达航班的地面保障服务阶段，分别由航空公司、空管和机场等单位共同完成。

表4-6 民航客货运输生产的五大阶段

<table>
<tr><th rowspan="2">行为主体</th><th rowspan="2">准备阶段</th><th colspan="3">实施阶段</th><th rowspan="2">服务跟踪阶段</th></tr>
<tr><th>出发航班地面保障服务阶段</th><th>空中运输阶段</th><th>到达航班地面保障服务阶段</th></tr>
<tr><td>旅客</td><td>· 购票
· 前往机场</td><td>· 换登机牌
· 交运行李
· （边防海关）
· 安检、候机
· （休闲购物）
· 登机</td><td>· 乘坐飞机
· 娱乐
· 餐饮
· 购物
· 休息</td><td>· 下机
· 领取行李
· 中转</td><td rowspan="2">意见反馈</td></tr>
<tr><td>货主</td><td>· 货物地面运输</td><td>· 包装
· 交运、制单
· 报关</td><td>· 货物运输</td><td>· 报关、商检
· 提货</td></tr>
<tr><td>市场营销</td><td>· 市场分析
· 产品设计
· 航班计划
· 市场销售</td><td colspan="3">· 产品生产与交付过程
· 市场信息反馈与分析</td><td>售后服务</td></tr>
<tr><td>民航运输服务部门</td><td>· 机队调度计划
· 空中飞行调度计划
· 机场运行调度计划
· 地面保障服务计划</td><td>· 值机、安检
· 货邮仓储、分拣
· 配载、装机
· 站坪及场道服务
· 候机楼服务
· 航班运控服务
· 航务服务</td><td>· 运输飞行
· 机上服务
· 空中交通指挥</td><td>· 下客
· 货邮行李卸载验收
· 分拣、仓储
· 交付
· 配送
· 中转</td><td>反馈意见汇总分析处理</td></tr>
</table>

4.5.1　航班运行管理体系

民航运输生产是一个复杂的服务过程，它不仅涉及的领域多，而且隶属管理关系复杂和多样化。根据航空运输过程涉及内容，民航运输可以分为两大部分，一部分是空中运输飞行服务，另一部分是地面保障服务(图 4-13)。根据每一部分的服务内容性质和现行民航管理体制与市场化运营管理模式，航空公司、机场和空管是两大部分生产的组织者和管理者，也是核心服务的提供者。随着机场运行和机场地面保障服务工作的逐步专业化，第三方服务供应商提供机场的大部分地面保障服务。

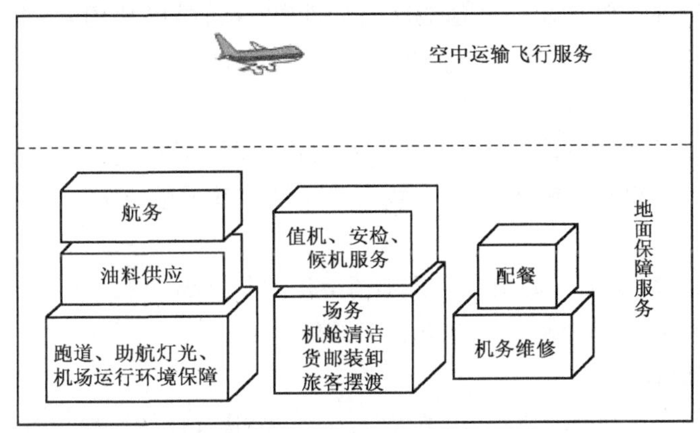

图 4-13　航空运输生产服务体系结构示意图

1. 空中运输飞行服务

空中运输飞行是航空运输业的终极目标，也是航空公司的核心服务，由航空公司负责完成，包括飞机的飞行驾驶和客舱服务。在空中运输飞行过程中，空管部门负责飞机的通讯导航和空中交通指挥工作，有的还需要负责飞机在机场起飞和降落过程中的指挥与调度工作。

2. 地面保障服务

航空运输飞行的准备工作基本上都是在机场完成的，涉及内容较多：

1) 跑道、灯光及机场运行环境保障服务

根据新型的机场经营管理模式，机场主要负责提供公共交通基础设施及相关的配套服务，如跑道系统、助航灯光系统、机场场面服务(如飞机引导和牵引)、特种车辆、水电气汽和净空环境保障等与机场基础设施设备相关的服务，以保证航班安全运行和正点起飞，为航空公司及驻场单位提供公正和周到的服务。

2) 油料供应

根据我国目前的民航管理体制，我国境内的航空燃油由专门的油料公司特许经营提供服务。

3) 航行服务

根据目前我国的民航管理体制，航行服务由民航空管部门负责。航行服务工作主要包括空中交通指挥、通讯导航、航行情报、气象预报等。

与航行服务相关的航班放行控制等签派业务，航空公司负责本公司的航班放行签派，航线签派通常由空管或基地航空公司代理。

4)飞机维修服务

飞机维修是一项技术性很强的许可制服务，承担飞机的维修和保养业务，保障航班飞机的适航性。飞机维修通常由基地航空公司承担，机场、第三方专业维修公司或基地航空公司代理其他航空公司的航线维修。

5)值机配载、安检和候机服务

值机配载、安检和候机服务为旅客乘机提供机上座位分配、行李收运和配载平衡控制、旅客和行李安全检查，以及旅客候机等服务。这一类服务的运营和管理模式多样化，通常由机场公司提供。但是在一些基地航空公司的专属候机楼内，主要由基地航空公司负责，现在也有由第三方专业服务商提供。

6)站坪服务

站坪服务内容包括机舱清洁、加水及机上餐食装载、旅客上下机服务、行李和货物装卸、飞机护卫等服务，通常由机场公司或第三方提供。基地航空公司通常承担本公司的航班站坪服务。

不难看出，航空运输生产的地面保障服务，主要由机场和航空公司负责组织实施，空中运输飞行主要由航空公司和空管负责组织实施。

4.5.2 阶段性航班计划

与有形产品的生产过程相似，“计划先行”是有效组织实施民航运输生产的重要过程。计划的目的在于组织、准备、协调和安排航空运输生产过程中所需要的各项资源。按照航空运输生产部门的职能分工，分别进行航空公司的航班运行计划、机场运行计划、地面保障服务计划、空中飞行调度计划等工作。

民航局公布的(航季)航班计划或航班时刻表实质上是一个半年计划。在未来的半年里，由于受诸多因素的影响，航季航班计划难免不出现调整，如取消航班、增加航班、航班班期或航班时刻调整，更换机型等，时有发生。因此，批准公布的航季航班计划从开始到具体实施，需要根据变化对航班计划进行动态的即时调整，真正实施的航班计划需要经过多个阶段和多个环节的确认之后，最后才能真正实施。根据《中国民用航空国内航线经营许可规定》，对公布后的航季航班计划无论进行任何变更，都必须提前上报民航管理当局进行审批或备案，以便各相关部门乃至旅客或客户进行相应的计划调整。实际上，公布的航季航班计划从开始到具体实施，一般需要经历以下几个阶段：

1. 月度航班计划

航空公司、机场和空管等与航班计划实施相关的生产与管理部门，通常提前一个月时间根据公布的航季航班计划核实确定下一个月的航班计划，以便进行必要的资源调整和准备。特别是在一些重要的节假日前后，航空公司可能要对一些热点航线的航班班次进行增减调整，以应对市场的阶段性急剧增长需求，如我国春节前后的探亲潮，清明节、“五一”节和国庆节前后及暑期的旅游旺季等；我国至欧美航线的暑期出国留学高峰期、圣诞节及春节前后的探亲潮；港澳航线圣诞节期间的“扫货”潮、台湾航线的春节探亲潮等。针对这些节假日期间的旅客密集出行，各有关部门都需要提前对航班运行计划进行调整，并将其落实在航空公司的市场销售、机队、机场保障、空域管理和空中交通指挥过程。

2. 周航班计划

随着航班计划执行时间的临近，航空公司、机场和空管等部门需要对航班计划进行进一步的核实和确认，以便制订更详细的实施计划，进行必要的资源调配和准备等。

如前所述，航班计划以周为一个循环周期进行编排。因此航空公司、机场和空管产部门将根据航班的周计划对下一周的每一天航班运行情况进行具体的资源安排，如飞机、机组、相关保障人员排班，设施设备安排等，为下一周的航班计划实施做好充分准备。

3. 次日航班计划

次日航班计划是根据航班周计划进一步明确次日具体实施的航班计划，通常是在每一天的下午某一固定时间，由空管的航务部门通过民航内部通讯网络按照固定格式的内部传真或电报方式，将第二天具体执行的航班计划发至各航空公司、机场和相关运行保障与管理部门，以便航空公司、机场和相关部门为具体落实第二天的航班计划实施与保障进行必要的人员和设施设备准备。航空公司、机场和空管等相关部门在当日最后一个航班飞行结束后，将航班运行控制系统中的次日航班计划置换成当日航班计划，成为当日具体实施保障任务的航班计划。

4. 临时航班计划

尽管航班计划到了具体实施的哪怕最后一刻，都可能因为某一个或一些重要原因的影响而产生变化，如专机、临时加班或包机、航班临时取消等现象，都屡见不鲜。出现这种临时性的航班调整，便产生临时航班计划，经航空公司、空管和机场协调、民航管理当局批准后发布，并付诸具体实施。

4.5.3 航班运行计划

航空运输生产的核心，就是保障航班飞机能够安全飞行，正点完成航空客货运输，并按质量完成机上服务工作。因此，航空公司的航班运行计划主要是围绕如何调度飞机和安排机组人员，落实航班计划具体实施。与航班运行直接相关的航班运行计划，主要是飞机的调度计划和机组的飞行计划，其编排流程见图4-14。

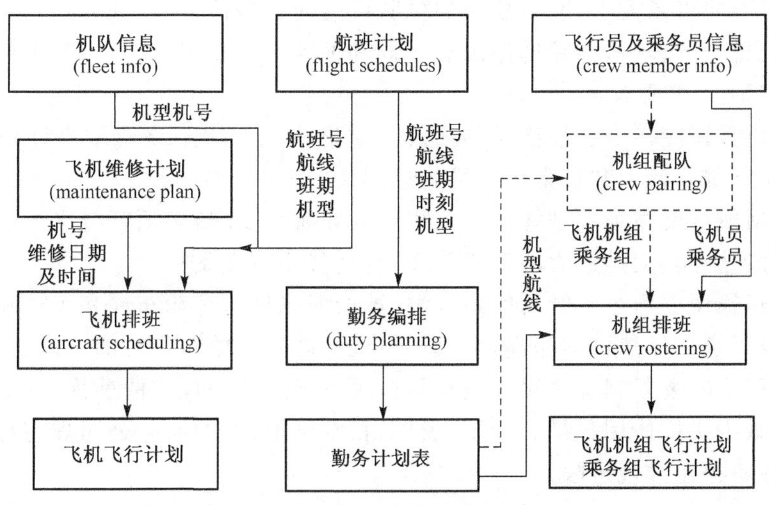

图4-14 飞机排班和机组排班的关联示意图

1. 飞机调度

飞机调度计划亦称飞机排班或飞机指派(aircraft scheduling、aircraft assignment 或 tail number assignment),可以理解为航班计划中的每一个航班班次按照机型要求安排具体飞机执飞,换言之,就是为每一架飞机安排每一天的航班飞行任务。飞机调度(即飞机排班)过程涉及以下内容:

1)飞机需求计划

飞机是航空公司的主要生产工具和主要资产。从实施航空公司发展战略和市场营销战略出发,飞机需求要从长远发展进行机队规划。为了实施下一航季航班计划,需要多少种机型,每一种机型需要多少架飞机,航空公司需要做好机队短期需求计划工作。

(1)机型种类。航班计划涉及多少种机型,需要与航空公司机队的可用机型一致,需要从市场细分和市场竞争等多方面因素考虑。一般而言,航空公司的机型相对比较集中单一,便于机组人员和飞机航材的配备、组织与管理,降低运行成本。目前我国民用大型运输飞机的主流机型为波音系列和空客系列。

(2)机型飞机架数。航班计划所需要的飞机数量,可以根据下式进行估算:

$$N = \sum_{i=1}^{m} A_i + \delta = \sum_{i=1}^{m} \left(\frac{\sum_{r=1}^{n} T_{ir}}{F_i} \right) + \delta \tag{4-8}$$

式中,A_i为航班计划中第 i 种机型的需求架数,共有 m 种机型;T_{ir}为航班计划中第 r 个航段上第 i 种机型的飞行时间,共有 n 个航段;F_i为第 i 种机型的日平均飞行时间。根据民航局统计[11],目前国内航班大部分机型飞机的日均飞行时间为 10 小时左右;δ 为备用飞机数;N 为航班计划的飞机需求总架数。

根据飞机需求量和可用飞机机型及数量,航空公司可以确定为了实施下一航季航班计划需要增加或可以调剂多少架飞机,需要多少飞行员和客舱服务人员。

2)飞机排班规则——法规性规则

为了适应不同市场需求,航空公司的机队可能拥有多种机型,并且每一种机型有多架飞机。在飞机排班过程中,必须遵循民航当局和航空公司的相关规定和规则。飞机排班的基本法定规则[18]主要有:

(1)符合机务调度指令。被指派的飞机在航班执飞期间与该机维修计划无冲突。维修计划包括年度维修计划和日常例行维修计划。

(2)符合适航调度指令。被指派的飞机性能和航线要求,必须符合飞机适航要求。如高原航线,一般选择较大推进力的飞机执飞,否则就要减载飞行。

(3)符合运输调度指令。针对航班计划,被指派飞机的客舱布局和飞机新旧程度必须符合航线市场要求。虽然机型相同,但具体飞机的内部客舱布局可能不同。

(4)日飞行小时数限制。执飞飞机在符合民航当局管理规定的前提下,尽可能提高飞机日利用率,减少飞机使用数量。为了飞机的日常维护,有的航空公司规定每一种机型的日飞行小时数不得超过规定限制。

(5)累积飞行时间均衡性。对于同一种机型的飞机,需要统筹安排每一架飞机的飞行任务,尽可能使同一机型的每一架飞机累积飞行时间(日、周和月使用率)均衡。由于飞机的使用时间与部件维修更换周期有关，因此，保障飞机利用率均衡，可以使飞机维修计划相对稳定，从而保障飞机的均衡可用性。

3）飞机排班规则——技术性规则

在具体的飞机排班过程中，为了提高飞机利用率，飞机排班通常还需要遵循以下技术性规则：

(1)指派机型与航班计划机型一致。指派给每个航班班次的执飞飞机机型尽可能与航班计划安排的机型一致。航班计划中的机型选择，充分考虑了航线运量、航程距离、市场细分对客舱布局要求、竞争因素、航线机场起降条件和航路要求等因素，是精心设计的结果。事实上，由于市场变化或飞机调度等原因，在具体执行航班计划过程中，机型调整通常采用相近机型代替。

(2)来回程同一架飞机。对于正常航班的飞机指派，通常以航班计划的航线为基础进行执飞飞机安排，并且同一航班的去程或回程使用同一架飞机，无论是否有经停点，这样会方便旅客和行李运输，也方便飞机调度管理。对于一些国内与国际联程航班，通常国内段和国际段分别采用两组不同的航班号，国内段使用小型飞机，在国际枢纽港更换大型飞机执飞国际段。

(3)飞行路线时空连续性。指派的飞机在飞行路线空间上航段之间首尾相连、飞行时间上先后顺序衔接。

(4)飞行路线时空唯一性。同一架飞机在同一时段内只能执飞一个航班。换言之，在同一时段内同一架飞机不能安排执飞两个航班，不与该机的其他航班飞行冲突。另一方面，在同一时段内不能安排两架飞机执飞同一航班。

(5)航班计划的完全覆盖性。航班计划中的每一个航班班次、每一个航段都必须安排具体飞机执飞，不能有遗漏。

(6)飞行线路闭环。被指派飞机的飞行线路必须是闭环，从基地出发，最后通过回程航班飞回基地，以保证飞机的有效周转。

4）飞机排班优化

在机队规模较小时，飞机排班通常根据上述排班规则采用人工编排。随着航班规模和机队规模的不断扩大，飞机排班的复杂性越来越高，必须利用计算机辅助编排，以解决飞机排班过程的复杂问题，提高飞机排班效率和飞机利用率，降低航班运行成本。

航空公司的飞机排班需要根据航班计划要求、飞机技术特征与技术状态等诸多因素，为每一架飞机分配每一天的航班飞行任务，并根据飞机健康状态安排必要的例行检修，确保飞机能够安全地执行航班飞行任务。除了安全之外，飞机排班还必须考虑两个重要的经济因素，这是航班优化的目标：

第一，执行航班计划使用的飞机数量最少，即在民航当局规定的飞机日飞行小时数限制内，尽可能提高飞机的日利用率。这就需要考虑飞机的日飞行路线及航段衔接与经停时间问题，以缩短飞机执飞过程中在地面的停留时间，提高飞机周转率。

第二，执行航班计划的运行成本最低。除了提高航班乘坐率之外，还需要提高飞机的综合利用率，即减少停场时间。因此，需要考虑如何安排飞机在保障正常执行航班情况下安排不停场的例行检修。

综上所述，飞机排班可以根据约束条件分为两类多目标优化问题：一是飞机任务指派问题(tail number assignment problem，TAP)，二是飞机检修路径问题(aircraft routing problem，ARP)。前者 TAP 主要研究基于飞机排班的各种规则和要求，以最少的飞机数执行航班计划。后者 ARP 主要研究如何生成飞机检修路径，使飞机每三天或四天至少有一次经过检修基地，以便执行不停场的例行检修[36,37]。

5)飞机利用率

在 4.4.2 节航班计划编排中简单讨论了飞机日利用率问题，这里将从航空公司的可用机队资源出发分析飞机的利用率问题。航空公司可以从两大方面提高飞机利用率：一是不缩减机队规模，在现有机队基础上通过扩大市场增加客货运输总量，增加飞机日飞行小时数，提高飞机利用率；二是由于扩大市场规模难度大，难以增加客货运输总量，因此通过增加飞机日飞行时间承担相同生产量的情况下，减少飞机数量，通过转让或出租飞机以降低资产总成本。其核心都是要提高飞机的载运率或利用率。

影响飞机利用率的因素较多，不仅是飞机排班，此外还有航班计划的航线安排、航班时刻安排和机型安排，以及机组人员和飞机维修计划安排等影响因素，需要综合考虑飞机的利用。

在航班运行计划阶段，航空公司需要制订飞机利用计划，以合理使用飞机，控制机队规模。通常从两大方面评价飞机利用程度：一是飞机可用飞行时间利用率，二是飞机的可用载运能力利用率。

飞机可用飞行时间利用率通常是指航空公司在册飞机提供的可用生产性飞行小时数。所谓在册飞机数，是指具有民航管理当局颁发的适航许可证、可以投入商业航班或通用航空等运输飞行的飞机。但是，由于飞机需要例行检修等原因而不能进行生产性飞行，因此实际能够投入运输飞行的飞机架数比在册飞机数要少。

(1)平均在册飞机日利用率：

$$平均在册飞机日利用率 = 年生产性飞行小时 / 年平均在册飞机架数 / 年日历天数 \tag{4-9}$$

(2)平均可用飞机日利用率：

$$平均可用飞机日利用率 = 年生产性飞行小时 / 年平均可用飞机架数 / 年日历天数 \tag{4-10}$$

其中，年生产性飞行小时，是指机型的年计划运输生产飞行小时总数。

年平均在册飞机架数＝飞机在册日总数/年日历天数

年平均可用飞机架数＝(平均在册飞机总架数－年停飞架日总数)/年日历天数

年停飞架日总数＝大修架日数＋定期检修架日数＋其他停飞架日数

一个日历日是指按照世界协调时间或当地时间划分的一个时间段，从当日零点起到次日零点止之间的 24 小时[18]。

基于飞机利用率，也可以估算飞机的年度需求量

$$年飞机需求架数 = 年生产飞行小时 / 年飞机利用率 \tag{4-11}$$

2.机组调度

机组调度 (crew scheduling)的主要任务是，根据航班计划、机队信息和空勤人员信息，按照民航局和航空公司关于机组配置的规定和要求，将航班计划中的航班飞行编排成

每天的飞行任务(称为勤务,duty),并落实到具体的飞机(飞机排班)和具体的机组人员(称为机组轮班),形成以周为单位的机组周飞行计划(机组配对)和月度飞行调度计划,以便机务和飞行等部门进行飞机、空勤人员的安排与落实[15]。机组调度过程中涉及的相关工作如图 4-14 所示。

这里所说的空勤人员(air crew),通常是指在飞行的航空器上执行任务的所有工作人员,包括驾驶员、领航员、飞行机械人员、飞行通信员、乘务员、安全保卫员及相关工作人员(如通用航空飞行中的航空摄影员、急救员等)[2]。在执行每次飞行的过程中,空勤人员被编制成机组,机组由机长负责。机长由航空公司指定,在飞行期间对航空器的运行和安全负最终责任,负责领导飞行过程中机组的一切活动。机组通常分为驾驶舱飞行机组(cockpit crew)和客舱乘务机组(cabin crew)。飞行机组通常指飞行期间在航空器驾驶舱内执行驾驶操作任务的驾驶员、领航员、飞行通信员和飞行机械员,现在的新型飞机国内航班一般只配正副驾驶两个人;客舱乘务组为航空器运营人指派在客舱执行值勤服务的机组成员[18]。

飞行机组是航空公司实施航空运输的重要资源之一。如何在民航当局和航空公司关于飞行人员的配置规定和要求条件下,最大限度地发挥机组效用,降低运行成本,机组编排和机组调度也是一项十分重要的工作。机组调度涉及机组配对、勤务编排和机组轮班等三项工作。

1)机组配对(crew pairing)

为了落实航班计划中的每一项飞行任务,首先需要根据航班计划编制日飞行计划、周飞行计划乃至月度飞行计划,以便安排和落实具体的机组人员执勤。这里所说的飞行计划,是指在按机型分类基础上,将航班计划中的飞行航段(leg)编排成若干飞行任务串组,并满足以下基本条件[15,38]:

(1)一个任务串中各飞行航段使用的机型相同。

(2)一个任务串中各飞行航段空间和时间上连续。

(3)一个任务串尽可能当天来回,减少在外场过夜。

(4)一个任务串尽可能每天重复,从同一基地同一时刻出发,结束时回到出发基地。

事实上,机组配对是在对机组人员的飞行路线进行计划,也是对机组人员安排飞行任务,参见表 4-7～表 4-9。

表 4-7　某航空公司飞行机组飞行计划表(节选)

执飞航班(航班号二字码略)	飞行中队	起飞时间	飞行机组人员							跟班	航线名称
			机长	机长	第二机长	副驾驶	第二副驾驶	报务教员	报务员		
5031/5032/5153/5154	A1	830	蔡淮伟	葛进杰					裴波		合肥—香港—合肥—北京—合肥
5175/5176	A1	1425	韩西武			祝晓勇	成德亮				杭州—北京—杭州
5151/5152	A2	800	范凯			艾祖国					合肥—北京—合肥
5576/5401/5402	A2	800	顾伟	牛向群						钱卫	合肥—虹桥—成都—虹桥
5325/5326	A2	1430	牛鸿			梁友闻	吴运清				杭州—广州—杭州

续表

执飞航班（航班号二字码略）	飞行中队	起飞时间	飞行机组人员							跟班	航线名称
			机长	机长	第二机长	副驾驶	第二副驾驶	报务教员	报务员		
5321/5322/5327/5330	A2	820	侯大振			丁福友					杭州—广州—杭州—广州—合肥
501/502	A3	815	江军			王兵					浦东—香港—浦东
707/708/5379	A3	1505	卫闻利			魏小民					浦东—香港—浦东—深圳

表 4-8　某航空公司客舱乘务组飞行计划表（节选）

执飞航班（航班号二字码略）	飞行中队	起飞时间	乘务组						跟班	接车时间	航线名称
			乘务长	乘务员	乘务员	乘务员	乘务员	学员			
5151/5152/	B1	800	郑丽	王芸	何弘芳	朱朵艳		耿小梅		610	合肥—北京—合肥
501/502/5245/5246/	B1	815	胡和平	周勤	张银	毛春红					浦东—香港—浦东—张家界—浦东
5171/5172/5325/5326/	B1	900	沈媛菲	孙丽雅	邢婷苑	王丽霞					杭州—北京—杭州—广州—杭州
597/598/595/596/	B1	900	赵筠	姚云	赵蕾	李晶					杭州—香港—杭州—香港—杭州
5578/5407/5418/	B1	1255	张一雯	李梦霏	刘延帆	赵丽娜				1105	合肥—虹桥—成都—杭州
5327/5330/	B1	1350	征海英	白云	黄磊	马明					杭州—广州—合肥
5645/5646/	B1	1910	石桓嘉	李月月	陈君	汤蕊					合肥—深圳—合肥
5419/5420/	B1	2120	沈媛媛	龚静	黄林	李晓琳		郑国军			合肥—成都—合肥

表 4-9　某航空公司机组排班表（节选）

航班号	起飞时间	机型	机号	航线	飞行机组	乘务组	备注
9565	08:25	73G	B5026	锡 ZSWX08:25—10:40 圳 ZGSZ	C 吴耀种　金科　古映明	司瑾　赵德芳　赵峰　王洁　杨翼	对飞
9566	07:50	73G	B2666	圳 ZGSZ07:50—10:00 锡 ZSWX	C 李洪涛　梁宏光　刘序勇	王晓庆　钱赟　董姝　徐瑶瑶　王斌	
9559/9560	10:50	73G	B2666	锡 ZSWX10:50—12:50 京 ZBAA13:40—15:50 锡 ZSWX	C 任华旭　李杰　韩为民	王晓庆　钱赟　董姝　徐瑶瑶　王斌	
9551/9552	16:40	73G	B2666	锡 ZSWX16:40—19:10 穗 ZGGG20:00—21:55 锡 ZSWX	C 任华旭　李杰　韩为民	王晓庆　钱赟　董姝　徐瑶瑶　王斌	
9585/9586	08:00	73G	B2667	锡 ZSWX08:00—11:05 昆 ZPPP11:50—14:20 锡 ZSWX	C 马勇生　王旭　倪国兴	朱宏　梁芳　晶毕　雪蔡钰　许正江	
9573/9574	15:00	73G	B2667	锡 ZSWX15:00—17:35 蓉 ZUUU18:20—20:30 锡 ZSWX	C 杨振朝　罗仕兵　朴日龙	朱宏　梁芳晶　毕雪　蔡钰　许正江	
9579	12:50	73G	B2669	邕 ZGNN12:50—13:50 穗 ZGGG	C 郑守民　吴蔚舜　徐进	汪瑛　刁念念　林燕　甘伟	
9580	16:50	73G	B2668	穗 ZGGG16:50—17:50 邕 ZGNN	C 李继　邱智要　文培荣	汪瑛　刁念念　林燕　甘伟	

说明：C 为机长。

2)勤务编排(duty planning)

为了实施航班计划中的飞行任务,航空公司必须为飞行机组人员和客舱乘务人员以周为单位安排每天的飞行任务(图 4-15),这就是勤务排班。机组在法定工作日内一天(24 小时内)的飞行任务(crew itinerary)称为一个勤务(duty)。换言之,勤务就是一个机组一天工作量中执飞的航段串(a sequence of flight legs)[37,39]。

飞行任务书

Flight Assignment

单　　位 Unit	
机型机号 Aircraft Type/Registration	起飞时间 Departure Time
航 班 号 Flight NO.	最低运行标准 Minimum
航线及起降时刻(北京时) Route & Takeoff and Landing Time(Beijing Time)	
机　　长 Pilot in Command	监察/检查员 Check Airman
第二机长 Cruise Captain	飞行机械员 Flight Engineer
副 驾 驶 First Officer	飞行通讯员 Radio Operator
第二副驾驶 Second Officer	飞行安全员 Airmarshal
主任乘务长 Chief Purser	乘　务　长 Purser
乘 务 员 Flight Attendants	
随机工作人员 Observer	
飞机飞行设备 Flight Equipment	最大起飞全重 Max Take-off Weight
飞机基本重量 Dry Operating Weight	最大着陆全重 Max Landing Weight
飞机基重指数 Basic Index	最大无油重量 Max Zero Fuel Weight
(派遣单位盖章) Stamp	(派遣单位值班领导签章) Signature
第________号	2011 年　月　日

图 4-15　某航空公司飞行任务书

由于航空运输飞行是一项比较特殊的工作,无法完全按照《中华人民共和国劳动法》中规定的每天"八小时工作制"[40]安排机组人员每个工作日的飞行任务。因此,航空公司通常根据航班计划、航程距离或航段飞行时间、航空公司和民航局的有关规定,对各航段的飞行任务进行合理组合和编排,以适合机组执行。民航局《大型飞机公共航空运输承运人运行合格审定规则》(CCAR-121-R4)[18]对每一个飞行员每天的执勤期时间、飞行时间和休息时间,以及发生航班延误之后的执勤和休息时间均给予明确规定(表 4-10),以确保飞行员以充沛的精力安全飞行。

表 4-10 正常航班飞行员飞行与休息时间(单位:小时)

机组人数	最多飞行时间	执勤时间	飞行后休息时间
两人	≤9(航段数≤2)	≤14	≥10
三人	≤12(无经停)	≤16	≥14
三人(提供睡眠区)	≤14	≤18	≥18
四人	≤17	≤20	≥22

资料来源:《大型飞机公共航空运输承运人运行合格审定规则》(CCAR-121-R4)[18]。

根据 CCAR-121-R4,飞行机组的值勤期,亦称执勤时间,是指机组成员在接受飞行任务后,从为了完成该次飞行任务而到指定地点报到时刻开始(不包括从居住地或驻地到报到地点所用的时间),到解除任务时刻为止的连续时间段,其中包括:飞行前准备时间、飞行时间(或训练时间)、因航班延误的中途等待时间、中途经停站或过站时间及飞行后交接班时间。这里的飞行时间(flight time)是指机组成员在飞机飞行期间的值勤时间,包括在座飞行时间(飞行经历时间)和不在座飞行时间,但不同于航班统计概念下飞行时间[18,19]。休息时间是指从机组成员到达休息地点起,到为执行下一次任务离开休息地点为止的连续时间段。运行延误是指由于出现恶劣的气象条件、飞机设备故障、空中交通管制不畅等客观情况而导致的延误。

由于航线的航程远近关系,有些勤务的飞行任务,特别是国内航线,可能是多个航班来回程的组合。例如,"南京—北京—南京"航线,一个航班的来回程飞行时间一共是 90＋80＝170 分钟左右。因此,机组执飞这样的航线完成一天的额定工作量通常需要来回飞行 3 趟。但是有的航班单程就要飞行十几个小时,如上海—纽约。因此,这种航班来回程需要多个勤务才能完成,一个航班需要配备几个机组。

勤务编排,必须完全依据 CCAR-121-R4 要求,并遵循以下基本规则,对航班计划的航段进行安排:

(1)飞行任务的时空连续性。一个勤务的执飞航段之间在空间上首尾相互衔接、在飞行时间顺序上先后衔接。

(2)航段间衔接时间合理性。一个勤务的多个航段之间,航班计划中必须留有合理的衔接时间,便于机组在换飞航段时留有足够的准备时间。

(3)航段完整性。为了便于管理,通常把一个航班的来回航程尽可能安排在一个勤务中。如果航段飞行时间长,则至少将一个完整航段(航班单程)安排在一个勤务内,保障航段被一个勤务执行的完整性,便于机组的飞行任务管理。

(4)飞行线路的闭环性。考虑到飞机和机组人员的周转,以及飞机维修经济性和机组人员生活便利性,降低航班运行成本,通常要求一个勤务的飞行任务最后结束在始发站,即勤务最后必须飞回始发基地,除非是一天不能来回的远程航线。即便是远程航线当天不能返回始发基地,在勤务结束时也必须回到始发基地。因此,勤务或勤务组的飞行路线通常是"始发站—目的站—始发站"的闭环路线[39]。

(5)机型同一性。一个勤务的飞行任务为同一种机型,便于机组安排和安全飞行。换言之,一个勤务的飞行任务不安排跨机型飞行。

(6)工作时间合法性。一个勤务的飞行任务,其勤务时间、飞行时间和休息时间等都必须符合民航规定的要求，不得超过规定的日执勤时间和飞行时间上限。

(7)工作量相对均衡性。各个勤务的执勤时间和飞行时间安排相对均衡。

在有的情况下，特别是远程航班，需要安排几个勤务才能完成一个来回程飞行。这样由几个勤务组合一起执行同一任务的称为勤务组(duty group)。

勤务编排主要是以一个飞行驾驶机组一天(24 小时内)的法定飞行时间不超过 8 小时为首要限制条件安排各机组每天的航班飞行任务。在勤务编排过程中，通常并不涉及具体的空勤人员。为了有效提高飞机利用率和机组使用效率，航空公司需要根据航班计划的飞行航线进行编排和配对，使得在满足若干约束条件后，确定机组排班计划。

3)机组轮班(crew rostering)

航班计划中的飞行任务被合理编排成勤务或勤务组后，下一步工作就是对每一个勤务或勤务组安排具体飞行人员和乘务人员(表 4-11)，以便具体实施航班计划中的各项飞行任务，这就是机组轮班(crew rostering 或 crew assignment)。

表 4-11　某航空公司机组人员配置标准

机型	驾驶员人数	客舱乘务员人数
A319	2	4
A320	2	4
A321	2	5
A330	2	8
EMB145	2	2

机组轮班有两种方法：第一种是根据勤务机型、航线等对飞行员的技术要求，选择适合条件的飞行员和乘务员并安排到勤务或勤务组，由这些人员组成机组[15]。这种方法相对简单，人员调配灵活，可以直接将具体人员安排到勤务。在实际安排中，还需要结合机组成员的其他非技术性因素，使得他们之间的搭配与合作有利于飞行操作配合默契和安全飞行，使飞行人员之间或乘务人员之间形成一些相对固定的搭配，这将更有利于激发机组人员的工作热情，提高飞行安全性。基于这些考虑，便产生了第二种方法，即根据勤务要求进行机组成员搭配，将适合要求的飞行员分别组成飞行机组，然后再将机组与勤务配对[41]。

无论是采用哪一种方式对勤务安排具体执飞的飞行人员和乘务人员，都必须符合民航当局关于飞行机组和乘务组人员组成的有关规定，不仅需要根据勤务机型和飞行时间确定机组定员数量，而且每一位机组人员都必须具备规定的必要资质。如 CCAR-121-R4[18]规定，飞行机组“至少配备两名驾驶员，并且应当指定一名驾驶员为机长”。“在飞行期间，机长负责控制飞机和指挥机组，并负责旅客、机组成员、货物和飞机的安全”，“机长对于飞机的运行拥有完全的控制权和管理权。这种权力没有限制，可以超越机组其他成员及他们的职责”。“只有持有航线运输驾驶员执照和该飞机相应型别等级的驾驶员，方可在按照本规则运行的飞机上担任机长”。“只有至少持有商用驾驶员执照和飞机类别、多发等级、仪表等级的驾驶员，方可在按照本规则运行的飞机上担任副驾驶”等。对于三人机组、四人机组的定员及技术要求，CCAR-121-R4 中都做了明确规定，以确保飞行安全。

对于机组成员的搭配，CCAR-121-R4 中要求航空公司“应当建立一套飞行机组排班系统，保证科学合理地搭配飞行机组成员，安全地完成所分派的任务。搭配飞行机组成员时应当考虑以下因素：①飞行机组成员的最近经历、满足所飞区域、航路、机场和特殊运行的技术要求。②飞行机组成员对所飞机型得到充分训练，能够使用设备和操纵飞机的整体”。并明确规定:“在安排飞行机组搭配时,应当至少有一名驾驶员在该型号飞机上具有100小时的航线飞行经历时间”,“在飞往或飞离特殊机场的运行中担任机长的驾驶员,应当在前12个日历月之内曾作为飞行机组成员飞过该机场(包括起飞和着陆),或曾使用经局方认可的该机场图形演示设备或飞行模拟机进行过训练并获得资格”。“任何驾驶员也不应在按照本规则运行中担任飞行机组必需成员,除非该驾驶员于前90个日历日之内,在所服务的该型别飞机上,至少已做过三次起飞和着陆”,等等。因此,机组配对必须根据民航规定,结合勤务的航线和机型要求,对航空公司可用飞行人员进行调配和组织,组成适合勤务要求的飞行机组。

对承担客舱服务的乘务组配对,需要根据勤务机型、机舱布局和飞机额定乘客数量,按照民航规定对乘务人员进行必要的组织和搭配,组成执飞勤务的乘务组。

对于执行航班飞行任务的机组,CCAR-121-R4中不仅规定了每天的工作时间限制,而且还规定了飞行机组成员的周、月、年飞行时间限制,以确保机组人员工作时间的合理安排。例如,CCAR-121-R4中要求航空公司“在为飞行机组成员安排飞行时,应当保证飞行机组成员的总飞行时间(含按照本规则实施的运行和本规则之外的运行,如训练、调机、私用和作业飞行等)遵守以下规定:①任何7个连续日历日内不得超过40小时。②任一日历月飞行时间不超过100小时,任何连续三个日历月内的总飞行时间不得超过270小时。③任一日历年内不得超过1000小时”。但是,由于航班计划中航线航程远近和飞行时间长短导致勤务时间和飞行时间的差异,各机组的累积飞行时间必然会产生差异。因此,在机组排班(或机组轮班)过程中应当尽可能缩小这种差异,主要是两方面工作:一方面“勤务-机组”配对合适,二是根据机组累积飞行时间安排合适勤务,缩小各机组之间的飞行时间差异。此外,机组排班还必须遵循以下基本法定规则[18]:

(1)“勤务-机组”的机型匹配。机组成员所持驾驶证照必须符合勤务的航班机型要求。

(2)“机组-航线”匹配。机组成员必须符合CCAR-121-R4中规定的航线飞行最近经历规定,机组成员中至少有一人对拟飞勤务航线有过安全飞行记录,符合特殊飞行区域、航路和机场的技术要求。

(3)工作时间合法性。安排给同一机组的勤务,其勤务时间、飞行时间和休息时间必须符合累积飞行时间规定,相邻勤务之间的休息时间必须符合规定要求。

(4)累积飞行时间数限制。机组执飞时间的周、月、年累积数必须符合民航当局规定。

(5)勤务的执行完整性。一个勤务必须被完整执行。当一个勤务的执勤时间或飞行时间超过规定时间标准时,则增加机组。

(6)机组成员资历与能力搭配。机组成员中的新老资历搭配,一是技术上的新老搭配、二是航线和机场熟悉程度的新老搭配,有利于机组人员的培养和安全飞行。

(7)机组成员性格搭配。实践证明,飞行机组成员的性格互补性和相互关系亲密性对他们在飞行过程中的操作配合默契程度和提高飞行安全有明显影响。因此,机组配对在着重考虑技术因素的前提下,需要充分关注机组人员的非技术性因素对飞行安全的影响。

(8)通讯语言能力。根据CCAR-121-R4要求,飞行机组成员的通讯英语能力必须具有法定资质。

此外，为了提高机组轮班效率，在机组排班过程中还必须符合以下基本技术规则：

(1)勤务的时间衔接。安排给一个机组的各勤务之间的飞行时间相互衔接，便于机组在变更勤务时的交接。

(2)勤务的空间衔接。勤务组中的机组安排，尽可能保障相邻勤务之间的航线衔接，便于机组换飞勤务时的航线衔接，避免机组人员为了交接班而空飞(dead head flight)。

(3)任务均衡性。机组排班中，需要考虑各勤务航线的“肥瘦”搭配和飞行时间累积均衡性等因素。

对于小型飞机的机组成员配置要求，需要根据《小型航空器商业运输运营人运行合格审定规则》(CCAR-135)[19]所规定的要求进行编排。

综上所述，通过飞机排班，编制出每一架飞机在计划时段内每一天的飞行任务；通过机组排班，编制出每一个飞行人员或乘务人员在计划时段内每一天的执飞任务，如表 4-7、表 4-8 和表 4-9所示。

4)机组调度效率

前面讨论了如何衡量飞机的利用效率。同样，机组调度效率也是衡量航空公司运行效益的一个重要指标，主要体现在两大方面：① 用于衡量航空公司机组队伍规模与市场规模匹配关系，飞行人员的工作量是否饱满，是否超负荷工作，这些都涉及机队和人力资源规划。② 用于衡量机组人员的工作任务均衡性，反映机队的管理水平。机组人员利用效率主要有以下几个指标：

(1)勤务效率。勤务效率用以反映勤务中飞行时间占执勤时间的比例：

$$\text{勤务效率} = \text{勤务飞行时间} / \text{执勤时间} \tag{4-12}$$

勤务效率越高，说明执勤期间的等待时间较少，勤务的飞行时间占比高，反映勤务编排质量好，能够提高机组的周转效率。

(2)勤务均衡性。勤务均衡性用于衡量勤务飞行时间与平均飞行时间之间的偏差程度，偏差越小说明均衡性越好

$$\delta = \sqrt{\frac{\sum_{i=0}^{n}(d_i - D)^2}{n}} \tag{4-13}$$

式中，δ 为勤务的平均飞行小时标准方差，反映勤务飞行时间的均衡性，此值越小越好；d_i 为 n 个勤务中第 i 个勤务的飞行时间；D 为勤务的平均飞行时间

$$D = \frac{\sum_{i=0}^{n} d_i}{n}$$

(3)机组工作负荷。机组工作负荷为勤务平均飞行时间占民航规定每天累积飞行时间不超过 8 小时的百分比：

$$W = (\text{勤务平均飞行时间} /8) \times 100\% = (D/8) \times 100\%$$

当 $W<100\%$时，说明机队工作负荷没有超标；当 $W>100\%$时，说明机队工作负荷超过额定标准。

随着飞机和机组调度技术的提高，以及基于安全的机队成本要求，飞机和机组分别排班虽然通过一系列的技术手段提高了编排效率和利用效率，但是如何使得机队综合运行成本最低，需要统筹调度飞机和机组资源。

3. 飞机维修计划

为保障飞行安全，必须保障投入飞行的飞机具备适航条件。因此，必须根据机型及其部件的技术性能要求、累积运行时间和飞机运行状况，做好飞机的例行维修计划，以保证有足够的维修人员、维修航材和维修时间，对航班飞机进行必要的例行维修，并保障航班正常运行。

飞机例行维修计划通常分为两类：① 例行航班维修，包括航班前和航班后在基地的例行维修、在经停点的过站维修及临时性维修。这一类维修通常是轻度例行维修，一般安排在正常航班的间隙，如航班上下客的间隙，或在晚上飞机停场的时间段内组织检修，保障第二天航班正常执行。②例行定期检修，各航空公司和维修单位根据飞机制造商提供的飞机定时维修时间标准和各部件的使用时间限制，按照民航管理当局的有关适航指令，制订个性化的飞机维修手册，确定每架飞机的例行定检时限。各航空公司和维修单位根据维修手册和适航要求，结合飞机的飞行小时数、备件循环数或日历时间，制订本公司每架飞机的定时性维修计划和时控件翻修计划。定时维修主要是根据机型及其部件的性能和使用时间，按照飞机维修手册规定和要求，对飞机和备件进行定期检修，以确保飞机适航性。这一类的检修内容相对较多，工作量较大，耗时较多，具有一定的周期性。其检修周期因航空公司、机型和飞机而异。表 4-12 中列出的是部分航空公司有关飞机定期检修的时限。从飞机调度计划可以看到，飞机维修计划直接影响飞机排班计划。在进行飞机排班时，尽可能考虑将飞机维修任务安排在航班航线上和航班间隙时段，以尽可能减少飞机的停场维修时间，尽可能减少因为维修而影响航班的正常执行。根据飞机维修计划，需要进行维修人员的配对与排班、航材备件配比与库存优化等工作，以具体落实飞机维修计划的内容。

表 4-12　飞机定期检修周期表(单位：飞行小时)

航空公司	机型	A 检	B 检	C 检	D 检
XX 国际航空公司	B707	160	450	1600	16000
	B747	330	1400	13 个月	25000
中国 XX 航空公司	B707	100	820	1200	15000
	B747	170	650	2400	16000

4. 航班运行计划

根据民航局 2006 年颁布的《民用航空预先飞行计划管理办法》规定，凡是在我国飞行的任何定期航班飞行、加班飞行、包机、调机、公务等不定期飞行，均需要履行预先飞行计划申报与审批手续。未获得批准的，不得实施飞行；取消获得批准的预先飞行计划，应当及时向预先飞行计划的审批部门报告备案。根据该规定，所谓“预先飞行计划”，是指航空公司“为达到其飞行活动的目的，预先制订的包括运行安排和有关航空器、航路、航线、空域、机场、时刻等内容的飞行活动方案”[42]。实际上，“预先飞行计划”是航空公司对获批后的航季航班计划提出的具体实施计划。通过"预先飞行计划"的申报与审批管理，以便空管部门掌握未来一段时期内的空中交通需求量，对空中交通和机场起降时刻进行统筹计划和必要的准备。

航班运行计划，也有称之为航班签派放行计划，是航空公司即将具体实施的航班运输飞行计划。根据民航局 1990 年 2 月 3 日发布的《中国民用航空飞行签派工作细则》，航空公司运行控制中心的运控或签派人员于飞行前一日，根据班期时刻表、商务计划、专机及其他飞行任务、飞机情况、机组组成、航路气象、航行通告、航线和机场保障情况、有关机场及燃油供应等情况，制订次日航班飞行方案，即次日的飞行计划，经公司审核后报送空管有关部门审批，并通报相关部门[43]，作为次日执行的飞行计划。

航班运控人员在执行航班运行计划过程中，将综合审查飞机、机组、商务、航线、机场、气象、航油及正常航班计划外的飞行(如包机、加班、专机)等情况，并根据民航当局关于运输飞行的相关规定[19,40,43]和航空公司的飞行手册，对航班飞行条件进行客观评估，确定航班飞机是否放飞。并根据航班运行计划，计算航班飞机的最大起飞限重及着陆限重，确定飞机业载，合理选择飞行航路、飞行剖面和备降机场，优化飞行方案，合理计划飞机燃油重量，以充分做好航班飞机的飞行前准备，提高飞行安全性和航班经济性。

4.5.4　机场保障计划

机场是具体实施航班运输准备工作的重要场所，不仅要为航班飞机起飞和降落提供安全的跑道系统和必要的地面服务设施设备，而且要为飞机停靠、上下旅客、装卸行李货物邮件和飞机维修等提供停机位，以及为旅客登机提供值机、安检、候机和中转等服务。

如图 4-16 所示，为了做好机场保障工作，需要根据航务部门每天发布的次日航班计划，制订本场的次日保障计划，包括贵宾接待计划、离港航班保障计划、进港航班保障计划等。

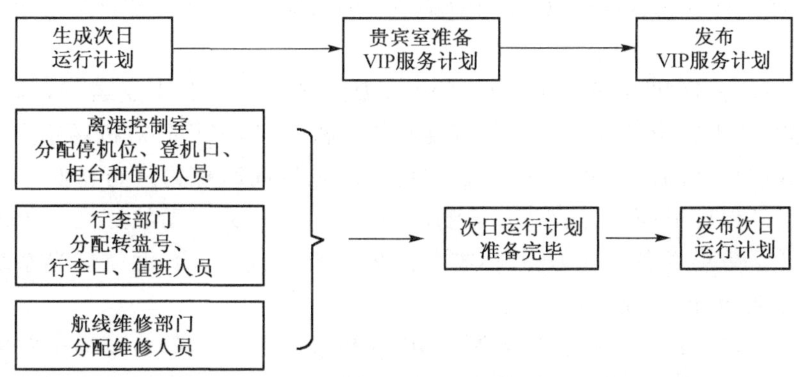

图 4-16　机场次日运行保障计划生成流程

机场运行保障活动主要分布在机场的两大区域空间，一是机场飞行区，主要包括与机场安全直接相关并禁止公众进入的区域，如跑道、停机坪等；航班地面保障服务的另一部分分布在候机楼内的旅客服务区，主要包括值机柜台、行李传送带和安检通道的外侧，以及安检通道内侧与登机门之间的候机区域(图 4-17)。因此，机场必须根据航班计划做好次日的运行保障计划，特别是多跑道机场，更需要周密计划和协调安排机场的各项生产资源。

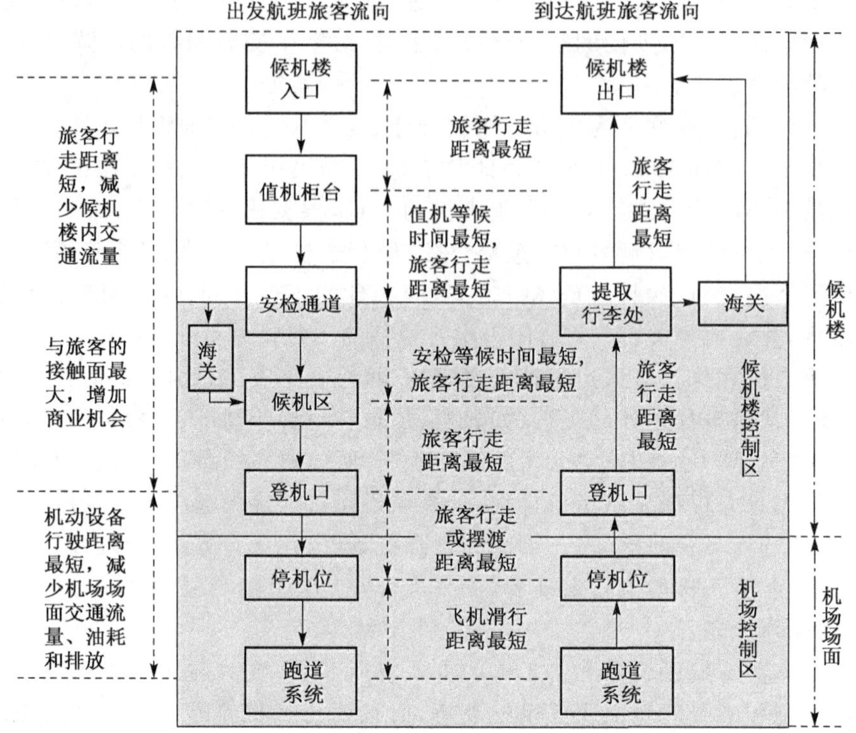

图 4-17　机场运行功能区分布、出发和到达航班旅客流向

1. 跑道及灯光系统保障

完备的跑道及其灯光助航系统，是机场保障飞机安全起飞和降落的重要基础设施。因此，机场必须保障跑道、机场场面及灯光助航系统的适航性，确保完全符合规定的等级飞机起降要求。

按照民航局《民用机场安全管理规定》[44]，为确保航班安全正点运行，机场与空管部门需要建立跑道、滑行道巡视检查工作制度和协调机制，确定每日对机场跑道、滑行道、机坪进行定时巡视检查的次数和时间，以及定期对跑道道面摩擦力进行检测和道面裂缝检验的养护计划，“保证道面完好、平坦、通畅、无积水”；制订关于助航灯光系统的检查机制和检修计划，“保障场道各类标志物、标志线清晰有效、颜色正确，助航灯光系统和夜间引导标记牌的光强、颜色有效完好”[44]。

根据我国现行的民航运行管理体制，飞机在机场的起飞和降落过程中对跑道的具体使用，如飞机起飞或降落过程指挥、跑道起降方向确定、多跑道机场的起降跑道选择等工作，通常由空管部门负责指挥和调度。根据民航局规定，航空公司在具体实施航班计划的运输飞行之前，必须按照事先获批的“预先飞行计划”[42]，在规定的时间量(通常为上一天的 15:00)之前提前向当地机场的空管部门提交“飞行预报申请”[5]，机场空管部门将根据各航空公司的航班起飞和降落时刻计划，按照专机、定期航班飞行及加班、包机、调机、公务等飞行的起飞和降落时刻顺序与航班性质进行统一编排，编制成本场的航班飞机(起飞和降落)飞行计划。在我国经济发达地区，随着机场客货业务的不断增长，多跑道机场不断出现。为了安全调配同一机场的多条跑道飞机起降，简化跑道和保障设备的调度过程，提高跑道利用率，多跑道机场通常采用跑道用途相对固定的调配方法，事先将跑道按用途进行分配。例如，在双跑道机场，通常确定一条跑道主要用于飞机起飞，另一条跑道则用于飞机降落。又如三跑道机场，确定一条跑道主要用于国际航班飞机的起飞和降落，另外两条主要用于国内航班起降。机场空管部门在各跑道功能预分配基础上，根据机场进出港航班起降时刻先后顺序和航班性质，编制针对跑道的航班飞机起降时刻调配计划，形成空管部门使用的航班飞行计划。当然，在具体实施过程中，还需要根据航班飞机的实际飞行状况、机场气象条件等因素，确定具体飞机的起飞或降落顺序和使用的具体跑道。

2. 机坪保障计划

停机坪、跑道(runway)系统及滑行道(taxi way)，与航站楼(terminal)一样，是机场的重要基础设施和组成部分。由于机场的航班保障有相当一部分生产集中在停机坪，因此停机坪的运行保障和机位管理十分重要。

1)机坪管理

停机坪可以按用途分为几类进行使用和管理：航班机坪，主要用于停放航班飞机，通常靠近候机楼的登机口，其特点是便于使用廊桥，方便旅客上下飞机(图4-18)。货运机坪，主要用于货运飞机的停放与上下货，通常离候机楼稍偏，一方面便于货物的装卸和管理，另一方面方便进出机场较为频繁的旅客航班飞机活动。维修机坪，通常远离候机楼，或靠近飞机维修厂房，主要用于停放需要进行维修的飞机。此外，停机坪上还分设一些特定区域或场地，专门用于停放公务机或通用航空飞机，以及专门停放特种车辆，或应急备用等。

机坪管理是一项复杂而重要的工作。根据民航局《民用机场运行安全管理规定》，机坪由机场管理机构负责统一管理，机场管理机构应当建立机坪运行安全检查制度，并指派相应部门和人员对机坪运行实施全天候的动态检查[44]。

图4-18　机坪及机位分布

2)停机位调度

如前所述，停机位是停机坪的基本组成单位，机场的机位多少直接影响机场航班容量。另一方面，机位大小与安排停放的机型、机位与候机楼之间的距离远近及航班性质有关。因此，为了保障航班飞机安全停放，方便地面保障服务正常操作，机场通常根据《民用机场运行安全管理规定》编制相应的机场运行手册，并制定关于机位管理和分配调度的基本原则和具体规则。

机位分配分为机位静态分配(机位预分配)和机位动态分配(机位再分配、机位实时分配或动态调度)两种。机位预分配通常根据次日航班计划和航班进出港时间顺序，对航班飞机停放机位提前进行安排，并编制成机位分配调度表。由于天气、空中交通等诸多因素影响，航班计划在实际执行中可能会出现航班延误或取消，也可能因为某些特殊情况有加班飞行。因此，预先安排的机位分配计划必须根据实际的航班运行情况进行动态调整，特别是在某一地区飞机无法进出机场出现大面积航班延误和航班滞留情况下，机位必须进行实时重新分配，以保障航班恢复后飞机正常泊位。在机位分配过程中，需要考虑多方面因素，以提高机位利用效率。关于“大面积航班延误”概念，参见本章 4.7.3 节的“不正常航班处理”部分。

机位按距离登机口的远近可以分为近机位和远机位。近机位靠近登机口，通常提供廊桥上下旅客，比较便捷，颇受旅客欢迎。远机位无法靠近廊桥，因此旅客上下飞机需要通过摆渡车运送。通常航班飞机优先安排在近机位，货机、公务机、通用航空飞机及其他非航班性飞机安排在远机位停靠。当然也有航班飞机由于机场机位紧张而安排在远机位。

为了便于对国内和国际(或地区)旅客的进出港业务管理，机位又分为国内航班机位和国际航班机位。由于两种航班的性质不同，因此对应的候机楼旅客服务流程和站坪服务管理均有所区别。

机场的可用机位多少和分配方案直接影响机场的生产能力和机位周转效率，因此机位分配和调度是机场运行管理中的一个重要环节。根据《民用机场运行安全管理规定》，机位调配首先必须遵循以下优先原则：

(1)发生紧急情况或执行急救等特殊任务(如专机)的航空器优先于其他航空器。

(2)正常航班优先于不正常航班。

(3)大型航空器优先于中小型航空器。

(4)国际航班优先于国内航班。

(5)客运优先于货运。

(6)过站或中转航班优先于始发航班。

(7)机位大小和机位间距必须适合机型。

(8)执行航班优先于维修或(过夜)停场飞机。

此外，在技术方面，机位分配需遵循以下基本原则：

(1)机位大小和机位间距必须符合机型要求，如飞机翼展宽度、相邻飞机之间的最小间距要求、机型特点等因素，以保障飞机正常进出(滑进、滑出、拖进、拖出)，发动机运转时气流、噪声等因素不影响相邻飞机的正常作业。

(2)同一个机位在同一时间段只能停靠一架飞机。

(3)必须给着落的飞机分配一个机位。

(4)飞机停靠时间必须满足机型最短服务时间要求[23]。

(5)来回程航班飞机安排在同一机位，减少飞机在机场场面上的移动。

关于机位分配的先后顺序，通常还需要遵循以下原则。

(1)先宽体飞机(客舱双通道)后窄体飞机(客舱单通道)。

(2)先干线航班后支线航班、先大型飞机后中小型飞机。

(3)先安排近机位后安排远机位远。

按照以上几类基本原则，机场将根据航务部门下发的次日本场航班飞行计划进行机位预分配，参见表 4-13 和表 4-14。在实际执行中，机场运行指挥中心将根据航班的具体执行情况及本场机位的具体管理规则进行机位的动态调配。尽管如此，为了便于机场运行调度和生产安排便利与实施，航班机位分配通常具有一定的相对稳定性，尽可能保持同一航班的飞机基本停靠在同一机位，便于机场地面服务与管理。

表 4-13 某机场机位分类与分配(节选)

机位号	机位尺寸(米)	适用机型	机位号	机位尺寸(米)	适用机型
1	80×60	B767与以下机型	9、10、11、12	68×55	B757与以下机型
2、3	140×607	B747与以下机型	13、15、17	75×77	B747与以下机型
4	43×45	A320与以下机型	19	54×70	A310与以下机型
5	80×60	B767与以下机型	14、16、18、20、21	65×62	B767与以下机型
6	60×45	A320与以下机型	22、23	42×38	B737与以下机型
7、8	68×55	B757与以下机型	24、25	50×43	MD90与以下机型

在停机位分配过程中除了需要考虑上述的规则性和技术性因素外，还需要考虑飞机滑行的经济性，即飞机从机位到跑道口的距离最短、滑行时间最短、耗油最少、排放尾气最少；需要兼顾考虑旅客从安检口—(海关)—候机区—登机口之间的行走距离。

表 4-14 某机场机位预分配表(节选)

序号	航班号	计划起飞时间	机位号	机型	登机口
1	CA4256	0720	110	A20	A3
2	CA4288	0730	118	A31	A5
3	JD5169	0735	515	A19	A6
4	HU7221	0740	513	A20	A7
……					

3)场面运行保障

除了进行机位预分配之外，停机坪还需要进行的运行保障工作有：为飞机牵引、泊位、充电、加水、除冰、消防、护卫、维修、行李和旅客场面运输、各类特种车辆、燃油、机场餐食等工作。特别是进入冬季，扫雪车、除冰车、大型清扫车、除冰剂等特殊设备和用品的准备工作。

3.候机楼服务保障

候机楼是为出发和到达旅客提供服务的主要场所：为出发航班旅客提供登机前的准备，如换发登机牌和交运行李，人身和行李安全检查；国际旅客的海关服务；以及旅客候机。为到港航班旅客提供到达行李提取和国际旅客的海关服务，以及中转服务等(图 4-17)。

1)值机柜台调度

与地面运输不同，航空旅客机票提供的主要信息有：旅客姓名、航班日期、航班号、航线、起飞时刻、机型及价格等信息，旅客所持机票并未给定旅客在飞机上的具体座位号。其主要原因是，航空公司需要通过值机发放登机牌环节，根据实际乘坐旅客人数，按照机型重心平衡规则，对旅客在机舱内的分布位置通过座位安排和行李货物装载控制，进行飞机重心平衡和吨位控制，确保空中飞行安全。通过值机(check-in)，一方面能够直接掌握乘机旅客人数和交运行李重量，另一方面根据旅客和行李信息能够换算飞机载荷重量，以便对飞机的剩余运载能力和可用装载空间进行货物配载。

值机是航班地面保障的一个重要环节。由于机场在不同时段的进出港航班量差异较大，特别是高峰时段，因此值机柜台开放多少，直接影响旅客办理乘机手续的进度和排队等候时间的长短，直接影响航班能否正点起飞，直接反映机场的旅客服务质量水平和机场运行管理水平。因此，候机楼旅客服务部门需要根据航班计划事先制定好值机柜台分配方案和开放计划，并保障值机设备的运行正常，以便能够有序高效地进行旅客值机服务。

值机柜台分配，通常遵循以下基本原则：

(1)位置相对固定。在大型机场，机场通常采用租赁方式，安排一个或多个值机岛，专供基地航空公司使用，并由航空公司自己负责这些值机柜台的开放或关闭等运行与服务管理。这种方式有利于基地航空公司在机场建立自己的服务品牌，有利于为常旅客服务，更有利于机场的候机楼管理。

(2)随机分配方式。对于一些规模较小的机场，或由机场或第三方代理的航班值机服务，机场地面保障部门将根据航班计划进行预先分配，并根据航班情况实时调配。

无论值机柜台采取什么分配方式，都面临同样的问题：何时开放(即在航班飞机起飞前多少时间开始办理乘机手续)及开放多少柜台才能使旅客办理乘机手续的等候时间最短？实际上，各机场每天在不同时段的航班量存在较大差异，因此需要根据各机场的航班计划执行情况，在预先计划的基础上动态管理。在我国，机场值机开放时间与航班性质和飞机大小有关[8,45,46]，在2006年民航总局颁布的《民用机场服务质量标准(MH/5104—2006)》中都有明确规定：对于国际和地区航班，要求最迟在航班飞机起飞前120分钟开放；国内100座以上航班，最迟在起飞前90分钟开放，100座以下的最迟在起飞前60分钟开放。关闭值机一般在航班飞机起飞前半小时，以便服务部门在航班飞机起飞前留有足够的时间处理乘机旅客和交运行李信息，以及交运行李装机等事务。开放值机的时间长短，需要考虑至少三大主要因素：一是值机服务的处理能力，必须保障旅客办理乘机手续后能够有足够的时间通过安检和到达登机口登机；二是旅客排队等候办理登机牌手续的时间不宜过长。根据规定[46]，要保障95%以上旅客办理乘机手续的排队等候时间最长国际旅客不超过12分钟、国内旅客不超过14分钟[8]；三是候机区的旅客密度，一般情况下需要保障70%的候机旅客能够有座位或至少1平方米的候机空间[8,46]。如果为了减轻候机区压力而缩短值机开放时间，则容易引起值机区旅客过度集中带来的拥挤、值机压力大和航班晚点风险。如果从机场商业提升营业效果角度出发，大型机场值机一般都会开放较早，给旅客留有足够的购物时间，使旅客分散在候机楼内各商店，不仅增加了商业机会，而且分散了聚集候机的旅客密度。至于同时开放多少值机柜台，则视航班量、各管理方采用的调度策略和管理方法而定。对于每一个进入执行阶段的航班而言，值机系统已经获得该航班的旅客信息，因此可以据此确定开放值机柜台的数量和开放时间。无人值守的自动值机系统、网上订座和市内值机等方式的出现，也不同程度地缓解了机场值机的压力。

事实上，旅客办理乘机手续的等待时间与排队等候队列形式有关。如图4-19所示，假设有n个值机柜台(这里$n=4$)，平均每个旅客的乘机手续办理时间为t。现有两种排队队列方式，如图4-19中的(a)和(b)。“1-1”排队方式是一个队列对应一个值机柜台，而“1-n”值机柜台则是一个队列对应多(n)个值机柜台。虽然两种队列方式的办理乘机手续速度相同，但是两种队列的旅客排队等候感觉则不相同，“1-n”队列方式的排队移动速度是“1-1”队列方式的n倍，可以明显地缓解旅客排队等候的焦躁情绪。特别是在个别旅客乘机手续办理比较复杂的情况下，处理过程耗时较多(t_1-t，其中t_1为复杂手续的处理时间)，在“1-1”队列方式中都集中在一个值机柜台，而在“1-n”队列中则分摊到n个值机柜台，多等候的时间仅为$(t_1-t)/n$，能够有效地分解这种耽搁的等候时间，旅客的排队等候一直处于不断前移的感受之中。因此，“1-n”队列方法在一些大型国际机场采用较多。

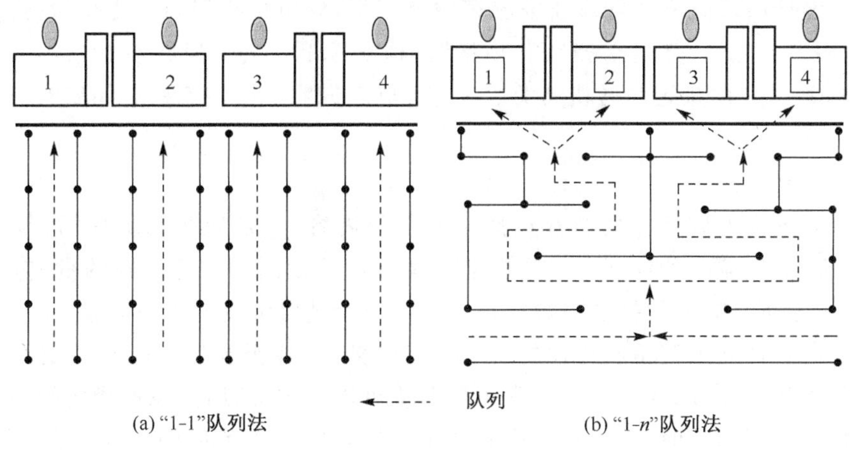

图 4-19　不同的排队队列形式

2)安检通道调度

机场的旅客人身和随身行李安全检查,是保障飞行安全的重要环节,是每一个航班旅客登机前必须通过的法定程序。安检通道的开放时间,虽然不针对具体航班,但是需与值机同步开放。民航当局对机场安全也有具体的速度要求,要求 95%的旅客等候安检的最长时间不超过 12 分钟[8,46]。

安检通道调度,可以参照值机柜台调度。

3)登机口分配

候机楼登机门或登机口(boarding gate)是为旅客上下飞机提供的专用通道。有些登机口能够通过廊桥(passenger bridge)连接近机位飞机舱门供旅客直接上下飞机;也有一些飞机因机坪紧张或因机型特殊不能使用廊桥,故而停放在远机位,上下飞机旅客通过机场专用摆渡车运输和客梯上下飞机,这一类登机口位置通常较偏或在候机楼的一楼,或在候机楼的指廊。

由于能够直接使用廊桥的机位必然对应一个登机口,因此机位分配意味着同时确定登机口。但是,登机口的分配不完全对应于停机位。有的机场由于候机楼的设计结构不同,一个登机口可能对应多个停机位。因此,需要根据航班飞机的机位安排确定登机口,以及就近安排旅客的候机区域。通常,一个航班的停机位、登机口和候机区都相对固定,便于管理。当航班飞机停机位发生调整时,登机口安排需要做同步变更和及时通告。

4)候机区分配

候机区分配相对机位分配要简单得多,通常的分配原则是候机区尽可能安排靠近登机口,便于旅客登机。前面曾提及到,值机开放时间过早,可能会产生候机区滞留的旅客密度过大,无形中将会增加候机区容量需求,特别是高峰时段。根据民航局规定,候机区要能够保障高峰时段 70%以上的旅客有座位并且每位旅客站立面积不小于 1 平方米[8,46]。因此,机场运控部门,应根据各个环节的运转状态,及时调控值机开放节奏。

在枢纽机场,需要充分考虑中转旅客的"下机登机口—中转手续办理区—上机登机口"三者之间的步行距离,以便中转旅客有足够的时间办理中转手续和转机。因此,枢纽机场候机楼设计阶段就需要同步研究旅客中转流程、候机楼构型和功能布局，要真正体现枢纽机场“旅客为先”、“无缝衔接”和“便捷”的服务宗旨。据 SITA 统计，2007 年全球民航旅客运输中 49％的延迟与转机有关[47]，这从负面说明了中转流程对保障航班正点的重要性。

4. 商务计划

航空公司的商务调度计划通常包括两大部分内容：一是旅客航班计划，包括正班航班、包机航班、加班航班的计划。二是根据旅客航班计划制订随机配载的货物运输计划，即预配载，实际执行时将根据航班旅客量和交运行李的实际情况进行调整。

机场的商务计划主要是所代理的航空货运服务，同样需要根据航班计划的航线和旅客信息进行货物预配载，计划在该航班飞机上将可能搭载的货物，包括货物的体积和重量的考虑。最后实际运行时，将根据航班旅客量和交运行李的实际情况对预配载的货物运输计划进行适当调整。

商务计划的准备，不仅有利于保障航班正点，而且能够有效地利用航班飞机的载运能力，特别是繁忙航线，能创造更多的航班效益。

4.5.5 航班运控计划

航班飞行是最终实现航空运输的关键环节，也是所有保障工作的共同目标。根据民航局《中国民用航空飞行签派工作细则》规定，我国航空公司组织和实施航班飞行，签派部门必须事先制订飞行计划，以保障航班安全、有序、正点和经济地运行[43]。

1. 航班运行计划

民航运输飞行的航行保障工作和航班运行控制工作通常分为两大部分：飞行签派与飞行管制。航空公司飞行签派，通常称为航班运行控制，其主要任务是，根据航空公司的航班运行计划，进行飞行前的组织准备和飞行标准控制、飞行放行控制和运行中的飞行状态监督。飞行管制是空管部门对在空中飞行过程中的飞机实施指挥和监督。因此，签派工作是决定航班飞机能否放飞的最终关卡，其重要性不言而喻。根据《中国民用航空飞行签派工作细则》规定，航空公司必须建立“飞行签派机构”，并配备合格的飞行签派人员，对航空公司的所有飞行进行签派放行管理[43]。

《中国民用航空飞行签派工作细则》明确了签派飞行的职责和权力，规定“每次放行航空器起飞，都必须根据所飞航线、降落机场和备降机场的天气实况、天气预报、飞行直接准备情况，由签派员和机长共同决定”，即“放行航空器，必须有签派员或其代理人和机长或其代理人在飞行放行单上签字”确认。换言之，“签派员在飞行放行单上签字，表示起飞机场、航路、目的地机场和备降机场的天气符合放行条件；有关该次飞行的各项条件均符合公司有关规定和安全标准”；“机长或其代理人在飞行放行单上签字，表示机长胜任该次飞行，并确认该次飞行的天气、航空器和其他各项保障条件符合公司的有关规定和安全标准”[43]。因此，飞行签派工作是一项直接关系飞行安全、具有明确法律责任的运行控制与运行管理工作。

航班飞行通常分为四个阶段：飞行预先准备阶段、飞行直接准备阶段、飞行实施阶段和飞行讲评阶段[43]，在每一阶段飞行签派工作都分别担负不同的职责。

1)飞行预先准备阶段的签派工作

航空公司的飞行预先准备工作是组织飞行的重要环节。这一阶段的飞行签派工作主要是根据机务部门提供的可用飞机适航信息和航班计划,拟订飞行签派方案。按照规定[43],签派部门应于飞行前一日,根据班期时刻表、运输部门提出的加班和包机任务、有关部门布置的专机及其他飞行任务、航空器准备情况、飞行队空勤人员的安排情况、气象、航行通告、航线和机场各种设备保障情况、有关机场的燃油供应情况及机长提出的飞行申请等情况,拟订次日飞行计划,并报请航空公司值班经理审定。经批准后,向空中交通管制部门申请飞行并通告本公司各有关单位进行准备。飞行预先准备阶段的目的,就是对飞行的各项准备工作进行一一核实检查,并提前做好各部门之间的协作配合工作,制订特殊情况下的处置预案,以保障飞行计划的安全顺利实施。

2)飞行直接准备阶段的签派工作

飞行直接准备是在飞行预先准备基础上,在临起飞前所进行的飞行准备工作,其主要内容是:研究天气情况、检查飞行前的飞行准备和地面各项保障工作、决定放行航空器。根据规定[43],签派人员应于飞机起行前90分钟收集以下信息:起飞机场、航路、目的地机场和备降机场的天气实况和天气预报,航空器准备情况,有关客货情况,航路、机场设施和空中交通服务情况,最新航行通告及可能影响飞行的其他情况,并对飞行人员的飞行前准备工作和健康状态进行检查。签派人员在综合分析多方面情况基础上,认真研究起飞机场、航路、目的地机场和备降机场的天气实况和天气预报及各项保障情况,在确定飞行能够安全执行后,由签派员和机长共同决定飞行放行,并且双方对飞行放行单签字确认[43]。

3)飞行实施阶段的签派工作

在飞机起飞后的飞行阶段,签派人员按规定及时向签派系统有关单位拍发起飞电报,并随时掌握本签派区起飞机场、航路、降落和备降机场的气象情报,与航班飞机保持联络,及时了解飞行动态。降落机场签派人员在收到航空器起飞电报后,计算飞机的预计到达时间,并通知有关单位和部门进行进港航班的准备工作[43]。

4)飞行讲评阶段的签派工作

飞机到港降落后,降落机场的签派人员拍发航空器降落电报,通知有关单位和部门,进入进港航班服务流程。根据《中国民用航空飞行签派工作细则》,飞机降落后,降落机场签派人员应当听取和收集机长关于飞行经过和影响飞行的不正常情况的汇报;对飞行中发生的事故、事故征候和不正常情况,签派人员应当将了解的情况及时报告有关部门;进行航班正常性统计,分析不正常原因,并提出提高航班正常性的建议[43]。

2.飞行计划

《中国民用航空飞行签派工作细则》中规定,航空公司飞机执行"国内飞行时,飞行签派人员或机长应当于航空器预计起飞前一日15:00点以前,向有关空中交通管制部门提交飞行申请;每次飞行,签派人员或其代理人或机长应当于航空器预计起飞前一小时,向空中交通管制部门提交飞行计划"。

实际上,航空公司的飞行计划,一方面用于本公司有计划地进行飞行准备,如飞机、机组人员和客货商务的组织安排,也是组织相关保障工作的依据;另一方面是一种向空管部门提供的书面文件或电子数据文件,用于空管的飞行管制及导航目的。实际上,一个机场的进出港航班来自于多家航空公司，空管部门必须提前掌握所管制空域内次日所有进出港航班的飞行计划，以便进行空域和航路的调配及相关准备。因此航空公司必须按规定事先提交飞行计划。

航空公司制订飞行计划，必须依据民航局《大型飞机公共航空运输承运人运行合格审定规则》(CCAR-121-R4)及相关规定，根据航班运行计划、飞机性能、运行限制、计划航路、航路条件及预计着陆机场条件等因素制订具体计划，确保安全飞行。飞行计划主要包括航班号、计划起飞时刻、航段、机型、机号、计划航路、计划高度、备降机场及航程所需燃油重量等信息(图 4-15)。

对于某些经停航班或一些小型或新建航空公司的航班签派放行，通常采取授权委托代理签派方式，由基地航空公司或空管部门代替承运人执行签派放行任务。

4.6 航班运行组织与管理

经过航空公司、机场和空管等部门的周密计划和精心准备之后，航班计划将进入具体组织与具体实施阶段。

4.6.1 航班运行组织

航班运输生产实施，是将旅客和货物从出发机场运达目的地机场的具体实现过程，如图 4-17和图 4-20 所示，整个过程可以分为航班出港服务过程、空中运输飞行过程和航班进港服务过程。

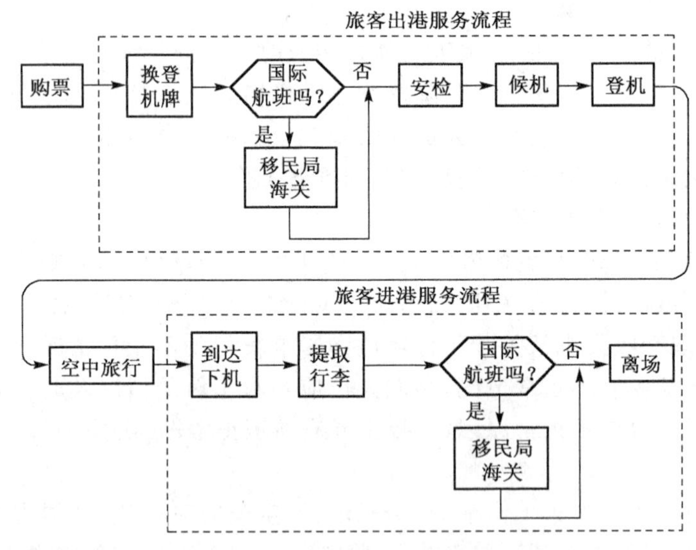

图 4-20 航空旅客乘机流程

1. 旅客运输组织流程——出港航班

出发航班是航班运输生产任务中的重点，具体实施客货运送任务。如图 4-21 所示，为了出发航班进行充分准备，地面保障服务工作可以分为五大部分：

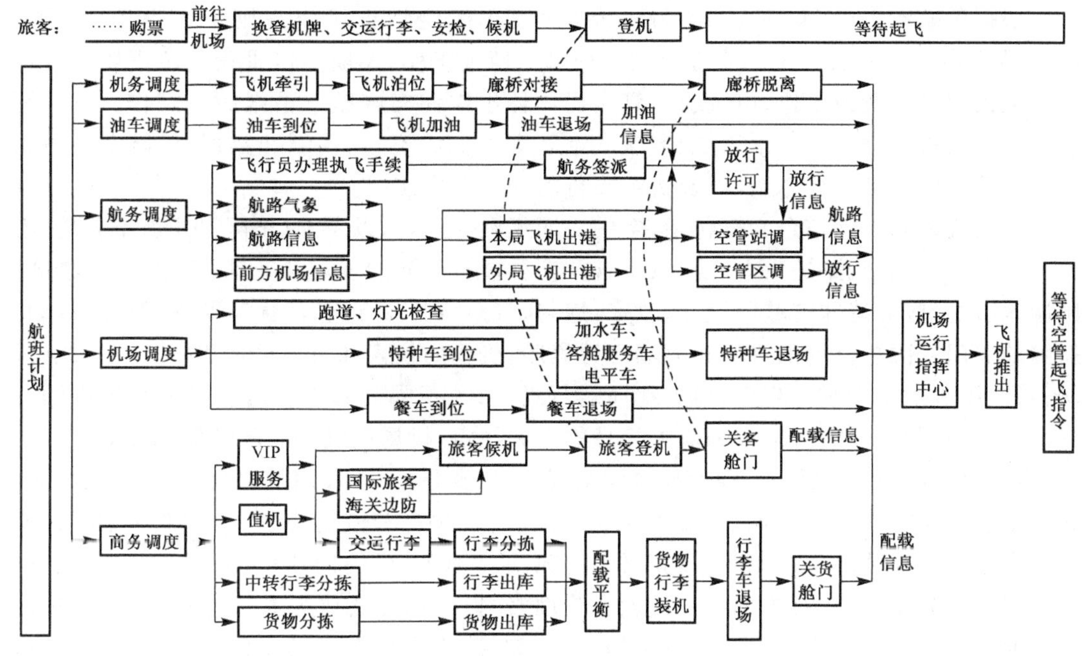

图 4-21　出港航班的地面保障服务基本流程

1)机务调度

航班飞机的适航性，是飞行安全的首要保障。对于每一个航班，机务部门需要根据航班计划和飞机排班计划，按照机场运行指挥中心调度指令，负责对飞机执飞前的例行检查，并将指定飞机牵引至指定停机位，供相关部门对飞机开展飞行前的各项保障服务工作，如加注燃油、加水；飞行员对飞机试车和飞行前的各项准备；装载餐食及其他机上用品；装载货物和行李等。

机务调度工作通常由基地航空公司的机务维修部门负责，在经停机场，航线维修通常委托机场或其他的基地航空公司代理，以节省航班运营成本。

2)油料调度

油料供应部门根据飞行签派部门计算的飞机用油需求，对飞机进行加油服务。航班飞机的加油重量，由签派部门根据航班飞机性能、航程距离、航路气象条件、备降机场及载重与起飞条件等因素进行计算，以保障航班飞机有足够的油料完成飞行任务。在我国，航空油料供应由国家授权的专业油料公司负责提供，属特许经营范畴。

3)航行调度

航行调度主要为航班飞机飞行前和飞行过程中所涉及的相关事项进行准备，主要涉及航空情报、签派放行、通信导航、空勤人员管理及空中飞行管理等工作，为民用航空运输提供一个完整的空中飞行安全保障体系。航行调度工作通常由空管部门负责，其中签派放行和空勤人员管理主要由航空公司签派部门担负。

(1)航空情报服务。航空情报(也有称航行情报)服务是一种民航管理当局授权的专门服务，负责收集、整理和编辑民用航空资料，负责设计、制作和发布有关我国领域内及国际缔约区域内航空情报的有关服务活动，以保障空中航行安全[48]。

根据民航局 2010 年 8 月 31 日颁布的《民用航空情报工作规则》(CCAR-175TM-R1),我国由民航局负责统一管理全国民用航空情报工作,民航地区管理局负责监督管理本地区民用航空情报工作,由民航空管当局具体组织和实施航空情报服务工作。航空情报主要包括机场、航路、通讯导航、空域和空管等方面的资料、图纸和数据,供航空公司签派和空管部门制订飞行方案,以及机组飞行前和飞行中使用。

空域规划和空管信息主要包括:空中交通规则和规定,以及与《国际民用航空公约》附件的差异;空域和航路的设立、变动;空管及搜寻援救服务的规定及变动;空中走廊、禁区、限制区、危险区等特殊空域的设立、改变;炮射、气球、跳伞、航空表演等影响飞行的活动;航路的关闭、开放;机场的进场和离场飞行程序;机场的仪表和目视进近程序;主要临近机场;噪声限制规定和减噪程序;机场地面运行规定;飞行限制和警告等。航务管理方面的信息主要包括:机场运行标准和航务管理的有关规定;机场起飞和着陆最低标准等。

通信导航信息主要包括:通信导航监视规定,以及与《国际民用航空公约》附件的差异;机场或航路的导航和地空通信设施的建立、撤销、工作中断和恢复,频率、识别信号、位置、发射种类和工作时间的改变及工作不正常等情况;地名代码、部门代号的增减或改变等信息。

机场信息主要包括:机场地理位置和管理资料;机场地勤服务和设施;机场服务单位工作时间;跑道、滑行道、机坪、停机位的布局、数量、物理特性及其变化;机场、跑道、滑行道、机坪、停机位的全部或部分的关闭、恢复或运行限制;直升机着陆区域;目视导航设施、机场助航灯光系统、风向标的设置及其主要部分的改变、中断、恢复和撤销;跑道、滑行道、机坪、飞机等待位置等道面标志和障碍物位置标志的设置、改变或撤销;飞行区和障碍物限制面内影响起飞、爬升、进近、着陆、复飞安全的障碍物的增加、排除或变动,障碍灯或危险灯标设置、中断和恢复;飞行区内不停航施工及其影响跑道、滑行道、机坪、停机位使用的,其开工和计划完工时间、每日施工开始和结束时间、施工区域的安全标志和灯光的设置发生变化;机场救援和消防设施保障等级及其重要变动;跑道、滑行道、停机坪积雪或积水情况及其清除和可用状况的通告;扫雪计划,扫雪设备和顺序;鸟群活动等信息。在每日本机场飞行活动开始前 90 分钟,提供当日飞行计划和动态,机场、航路、设施的变化情况和有关的气象资料等。

航空情报服务部门还负责发布航行通告,及时向机场、航空公司、空管、油料公司及民航管理当局等有关部门通报有关航行的设施、服务、程序等的设立、状况和变化情况,以及涉及航行安全的危险情况及其变化情况等影响航行安全的其他动态信息。根据规定[48],航空情报服务机构提供每天 24 小时的航空情报服务,并在其负责区域内航空器飞行的整个期间及前后各 90 分钟的时间内提供航空情报服务,以供飞行管理部门使用。

(2)签派放行。签派部门根据签派准备阶段制定并经空管部门认定的飞行计划,依据民航及航空公司相关规定,结合当前各项航空情报,对执飞机组和航班所具备的各项准备情况进行起飞前的最后评估和审核,包括飞机适航状况、机组成员及其组成、气象条件、航路状况、飞机油料、航班商务配载等,签派人员与机长根据飞行标准共同确定最终是否放行。航班飞机签派放行后,航班运控部门将继续保持对放行飞机的运行状况进行动态跟踪,包括飞机起飞情况、飞行、航油、适航、航路、气象、备降机场、前方机场动态等信息,跟踪直至飞机安全抵达前方机场并收到到达报为止。

(3)飞行调度。飞行调度属于空管部门负责范畴。根据2000年1月5日开始实施并经过多次修订的《中国民用航空空中交通管理规则》(CCAR-93TM),中国民航空中交通管制实现分级管制,分别负责我国民用航空空中交通管理和空域管理:

民航局设立空中交通管理局总调度室,负责监督全国范围内的有关飞行,控制全国的飞行流量,组织、承办专机飞行的有关管制工作并掌握其动态,协调处理特殊情况下的飞行,审批不定期飞行和外国航空器非航班的飞行申请。

民航地区空管局主要负责监督和检查本地区管理局管辖范围内的飞行,组织协调本地区管辖范围内各管制室之间和管制室与航空器经营人航务部门之间飞行工作的实施;控制本地区管辖范围内的飞行流量,协调处理特殊情况下的飞行;承办专机飞行的有关工作,掌握有重要客人、在边境地区和执行特殊任务的飞行。

以飞行情报区为基础设立的区域管制中心主要负责向本管制区内航空器提供空中交通管制服务;受理本管制区内执行通用航空任务的航空器及在非民用机场起降而由民航保障的航空器的飞行申请,负责管制并向有关单位通报飞行预报和动态。

以大型机场为基础的进近区设立进近管制部门,主要负责一个或数个机场的航空器进、离场的管制工作。

以机场为单位的机场塔台空中交通管制部门,主要负责对本塔台管辖范围内航空器的开车、滑行、起飞、着陆及与其有关的机动飞行管制工作。

对于跨管理局或跨区飞行的航班及国际航班,需要经地区空管局或民航空管局的空管航行调度部门进行航路协调和批准放行。各空管部门根据职责范围和航班飞行计划,负责对辖区范围内的航班飞机的起飞放行和进近与航路飞行进行指挥,进行空域流量控制和飞行状态监督,确保飞行安全。

机场、航空公司和空管将根据航班飞机放行和起飞情况,及时通报前方机场和前方空管单位等相关部门,以便到达机场做好进港航班的地面保障服务准备工作。

(4)通信与导航服务。民航通信导航是保障空中安全飞行、维持空中正常交通秩序的重要指挥工具。民航通信是一种专用通信系统,分地面通信和地空通信。地面通信主要用于传递飞行、气象、生产和各种业务信息。地面通信网由国际通信线路、国内干线和地方航线通信线路,以及航行调度电话通信等专用线路系统组成。地空通信主要用于地面的空中交通管制指挥人员与飞行机组对空中飞行进行指挥,传递飞行指令、飞行动态和飞行情报等信息。

民航导航业务,分为机场导航、航路导航和航行管制监视等。机场导航通过导航台、信标导航台、全向信标台、测距仪及着陆设备,为飞机的起飞和降落过程提供方位、距离和定位信息。航路导航主要通过导航台、全向信标台、GPS、卫星、测距仪等设施,为空中飞行的飞机提供方向方位等导航信息,使之能够安全地、正确地沿着既定航路飞行。航行管制监视主要使用二次雷达等监视设备,对我国国际航路和国内航路的飞机进行飞行状态监视,实行空中交通管制,维护空中交通秩序,保证飞行间距,提高飞行效率。

4)机场保障服务调度

机场保障服务调度通常是指机场的场务指挥调度,负责指挥和协调机场地面各项保障服务工作何时开始实施及各项异常情况的处置,由机场运行指挥中心负责总调度和总协调。机场运行指挥中心根据航班飞行计划,及时指令相关部门进行跑道安全检查、助航灯光系统检查、机位调度、站坪服务与各种特种车辆调度、开放值机和安检服务、旅客登机和货邮装载等工作,并根据航班保障情况,及时协调空管和航空公司的运控或签派部门,随时掌握航班放行动态和机场各项保障工作进展动态,及时有序地协调各班次的出港航班地面保障服务工作进程,确保航班安全正点出发。图 4-22 所示为波音 777-200 型飞机的站坪服务及车辆分布示意图。

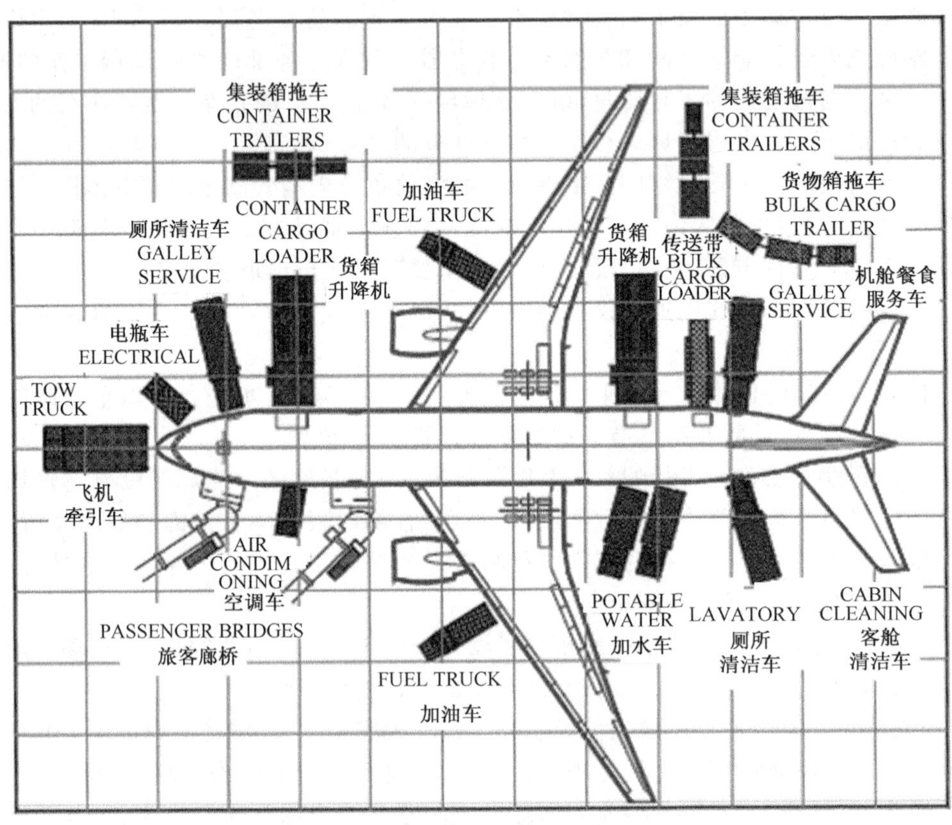

图 4-22 波音 777-200 型飞机站坪服务车辆分布

资料来源:www.boeing.com

5)商务调度

保障旅客和货物正常运输是整个航班运输飞行和各项保障工作的主要目标。航班商务调度的主要任务是在保证持票航班旅客顺利乘机基础上,充分发挥航班飞机的最大业载能力,合理装载更多的货物,使航班收入最大化,并对航班飞机进行装载控制与配载平衡。航空公司商务部门需要根据航班值机信息中确定的出发旅客登机人数和中转旅客人数、出发旅客交运行李和中转行李重量,计算航班飞机(腹舱)可以载运的货邮重量和体积,并根据预配载货邮情况进行最终配载平衡。

所有地面保障服务都按要求完成和全部撤离现场并经现场检查确认符合要求后,机场指挥中心及航空公司运行控制部门进入放行程序,请求出港航班放行,参见表 4-15 和图 4-21。

表 4-15　XX 航空公司出港航班保障服务检查清单(样本)

××××外场指挥检查单

__年__月__日　　　　指挥员：

机位	航班	机号	出港	机位	航班	机号	出港
飞机到位		开门		飞机到位		开门	
机组登机		乘务登机		机组登机		乘务登机	
客舱清洁		完成		客舱清洁		完成	
飞机加油		完成		飞机加油		完成	
食品装机		完成		食品装机		完成	
通知上客		旅客登机		通知上客		旅客登机	
国内客齐		国际客齐		国内客齐		国际客齐	
舱单		撤桥		舱单		撤桥	
货物装机		完成		货物装机		完成	
行李装机		完成		行李装机		完成	
机务到位		拖车到位		机务到位		拖车到位	
关机门		推滑出		关机门		推滑出	
延误原因				延误原因			

××××航空公司　　　　编号：YK-020

2. 旅客运输生产流程——进港航班

进港航班即到达航班，其基本流程如图 4-23 所示。进港航班可以分为两类，一类是终点站到达航班，另一类是经停站到达航班。就终点站到达航班而言，有一类是当天航班任务结束返回基地的航班，可以进入例行检修或养护。另一类是基地始发的去程终点航班，做短暂停留后将继续执飞回程航班飞回始发基地机场。这一类航班与经

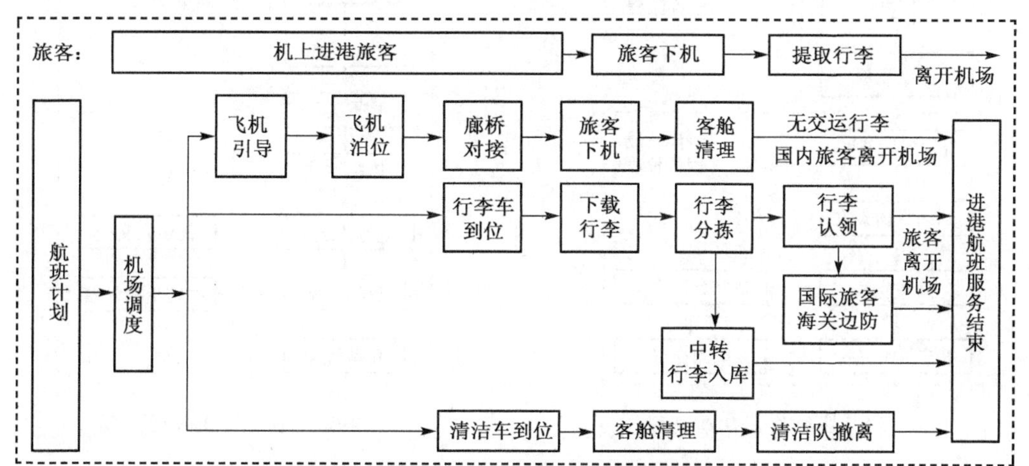

图 4-23　进港航班的地面保障服务基本流程

停航班类似，属于过站航班，过站时间安排比较紧凑，尤其在航班发生轻度晚点情况下，通常会缩短过站时间（必须符合民航当局关于最短过站时间规定[23]）。因此，这一类航班的地面保障服务时间较短。回程航班与经停航班的区别在于，前者旅客和行李货物全部下机，并对机舱进行全部清理，为回程航班旅客和货邮提供准备。经停航班只有部分旅客和行李货邮下载，同时在经停站有新旅客和行李货邮搭载后续航程。在进港航班的旅客或货邮中，有一部分属于中转性质，因此对进港服务流程和服务效率有较高要求，中转流程和中转手续需要简便快捷，这是枢纽机场有别于一般机场的重要标志。

3. 货物运输的组织与管理

民航货运基本流程如图 4-24 所示，也分为出港航班和进港航班，但是服务流程不同于旅客航班。航空公司货运销售部门或民航货运代理人在接收了托运人交运的货物以后，机场或航空公司运行部门将根据航班计划，通过“货物收运”（图 4-25）环节，对航空托运货物进行验收（包括准运货物种类查验、包装检查、安全检查、体积丈量和重量计量）和收费，并制作货运单，正式接受托运人交运的货物。货运单记载着交运货物的相关信息，包括发货人及通讯地址、收货人及通讯地址、货物重量及件数、交付日期、航班号及收运单位等。货物收运后进入仓库分类仓储，等候安排航班运输。航空公司或机场货运部门根据航班计划和航班动态信息、旅客航班或全货运航班飞机可用业载能力与货舱空间大小、货物体积、货物件数和货物重量、货物类型、货物包装方式等因素，对货舱进行配载和吨位控制。托运货物根据配载结果进行装舱和位置固定，完成出港货运航班服务的装机过程。

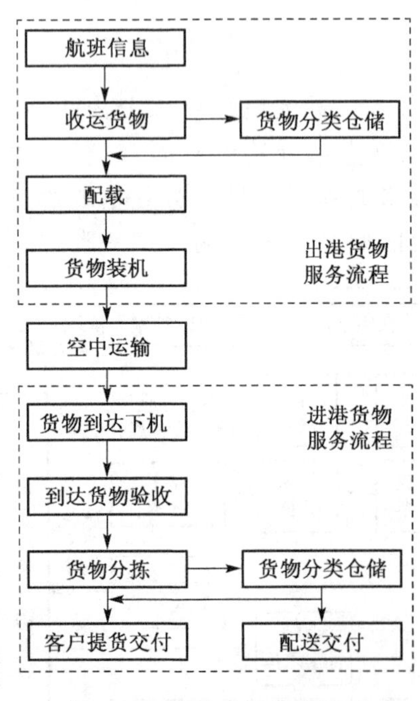

图 4-24 民航货运基本流程

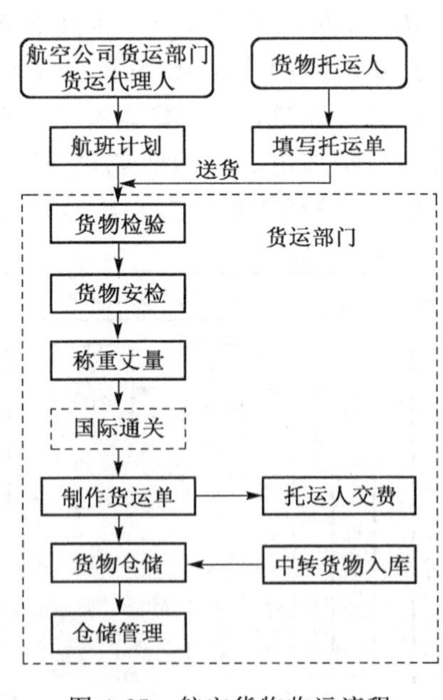

图 4-25 航空货物收运流程

进港货运航班服务主要是货物下载、货物验收、国际货物通关和商检、货物分拣仓储，最后货物交付或配送（图 4-26）。

货物运输与旅客运输最大不同之处在于，旅客本身携带机票和掌控旅行信息，而货运过程完全依靠货运单和装舱单传递信息，因此货运过程中的货运信息处理与服务显得尤为重要，物流就是一个典型的货物运输与全程信息同步服务的范例。

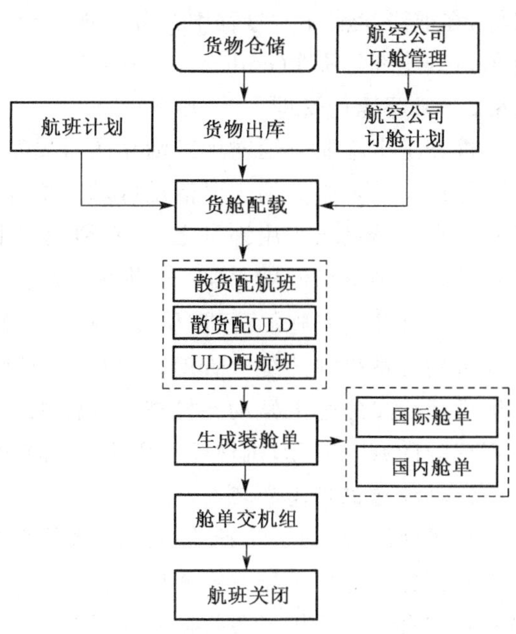

图 4-26　出港货物处理流程

4. 民航运输组织过程特点

从以上的航班运输组织与实施过程可以看到，为了航班“安全、正点”，航班的地面保障服务不仅涉及环节多和岗位多，而且涉及单位部门多和人员多；不仅需要岗位和人员之间的紧密合作，而且需要保障现场管理人员对出现的问题及时协调和解决；不仅需要每一项工作符合质量标准，而且需要“优质、高效”地完成每一项工作。图 4-27 所示为某一国际航班过站 110 分钟时间内的部分地面保障服务。从图中可以看到，每一项保障服务的开始时间、完成时间、各项服务之间的先后顺序关系，都计划得井然有序。例如，航班飞机到达后，靠廊桥，然后才有旅客下机及开放该航班旅客值机服务办理乘机手续。在这 110 分钟的过站期间，机务维修、跑道检查、空管部门、运行控制等部门一直保持对该过站航班的服务和监控状态。各生产部门为了保障“航班正点”这一共同

序号	工作内容	时限
1	旅客到达/离港	25m
2	客桥靠机	5m
3	开舱门，旅客下机，离港	20m
4	值机	75m
5	旅客办理乘机手续	40m
6	旅客登机	20m
7	装食品	70m
8	装货，主管监督	100m
9	行李车靠上，卸行李	40m
10	装行李	55m
11	货车靠上，卸货	45m
12	装货	45m
13	运载平衡	100m
14	调度	110m
15	ATC监视	110m
16	发电报	15m
17	加油	60m
18	登机车辆调度	60m
19	机组进场，飞行后检查	15m
20	平衡检查，飞行前检查	25m
21	机务维修	110m
22	飞机外观检查	25m
23	机舱检查，客舱清洁，加水	40m
24	拖车撤离	20m

图 4-27　某一国际航班 110 分钟过站的地面保障服务时序（节选）

目标，在航班运输保障过程中充分体现了定时性(timed)、时序性(sequence)、协调性(coordination)和全局性(collectivity)等特点。

4.6.2 机坪运行管理

机场是实施航空运输生产活动的重要基地，机坪则是机场飞行区中除跑道系统之外供飞行地面保障服务的主要活动区域。机坪运行管理内容因机场规模和机场性质而异，各机场在申请机场使用许可之前，必须根据本机场的具体运行要求按照民航管理当局的相关规定编制机场使用手册[49]，并在运行实践中不断补充、修改和完善。民航局在 2008 年 2 月 1 日开始实施的《民用机场运行安全管理规定》(CCAR-140)[44]中明确指出，“机场管理机构负责机坪的统一管理，应当建立机坪运行的检查制度，并指派相应的部门和人员对机坪运行实施全天候动态检查”，确保机坪安全高效运行。机坪是飞机、车辆、设备和人员密集的区域。因此，机坪运行管理是机场运行管理的主要内容之一。

1. 机坪标识标志管理

在机坪区域，为了使各项地面保障服务工作有序进行，在机场设计和建设过程中，就已经根据各项保障工作内容和区域范围，按照“国际民航组织”(ICAO)和我国民航管理当局颁布的有关民用机场飞行区技术标准[50]，设置安装和划定标注了各种标志和标识，以指示和引导飞机的滑行路线与泊位机位、各类特种车辆的行驶路线和停放地点、各类站坪工作人员的服务区域和活动范围。这些飞机滑行线、停机线、机位标志线、车辆行驶线、禁停线、停车线、等待车位线等标识和标志的颜色、大小和位置，都必须符合国际规范和国家标准，并定期维护保养，以保证所有标识和标志清晰、醒目、完整和有效。机场在航班保障服务期间，特别是大型机场的高峰时段，机坪区域是飞机、车辆、人员的密集活动区，因此，飞机、车辆和人员都必须按照规章规则和标识标志各行其道、各在其位、各尽其职。

2. 机位管理

机位管理是机坪运行管理中的一项重要内容。民航局《民用机场运行安全管理规定》[44]中明确要求机坪和机位应当由机场管理机构统一管理，并建立相应的统一指挥调度机制。除根据本章 4.5.4 节所述的机位基本分配和调度原则外，机坪运行管理部门还必须根据机场具体运行情况对机位进行实时调配。在机坪运行管理中，为了保证飞机安全进入机位和安全停放，并能够得到及时有效的保障服务，机坪管理部门需要对参与机位保障服务工作的人员和车辆设备等加强现场管理。

1)进入机位前

在飞机进入指定机位前，机坪现场管理必须保证飞机能够安全进入机位。按照规定[44]，机位区域除负责飞机入位的指挥协调人员外，其他各类人员、车辆、设备、货物和行李均应当位于规定的机位安全线区域之外或机位作业等待区之内；各类车辆和设备必须可靠制动或固定停放在规定位置；有液压装置的保障作业车辆或设备必须确保其液压装置处于回缩状态；保障作业车辆在等待时驾驶员应当随车等候；所有设备必须有人看守；廊桥活动端必须处于廊桥回位点；泊位引导系统运行正常；机位清洁卫生并没有任何障碍物等。此外，接机人员必须至少在飞机进入机位前 5 分钟，对机位的上述准备工作进行认真检查，确保机位的适应性。

2)进入机位过程中

在飞机进入机位过程中,任何车辆、人员应该保持原位,禁止在飞机与接机指挥人员之间穿行。在飞机安全泊位并且接到接机指挥人员的操作许可指令后,廊桥或客梯车、行李货物传送带车、货物升降平台车等保障服务车辆设备,方才可以与飞机对接、或靠近或开始服务[44]。

3)进入机位后

在飞机泊位机坪接收保障服务期间,除必要的安全护卫人员之外,任何各类保障服务车辆和人员必须按照相关管理规定,在规定的操作位置或工作区域范围内进行活动(图4-22),包括按规定必须与飞机保持的距离等,以确保飞机机身安全。

3. 机坪飞机运行管理

飞机是航空运输的主要生产工具,为确保飞机本身安全和机场生产安全,飞机在机坪的任何活动,都有严格的管理规定[44],包括泊位、滑行、移动等,都必须严格服从和遵守空中交通管制员或机场管理机构的指令和现场人员的指挥,依据相关规定进行操作[4]。为确保飞机在机位安全泊位,根据规定,泊位期间飞机发动机必须处于关闭、防撞灯关闭、轮挡按规范放置及飞机刹车松开状态。当机场发生应急救援、航班大面积延误或长时间延误、特殊飞行保障、飞机故障等情况时,航空公司或其代理人必须服从机场管理机构的移机指令,将飞机移至指定位置。飞行员开动飞机滑行,必须经空中交通管制员或飞行指挥员许可。飞机在滑行或牵引时,必须按照规定的或空中交通管制员、飞行指挥员指定的路线行进。关于飞机在机坪机位试车和维修等操作、飞机除冰清洗等服务,民航管理当局均有明确的管理规定和具体要求。

4. 机坪车辆运行管理

机坪区域为航班提供保障服务的车辆不仅数量多,而且种类多,有飞机拖车、清水车、污水车、行李拖头车、行李传送带车、货物升降平台车、加油车、空调车、电源车、气源车、机务工具车和通讯设备维修车,等等。此外,除登机客梯车外,还有机组人员和VIP用车、引导车、行李和货物拖车、旅客摆渡车、除冰车、现场指挥车、安全巡逻车及航空食品补给车等。为确保机坪安全有序运行,机场管理机构对机坪区域的所有车辆进行统一、严格和规范的管理和管制,机场各运行保障单位必须对本部门的车辆加强管理。《民用机场运行安全管理规定》明确指出,为飞机提供保障的单位,应当制订相应的作业规程,并严格按照作业规程实施保障作业,各单位应将车辆、设备在机坪保障作业的规程报送机场管理机构备案。所有保障车辆、设备在为飞机提供地面保障作业时,其他车辆、设备不得进入该机位作业区域。机场管理机构是机场飞行区道路交通安全工作的第一责任人,负责航空器活动区车辆号牌、行驶证、驾驶证核发和管理,以及飞行区内道路交通安全管理[51]。

(1)车辆的进场控制。根据规定[44],机坪区域只有经许可的运行保障车辆和随行工作人员进入。进入机坪的一切车辆和人员必须经过严格审查,必须持有机场公安机关颁发的有效通行证件,并主动配合护卫与安检人员的检查并获许可后方可进入。任何进入机坪车辆所携带的物品,需经护卫人员检查并获准许可后方可带入。

(2)车辆作业管理。机场管理机构对进入机坪区域提供保障服务的所有车辆,必须严格按照《中华人民共和国道路交通安全法》、民航局《民用机场航空器活动区道路交通安全管理规则》和《民用机场运行安全管理规定》，以及机场所在地政府颁布的道路管理法令法规、机场使用手册的相关规定加强管理，所有在机坪区域内活动的车辆，其行驶速度、停靠位置、停靠方式及车辆操作等，必须遵守相关规定、规则和规程[44]。为进港和过站航班飞机提供服务的车辆，应在飞机停靠机位前到达指定等待停车位（如果是远机位）或到达飞机安全区外且不影响其他飞机滑行和车辆通行处等待；对始发航班，提供服务的车辆应在飞机起飞前规定的时间内（通常提前一个小时）或按机组要求到达上述区域等候。服务结束后，各服务车辆必须撤离现场，返回规定的停放地点。

5. 机场运行区施工安全管理

为了满足不断增长的机场客货运输业务需要，机场基础设施或大型设备需要扩建或改造，同时需要保障机场正常安全运行。

民航局《民用机场运行安全管理规定》中规定，机场内任何不停航施工，由机场管理机构负责统一向机场所在地民航地区管理局报批，并同时提交施工工程项目建设的有关批准文件、机场管理机构与工程建设单位或施工单位签订的安全保证责任书、施工组织管理方案及附图、各类应急预案等资料。机场不停航施工经批准后，机场管理机构还应当按照有关规定及时向驻场空中交通管理部门提供相关基础资料，并由空中交通管理部门根据有关规定发布航行通告。任何进入机场飞行区或机坪区域从事施工作业的人员和车辆，都应当申办通行证（包括车辆通行证），并在飞行区出入口接受检查，施工临时设置或搭建的设施应当符合机场安全保卫的有关规定。施工人员和车辆应当严格按照施工组织管理方案中规定的时间和路线进出施工区域。机场管理机构必须加强对施工现场的安全、标志、卫生、污染、噪声和电磁干扰等可能影响机场正常运行的因素进行管理和检查。每次施工作业结束并验收合格后，所有施工设备和人员必须严格按照施工文件要求，文明撤离施工现场。机场扩建或改造工程结束后，经工程质量验收和技术认证合格后，恢复机坪正常运行。

6. 机坪作业人员管理

为了维护机坪正常运行秩序，实现安全生产、高效运作和优质服务目标，机场管理当局对机坪各运行岗位的作业人员实施严格的制度化、程序化、规范化管理。所有机坪作业人员需建立详细的人事管理档案，定岗、定编，加强人员的安全管理和审计。持证上岗，并定期培训和考核。参与机坪运行保障服务的各单位依据民航管理当局的管理法规和机场运行手册等有关规定，制定岗位人员操作规范和管理制度，建立健全配套的考核措施，实施经常性的检查与监督，及时指导和协助有关单位完善现场运作管理制度，提高现场作业人员的法制观念、安全意识、操作技能和道德水准。

由于机坪现场服务内容繁杂，涉及旅客、货物、机务、油料、食品、机舱、安保等部门，分别隶属于机场、航空公司、第三方服务提供商等多家单位，因此，机坪作业人员管理通常按单位按部门以作业班组为基本作业单位，在指定时间和指定区域范围内从事指定作业。各保障服务单位配以现场监督和巡查，加强现场人员管理。

7. 机坪现场作业管理

机坪现场作业是旅客和货邮运输地面保障服务的具体实现过程，其作业内容与航班性质、机型及航班要求有关。例如，短程航班和远程航班、大飞机和小飞机、出发航班和到港航班、终点站航班和过站航班、旅客航班和货运航班、远机位和近机位等，其机坪服务内容和服务要求不同。如图4-21～图4-23和图4-27所示,机坪作业服务先后顺序、服务时限和服务时间要求不同、服务区域和服务部位不同,各服务单位的作业班组将根据具体服务内容和时间要求,按照操作规范文明作业。

机坪作业是影响航班服务质量的主要环节之一,直接影响航班正常和行李货物运输完好性。目前世界上民航运输服务中行李货物损坏和丢失是仅次于航班延误给航空公司带来极大损失的第二大原因[47]。据SITA统计,2007年全球行李货物丢失使航空公司损失高达38亿美元。因此,提高机坪作业管理是保障航班服务质量的重要内容。

8. 机坪防火和消防管理

机坪防火与消防管理是机场运行管理的重要内容之一。按照《民用航空运输机场消防站消防装备配备标准》、《民用航空运输机场飞行区消防设施运行标准》和《民用航空器维修地面安全》等相关规定,机场管理机构应当加强机坪工作人员的防火和消防知识教育,并采取必要措施,加强机坪防火与消防工作。例如,在机坪内显著位置设置醒目的"禁止烟火"标志;禁止吸烟,并公布火警报警电话号码;加强对机坪明火、释放烟雾或粉尘等的管理;配备消防设施设备;在机坪区域运行的所有车辆和服务设备上必须配备灭火器,并定期检查其有效性;加强对飞机加油作业、加油设备、油料及易燃物品的管理;定期对机坪消防设施设备使用方法的人员培训;定期对机坪安全进行检查,确保机坪运行安全。

9. 机坪清洁卫生管理

2000年7月25日,法国航空公司的AF4590航班协和超音速客机在巴黎戴高乐机场起飞过程中爆炸坠毁,造成机上109人全部及地面4人死亡。事故经过近10年的调查分析后,于2010年12月6日法国一家法院对事故原因进行了认定:在事故发生当天,美国大陆航空公司的一架麦道DC-10客机起飞时从机身上掉落了一根长约41厘米的金属片,正是这根掉在跑道上的金属片划破了失事的协和客机左侧主起落架右前轮,高速旋转中的轮胎破裂后产生的碎片击中飞机油箱,从而引发燃油泄漏并起火,最终导致客机爆炸坠毁[52]。这一惨重事件说明机坪清洁卫生不仅仅是体现机场生产文明程度,更为重要的是涉及航班运输飞行安全。

根据规定[44],机场管理机构统一负责机坪日常保洁和卫生管理与监督工作,并与各机坪使用单位明确和落实机坪日常保洁及卫生监督责任,以加强机坪现场清洁卫生工作的管理,包括对机坪区域各类油料、污水、有毒有害物及其他废弃物的管理与处置,以及严禁在机坪区域进行垃圾分拣。

4.6.3 航班运行管理

航班运行,通常指一个航班从进入地面保障服务工作开始,到航班抵达目的地机场后涉及的所有地面保障服务全部完成为止的全过程工作。在这一过程中,犹如由几个演奏篇章组成的一曲大型交响乐,由航空公司、机场管理机构、空管、油料等多个部门分工协作共同完成。通常,航班的商务计划、飞机和机组管理及签派放行工作,主要由航空公司或代理人负责;在机场区域的地面保障服务工作,主要由机场运行指挥中心对各服务单位进行统一协调指挥;有关航班的航行和空中飞行过程主要由空管部门负责指挥和调度,航空公司运行控制中心同时负责对航班飞行过程的动态情况进行跟踪监控,以在航班飞行出现异常情况下协助空管共同采取应对措施。

4.7 不正常航班管理

保障航班正常，是各国政府和各民航单位一直为之不懈努力的目标。但是，由于影响飞机正常飞行的因素很多，因此航班延误时有发生，这是民航运输业与生俱来不可避免的一种现象。随着航班量的增加，航班延误或取消等不正常现象随之日益严重。根据我国民航局发布的《2010年民航行业发展统计公报》[53]统计，2010年，我国主要航空公司计划航班正常率为75.8%，中小航空公司计划航班正常率仅为68.8%(图4-28)。根据统计分析[53]，在航空公司航班不正常的主要原因中，航空公司自身原因占41.1%，空管流量控制原因占27.6%，天气原因占19.5%，其他原因占11.8%；中小航空公司航班不正常原因中，航空公司自身原因占47.9%，空管流量控制原因占25.6%，天气原因占18.0%，其他原因占8.5%。根据美国运输部(DOT)资料统计[54]，2009年美国的航班正点率为78.89%，到港航班延误率为19.26%，航班取消率为1.59%。

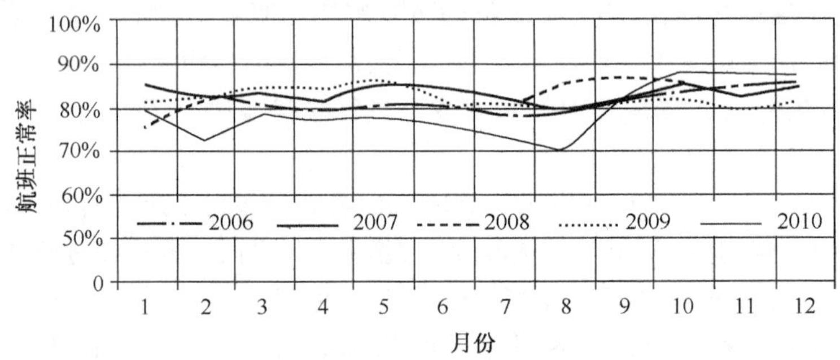

图4-28 我国民航正常航班季节性分布特征

资料来源：民航局网站

虽然民航运输业在稳步发展和增长，但是越来越严重的不正常航班现象已经对民航和旅客造成了不可小觑的直接和间接经济损失[55]，甚至在一些机场引发不良社会影响的群体事件，严重影响了机场和航班的正常运行秩序，并影响着民航在交通运输竞争市场中的健康发展，已经引起各发达国家民航管理当局的高度重视。

4.7.1 不正常航班的界定

一般认为，航班未能按机票上注明的时刻起飞或到达，则就被视为航班晚点或延误，就应该属于不正常航班。但是，关于不正常航班的界定，目前世界上还没有统一标准。

1. 国外关于不正常航班的界定

美国是世界上民航最发达的国家，美国民航的相关法律法规中并没有对“不正常航班”给予直接的描述或明确的界定，但在美国联邦条例(Federal Regulations Title 14)[56]中比较清楚地界定了何谓“正点航班”和“晚点航班”：正点航班是指在公布的到达班期时刻15分钟以内到达的航班(“on-time means a flight that arrives less than 15 minutes after its published arrival time”)；晚点航班是指到达登机门的时刻比公布的到达班期时刻迟到超过15分钟的航班(“late or late flight means a flight that arrives at the gate 15 minutes or more after its published arrival time”)。该条例要求各航空公司制定正常航班、晚点航班、取消航班和改航航班的服务程序和服务标准，并定期向运输部(DOT)提交关于航班正点率(on-time performance)的月度服务质量报告，内容包括报告月内正点航班、晚点航班、改航航班(diverted flight)、取消航班(cancelled flight)和终止航班(discontinued flight，从公布的航班时刻中撤销)的航班数量及占百分比，政府部门将在 CRS 上予以公布。政府的这种公布，将直接影响航空公司在 CRS 销售系统上的排名和旅客的购票选择。

在 2009 年之前，美国的航空公司通常以关闭舱门的时间来衡量航班是否正点起飞[56]。这种做法虽然正点关闭舱门并从机位正点推出，但由于飞机在滑行道或跑道上等待起飞指令的时间有时很长，实际上航班并未真正正点起飞。频频发生的这种“貌似”的正点，仅仅表明机场和航空公司等单位的地面保障服务正点结束，实际上航班在地面长时间滞留，造成旅客大量投诉和不满，也增加了航空公司的航班成本和机场的拥挤。为了避免这种“航班正点率虚高”现象，2009 年 12 月 30 日美国运输部发布新规定，(Federal Regulations Title 14：Aeronautics and Space Part 259)，要求航空公司对飞机长时间滞留滑行道或跑道的情况采取措施，降低延误，改进服务，否则航空公司应承担相应的责任[56]。

关于不正常航班，欧洲议会和欧盟委员会公布的法律法规文件同样没有给予具体界定。在 2004 年 2 月 11 日发布的“关于航班拒载、取消或延误时对旅客赔偿和帮助”的 EU261/ 2004 规章中，制定了详细的乘客赔偿标准，并明确界定了“航班超过预定离港时间(scheduled time of departure)”延误 2 小时以上的几种赔偿细则[57]。但是从航班正常率统计的角度出发，EU261/2004 规章并没有说明“航班超过预定离港时间”多少分钟就属于航班延误范畴。

日本航空公司关于正常航班的统计方法通常考虑出发时刻正点和到达时刻正点两种情况。出发时刻是指航班飞机起飞前从机位推出的时刻，到达时刻是指航班飞机到达指定位置停止的时刻。正点出发(到达)是指起飞(到达)时间超出公布的班期时刻不满 16 分钟[58]。

此外，在现有的民航国际公约中，未见明确描述或具体界定关于正常航班的统计方法、不正常航班或延误航班的标准。由于没有统一的国际标准，因此航班正点率统计结果就缺乏国际化的可比性，并且在出现国际航班延误或取消的情况时，关于乘客赔偿的界定和标准往往出现分歧和纠纷。

2. 中国民航关于“不正常航班”的界定

关于“正常航班”和“不正常航班”这两个概念，我国民航局 2007 年颁布的《民航航班正常统计办法》中有相关说明[59]：

1)正常航班

符合以下条件之一者界定为正常航班：

(1)在班期时刻表公布的离站时间后 15 分钟(北京、浦东、广州及境外机场 30 分钟，虹桥、深圳机场 25 分钟，成都、昆明机场 20 分钟)之内正常起飞且未发生返航、改航和备降等不正常情况的航班。

(2)在班期时刻表公布的到达时间前后 10 分钟之内落地的航班。

2)不正常航班

凡有下列情况之一者则视为不正常航班：

(1)不符合正常航班条件的航班。

(2)发生返航、改航和备降等不正常情况的航班。

(3)未经民航局或地区管理局主管部门批准，航空公司自行改变计划的航班。

相比之下，中国民航关于正常航班和不正常航班的界定比较清晰，具有较强的可操作性，有利于对不正常航班的规范化管理。

4.7.2 不正常航班的分类

产生不正常航班的原因很多，根据民航局的统计方法[59]，主要分为以下几大类：

1.航空公司原因

目前在我国，由于航空公司原因引起的航班不正常现象占比较高，参见图 4-29，其原因可以归结为以下几方面：

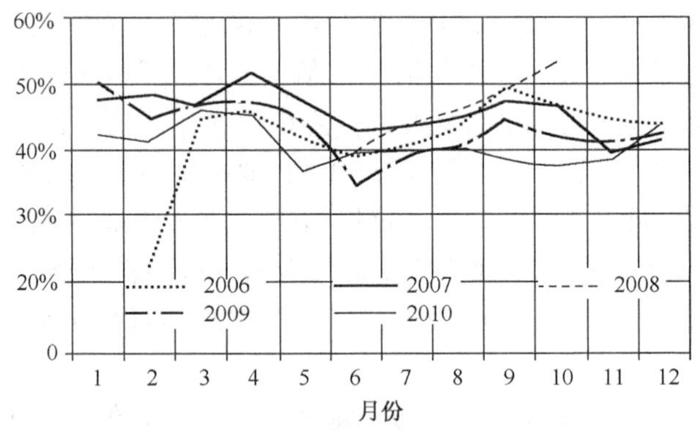

图 4-29 我国民航不正常航班航空公司原因占总比季节性分布

资料来源：民航局网站

1)航班计划设计质量问题

有的航空公司为了提高飞机周转率，航班安排过密，航班计划中的过站时间少于过站实际需要时间；航班计划中的航段飞行时间少于实际飞行时间，造成航班晚到，影响后续航班正常执行；由于航班改换机型，导致飞行时间和过站服务时间与原定计划时间不同，便产生延误。这些原因都造成了航班的先天性延误，属于航班计划设计问题。其原因是在航班计划设计阶段设计人员对市场、航线、机型和运行能力等方面的信息和知识掌握不够，缺乏航班计划设计专业基础或航班运行管理经验等。

2)市场与运力问题

有些航空公司对市场缺乏科学分析，要么是有航班计划有运力而没有市场，要么是有市场有航班计划而没有运力，最终导致航班计划无法正常执行而出现航班终止、取消、合并或临时调整现象，这属于市场营销问题，对航线市场规律掌握不够。

3)保障能力问题

有些航班由于飞机机械故障或例行维修检查工作未能按时完成，又无飞机周转调配；有的是机组原因；有的是航班地面保障不及时，如餐食和行李货物装载、机舱清理等原因导致航班不正常，这些属于航空公司的运行管理问题，缺乏对航班保障资源的统筹、协调、组织与管理。

2. 天气原因

由于本地或目的地或航路天气原因，或因其他地方天气原因引起本场航班飞机周转问题，导致航班延误或取消或合并的连锁影响。特别是近年来全球气候变暖后频繁出现天气灾害，如暴雨、冻雨、暴风雪等现象，引起大面积的航班延误。无论是我国还是其他发达国家，政府投入了大量经费和人力进行气象预报技术研究，以提高天气预报准确性。但是天有不测风云，面对天气灾害这一不可抗拒因素，可通过提高天气预报技术、飞机性能、飞行员驾驶技术，以及航班计划设计人员详细掌握各地区季节性气象特点(图 4-30)，尽可能地降低天气对航班正常性的影响程度。

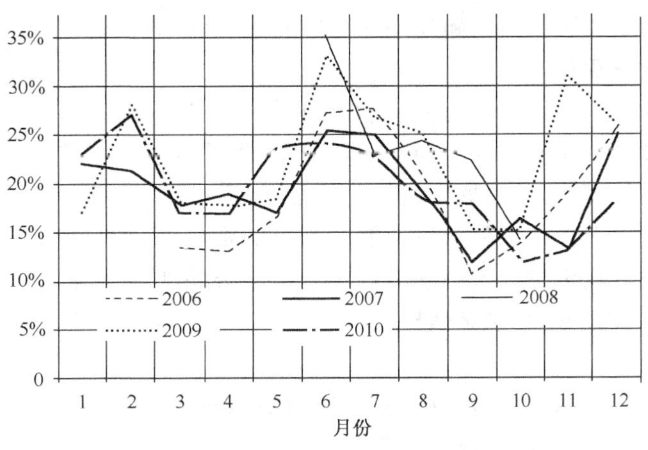

图 4-30 我国民航不正常航班天气原因占总比季节性分布

资料来源：民航局网站

3. 空管原因

空管方面比较突出的问题，目前主要是空域流量限制与与日俱增的航班需求量之间的矛盾(图 4-31)。根据 2011 年 6 月“中国国家空域技术重点实验室”首次公布的我国空

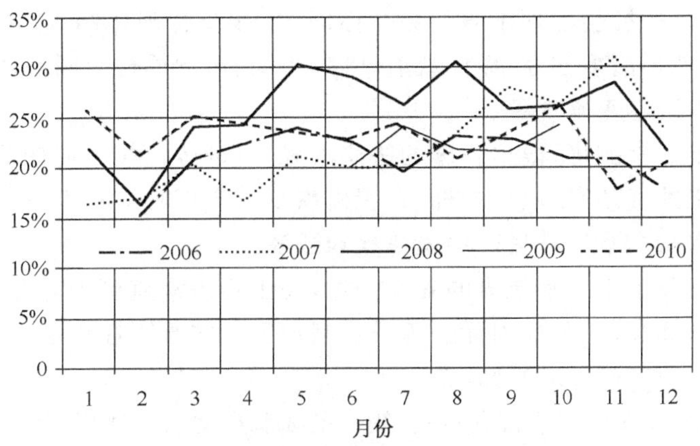

图 4-31 我国民航不正常航班空管原因占总比季节性分布

资料来源：民航局网站

域利用情况[60]，我国军民航实际可用空域面积为998.50万平方千米，其中，军航日常使用空域占23.51%，民航日常使用空域占32%，临时航线占5.51%，目前还有部分空域未被有效利用，主要集中在我国西部人烟稀少地区。

空域流量限制的典型表现，主要体现在大型机场周边进近空域和机场起降时刻过度繁忙。随着一些大型繁忙机场的跑道数量增加，机场繁忙程度在一段时期内得以缓解。但是多跑道、多机场系统的进近区域协调指挥与协调管理水平需要同步提高。

引起不正常航班的空管原因还有通信导航和航行情报服务问题。

4.机场原因

在不正常航班的原因中，机场原因占比相对较小，主要是机场的地面服务设施设备和车辆运行保障、作业协调与调度、供电保障、鸟害、地面运输服务保障、安全检查、人员安排与管理等问题。在冬季可能由于跑道清理积雪和飞机除冰而延误航班。

5.航班时刻管理原因

随着经济全球化的发展，特别是热点城市机场吞吐量需求的迅速增长，航班起降时刻成为繁忙机场的紧缺资源。尽管增加了跑道数量，但是空域容量和机场运行水平并没有成倍增长，航班延误现象依然是繁忙机场的重要特征之一。有限的机场起降时刻难以满足不断增长的航班需求。特别是习惯性航班延误的机场，需要对航班时刻的可行性进行客观评估。虽然民航航班时刻管理部门满足了航空公司的时刻需求，实际上并没有具体可行的措施保障航班正点，结果必然延误。

6.联检原因

联检单位包括边防、海关、检验检疫，属于政府派出机构。由于联检服务影响旅客办理手续造成旅客晚登机，从而造成航班延误。

7.其他原因

影响航班正常的其他原因包括特殊飞行、油料服务、离港系统故障、旅客或行李原因、重大事件、军事训练等，从而导致航班不正常。

4.7.3 不正常航班的处置

如同以上分析，导致航班不正常的原因很多，有些属于技术原因、有些属于管理原因、有些属于体制原因，是社会各种矛盾的综合性问题，涉及管理体制、政策法规、运营管理、设备技术、综合保障等诸多方面，需要政府、管理当局、运营单位等同心协力、综合治理，才能从根本上减少航班不正常现象。

对于出现的不正常航班，根据我国的法律法规，航班运行相关责任单位和部门按照各单位的不正常航班处置预案，依法处理，并积极恢复航班正常运行秩序。

1.关于不正常航班乘客补偿的相关法律和法规

如同前面所述关于不正常航班的界定一样，关于不正常航班乘客补偿或赔偿政策，目前国际上尚无统一标准，相关的国际公约只是制定了一些原则性规定。

1)"国际民航组织"(ICAO)的政策

1999年5月28日签订于蒙特利尔的《统一国际航空运输某些规则的公约》第十九条中，关于航班延误责任这样认定：乘客行李或货物在航空运输中延误引起的损失，承运人应当承担责任。但是，承运人证明本身及其雇佣者或代理人为了避免损失的发生，已经采取了一切可合理要求的措施或不可能采取此种措施，则承运人不对因延误产生的损失承担责任。该公约第二十二条中关于承运人应当承担的责任是，对每名乘客延误赔偿以 4150 特别提款权为限[61]。

2)欧盟的政策

欧洲议会和欧盟委员会于 2004 年 2 月 17 日发布的 EU261/2004 规章中，专门规定了在出现航班延误及取消航班现象时对乘客的补偿标准，详细规定了发生延误时航空公司应尽的义务，并针对不同航程内的延误航班制定了相应的经济赔偿标准。根据 EU261/2004，如果航班延误 2～4 小时，承运人应当向乘客提供餐饮、住宿、免费电话、文传或电子邮件等方面的帮助；如果延误 5 小时以上，承运人应当向乘客支付一定数额的现金赔偿；如果航班取消，承运人则应向乘客支付 250～600 欧元的现金赔偿[57]。

3)美国的政策

美国联邦条例(Federal Regulations Title 14)中对航班延误的处理规定是，国内航班应确保飞机不得在滑行道上停留超过 3 小时，否则在不影响安全的前提下，乘客可以选择下机；飞机滞留滑行道上超过 2 小时，航空公司应为机上乘客提供相应的食物和饮用水，并保证卫生间或其他医疗设备可供使用；对于违法规定的航空公司，由运输部予以高额处罚，最高可达每位乘客 2.7 万美元[56]。

4)日本的政策

日本政府关于航班延误乘客补偿没有相关的具体法规。日航、全日空等航空公司在各自的《国内乘客运送条款》中对航班延误或取消等行为的处理给予了明确说明，并在乘客购票时予以告知[62]。根据这一《国内乘客运送条款》，如果航班由于安全需要、恶劣天气、不可抗拒力、争议行为、骚乱、战争及其他不可避免因素导致的航班取消或变更，乘客在旅行开始之前可以更换本公司的其他航班；旅行开始后无法履约的，航空公司要使用本公司、其他公司的航班或其他交通方式将乘客送达最初目的地，产生的原机票票价之外的额外交通费用由航空公司承担；乘客也可以选择全额退票或机票延期。如果由于航班延误乘客认为权益受到侵害，乘客可以提起民事诉讼诉求赔偿。

5)中国的政策

我国政府和民航管理当局关于不正常航班旅客补偿的相关法规一直在实践中不断完善。《航空法》第 126 条明确规定，对乘客、行李或货物在航空运输中因延误造成损失，承运人应当承担责任。但是，承运人证明本人或其受雇人、代理人为了避免损失的发生，已经采取一切必要措施或不可能采取此种措施的，不承担责任[2]。这一法律规定合理地维护了乘客和承运人双方的合法权益。

1996 年 3 月 1 日同时开始施行的《中国民用航空乘客、行李国内运输规则》第五十八条规定，“由于天气、突发事件、空中交通管制、安检及乘客等非承运人原因，造成航班在始发地延误或取消，承运人应协助乘客安排餐食和住宿，费用可由乘客自理”；第五十九条规定，“航班在经停地延误或取消，无论何种原因，承运人均应负责向经停乘客提供膳宿服务”；第六十条规定，“航班延误或取消时，承运人应迅速及时将航班延误或取消等信息通知乘客，做好解释工作”。

由于航班延误引起的国内乘客补偿纠纷时有发生，2004 年 6 月民航总局颁布了《对国内航空公司因自身原因造成航班延误给予乘客经济补偿的指导意见(试行)》[63]，对于航空公司原因造成的航班延误，根据航班延误时间分级补偿，如延误 4 小时(含)以上不超过 8 小时、延误 8 小时(含)以上的，对乘客给予不同方式不同程度的经济补偿。经济补偿可以采用多种方式，航空公司根据乘客本人意愿和选择，如现金、购票折扣和里程等方式予以兑现。具体补偿方法和方案由各航空公司根据该指定意见精神制定。

中国民用航空运输协会于 2010 年 11 月 1 日发布了《航空运输服务质量不正常航班承运人服务和补偿规范(试行)》[64]，将在国内民航不正常航班乘客服务中的信息提供，航班服务，客票的退、改、签等质量问题，在补偿中分为非承运人原因和承运人原因。非承运人原因是指天气、突发事件、空中交通管制、安检、乘客或公共安全等原因；承运人原因是指航班计划、机务原因、航班调配、运输服务、机组等原因。该规范中明确表示非承运人原因引起的航班延误承运人不承担补偿责任，机场或航空公司协助乘客联系餐饮服务和休息场所的相关费用由乘客自理。但是如果航班在经停站延误或航班备降，航空公司应根据需要向经停乘客提供免费餐饮服务和住宿场所。由于承运人原因造成航班延误、取消，客票的退、改、签费用由承运人承担补偿。承运人根据延误时间向乘客提供免费餐饮服务和休息场所。延误预计在 1～4 小时以内(含 4 小时)的航班，及时向乘客提供餐饮；延误 4 小时以上，则安排休息场所；在原预定航班离站时间后 4～8 小时(含 8 小时)内成行，还需向乘客提供价值 300 元的购票折扣、里程或其他方式的等值补偿，或是人民币现金 200 元；在 8 小时以后成行的，向乘客提供价值 450 元购票折扣、里程或其他方式的等值补偿，或是人民币现金 300 元；航空公司在客票列明的离站时间 24 小时前已通知乘客航班取消，乘客接受变更航班或选择退票，承运人将不给予补偿；如向乘客提供其他航班或其他运输方式，使乘客在原预计到达时间之后 4 小时内到达最终目的站，但乘客放弃该服务，也不给予补偿；由于乘客拒绝上、下飞机造成的航班延误时间，不计入承运人原因造成的累计延误时间。

随着乘客维权意识的日益增强，为了维护承运人和乘客双方的合法利益，有些航空公司和地方政府(消费者协会)针对航班延误也先后制定了相应的地方法规，以规范航班延误的界定和对延误乘客的补偿行为。

2. 不正常航班恢复技术

不正常航班的恢复过程比较复杂，特别是在“大面积航班延误”情况下，涉及的航空公司多、航线多、航班多、旅客因素多，航班恢复更为复杂。由于机场是航班运行组织和实施保障服务的集结地与第一现场，因此，为了应对航班运行异常情况，通常以机场当局为牵头单位[65]，在机场设立由空管、航空公司和机场当局代表组成的诸如“航班运行指挥中心”或“航班运行协调委员会”之类的机构，并建立相应的航班运行协调机制，负责协调本场航班运行过程中涉及的各个方面的资源调配。在针对大面积延误的航班恢复过程中，首先需要与各延误航班相关的航空公司向航班协调委员会提交航班恢复计划，经空管等运行控制单位对各家航班恢复计划进行统筹和协调后，进入航班恢复计划的实施过程(图 4-32)。

1)航班恢复计划

恢复航班运行,首先需要航空公司制订航班恢复计划,航班运行控制部门将根据所掌握的不正常航班信息、飞机运力运用和航班中断后的分布状况、机组执勤现状、航班旅客人数和所承运的货物等情况,分析产生不正常航班的原因及其可能导致的后果,密切关注不正常航班的发展趋势或消除动态,综合考虑现有运行条件,依据不正常航班处理预案,针对不正常航班的具体原因积极准备可能采取的航班恢复措施,并制订航班恢复计划。

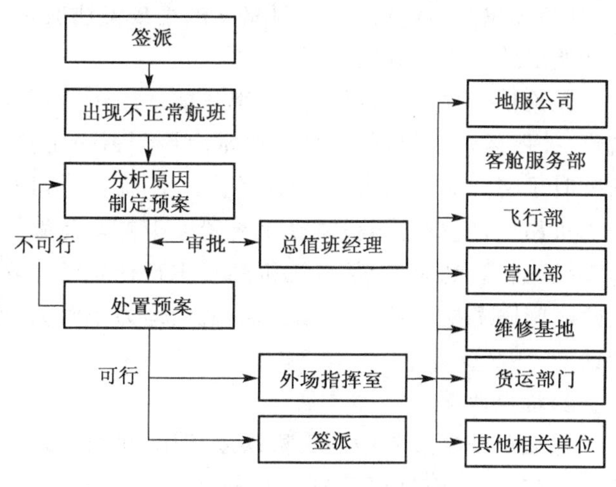

图4-32 不正常航班处理流程

对于大面积延误的航班恢复,航空公司运行控制部门需要确定哪些航班必须继续执行、哪些航班可以取消,哪些航班可以合并执行、哪些航班顺延执行,需要综合考虑利弊因素,分析航班恢复的难易程度,兼顾航空公司和旅客双方利益,以最小的代价达到最好的恢复效果。

关于制订航班恢复计划,航空公司通常采用的几种基本方法是:

(1)航班顺延。对于本场始发的延误航班,按航班计划出发时刻依次顺延执行。这种方法不涉及调整航班计划,恢复计划制订过程相对简单,涉及面相对小,但是可能会导致后续航班的累积性延误,通常只适用于延误航班量较小的情况。

(2)航班取消。由于导致航班不正常的原因在短时间内难以消除或不可消除,或由于机组人员当日执勤时间超过标准,被延误的航班无法继续执行,因此航班只能取消。如果取消去程航班,则回程航班将无法执行,特别是甩辫子航班将产生连锁效应。在这种情况下,回程航班可以通过改换机型合并航班方式恢复执行。

(3)航班合并。由于原计划航班无法恢复,可以与本公司同一航线的下一航班或其他航空公司的同航线航班合并(代码共享或旅客集体转签方式)并改用大飞机执行。

制订航班恢复计划,无论采取哪一种方式进行恢复,都必须考虑如何使在异地的不正常航班飞机和机组尽快返回基地,以保证后续航班的正常执行。

2)飞机调配

由于不正常航班导致部分飞机不能按原计划在预定机场执行航班飞行计划,或影响后续航班运力周转,因此需要对飞机进行重新调配,以恢复航班计划的继续执行。

(1)调换飞机。由于机务维修原因或因航班延误导致飞机周转延误,为保障航班正点,通常采取临时调换另一架飞机的方法执行该航班计划。调换飞机需要考虑机型对机组的要求。如果决定改换飞机,需要对旅客座位重新定座,以及货邮的重新配载与装机。

(2)调机。当飞机出现故障而无法继续执行航班时,将一地的空闲飞机调往执行被中断的航班;或由同一站执飞其他航线稍晚时刻航班的飞机改飞被延误的航班。

(3)飞越。与调机类似,调配飞机直接飞往航班计划中的下一经停机场,从航班中断点开始继续执行后续飞行任务。

无论哪一种飞机调配方法,都只能适用于小规模的航班延误情况。为了减少不正常航班,按照运营常规,航空公司通常应该预留一定量的备用运力,以备某一航班飞机周转断链时顶替。2010年民航局曾经要求各航空公司必须预留总运力的2%备用[66]。但由于飞机昂贵,航空公司很难真正闲置一架甚至几架飞机专做备用。一般可行做法是,在编排飞机飞行计划时,少部分飞机的日飞行计划任务安排相对较少一些,执飞的航班之间衔接时间间隔宽松一些,留有适当的机动运力小时,以便备用并且不产生较大的累积性航班延误。

3)机组调配

与航班恢复过程中的飞机恢复相比,机组恢复更为复杂:不仅需要考虑航班中断后机组的空间分布,而且要重新审核机组人员的日执勤时间和日累积飞行时间限制是否超标[18]。航班恢复中机组恢复的通常做法是:

(1)空载(deadhead)。对于航班取消或航班合并后可以继续执勤的机组,通常是从航班中断机场直接搭乘飞机前往指派执勤的航班出发机场,执飞指派的航班飞行任务。

(2)备用机组(reserved crew)。启用备用机组执飞中断航班的剩余航段。

(3)机组调配(crew scheduling)。当机组在航班恢复后执勤时间或当日累积飞行时间超标时,有时会将其充实到其他机组,形成加强型机组[18]继续执飞指派的飞行任务。

4)签派放行

在大面积航班延误后的航班恢复过程中,航空公司运控部门对于大量积压等待恢复的航班,需要重新制订放行计划。通常采取的放行顺序是:特殊任务航班、正点航班、延误时间长的航班、要客航班、国际航班、远程航班、乘客多的航班、其他延误航班等。

5)空管放行

机场所在地的空管部门,根据各航空公司的航班恢复放行计划进行汇总,兼顾各航空公司利益和空域能力,重新制订新的空管放行计划。为确保飞行安全和有序运行,空管部门对航班恢复通常采取的基本放行原则是:优先保障正点航班,在满足空域放行间隔标准的前提下,根据航班重要性按顺序放行:特殊任务航班、要客航班、国际航班、远程航班、乘客多的航班,其他延误航班。

不正常航班恢复,是航空公司、机场和空管等部门共同协调决策的过程,也是目前国内外学术界共同寻求以较小成本快速恢复航班运行的研究重点[67]。

3.关于"大面积"航班延误概念

关于不正常航班,通常使用"大面积"一词来形容航班不正常的严重程度和影响范围。那么,延误多少架次航班属于"大面积"?这是民航领域中又一个没有官方标准的习惯用语,但是在各机场或航空公司内部均有各自的标准或界定,并在公司《运行手册》或《不正常航班应急预案》中给予明确说明,以便针对不同致因不同程度的航班延误(尽管都属于大面积)采取相应的应对措施。以下为国内几个机场和航空公司关于"大面积"不正常航班的界定。

1)首都机场

首都机场关于大面积航班延误的界定采用相对量,分为两种情况:

(1)单位小时出港航班正常性低于 40%(根据当时航班信息估定)。

(2)延误 1 小时以上的未出港航班超过 20 架次。

2)虹桥机场

虹桥机场关于天气原因导致的大面积航班延误的界定分为三个等级:

黄色等级:滞留机场的延误航班达到 30 架次以上,或滞留候机楼内的出港旅客达到 3000 人以上,或因大雾出港航班全面延误超过 3 小时,或因雷雨、台风、龙卷风等造成出港航班全面延误超过 2 小时,或因冰雪天气导致出港航班全面延误超过 1 小时。

橙色等级:滞留机场的延误航班达到 60 架次以上,或滞留候机楼内的出港旅客达到 5000 人以上,或因雾天导致出港航班全面延误超过 5 小时,或因雷雨、台风、龙卷风等造成出港航班全面延误超过 4 小时,或因冰雪天气导致出港航班全面延误超过 2 小时。

红色等级:滞留机场的延误航班达到 100 架次以上,滞留候机楼内的出港旅客达到 8000 人以上,或因雾天导致出港航班全面延误超过 7 小时,或因雷雨、台风、龙卷风等造成出港航班全面延误超过 6 小时,或因冰雪天气导致出港航班全面延误超过 4 小时。

3)成都机场

成都机场关于大面积航班延误的界定分为三种情况:

(1)因各种突发原因造成机场关闭发生延误 4 小时内未恢复正常。

(2)出现 4 小时以上、15 个(含)以上国内航班延误。

(3)受影响的国际出港旅客数量达到 300 人以上(含 300 人)。

4)萧山机场

萧山机场关于大面积航班延误的界定分为四种情况:

一般:出港航班延误 30 架次,滞留旅客占当日航班量的 10%。

较大:出港航班延误 50 架次,滞留旅客 6000 人以上。

重大:出港航班延误 80 架次,滞留旅客 12000 人以上。

特大:出港航班延误 100 架次,滞留旅客 15000 人以上。

5)温州机场

温州机场关于大面积航班延误的界定分为四个级别:

IV 级:出港航班延误 20%以上、部分延误时间 2 小时、滞留旅客 1500 人以上。

III 级:出港航班延误 30%以上、部分延误时间 4 小时、滞留旅客 2500 人以上。

II 级:出港航班延误 50%以上、部分延误时间 8 小时、滞留旅客 4000 人以上。

I 级:出港航班延误 70%以上、部分延误时间达 12 小时以上、滞留旅客 5500 人以上。

6)南方航空公司

南方航空公司关于大面积航班延误界定分为四个等级:

红色预警:出港航班延误 1 小时以上且无法确定起飞时间达到 50 架次以上,或预计延误时间超过 4 小时的航班数量达到 50 架次以上;或全公司航班延误 1 小时以上且无法确定起飞时间达到 100 架次以上,或预计延误时间超过 4 小时的航班数量达到 100 架次以上。

橙色预警:出港航班延误1小时以上且无法确定起飞时间达到30～50架次(含),或预计延误时间超过4小时的航班数量达到30～50架次(含);或全公司航班延误1小时以上且无法确定起飞时间达到60～100架次(含),或预计延误时间超过4小时的航班数量达到60～100架次(含)。

黄色预警:出港航班延误1小时以上且无法确定起飞时间达到20～30架次(含),或预计延误时间超过4小时的航班数量达到20～30架次(含);或全公司航班延误1小时以上且无法确定起飞时间达到40～60架次(含),或预计延误时间超过4小时的航班数量达到40～60架次(含)。

蓝色预警:出港航班延误1小时以上且无法确定起飞时间达到15～20架次(含),或预计延误时间超过4小时的航班数量达到15～20架次(含);或全公司航班延误1小时以上且无法确定起飞时间达到30～40架次(含),或预计延误时间超过4小时的航班数量达到30～40架次(含)。

7)天津航空公司

根据天津航空公司《运行手册》,凡各类原因造成该公司航班符合以下任一条情况,均属大面积航班延误范畴:

(1)天津、西安、南宁等主要基地任一机场出港航班量30%以上发生2小时(含)以上延误,且续延时间未定的。

(2)乌鲁木齐、呼和浩特等主要机场或地区,集中区域性机场(如华东区域)航班总量30%以上发生2小时以上延误,且续延时间未定的。

(3)公司航班总量30%以上发生延误,且其中15%以上续延时间未定的。

从上述的机场或航空公司关于"大面积"不正常航班或航班延误的界定可以看出,"大面积"不正常航班从三个方面反映航班延误的严重程度:航班延误滞留时间、航班延误的航班架次,以及航班延误滞留的旅客人数。

4. 不正常航班处置

不正常航班致因很多,如天气和地震等不可抗拒自然因素,以及空管和航空公司等技术性因素[59]。也有人为因素引起的不正常航班大规模延误,如蓄意破坏或因某些原因诱发的群体性公共安全事件等。虽然我国民航管理当局将不能按公布航班计划正常执行的所有航班都定义为不正常航班,但在处置大面积航班延误过程中,需要根据具体致因采取相应的应对措施加以防范和处置。

针对不正常航班引起的大面积延误,各机场和航空公司都应制定相应的处置预案,预案通常包含以下主要内容:

1)组织与协调

为了有效应对大面积航班延误时产生的大量旅客在机场积压和滞留问题,以确保机场各项地面保障服务工作能够安全、有序、有效地进行,航空公司和机场当局应当建立健全、强力、有效的不正常航班应急处置组织和机制,负责组织和协调对不正常航班延误的处置、旅客安置和各项服务工作。

通常,航空公司和机场当局各自成立"大面积航班延误应急处置领导小组",是负责不正常航班大面积延误应急处置行动的最高决策指挥机构,其成员由公司航班运控中心(或运控指挥中心)负责人和各现场服务部门负责人组成。其职责是,在启动不正常航班大面积延误应急处置预案后,负责不正常航班情势预警,监察情势发展动态,及时通报延误信息和消除动态,根据延误程度及时实施不同级别应急处置预案,组织和协调各相关部门实施应急处置行动。

2)防范机制

"大面积航班延误应急处置领导小组"的另一项重要任务是,建立健全不正常航班延误应急处置防范机制,及时修订不正常航班大面积延误处置预案,落实各项应急处置防范措施,组织应急处置演练,形成有效的不正常航班延误处置机制。

不正常航班大面积延误处置防范机制,旨在保障应急处置时能够行之有序和有效,包括组织机制、预警机制、处置流程、应急通信设备、协调机制、旅客补偿政策、旅客安置措施、医疗救护、地面应急保障设备(除冰、融雪、除污),及应急救助协作单位与设施设备等各相关准备工作。

3)应急信息管理

及时掌握航班动态信息,是机场和航空公司争取处置航班延误主动权和进行应急处置决策采取相应措施的重要依据。航空公司的航班运控中心和机场运行指挥中心是大面积航班延误预警信息的发布单位。形成大面积航班延误现象存在一个发展过程。因此,当出现一定数量的航班延误时,特别在复杂天气情况下,航班运控中心需要密切关注航班延误及其致因的发展动态和趋势,随时掌握航班延误数量与旅客滞留规模,并根据大面积航班延误应急处置流程,及时向有关组织和部门通报事态发展情况。一旦进入应急处置预警阶段,立即发布预警信息。"大面积航班延误应急处置领导小组"及时启动应急处置预案,并向公司当日值班领导报告应急处置情况,组织实施应急处置。各现场单位及"大面积航班延误应急处置领导小组",需及时掌握航班延误发展动态和现场处置动态,保障信息畅通、及时、准确和可靠。必要时,通过一定形式向延误航班旅客和社会发布不正常航班大面积延误处置情况通报。另一方面,航空公司通过必要手段(如公共媒体和手机短信),及时向准备前往机场的航班旅客通报航班延误信息。

4)延误旅客安置

大面积航班延误应急处置的另一项重点工作,首先是妥善合理地、细致人性化地疏散安置延误旅客。在处置不正常航班期间,充分发挥服务设施设备作用和旅客服务技巧,稳定旅客情绪,增加安抚性服务内容,及时通报应急处置进展信息,积极采取有效措施,尽量化解旅客矛盾。特别是遇有紧急情况亟待解决的旅客和特殊旅客(如老年人、儿童、残疾人、孕妇等),当事部门需要采取特别措施予以重点解决,充分体现困境中的人文关怀。

出现大面积航班延误后,旅客疏散安置通常有几种方式:一种是积极协助旅客签转、退票或者改乘其他交通工具;另一种方式是根据延误致因和航班恢复动态,安排旅客入住宾馆休息等候。同时,根据航班延误或取消情况,按照航班延误补偿政策,给予旅客不同方式的合理补偿。

妥善安置延误航班旅客,"细微之处见真情",不仅能够化解各种矛盾,避免诱发公共安全事件,而且有助于航空公司和机场有序地开展各项应急处置工作和航班恢复工作。

5)现场处置

在处置不正常航班大面积延误期间,需要航空公司和机场等多方协作,共同做好现场处置工作:

(1)机场公安机关需要维护机场秩序,以保障正常航班流程和不正常航班应急处置工作有序实施:加强对敏感部位监控;采取积极有效措施,预防和及时依法处置任何违法行为;加强候机楼区域安全巡逻和防范;对出现的各类危险事件,立即组织人员疏散,加强防卫警戒,尽快消除危险。

(2)航空公司及其代理人在机场处置不正常航班期间,积极协助机场公安机关保护旅客生命和财产安全。

(3)安检护卫部门,必须确保安检通道和隔离区安全有序、飞机有效监护,积极协助有关部门维护候机楼的正常秩序。

(4)消防部门需要加强对候机楼巡逻,防火防爆。

(5)医疗急救部门需要加强对延误旅客滞留区域的巡视,加强现场救护力量,确保对老年体弱和重病症旅客的及时护理和救治。

(6)因机械故障导致的不正常航班,航空公司应积极采取有效措施,修理、调机或合并航班,在最短的时间内恢复航班。涉及旅客经济赔偿问题时,航空公司应派出权威人员与旅客进行沟通,及时解决赔偿纠纷,避免事态扩大诱发新的矛盾和后果。

(7)航班运行控制部门保持与空管部门的密切联系,积极做好航班恢复的准备工作。

6)危机公关

根据近年来由于航班延误在国内一些机场发生的群体事件,针对不正常航班大面积延误,航空公司和机场,乃至相关民航管理当局,不仅需要及时采取有效处置措施,而且需要采取积极有效的危机公关行动,以降低大面积航班延误造成的负面影响。

任何一个组织或个人,都可能会因某些差错或过失造成社会负面影响(如公关关系、信誉、名誉、经济或财产损失等)。针对这些可能出现的不利影响所采取的一系列应对措施,称为危机公关[68]。危机公关的目的在于,通过信息沟通,增加公众对事件的了解和理解,化解矛盾,降低负面影响,减少损失。

针对大面积航班延误的公关危机主要包括以下方面内容:

(1)加强组织,措施有效。加强对不正常航班处置行动的组织与现场协调,及时对延误航班的致因处置、旅客安抚和安置、航班恢复等,依据应急预案,采取积极措施组织应对。

(2)加强沟通,信息及时。加强与旅客的信息沟通和情感交流,尊重旅客知情权,保证有关航班延误致因、处置、恢复等相关信息的及时性和客观性。及时通报航班延误致因发展态势、依法采取的处置措施和相关补偿政策等信息。保障信息的权威性和可靠性。

(3)态度积极,依法处置。发生航班延误的直接当事单位,应当采取积极态度,客观分析延误致因,主动承担责任,依法采取积极处置行动,以缓解延误航班旅客的焦虑心态和不满情绪,避免诱发不良性群体行为。冷漠傲慢、敷衍推诿不仅无济于事,更有可能激化矛盾。

(4)坦诚相待,换位思考。认真听取旅客倾诉,尊重旅客意见,采取主动积极合作态度,帮助延误旅客排忧解难。

(5)尊重媒体,口径一致。尊重媒体记者,尊重现代信息技术越来越发达这一客观事实,统一信息分布口径,保持机场内部和航空公司内部、机场与航空公司之间、对内和对外的信息一致性,避免相互之间、先后之间或内部和外部之间的信息矛盾。

4.8　机场运行环境管理

机场运行环境保护与管理是保障机场安全运行和机场文明运行的重要内容。《航空法》、《民用机场运行安全管理规定》和《民用机场管理条例》中关于机场周边净空保护区域管理以保障机场安全运行,从法律高度确立其重要性,对机场净空区域内的规划建设及禁止的相关活动与行为给予了明确规定[2],同时指出"民用机场管理机构应当依照环境保护法律、行政法规的规定,做好机场环境保护工作"。2009 年国务院颁布的《民用机场管理条例》对保障机场运行环境和对生态环境保护也做出了明确规定[65],一方面用以加强对机场安全运行环境进行规范管理,如机场周边净空区管制,另一方面用以对机场文明运行保护生态环境进行规范管理,如噪声和其他污染等环境保护问题。

4.8.1　净空管制

《航空法》、《民用机场运行安全管理规定》和《民用机场管理条例》对机场周边净空保护区域管理都有明确规定:"民用机场所在地地区民用航空管理机构和有关地方人民政府,应当按照国家有关规定划定民用机场净空保护区域,并向社会公布";"县级以上地方人民政府审批民用机场净空保护区域内的建设项目,应当书面征求民用机场所在地地区民用航空管理机构的意见";对机场周边净空保护区域内任何可能影响飞机飞行安全或影响通讯导航的各类设施设备及各类活动,给予了明确禁止或限制等管理规定,以保障飞机起飞和降落安全。

4.8.2　飞机噪声控制

噪声污染,通常是指对人们正常生活和工作带来不利影响的可听觉声音。对于不同的噪声源,出于控制噪声的技术水平和时段要求,相关行业有不同的噪声控制标准。飞机噪声,主要是指在机场或机场近空空域飞机发动机产生的巨大声响。对于飞机噪声控制,已经成为我国机场周边社区民众越来越关心的问题。我国《民用机场管理条例》明确要求[65]"机场管理机构应当会同航空运输企业、空中交通管理部门等有关单位,采取技术手段和管理措施控制民用航空器噪声对运输机场周边地区的影响",同时要求"民用机场所在地有关地方人民政府制定民用机场周边地区的土地利用总体规划和城乡规划,应当充分考虑民用航空器噪声对民用机场周边地区的影响,符合国家有关声环境质量标准。机场管理机构应当将民用航空器噪声对运输机场周边地区产生影响的情况,报告有关地方人民政府国土资源、规划建设、环境保护等主管部门"。"民用机场所在地有关地方人民政府应当在民用机场周边地区划定限制建设噪声敏感建筑物的区域并实施控制。确需在该区域内建设噪声敏感建筑物的,建设单位应当采取措施减轻或避免民用航空器运行时对其产生的噪声影响。民用机场所在地有关地方人民政府应当会同地区民用航空管理机构协调解决在民用机场起降的民用航空器噪声影响引发的相关问题",并要求"在民用机场起降的民用航空器应当符合国家有关航空器噪声的适航标准"。

关于机场飞机噪声控制,"国际民用航空组织"(ICAO)在《国际民用航空公约》附件16第I卷"机场环境保护"中对机场飞机噪声提出了测量与评估方法,并提出了民用飞机的"飞机噪声认证标准"[69],要求飞机制造商提高技术和采取措施减小飞机噪声。"国际航协"(IATA)协助ICAO加强对飞机噪声控制的管理,出台了"机场周边飞机噪声管理综合方法",旨在通过减少噪声源、机场周边地区土地规划与利用、机场运行程序、航线布局等方面加强对飞机噪声控制,以减少飞机噪声对人们日常生活、工作和学习等活动的影响[70]。在欧洲一些国家和地区,政府出台相关法律,限定夜间特定时段内禁止城市上空飞机飞行。

4.8.3 机场生态环境保护

如同前面4.6.2节中所述,保持机场场面清洁卫生不仅是为了保障飞机运行安全,而且也是机场文明运行的具体体现。《航空法》和《民用机场管理条例》中对加强机场环境污染管理与生态环境保护明确要求,"在民用机场起降的民用航空器应当符合国家有关涡轮发动机排出物的适航标准",新建民用机场的选址报告中应当分析可能产生的水、气、噪声、生态等环境问题,并同时制订处理方案,以加强对污染源的控制[21]和生态环境保护。机场管理机构及航空公司应加强对机场地面保障服务过程中产生的各种废水、污水、垃圾、废气、废弃物等污染源进行监测、控制、清理。对污染进行处理,应该使用符合国家有关标准的除冰液、除雪剂,对各类除冰液、除雪剂、航油的残液、废水应妥善收集、集中处理并达到排放标准。此外机场周边地区的飞鸟和野生动物对安全飞行产生的影响,也是防害与机场生态环境保护的重要内容。

4.9 本章小结

民航运输的组织和管理,是航空公司、机场、空管、油料、机场驻场单位及民航管理当局等多个单位紧密合作、周密协调共同实施的过程。通过周密而科学的航班计划、飞机和机组调度计划、航班运控部门和空管的飞行调度计划、机场运行保障计划,以及有序的现场作业组织,实施航班运输。

4.10 应用示例

运用上面关于航班计划设计、飞机排班和机组轮班等知识,下面给出一个国际货运航线的具体应用实例。

4.10.1 任务描述及编排要求

ND航空公司计划开辟一条上海浦东(PVG)—新疆乌鲁木齐(URC)—阿联酋迪拜(DBX)—德国法兰克福(FRA)连接四大城市的国际货运航线。上海浦东机场是ND航空公司总部和始发站,航班将经停乌鲁木齐和迪拜,终点站为法兰克福(图4-33)。考虑到航程较远,ND航空公司在迪拜设有办事处,一方面便于公司处理当地商务,另一方面兼管本公司在本地往来的飞行员,同时作为机组的经停站休息处。为满足国际航空货运市场需要,ND航空公司计划每天来回程各安排一个航班。为了航班投入运营,需要进行航班计划设计、飞机排班和机组轮班编排,以做好航班运营需要的各项准备工作。

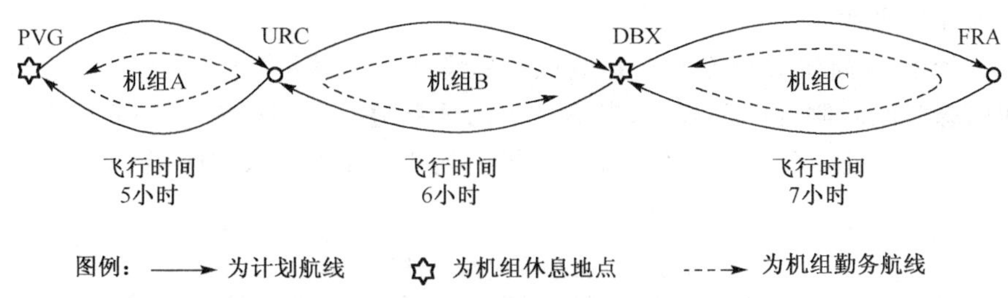

图 4-33　国际货运航线示意图

计划开设的航班，其航线的各航段飞行时间如图 4-33 所示，采用波音 747-400 大型全货运飞机，航线中途不改换飞机，飞机到达终点站法兰克福后原航线飞回始发基地浦东机场。从减少航班运营成本出发，要求机组尽可能在办事处过夜或回到基地，航班来回程用于周转的飞机数最少。

4.10.2　编排方案

为了达到航班运营成本最低，这里采用的编排策略是，先考虑飞机排班，尽可能减少航班的周转飞机架数，然后进行机组排班，最后根据每航段的飞行时间及民航局相关规定，进行勤务编排和机组成员配对。

由于在航班计划、飞机排班和机组轮班中采用的编排策略不尽相同，因此可能有多种编排方案，以下为其中一种(图 4-34)。

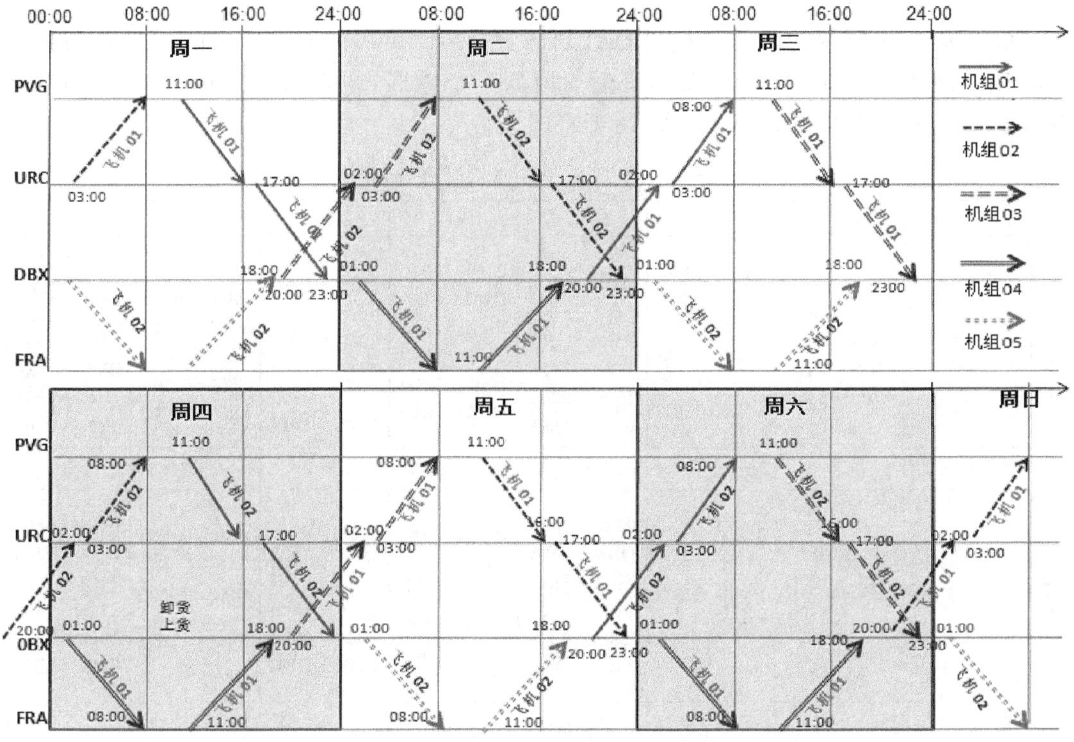

图 4-34　实例——飞机及机组轮班时序示意图

1. 航班计划方案

表 4-16 所示为航班计划方案。在航班计划设计中，需要符合民航当局关于机组日飞行时间和休息时间限制的相关规定，考虑机组的休息地点和相关成本，同时需要考虑飞机利用率最大化。因此，可以结合飞机排班和机组轮班对航班计划中的起飞时间进行相应调整。

表 4-16 实例——航班计划方案

航班号	出发站	达到站	起飞时间	到达时间	班期
ND201	PVG	URC	11:00	16:00	1234567
ND201	URC	DBX	17:00	23:00	1234567
ND201	DBX	FRA	1:00	8:00	1234567
ND202	FRA	DBX	11:00	18:00	1234567
ND202	DBX	URC	20:00	2:00	1234567
ND202	URC	PVG	3:00	8:00	1234567

2. 飞机排班方案

根据 4.10.1 节所述航班编排要求和表 4-16 所示航班计划方案，如欲保障该航线每天来回程均有一航班，则每周需要两架飞机参与轮班。由于这条航线单程空中飞行时间需要 18 小时，共有 3 个航段(4 个站点)，每个经停站需要有足够的时间上下货物(经停点不少于 1 小时)。因此，该航班一个来回程最快至少需要 2 天时间。飞机排班方案见图 4-34和表 4-17。

根据表 4-17 所示的两架飞机排班计划方案，一架飞机一个航班来回程需要两天时间，每架飞机从始发地 PVG 出发的班期为两周一个轮回，即本周为单日始发，下周则为双日始发。这种具有规律性的排班，易于管理。

表 4-17 实例——飞机排班计划

飞机		周一	周二	周三	周四	周五	周六	周日
飞机1	航程	～～～～ 1100—1600 PVG—URC URC—DBX 1700—2300	0100—0800 DBX—FRA FRA—DBX 1100—1800 2000—0200 DBX—URC	0300—0800 URC—PVG ～～～～ PVC—URC 1100—1600 1700—2300 URC—DBX	0100—0800 DBX—FRA FRA—DBX 1100—1800 2000—0200 DBX—URC	0300—0800 URC—PVG ～～～～ PVC—URC 1100—1600 1700—2300 URC—DBX	0100—0800 DBX—FRA FRA—DBX 1100—1800 2000—0200 DBX—URC	0300—0800 URC—PVG ～～～～ 1100—1600 PVG—URC URC—DBX 1700—2300
	日飞行时间		7+7+6=20	5+5+6=16	7+7+6=20	5+5+6=16	7+7+6=20	5+5+6=16
飞机2	航程	0300—0800 URC—PVG ～～～～	～～～～ 1100—1600 PVC—URC URC—DBX 1700—2300	0100—0800 DBX—FRA FRA—DBX 1100—1800 2000—0200 DBX—URC	0300—0800 URC—PVG ～～～～ PVC—URC 1100—1600 1700—2300 URC—DBX	0100—0800 DBX—FRA FRA—DBX 1100—1800 2000—0200 DBX—URC	0300—0800 URC—PVG ～～～～ PVC—URC 1100—1600 1700—2300 URC—DBX	0100—0800 DBX—FRA FRA—DBX 1100—1800 2000—0200 DBX—URC
	日飞行时间		5+5+6=16	7+7+6=20	5+5+6=16	7+7+6=20	5+5+6=16	7+7+6=20

3. 机组轮班方案

根据飞行员日飞行时间和休息时间限制规定，按照表 4-17 所示飞机排班方案，完成图 4-34 的航班计划任务需要 5 个机组进行轮班，每一机组需要 3 名飞行员：其中有 3 个机组从基地 PVG 出发，在 DBX 休息过夜，最后回到 PVG，来回程需要 3 天一个轮回，参见表 4-18～表 4-20；另外需要 2 个机组以 DBX 为基地，从 DBX 出发飞 FRA，当天飞回 DBX，考虑到休息时间限制，每个机组需要两天一个轮回，参见表 4-21 和表 4-22。

表 4-18 实例——以 PVG 为基地的机组排班(机组 1)

<table>
<tr><th colspan="2">机组</th><th>周一</th><th>周二</th><th>周三</th><th>周四</th><th>周五</th><th>周六</th><th>周日</th><th>周一</th></tr>
<tr><td rowspan="4">为 3 人机组，其中 1 名为机长，1 名为第二机长或资深副驾驶员</td><td>航程</td><td>1100—1600
PVG—URC
URC—DBX
1700—2300</td><td>2000—0200
DBX—URC</td><td>URC—PVG
0300—0800</td><td>1100—1600
PVG—URC
URC—DBX
1700—2300</td><td>2000—0200
DBX—URC</td><td>URC—PVG
0300—0800</td><td>1100—1600
PVG—URC
URC—DBX
1700—2300</td><td>2000—0200
DBX—URC</td></tr>
<tr><td>日飞行时间</td><td>5+6=11</td><td colspan="2">6+5=11</td><td>5+6=11</td><td colspan="2">6+5=11</td><td>5+6=11</td><td></td></tr>
<tr><td>日值勤时间</td><td>12.75</td><td colspan="2">12.75</td><td>12.75</td><td colspan="2">12.75</td><td>12.75</td><td></td></tr>
<tr><td>休息时间/地点</td><td>19.25/DBX</td><td colspan="2">25.25/PVG</td><td>19.25/DBX</td><td colspan="2">25.25/PVG</td><td>19.25/DBX</td><td></td></tr>
</table>

表 4-19 实例——以 PVG 为基地的机组排班(机组 2)

<table>
<tr><th colspan="2">机组</th><th>周一</th><th>周二</th><th>周三</th><th>周四</th><th>周五</th><th>周六</th><th>周日</th><th>周一</th></tr>
<tr><td rowspan="4">为 3 人机组，其中 1 名为机长，1 名为第二机长或资深副驾驶员</td><td>航程</td><td>0300—0800
URC—PVG</td><td>1100—1600
PVG—URC
URC—DBX
1700—2300</td><td>2000—0200
DBX—URC</td><td>URC—PVG
0300—0800</td><td>1100—1600
PVG—URC
URC—DBX
1700—2300</td><td>2000—0200
DBX—URC</td><td>URC—PVG
0300—0800</td><td>1100—1600
PVG—URC
URC—DBX
1700—2300</td></tr>
<tr><td>日飞行时间</td><td></td><td>5+6=11</td><td colspan="2">6+5=11</td><td>5+6=11</td><td colspan="2">6+5=11</td><td>5+6=11</td></tr>
<tr><td>日值勤时间</td><td></td><td>12.75</td><td colspan="2">12.75</td><td>12.75</td><td colspan="2">12.75</td><td>12.75</td></tr>
<tr><td>休息时间/地点</td><td>25.25/PVG</td><td>19.25/DBX</td><td colspan="2">25.25/PVG</td><td>19.25/DBX</td><td colspan="2">25.25/PVG</td><td>19.25/DBX</td></tr>
</table>

表 4-20 实例——以 PVG 为基地的机组排班(机组 3)

<table>
<tr><th colspan="2">机组</th><th>周一</th><th>周二</th><th>周三</th><th>周四</th><th>周五</th><th>周六</th><th>周日</th><th>周一</th></tr>
<tr><td rowspan="4">为 3 人机组，其中 1 名为机长，1 名为第二机长或资深副驾驶员</td><td>航程</td><td>2000—0200
DBX—URC</td><td>URC—PVG
0300—0800</td><td>1100—1600
PVG—URC
URC—DBX
1700—2300</td><td>2000—0200
DBX—URC</td><td>URC—PVG
0300—0800</td><td>1100—1600
PVG—URC
URC—DBX
1700—2300</td><td>2000—0200
DBX—URC</td><td>URC—PVG
0300—0800</td></tr>
<tr><td>日飞行时间</td><td colspan="2">6+5=11</td><td>5+6=11</td><td colspan="2">6+5=11</td><td>5+6=11</td><td colspan="2">6+5=11</td></tr>
<tr><td>日值勤时间</td><td colspan="2">12.75</td><td>12.75</td><td colspan="2">12.75</td><td>12.75</td><td colspan="2">12.75</td></tr>
<tr><td>休息时间/地点</td><td colspan="2">25.25/PVG</td><td>19.25/DBX</td><td colspan="2">25.25/PVG</td><td>19.25/DBX</td><td colspan="2">25.25/PVG</td></tr>
</table>

表 4-21 实例——以 DBX 为基地的机组排班(机组 4)

机组		周一	周二	周三	周四	周五	周六	周日	周一
为3人机组,其中1名为机长,1名为第二机长或资深副驾驶员	航程	0100—0800 DBX—FAR FAR—DBX 1100—1800		0100—0800 DBX—FAR FAR—DBX 1100—1800		0100—0800 DBX—FAR FAR—DBX 1100—1800		0100—0800 DBX—FAR FAR—DBX 1100—1800	
	日飞行时间	7+7=14		7+7=14		7+7=14		7+7=14	
	日值勤时间	15.75		15.75		15.75		15.75	
	休息时间/地点	29.25/DBX		29.25/DBX		29.25/DBX		29.25/DBX	

表 4-22 实例——以 DBX 为基地的机组排班(机组 5)

机组		周一	周二	周三	周四	周五	周六	周日	周一
为3人机组,其中1名为机长,1名为第二机长或资深副驾驶员	航程		0100—0800 DBX—FAR FAR—DBX 1100—1800		0100—0800 DBX—FAR FAR—DBX 1100—1800		0100—0800 DBX—FAR FAR—DBX 1100—1800		0100—0800 DBX—FAR FAR—DBX 1100—1800
	日飞行时间		7+7=14		7+7=14		7+7=14		7+7=14
	日值勤时间		15.75		15.75		15.75		15.75
	休息时间/地点		29.25/DBX		29.25/DBX		29.25/DBX		29.25/DBX

说明:1. 值勤时间按计划飞行前1小时15分开始计算,到飞机以自身的动力滑行结束为止后30分钟为止。

2. 机组人员轮班按照表4-10"正常航班飞行员飞行与休息时间"中的规定安排。

思 考 题

1. 什么是航线?
2. 什么是航路?试分析航路与航线的区别与联系。
3. 试述民航运输的基本过程。
4. 试分析民航运输的特点。
5. 分别说明航空公司、机场和空管在民航运输过程中的基本作用。
6. 航班计划的基本要素有哪些?航班计划与市场有何关系?试述航班计划设计的基本流程和要点。
7. 我国关于民航航班时刻管理有哪些相应的法规?与国外相比,有何利弊或特点?
8. 试述飞机排班的作用和重要性,以及飞机排班的基本流程和方法。
9. 如何进行机组配对?我国民航关于机组配对有哪些相应的法规?
10. 在航班的地面保障服务过程中,航空公司、机场和空管的主要任务是什么?
11. 试述在民航运输组织过程中,航空公司、机场和空管的航班运行保障工作基本内容。
12. 试述航班地面保障工作的基本内容。
13. 我国不正常航班的主要原因有哪些?
14. 国际和国内关于处理不正常航班有哪些法规?
15. 试述不正常航班的处置流程和基本恢复方法。

16. 针对大面积航班延误采取危机公关的目的和作用是什么？主要包括哪些内容？

17. 试述机场运行环境管理的主要内容。

参考文献

[1] 领空定义. 维基百科. 2011.

[2] 第八届全国人民代表大会常务委员会第十六次会议. 中华人民共和国民用航空法. 1995.10.30.

[3] 中国民用航空局. 民用航空使用空域办法. 2004.5.26.

[4] 中华人民共和国国务院，中华人民共和国中央军事委员会. 中华人民共和国飞行基本规则. 2007.10.18.

[5] 中国民用航空局. 中国民用航空空中交通管理规则（CCAR-93TM-R2）. 1999.7.5.

[6] 中国民用航空局. 中国民用航空国内航线经营许可规定. 2006.1.16.

[7] 李大立. 中国支线航空市场调查与分析[M]. 北京：中国民航出版社，2001.

[8] 中国民用航空总局. 民用航空支线机场建设标准(MH5023—2006)[S]. 2006.4.30.

[9] 中国民用航空局，中华人民共和国国家发展和改革委员会. 民用机场收费改革实施方案. 2007.12.28.

[10] 中国民用航空局规划司，中国民航大学. 航空运输市场管理政策与法规(美国部分—下册)[M]. 北京：中国民航出版社，2009.

[11] 中国民航局. 从统计看民航[M]. 北京：中国民航出版社. 2011.

[12] Paul Stephen Dempsey，Laurence E Gesell. Airline Management Strategies for the 21st Century[M]. Coast Aire Publications，1997.

[13] 中国民用航空局. 民航航班时刻管理暂行办法. 2007.8.7.

[14] Hai Jiang ,Cynthia Barnhart. Dynamic Airline Scheduling：Models and Algorithms[J]. INFORMS，San Francisco，CA，2005.

[15] Massoud Bazargan. Airline Operations and Scheduling[M]. Ashgate，England，2004.

[16] 中国民航局政策法规司，中国民航大学. 民航航班时刻管理的理论与实践[M]. 北京：中国民航出版社，2009.

[17] Stephen Holloway. Practical airlines Economics[M]. Ashgate Publishing Limited，2003.

[18] 中国民用航空局. 大型飞机公共航空运输承运人运行合格审定规则(CCAR-121-R4). 2010.1.4.

[19] 中国民用航空局. 小型航空器商业运输运营人运行合格审定规则(CCAR-135). 2005.5.20.

[20] FAA. http://aviationglossary. com/federal-aviation-administration-faa-definition.

[21] ICAO. 国际民用航空公约附件 01—人员执照. 10 版. 第 167 次修订. 2006,11.

[22] IATA. Worldwide Scheduling Guidelines. 21st Edition. 2011.

[23] 中国民用航空总局. 民航航班正常统计办法[S]. 2007.11.27.

[24] European Union. Slot management. http://europa. euallocation of time slots. mht.

[25] Milan Janic. Air Transport System Analysis and Modeling[M]. Grden and Breach Science Publishers，Amsterdam，2000.

[26] Richard de Neufville，Amedeo Odoni. Airport Systems：Planning，Design and Management[M]. McGraw-Hill Companies，2003.

[27] 中国民用航空总局. 民用机场飞行区技术标准[S]. 2006.3.28.

[28] European Council Regulation (EEC) No 95/93 of 18 January 1993 on common Rules for The allocation of slots at Community airports. http://eur-lex. europa. eu. 2011.

[29] European Council Regulation (EC) No 793/2004 of The European Parliament and of The Council of 21 April 2004 amending Council Regulation (EEC) No 95/93 on Common Rules for the Allocation of Slots at Community Airports. http://eur-lex. europa. Eu. 2011.

[30] Commission of The European Communities. On The Application of Regulation (EEC) No 95/93 on Common Rules for The Allocation of Slots at Community Airports，as Amended，Communication from The Commission to

The European Parliament, The Council, The European Economic and Social Committee and The Committee of The Regions, 2008.

[31] Anne Graham. Managing Airports: An International Perspective[M]. 3rd edition. Elsevier Ltd., 2008.

[32] Wendell H Ford. Aviation Investment and Reform act for the 21st Century, HR 1000-H. Report 106-513 (Conference Report) PL 106-181 Signed into law on April 5, 2000. http://www. faa. gov/airports.

[33] 刘广才，李章萍. 航班时刻分配与抽签机制研究[J]. 工业技术经济. 2008,27(7).

[34] Jörn Sickmann. Airport Slot Allocation. Technische Universit ät Ilmenau, März 2006. http://www. tu-ilmenau. de.

[35] U. S Federal Aviation Administration. Congestion Management Rule for John F_ Kennedy International Airport and Newark, May 15, 2008.

[36] 周琨，夏洪山. 基于协同多任务分配的飞机排班模型与算法[J]. 航空学报，2011，32.

[37] Subramanian S, Sherali H D. An Effective Deflected Sub-gradient Optimization Scheme for Implementing Column Generation for Large-scale Airline Crew Scheduling Problems[J]. Informs Journal on Computing. 2008, 20(4).

[38] 孙宏，文军. 航空公司生产组织与计划[M]. 成都:西南交通大学出版社，2008.

[39] Schebalov S, Klabjan D. Robust Airline Crew Pairing: Move-up Crews[J]. Transportation Science. 2006, 40(3).

[40] 全国人民代表大会常务委员会第八次会议. 中华人民共和国劳动法. 1994. 7. 5.

[41] 王红，齐雁楠. 机组人员搭配协调性评价方法的研究[J]. 计算机工程与设计. 2006，27(17).

[42] 中国民用航空总局. 民用航空预先飞行计划管理办法. 2006. 4. 3.

[43] 中国民用航空总局. 中国民用航空飞行签派工作细则. 1990. 2. 3.

[44] 中国民用航空总局. 民用机场运行安全管理规定. 2007. 12. 17.

[45] 中华人民共和国国家质量监督检验检疫总局，中国国家标准化管理委员会. 公共航空运输服务质量(GB/T 16177—2007)[S]. 2007. 3. 7.

[46] 中国民用航空总局. 民用机场服务质量标准(MH/5104-2006)[S]. 2006. 10. 16.

[47] 李薇. 2009 年全球民航临时丢失行李近 2500 万件,航空公司因此损失 25 亿美元[N]. 北京现代商报. 2006. 3. 22.

[48] 中国民用航空局. 民用航空情报工作规则(CCAR-175TM-R1). 2010. 8. 31.

[49] 中国民用航空总局. 民用机场使用许可规定(CCAR-139CA-R1). 2005. 10. 7.

[50] 中国民用航空总局. 民用机场飞行区技术标准(MH5001-2006)[S]. 2006. 6. 1.

[51] 中国民用航空总局. 民用机场航空器活动区道路交通安全管理规则(CCAR-331SB-R1). 2006. 7. 12.

[52] 崔海培. 协和空难案 10 年后宣判美大陆航空公司被判过失杀人[N]. http://news. ifeng. com/world/detail_2010_12/08/3397641_0. shtml.

[53] 中国民用航空局. 2010 年民航行业发展统计公报. http://www. caac. gov. cn/K1. 2011. 3.

[54] 刘光才，刘雷. 美国减少航班延误的有效途径及启示[J]. 技术经济与管理研究. 2010,3.

[55] 徐肖豪，李雄. 航班地面等待模型中的延误成本分析与仿真[J]. 南京航空航天大学学报. 2006，38(1).

[56] FAA. Federal Regulations Title 14: Aeronautics and Space, PART 234-Airline Service Quality Performance Reports. http://ecfr. gpoaccess. gov. us. 2011. 9. 28.

[57] European Control Center. Regulation (EC) No 261/2004 of The European Parliament And of The Council of 11 February 2004. http://eur-lex. europa. Eu. 2011. 9. 28.

[58] 中国民用航空局. 美国大陆航空公司和全日本航空公司介绍航班正常相关情况. 2010 年工作简报第五期. http://www. caac. gov. cn/D1/HBYWZXZZ/201003/t20100311_30918. html. 2010. 3. 11.

[59] 中国民用航空总局. 民航航班正常统计办法. 2007. 11. 27.

[60] 陶社兰，欧阳开宇. 中国首次公布空域利用情况[N]. 中国新闻网. 2011. 06. 10.

[61] 中国民用航空总局政策法规司. 国际民用航空条约汇编[M]. 北京:中国民航出版社，2005.

[62] 航班延误海外调查:日本适当补偿欧洲统一管制. http://travel. sina. com. cn. 2010. 11. 08.

[63] 刘树国，王永军. 民航总局对国内航空公司因自身原因造成航班延误给予乘客经济补偿的指导意见(试行). 中国民航报. 2004. 12. 07.

[64] 中国民用航空运输协会. 航空运输服务质量不正常航班承运人服务和补偿规范 (试行). 2010. 11. 1.

[65] 中华人民共和国国务院. 民用机场管理条例. 2009.4.13.

[66] 张孜异. 民航局严治延误 以 2%备份运力重压航空公司. http//carnoc. com. 2010. 08. 26.

[67] Barnhart C. Airline Scheduling: Accomplishments, Opportunities and Challenges. Integration of AI and OR Techniques in Constraint Programming for Combinatorial Optimization Problems. Lecture Notes in Computer Science, 2008, 5015.

[68] 赵麟斌. 危机公关[M]. 北京:北京大学出版社, 2010.

[69] ICAO Convention. Environmental Protection,. Annex 16, Volume I(Aircraft Noise). 15th Edition. 2008,7.

[70] IATA. Balanced Approach to Noise Management around Airports. http://www. iata. org.

[71] Antonín Kazda, Robert E Caves. Airport Design and Operation[M]. 2nd Edition. Elsevier Ltd. , 2007.

[72] 吴念祖. 浦东国际机场总体规划[M]. 上海:上海科学技术出版社, 2008.

第5章

民航运输服务质量管理

根据ISO 9000质量管理标准系列，首先介绍质量管理的相关概念，重点对质量管理体系的构建步骤和方法进行详细论述。特别是对民航运输服务的质量管理、质量管理体系、国内外民航旅客服务质量评估机制、质量持续改进理念、质量管理基本理论、质量分析和质量控制基本技术等进行重点阐述。

在经济全球化、市场竞争越来越激烈的今天，人们已经深刻地认识到产品质量的重要性。推行以"全面质量管理"为核心的生产质量管理，一直是企业竞争的重要战略措施。民航以"客户满意"为中心的运输服务质量管理成为民航运输企业的核心竞争力之一。

5.1 基本概念

如同企业生产产品一样，民航运输是一种服务过程，其服务质量、质量管理等基本概念及基本理论与企业的有形产品质量管理具有许多共同之处。本章首先根据ISO 9000质量管理标准系列的思想，对质量管理中涉及的一些基本概念进行阐述。

5.1.1 质量与质量管理

产品及其质量，与产品的生产过程有关。

1. 过程、产品与质量

何谓"过程"？根据ISO 9000:2005，"过程是将输入转化为输出的相互关联或相互作用的一组活动"。其输入，是指客户需求及为实现客户需求而提供的相关材料、技术或者规范与标准等；输出，即特定目标，是指开展的一系列活动所要实现的结果，即产品。换言之，"产品是过程的结果"，可以是有形的，也可以是无形的。产品质量则是产品所具有的永久特性能够满足客户需求的程度。

众所周知，评判产品质量的优劣，从不同的角度审视，会有不同的标准和不同的评判结果。生产者看产品质量，主要检查产品是否符合预先设计的各项功能指标、技术参数和产品特性，包括产品包装要求。消费者看质量，则看产品是否满足他(她)的功能需求和产品性能要求，是否具有他(她)认可的价值等所期望的内容。

产品有两种形态，有形产品和无形产品。

有形产品是一种最终成形产品，客户无法接触产品的生产过程。因此有形产品的质量，通常指产品的功能、性能、可靠性、安全性、经济性和耐用性等一系列具体的量化硬指标。如果提及产品的售后“服务”质量，则指提供维护保修的内容、保修期限、客户对维修质量和维修过程的满意程度等要求。

无形产品是一种服务过程，客户接触无形产品是一种过程体验。因此无形产品的质量，就是服务过程的质量，一般是指提供能够满足客户需要的服务内容、服务态度、服务技能、服务效果、服务周到和及时程度，以及价格等需求的特性。衡量无形产品的质量，不仅取决于提供的服务本身所应该具备的作用和特性，而且由于这类产品难以通过完全量化的指标进行评价，因此很大程度上还取决于客户的认同程度和感知满意度。

那些不具备市场特性的行政性工作的质量，主要是指工作技能、工作效果、工作效率、工作态度，以及实施工作规范的熟练程度等。

不管从何种角度或以何种方式评判一个产品的质量，其关键在于他(她)在该产品价值链上的位置及对产品价值的认同与取向，决定他(她)对产品所具有的功能、性能及特点等的接受与认可程度。换言之，产品质量是产品或服务满足明确或隐含需要能力、特征和特性的总体反映[1,2]。简而言之，产品质量反映了实际生产的结果与产品设计要求的符合性，以及与消费者期望值的符合性，这种符合性越好，反映产品质量越高。

2. 质量管理

质量管理(quality management)是产品全寿命周期的质量保障过程和保障措施[1]，包括质量目标设定、质量标准制定、质量控制、质量评价机制等，并通过质量保障体系，实现产品各环节的质量指标。质量管理是质量保障和质量持续改进的组织性过程管理。

3. 质量管理体系

质量管理体系(Quality Management System, QMS)是企业以“客户满意”为中心，从产品设计、研制、生产、检验、销售到售后服务，为产品全寿命周期的质量保障所建立的管理组织、管理规范、质量标准、质量保障措施等一系列制度化、标准化、文档化、系统化的全过程质量管理(参见ISO 9000:2005和本书3.2.3小节)。质量管理体系是一个组织性活动，以持续改进产品质量为目标，有一整套标准化的管理组织、管理规范和管理文档，成为企业生产过程中保障产品质量的基本管理模式。

4. 质量认证

产品质量认证(conformity certification)，又称产品合格评定，是由政府或特定组织授权的第三方独立机构，依据产品质量标准和相应技术规范要求，对产品品质、生产过程或服务过程等进行检验或检测，对确认符合质量标准和相关技术要求的产品颁发认证证书和认证标志，以证明该产品质量合格，这一系列的评价活动称为质量认证。根据“国际质量标准组织”(International Standard Organization, ISO)的定义，产品质量认证是指由具有公信力的第三方机构证实某一产品或服务符合特定标准或相关技术规范的活动[1]。

根据《中华人民共和国标准化法》，企业对有国家标准或行业标准的产品，可以向国务院标准化行政主管部门或国务院标准化行政主管部门授权的部门申请产品质量认证。认证合格的，由认证部门授予认证证书，准许在产品或者其包装上使用规定的认证标志。已经取得认证证书的产品不符合国家标准或者行业标准的，以及产品未经认证或者认证不合格的，则不得使用认证标志出厂销售。企业研制新产品、改进产品，进行技术改造,应当符合标准化要求[3]。不言而喻,产品质量认证是产品进入市场的必要程序,也是改善产品质量提高市场竞争力的重要措施。

1)产品认证分类

根据《中华人民共和国标准化法》,我国国家标准或行业标准分为强制性标准和推荐性标准。保障人体健康,人身、财产安全的标准和法律、行政法规规定强制执行的标准属于强制性标准,其他标准则是推荐性标准。强制性标准,必须执行。不符合强制性标准的产品,禁止生产、销售和进口。推荐性标准,国家鼓励企业自愿采用[3]。因此,产品质量认证分为强制认证和自愿认证两类。对必须按照强制性标准生产的产品,其质量认证称为强制性认证(compulsory certification),是产品市场准入的必要条件,如电器产品、医药产品等。其他如衣服、食品、粮食等产品则实行自愿认证。通过质量认证的产品,不仅能够获准进入某一特定市场,而且能够提高市场竞争力。例如,出口到发达国家的电子产品,必须通过 ISO 质量认证,航空产品必须通过 FAA 认证或欧洲航空产品标准认证。

根据《中华人民共和国标准化法》,产品的质量认证按其作用又分为安全认证和合格认证。凡根据安全标准进行认证或只对商品标准中有关安全的项目认证,称为安全认证。安全认证主要针对产品在储运或使用过程中必须具备保证人身安全与避免环境诱发危害等基本性能的认证,属于强制性认证范畴,如电器产品、航空设备等。所有申请质量认证的产品,必须符合《中华人民共和国标准化法》要求[3]。

2)质量管理体系认证

产品质量认证是针对某一种或某一类产品质量的合格性评价。质量管理体系认证是保障产品质量稳定的一种检验措施,由第三方认证机构对申请方的产品质量管理体系进行审核和评定,其目的在于通过对产品全寿命周期中的生产管理组织、生产过程、质量标准、管理规范、保障措施、资源、文档等的审核和评定,以证实该产品的质量管理体系符合某一类产品质量保证标准,具备对该产品质量进行保障的管理水平与生产能力。通过产品质量管理体系认证,可以在规定的一段期间内免除对该产品的抽样检查,体现产品质量的稳定性和可靠性。例如,我国的“三鹿”奶粉,在 2008 年 7 月“三聚氰胺”事件曝光之前,它属于通过了国家质量管理体系认证的免检乳制品,无须对它的每一批产品进行质量抽查,但实际上它后来并没有一直坚持通过认证的质量保证标准对产品质量进行管理。

5.1.2 民航运输产品及质量

我国民航运输业一直以“安全第一,飞行正常,优质服务”为质量总方针[4]。如同第 1 章和第 3 章中所阐述的,民航运输业属于第三产业,它的产品是服务,是一种无形产品,具有市场特性和质量标准。

1.民航运输产品

民航运输业和其他运输方式一样,它并不生产具有实物形态的物质产品,而是提供一种使旅客和货物在一定时间内发生空间位移的服务。提供这种服务的过程就是民航运输生产产品的过程,也是客户对产品的消费或体验过程。在乘客到达终点站并提取了行李或货主提取了货物离开机场之后,这种服务(即生产)过程也就随之结束。因此,民航运输产品是无形的，既不能储存，也不能转让，是一个服务过程。这个服务过程从客户咨询、订座、购票（或货运客户的咨询、订舱、交运付费）开始，到旅客或货物最终到达目的地机场，旅客离开机场或客户提货后离开机场为止，这个过程包括地面和空中的全程服务。

2. 民航运输产品质量

根据我国《公共航空运输服务质量标准》（GB/T 16177—2007），民航运输产品质量主要包括安全性、仪表仪容、服务语言、服务态度、业务技能、职业道德、设施设备、售票服务、机场地面旅客服务、飞机客舱服务、货物运输服务等基本内容以及质量要求[4]。在《公共航空运输服务质量评定标准》（GB/T 18360—2007）中给出了相应的评价指标[5]。针对机场，民航局制定了《民用机场服务质量标准》（MH/5104—2006），设定了不同吞吐量等级的机场在通用服务质量、旅客服务质量、行李服务质量、货邮服务质量和航空器服务质量等方面的基本要求[6]。通过行业服务质量标准的设定，为建立行业服务规范化管理提供了依据。

有关民航运输服务质量的国家和行业法规还有《航空法》、《中华人民共和国民用航空安全保卫条例》、《中国民用航空安全检查规则》、《航空运输服务质量不正常航班承运人服务和补偿规范》（试行）、《民航航班正常统计办法》、《民用运输机场应急救援规则》、《民用机场环境卫生标准》等。

有关民航运输服务质量的国际标准，在《国际民用航空公约》及其附件中对航行服务、机场规划与设计等方面都提出了基本要求。ACI 制定了有关机场服务质量的标准和测评机制，IATA 和 ACI 等国际组织通过民航旅客服务质量调查、机场设计参考手册、机场运行手册、地面服务协议标准等方式对航空公司和机场等民航服务组织的民航旅客服务质量提出了基本要求。

5.2　ISO 9000 质量管理标准体系

“国际标准化组织”（International Organization for Standardization，ISO）成立于 1947 年 2 月 23 日，它是联合国经济社会理事会（Economic and Social Council，ECOSCO）的甲级咨询组织和贸易发展理事会综合级咨询组织（图 5-1），其主要活动为组织全球专家制定国际标准，协调世界范围的标准化工作，组织各成员国和技术委员会进行信息交流，组织国际合作共同研究有关标准化问题。截至 2010 年底，ISO 有 158 个成员国，制定了 17800 多个标准文件。ISO 的目的和宗旨是：“在全世界范围内促进标准化工作发展，以便于国际物资交流和服务，并扩大在知识、科学、技术和经济方面的合作”[7]。我国于 1978 年 9 月 1 日以中国标准化协会（CAS）名义加入 ISO，现为“中国国家标准化管理局”（SAC）代表中国参加 ISO 的所有活动。

图 5-1　国际标准化组织徽标

5.2.1 ISO 9000质量管理标准系列

1987年3月，ISO陆续正式颁布了以ISO 9000、ISO 9001、ISO 9002、ISO 9003、ISO 9004为基础的质量管理标准，这一系列标准被认为形成了“质量管理和质量保证”的质量管理标准体系，标志着质量管理和质量保证进入了规范化、程序化和国际化新时代。

1. ISO 9000质量管理标准系列

ISO 9000质量管理标准系列经过20多年的推行和修订，现在已经成为评估和认证产品质量的国际标准体系，通过ISO 9000质量标准认证的产品成为进入世界市场的重要条件之一。因此，ISO 9000标准系列便成为国际上许多国家制定本国产品质量管理标准的基础。

根据ISO公布的ISO 9000质量管理标准系列，当前版本主要包括以下标准[7]：

(1)ISO 9000:2005,《质量管理体系——基础和术语》，对ISO9000标准系列中所涉及的相关术语进行规范化定义和解释，并对质量管理的相关基础知识进行介绍。

(2)ISO 9001:2008,《质量管理体系——要求》，针对组织(即具有职责、权力及能够协调和安排关系的一组人员与机构[8]，如企业、单位、院校、社团等)建立质量管理体系应该满足的基本要求，以证实组织具有能够满足客户要求和法规要求的产品质量保障能力，目的在于提高产品质量和客户满意度。

(3)ISO 9004:2009,《可持续性管理——质量管理方法》，对组织提高质量管理体系有效性和管理效率的指南，以促进组织保障产品质量持续改进，提高客户及相关方的满意度。

(4)ISO 19011:2002,《质量和环境管理体系审核指南》，对组织根据ISO 9001建立的质量管理体系进行内部和外部审计的审计程序建议，以帮助审计者进行审计。

需要特别说明的是，新版ISO 9000质量管理标准系列不仅关注产品质量要求，更突出关注客户满意度，注重客户对产品质量的评价和产品质量的持续性改进。

2. ISO 9000标准系列的质量管理原则

ISO 9000质量管理标准系列给出的不仅是一种产品或服务的质量管理规范，而且是构建质量管理体系的基本指南，以指导组织进行产品全寿命周期的质量管理。组织根据ISO 9000标准系列所给的建议、指南和规范，结合本组织的具体产品和要求制定具体的质量管理标准或质量管理体系。ISO 9000质量管理标准系列倡导的质量管理基本原则主要有以下几点[7,8]：

(1)以客户为中心。组织必须关注客户的需求与满意度，作为质量检验的首要标准。在制定质量方针、质量目标、质量管理组织及其职责、产品设计与生产等过程中，都应充分体现如何满足客户需求并力图超越客户期望。

(2)领导作用。领导是质量管理的关键，也是质量管理中的标杆和典范，强有力的领导能够确保将组织发展的愿景和使命与发展方向和内部环境紧密结合，并落实在相关的政策和措施中，为员工充分参与实现组织目标调动资源和创造环境，提供组织、技术和资金等全方位的保障。

(3)全员参与。质量管理必须全员参与，只有全体员工的充分参与，才能使他们在实现质量管理目标的过程中发挥主动积极作用和实现全面质量管理。

(4)过程管理。对质量管理中涉及的各项资源和活动,对其过程进行管理。通过对全过程的质量管理和控制,才能够高效地实现预期的质量目标。

(5)系统管理。针对设定的质量目标,将产品涉及的各阶段和各相关部分的活动作为一个整体进行综合的统一的管理,有助于各阶段、各部分、各部门、各环节之间的紧密衔接、充分理解和统一协调,有助于提高组织管理的效率和效果。

(6)持续改进。保持产品质量的不断改进和提高,作为组织质量管理的永恒目标。这种持续改进原则,涉及组织的发展战略和发展目标,政策和机制,资源和技术等保障措施。

(7)基于事实的决策方法。基于客观的第一手资料和客户反馈信息,在科学统计和客观分析基础上,作为组织的管理层和决策层的决策依据,以改进产品生产工艺、技术和质量。

(8)与供方互利互惠。组织需要与合作方加强互利互惠的合作关系,共同提高产品质量,共同创造和共同提升发展能力。

3. GB/TI 9000 质量管理标准系列

我国是ISO的签约成员国,我国等同采用ISO 9000标准系列,由"全国质量管理和质量保证标准化技术委员会"(SAC/TC)提出,"国家质量监督检验检疫总局"和"国家标准化管理委员会"联合颁布与推荐施行。因此,我国的GB/TI 9000标准系列中的术语和各项条款内容,完全对应等同于ISO 9000标准系列[8,9]。

5.2.2 ISO 9001——质量管理体系要求

如前所述,质量管理体系是一个组织为保障质量可持续性改进和提高的战略性措施。在ISO 9000质量管理标准体系中,ISO 9001重点对组织如何构建质量管理体系给出了基本要求和建议[9]。

1. ISO 9001的总体要求

在ISO 9000质量管理标准系列中,ISO 9001:2008对如何建立质量管理体系给出了框架性要求[9]:

(1)确定质量管理体系所需要的过程及其在整个组织中的作用。

(2)确定这些过程的实施顺序和相互作用。

(3)确定为确保这些过程能够有效实施和控制所需的准则和方法。

(4)确保可以获得必要的资源和信息,以支持这些过程的实施和监控。

(5)确保能够对这些过程的实施情况进行监视、评价和分析。

(6)采取必要措施,以保障实现过程的预期效果及对这些过程的持续改进。

2. 构建质量管理体系的基本过程

按照ISO 9001:2008要求,建立质量管理体系需要进行以下七大步骤的工作[9]:

1)管理者们的共识

虽然ISO 9001关于构建质量管理体系的思想和指南适用于任何希望改进和提高产品或服务质量的组织,但是作为组织的管理者们,特别是组织的决策者,需要统一认识,必须清醒地认识采用ISO 9001标准构建质量管理体系的目的和意义,需要组织以"客户满意”为中心，有明确的发展愿景和使命，以及质量管理目标和产品质量目标，有保障质量管理体系有效实施的机构、政策与机制，并且需要明确与组织有关的股东、供应商及员工的职责。

2）明确关键过程

ISO 9000标准系列的管理方法是重点加强产品或服务的过程管理，以防范为主。根据ISO 9001标准需求，构建质量管理体系需要对产品或服务的关键过程进行辨识和明确，并分析其特点及质量风险，以制定相应的质量保障措施，作为过程管理中的关注重点、监控重点和审计重点。

3）过程管理方法选择

产品生产过程管理是ISO 9000标准系列的核心思想，将产品质量控制从传统的结果（即成品）质量检验前移至从产品设计开始直至产品售后客户停止使用为止的全寿命周期的每一个环节质量控制，将质量问题控制在产品每一个环节的生产之前，缩小质量问题的影响范围和影响程度，避免或尽可能降低质量问题的负面影响，尽可能降低产品生产成本和质量问题的维护成本，图5-2所示为ISO 9000推荐的过程方法模型。

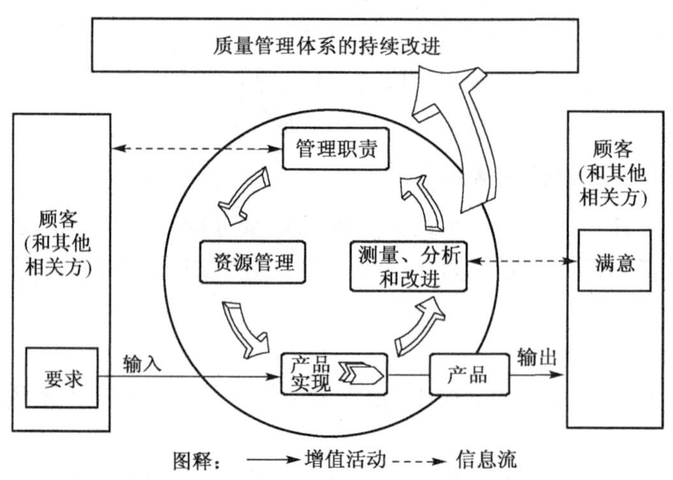

图5-2 ISO 9000的持续改进过程方法模型[7,8]

4）构建质量管理体系

当一个组织准备采用ISO 9000标准体系构建质量管理体系时，需要了解ISO 9001对质量管理体系的基本要求，对照需要构建的质量管理体系，分析组织已经具备的基础条件，以及根据要求有待实现和改进的内容。组织还应按照ISO 9001的要求，对建立质量管理体系应该进行的各项工作进行规划和设计，并形成文字性文档，作为实施质量管理体系的依据和进行持续改进的基础，组织将按照文档予以实施。换言之，在准备采用ISO 9000标准构建组织的质量管理体系过程中，从准备工作开始就需要按照ISO 9000标准系列的要求进行各项工作准备，特别是文档材料的标准化。根据ISO 9001要求，构建质量管理体系需要开展的具体工作有：

（1）分析和确定客户及相关方的需求与期望。

(2)建立组织的质量方针和质量目标。

(3)确定实现质量目标所必需的过程和职责。

(4)确定和提供实现质量目标所需的资源。

(5)确定检测每个过程效用和效率的方法。

(6)应用这些检测方法评估每个过程的效用和效率。

(7)识别不合格产品风险及其原因,提出和落实应对措施。

(8)建立和应用持续改进质量管理体系的过程方法。

文档是规范化管理的重要标志。按照 ISO 9001 要求,建立质量管理体系和实施质量管理的所有工作必须形成规范化文字文档,作为实施规范和审计的依据,也是体系认证的要求。ISO 9001 要求的文件主要包括[9]:

(1)组织确定的质量方针和质量目标。

(2)质量手册,主要内容包括质量管理体系范围、手册修订内容及原因、文件形成程序及引用记录、质量管理体系过程之间的相互作用。

(3)为确保实施质量管理体系而采用的过程有效策划、实施和控制所需的所有文件和各类记录,如各类管理规章制度、质量标准、培训手册、审计持续、客户意见及整改措施记录等。

ISO 9001 对文件控制和记录控制都提出了具体要求[9]。

ISO 9001 要求的文档规范化目的在于,构建质量管理体系和实施质量管理应该按照成文的规章和标准执行,以文件为凭,是统一行动的依据,任何规章和标准不能因人、因时间或因环境而随意改变。

5)员工培训

有计划的员工培训是组织构建质量管理体系的重要内容之一,包括管理人员培训和一线人员培训。培训可以根据组织性质和岗位分工,分期分层次进行。例如,决策层领导培训、质量管理专职人员培训、岗位培训;新标准、新政策、新方法、新技术、新知识培训;审计培训、认证培训等。

6)管理与维护

组织必须加强对构建的质量管理体系进行管理和维护,以保障体系运行的有效性和高效率,真正能够促进提高产品或服务质量,提升客户满意度。这种管理体现在组织落实、责任落实、资源落实、措施落实;计划明确、目标明确、分工明确。更为重要的是,在实施质量管理体系过程中,根据客户反馈信息,在统计分析基础上不断总结和提高,对产品和服务质量进行监控,并保证持续改进。

7)督查与审计

根据 ISO 9001 要求,实施质量管理体系,组织必须建立督查与审计机制,进行定期的质量管理体系审计,以确保质量管理体系的有效性、适宜性和持续性。审计分为内部审计和外部审计。审计内容主要包括,依据现行的质量方针、质量目标、质量标准等对各个环节的执行情况进行审查和评估。另一方面对组织制定的质量方针、质量目标和质量标准,以及相关政策和措施进行评估,以进一步提高质量管理体系的效果和效率,持续提升客户满意度。

构建质量管理体系，是一个组织内的系统工程，也是一个持续改进不断提升组织发展能力和竞争力的长期战略。

从 ISO 9001 关于构建质量管理体系的各项要求可以看出，ISO 9001 推荐的是一种质量管理思想、管理方法和基本管理步骤，通过加强对产品或服务全寿命周期中各阶段、各环节的全过程有组织、有计划、有目标、有措施的管理，实现质量目标。特别是 ISO 9004:2009，着重强调了组织及客户和相关方在推进产品质量持续改进中的重要作用。

5.2.3 ISO 9004:2009——组织的持续成功管理

ISO 9004:2009 为组织的持续成功提供了一种先进的管理思想和方法。与之前版本不同的是，为了保持组织的持续成功，ISO 9004:2009 更注重组织在管理过程中的重要作用和管理方法的有效性，从更宽的视角关注客户和利益相关方的需求与期望[10]，更强调组织持续成功和成熟度的内涵建设。

1. 组织持续成功的内涵

ISO 9004:2009 认为，所谓组织的持续成功，是组织长期能够满足客户和利益相关方需求与期望的持久能力，并能够在变化的环境中保持核心价值观和核心目标，合理平衡组织与客户和利益相关方的需求与期望、环境变化与发展目标、近期效益与长远规划、风险与战略、规划与资源等方面的协调关系。因此，ISO 9004:2009 建议组织需要持续评估和定期分析运行与发展的环境，保持与利益相关方的紧密沟通，及时了解和识别客户及利益相关方的需求与期望，分析评估其潜在影响力，并以一种平衡方式满足其要求和期望；与供方、合作伙伴及其他利益相关方建立互利关系；识别组织发展的短期风险和长期风险，并制定应对策略和战略以规避风险；确立组织实现战略的有效过程和方法，定期评估当前计划、程序和过程的效果；建立保证组织内部成员不断学习的机制，以保持组织不断创新和持续改进的活力与动力。

2. 持续成功的组织成熟度

为了组织的持续成功，ISO 9004:2009 不仅强调对组织的质量管理体系进行审计，更强调组织的经常性自我评价，通过组织的自我评审，不断完善和提升管理水平与管理质量。为此，ISO 9004:2009 给出了用于组织自我评价的组织成熟度标准。ISO 9004:2009 认为，一个能够保证持续成功的成熟组织，应该具备以下能力[10]：

(1)理解和满足客户与利益相关方的需求及期望。

(2)洞察组织环境变化。

(3)识别改进和创新的可行领域。

(4)确定和部署发展战略与持续改进方针。

(5)科学设定和实施相关目标。

(6)有效管理过程和资源。

(7)激励员工信心和参与。

(8)建立与合作伙伴的持久互利关系。

ISO 9004:2009 中制定的组织成熟度较为详细的关键指标如表 5-1 所示。

表 5-1　ISO 9004:2009 组织成熟度及关键指标[10]

关键要素	第一级	第二级	第三级	第四级	第五级
1. 管理层关注焦点（管理能力）	产品、股东及部分客户；对变化、问题及机会有特定的反应	客户及法律法规要求；对问题和机会有结构化的反应	相关人员及部分利益相关方；对问题及机会已界定，并实施特定过程	识别利益相关方需求的平衡；也将持续改进作为组织关注焦点并得以重视	新出现的利益相关方需求的平衡；最佳绩效等级被设作为基本目标
2. 领导方法（管理能力）	反应式管理；自上而下的指令	反应式管理；基于不同层级的经理决策	前瞻式管理；授权决策	前瞻式管理；组织成员高度参与决策	前瞻式学习导向型管理；授权组织各级成员
3. 决策能力（战略与方针）	基于市场和其他来源信息的决策	基于客户需求和期望的决策	基于战略与利益相关方需求和期望的决策	基于贯彻战略的运行需要和过程决策	基于灵活、敏捷和持续的绩效需求的决策
4. 措施（资源）	对资源采取特定管理方式	资源效用管理	资源效率管理	稀缺资源效率管理	资源管理和利用的规划与有效实施，满足利益相关方要求
5. 活动的组织方法（过程）	组织活动非系统性，仅某些基本工作程序和指令	按照职能组织活动，建立基本的指令管理体系	组织活动基于过程的质量管理体系，过程有效并富有效率，具有灵活性	有效和高效率的质量管理体系，过程之间良好互动，有助于灵活性和不断改进，体现了识别的利益相关方需求	具有支持创新和标杆管理的质量管理体系，体现新出现的和已识别的利益相关方需求和期望
6. 实施结果（监控和评价）	实施结果具有随机性；有一定的正确措施	部分预期效果得以实现；以系统方式实施正确的防范性措施	实现预期效果，特别识别的利益相关方需求；始终如一的进行监控、评估和持续改进	具有持续的、积极的和预期的结果，并有可持续的趋势；以系统方式实施改进和创新	实施结果长期保持在行业平均水平之上；整个组织层面实施改进和创新
7. 监控结果（监控和评价）	具有财务、商业和生产率指标	客户满意，关键实现过程及供应商绩效得以监控	员工及利益相关方的满意度得到监控	关键绩效指标与组织的战略和监控目标一致	关键绩效指标融入所有过程的实时监控，与利益相关方的有效沟通绩效信息
8. 改进优先顺序（改进、创新和学习）	根据差错、抱怨和财务准则决定改进优先顺序	根据客户满意数据、正确的防范措施确定改进优先顺序	根据部分利益相关方的需求和期望，以及部分供应商和组织内部员工要求决定改进优先顺序	根据趋势和其他利益相关方要求，以及社会、环境和经济变化的分析结果，决定改进优先顺序	根据新出现的利益相关方要求决定改进优先顺序
9. 学习能力（改进、创新和学习）	不定期的个体学习	根据组织的成功和失败有系统地学习	在组织范围内，实施系统的分享式学习过程	组织内具有一种学习和分享的文化氛围，有助于持续改进	组织的学习过程与利益相关方分享，有助于创新

资料来源：ISO 9004:2009 表 A.1，关键要素的自我评价——关键要素与成熟度等级。

5.3 民航运输服务质量管理体系

民航运输服务作为一种无形产品，其质量直接关系旅客或客户、航空公司、机场及相关企业的切身利益。自“国际民航组织”（ICAO）、“国际民航运输协会”（IATA）和“国际机场理事会”（ACI）成立以来，在各国政府的共同努力下，对民航运输服务质量管理从组织管理、法规标准建设，到督查审计机制建立，都已经形成了一整套完备的管理体系，不断推进着全球民航运输服务质量的改进与提升。

5.3.1 质量管理组织体系

虽然国际上目前还没有专门机构对世界民航运输服务质量进行专门管理，但是，ICAO、IATA 和 ACI 等国际组织通过定期或不定期的大会决议，或建立行业标准，或进行审计评审，或行业准入等手段，强化对行业的影响力，从而加强和促进对世界民航运输服务质量的管理。另一方面，ISO 为全球所有成员国服务，其影响力随着市场竞争而在全球不断提升，ISO 标准已经成为产品进入国际市场的“通行证”，对世界民航运输服务质量管理已经产生越来越大的作用。例如，ACI 和 Skytrax 组织的“世界机场服务质量奖”评选、IATA 和 Skytrax 组织的“航空公司服务质量奖”评选等活动，无形中提升了这些国际组织对航空公司和机场服务质量的监督及促进作用。

我国“国家质量监督检验检疫总局”是国务院主管全国产品（或商品）质量认证认可、标准化等工作并行使行政执法职能的中央政府直属机构。按照国务院授权，“国家质量监督检验检疫总局”与“国家认证认可监督管理局”和“国家标准化管理局”形成质量管理、质量认证和质量标准制定的国家质量管理组织体系[11]。

“国家标准化管理委员会”（即国家标准化管理局）是国务院授权能够履行行政管理职能的标准化专业机构，统一管理全国标准化工作，代表国家参加 ISO 等国际标准组织活动[12]。

民航局是我国负责“监督检查民航运输服务标准及质量，维护航空消费者权益”，以及起草和制定行业质量标准的行业管理最高行政机构[13]，各民航地区管理局和各省民航安全监督局负责监督检查所辖范围内的民航运输服务质量标准实施，以及维护消费者权益。民航局还通过定期公布各航空公司和机场等民航单位的服务质量信息及统计数据，对全行业服务质量进行监督，如不正常航班和旅客投诉等。

航空公司与机场是实施国际或国家质量标准的具体组织，通常分别设置专门部门负责本单位的质量管理与监控、或制定本企业内的相关服务质量标准与质量管理规章，包括对各生产岗位落实质量标准情况的督查、客户反馈意见处理，形成自上而下的服务质量管理组织体系。在一些航空公司和机场，还采取“质量连带责任”管理措施，即“一人有错，大家有责”，其目的在于形成质量管理的集体监督机制。

5.3.2 质量管理法规体系

法规和标准是民航运输企业实施质量管理的依据。在国际上，从航空器及设施设备的设计、生产和维修，航班运行，机场保障，空中交通管理，到旅客或货物运输服务，ICAO、

IATA 和 ACI 都分别制定了相应的标准、法规或市场准入要求，作为服务质量管理的法律依据，以保障航行安全和服务质量。例如，ICAO 的《国际民用航空公约》及附件、《机场服务手册》和《安全管理手册》，IATA 的《机场开发参考手册》，以及货物及危险品运输服务等规定，为国际民航运输服务提供了统一的质量标准。

IATA、ACI 以及 Skytrax 等国际组织还通过设置不同的民航服务质量要求、评估项目和评审内容，对航空公司和机场的服务质量进行国际性审计或评奖。虽然这些评审和评比不是法定的国际组织活动，但是从市场影响力角度确实促进了航空公司和机场服务质量的不断提升，以通过获奖增强自身在航空运输市场中的竞争力。例如，从 2001 年至 2010 年，香港国际机场 7 次荣获 Skytrax“年度全球最佳机场”金奖（World's Best Airport）[14]；北京首都国际机场和上海浦东国际机场分别获得 ACI 2010“年度全球最佳机场”（ACI ASQ Best Airport Worldwide，图 5-3）第四名和第五名，韩国首尔国际机场则荣登榜首[15]；IATA 2009 年授予国航“简化商务”用户奖，2010 年授予加拿大多伦多机场当局和美国夏洛特道格拉斯国际机场“鹰”奖，2012 年德国汉莎航空公司获“高效旅行”大奖，以表彰它们在运输服务和保障服务中简化操作、方便旅客、提高效率和服务质量等方面的杰出成就[17]。

我国政府和国家民航管理机构，依据 ISO 的质量管理标准系列和质量管理体系规范，先后制定了适合我国国情的民航服务质量标准和质量管理法规，以规范我国的航空运输服务。例如，全国人大通过的《中华人民共和国航空法》、《中华人民共和国标准化法》、《中华人民共和国计量法》和《中华人民共和国产品质量法》，国家质量监督检验检疫局和国家标准化管理委员会颁布的《公共航空运输服务质量》（GB/T 16177—2007）和《公共航空运输服务质量评定》（GB/T 1860—2007）等；民航局颁布的《中国民用航空危险品运输管理规定》（CCAR-276）、《中国民用航空旅客、行李国内运输规则》、《中国民用航空货物国内运输规则》及《民用机场服务质量标准》（MH/5104—2006）等，为我国民航运输服务质量管理提供了法律基础，为企业质量管理提供了行为规范和标准，也为民航企业和民航消费者维护自身权益提供了法律依据。

图 5-3 ACI ASQ 全球最佳机场奖

5.3.3 质量审计与体系认证

如同本章第 1 节所述，质量管理体系认证实质上是对企业是否具备能够提供达到质量标准的生产或服务综合能力的评估和确认，而质量认证则是对民航运输企业的服务质量是否达到标准的评定和确认。

评奖活动是一种从正面彰显业绩和成就的激励机制。与之不同的是，审计则是通过授权机构按照标准对照民航运输企业的实际管理和服务过程查找差距，检查是否达到服务标准或服务规范，是一种符合性审查。例如，民航运输企业的许多关键岗位人员的资质审查，服务设施设备的配置、安全性、规范性和标准性检查，对企业的质量管理规章制度、标准及相关文档审查等，一方面能从多个方面对企业的质量管理能力和服务水平进行检查与评价给予肯定，另一方面能发现与公认标准的差距及存在问题，以便改进和提高。ICAO、IATA要求的民航运行安全审计机制，旨在建立全球民航运输持续安全保障体系[21]，就是一种典型的质量体系认证。

通过上述民航运输服务质量管理的组织体系、法规体系和审计与认证体系，形成民航运输服务质量管理体系(图5-4)。能够对民航运输服务质量进行质量认证的机构有ISO、ICAO、IATA、ACI、Skytrax及瑞士的SGS Qualicert，还有我国的"国家认证认可监督管理局"及民航局等机构。

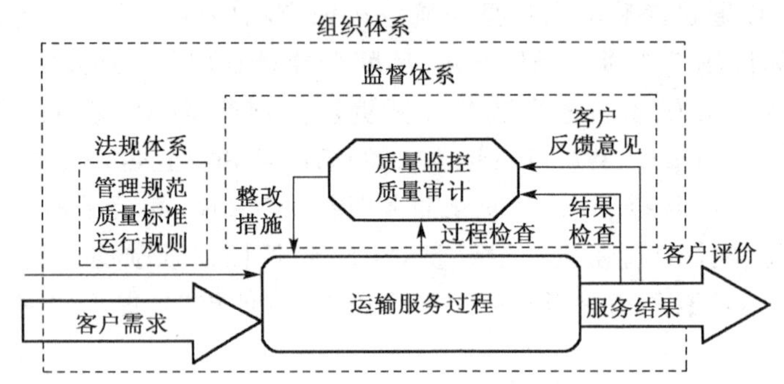

图5-4 民航运输服务质量管理体系框架结构

5.3.4 Skytrax奖——一种质量评估方法

Skytrax是一家于1989年成立，以英国伦敦为基地的民航服务咨询公司，主要业务是为航空公司和民用机场及相关产品进行质量调查与研究。Skytrax通过对参评航空公司和机场的国际旅客服务进行现场和网上调查，对机场服务设施、各类型号航班飞机机上服务和地面服务情况调查，由Skytrax的内部专门机构进行统计和综合分析，评选出年度的、区域的或全球的最佳航空公司和最佳机场，以及星级航空公司和星级机场等奖项。

1. Skytrax奖项分类

为了真实、客观地反映旅客对航空公司和机场服务质量的评价，Skytrax质量评估设置了针对航空公司或机场整体服务水平或某一专项服务的评价奖项。Skytrax奖项共分三大类：

1)机场类"全球最佳"奖项

Skytrax的机场类奖项有：全球最佳机场奖、全球最佳中转机场奖、全球最佳机场宾馆奖、全球最佳机场购物与餐饮奖、全球最佳机场员工服务奖、全球最佳机场安保与移民局服务奖、全球最佳机场休闲设施奖、全球进步最快机场奖、全球最佳低成本机场奖、全球最佳服务机场奖。此外分项奖还有，如全球最佳购物机场奖、全球最佳安保机场奖、全球最佳行李服务机场等奖[14]。通过这些奖项的评比，反映旅客对机场服务质量的评价。

2)航空公司类"全球最佳"奖项

Skytrax的航空公司类奖项有：全球最佳航空公司奖、全球最佳休闲航空公司奖、全球最佳客舱娱乐航空公司奖、全球最佳客舱服务奖、全球最佳航空公司联盟奖、全球最佳机场服务航空公司奖、全球最佳跨大西洋航空公司奖、全球最佳跨太平洋航空公司奖、全球最佳头等舱奖、全球最佳经济舱奖、全球最佳商务舱奖、全球最佳区域航空公司奖、全球最佳低成本航空公司奖、全球最佳服务航空公司等奖[17]。通过这些奖项的评比，反映旅客对各类航空公司服务质量的评价。

3)星级类奖

Skytrax还对参评的航空公司和机场服务质量进行星级评奖。星级奖分为五级，五星为目前最高服务质量奖[15]，标志着航空公司或机场提供的服务品质优良(图5-5)。一星为最低(差)，意味着航空公司提供的服务质量比较差，低于一般质量水平。直至目前Skytrax尚未开评“六星航空公司”或“六星机场”。国泰航空公司、海南航空公司、新加坡航空公司、韩亚航空公司等曾先后被评为“Skytrax五星航空公司”；香港国际机场、新加坡樟宜国际机场、北京首都国际机场、韩国首尔国际机场等先后被评为“Skytrax五星机场”。2011年，莫斯科的SHEREMETYEVO机场被评为“Skytrax二星机场”，AIR KORYO被评为“Skytrax一星航空公司”[16]。

2. Skytrax奖项评审方法

为了保障航空公司和机场的全球排名或星级评奖过程及其结果的公正性、独立性和权威性，Skytrax开发了一套自己的航空公司和机场“服务质量评估系统”与指标体系，对参评航空公司或机场的服务质量直接派员进行一线调查和信息收集，不接收参评单位或任何第三方资助。

图5-5 Skytrax星级奖

Skytrax质量评审采取航空公司或机场自愿报名，根据参评奖项，采取不同的服务质量调查和评估方式。例如，对参评年度“全球最佳奖”的航空公司，Skytrax要进行大约为期10个月时间的质量跟踪调查，调查范围遍及航空公司航班服务(不含航空公司的商业行为)的800个不同地点；为了调查航空公司服务质量的稳定性和一致性，Skytrax每隔2～3个月就要进行一次复查，调查内容涉及机场出发航班和到达航班的旅客、机上旅客服务与娱乐设备、地面服务设施设备、机上与地面候机舒适度、地面服务便捷程度等，重点是调查旅客感受。星级航空公司评审，则需要对航空公司的750项指标进行评估。最终Skytrax根据调查结果运用其“服务质量评估系统”进行综合分析和评估，产生评价结果[14]。

3. Skytrax评审指标

Skytrax采取多种方式对参评机场或航空公司的服务质量进行调查。调查人员在一线现场直接面对旅客询问、对旅客电话采访，还通过互联网或电子邮件等方式对旅客进行情况了解。

1)“世界最佳机场奖”的网上调查内容

Skytrax针对“世界最佳机场奖”的网上调查内容主要有：机场内的指示标志明确程度、行走距离远近程度、航站楼环境舒适度、公共区域清洁程度、洗手间便利和卫生程度、互联网设施(包括无线)、安保隔离与移民局服务、航班信息显示、机场购物与餐饮服务、地面交通便利性等。

2)“世界最佳中转机场奖”的网上调查内容

Skytrax针对“世界最佳中转机场奖”的网上调查内容主要有：发现中转通道的难易

程度、行走距离远近、中转旅客候机环境、座椅舒适性、中转娱乐及休闲服务、餐饮服务、中转安保隔离、海关柜台服务、航班信息显示、登机广播清晰度等。

3)"世界最佳航空公司奖"的网上调查内容

Skytrax针对"世界最佳航空公司奖"的网上调查内容主要有:机场值机效率、登机手续、客舱座位舒适性、客舱卫生间清洁程度、机上读物、机上娱乐、机上餐饮服务标准、客舱服务效率、客舱服务员的服务态度、机票性价比等。

4)Skytrax奖项的评审指标体系

关于Skytrax各类奖项的评审,Skytrax拥有一套自己的独特评估系统和质量评估指标体系,不仅充分体现旅客的切身体验感受,同时还兼顾地区因素、航空公司或机场的规模因素、服务设施及人员服务因素,不仅与ICAO、IATA、ACI的通行标准一致,而且有Skytrax自己的特色评估指标,以充分、真实、客观、公正地反映参评机场或航空公司的服务质量水平。表5-2中部分摘选了Skytrax评审星级机场时使用的服务质量指标,以调查参评机场的地面服务质量情况。

表5-2 Skytrax星级机场的地面服务质量评价指标(节选示例)

岗位	项目	星级	检查标准
机场出发厅旅客服务柜台	柜台位置	★★★★★	位置明显,距离适中,旅客易于发现
		★★★★	位置较为明显,旅客较容易发现
		★★★	位置不太明显,旅客较难发现
		★★	位置不明显,旅客难以发现
		★	位置不明显,距离较远,旅客前往办理手续不方便
	工作人员仪容仪表及工作纪律	★★★★★	所有人员符合《地服人员职业形象手册》要求,形象出众,妆容淡雅,制服整洁,熨烫平整,丝巾(根据季节)、领带佩戴规范,皮鞋干净无污迹,展现良好服务形象和精神面貌;保持良好的工作纪律
		★★★★	所有人员符合《地服人员职业形象手册》要求,妆容淡雅,制服整洁,熨烫平整,丝巾(根据季节)、领带佩戴规范,皮鞋干净无污迹;保持良好的工作纪律
		★★★	仪容欠佳,如女员工妆容不够或未化妆
		★★	未戴姓名牌、领带、丝巾(根据季节)等着装不规范情况,或在工作场所补妆未回避旅客
		★	未穿工装或染发、留须等明显与航空公司服务形象不符的情况
机场普通值机柜台	柜台在机场的位置	★★★★★	位置明显,易于发现,距离适中,无需导乘人员指引即可方便找到
		★★★★	位置较为明显,现场有导乘人员为旅客提供位置指引
		★★★	位置不太明显,旅客较难发现,现场无导乘人员为旅客提供协助
		★★	位置不明显,旅客难以发现,现场无导乘人员为旅客提供协助
		★	位置不明显,距离较远,无导乘人员,旅客前往办理手续不方便
	柜台的状况及外观	★★★★★	柜台整洁,设备清洁完好,工作用品摆放整齐有序,柜台内与工作无关的个人物品无外露;柜台前引导带摆放整齐;有鲜花摆放
		★★★★	柜台整洁,设备清洁完好,工作用品摆放整齐有序,柜台内与工作无关的个人物品无外露;柜台前引导带摆放整齐;有花饰摆放
		★★★	柜台引导带摆放不整齐或歪斜、破旧;工作用品摆放凌乱;可发现与工作无关的个人用品
		★★	柜台无引导带
		★	柜台脏旧,有明显污迹

续表

岗位	项目	星级	检查标准
机场普通值机柜台	工作人员仪容仪表及工作纪律	★★★★★	所有人员符合《地服人员职业形象手册》要求，形象出众，妆容淡雅，制服整洁，熨烫平整，丝巾（根据季节）、领带佩戴规范，皮鞋干净无污迹，展现良好服务形象和精神面貌；保持良好的工作纪律
		★★★★	所有人员符合《地服人员职业形象手册》要求，妆容淡雅，制服整洁，熨烫平整，丝巾（根据季节）、领带佩戴规范，皮鞋干净无污迹；保持良好的工作纪律
		★★★	仪容欠佳，如女员工妆容不够或未化妆
		★★	未戴姓名牌、领带、丝巾（根据季节）等着装不规范情况，或在工作场所补妆未回避旅客
		★	未穿工装或染发、留须等明显与航空公司服务形象不符的情况
	排队时间	★★★★★	排队时间不超过 10 分钟
		★★★★	旅客排队时间 10～12 分钟
		★★★	排队时间 12～14 分钟
		★★	排队时间 14～16 分钟
		★	排队时间 16 分钟以上
	排队秩序维护	★★★★★	根据柜台实际情况优先设置 S 形排队引导带；柜台排队秩序井然
		★★★★	根据柜台实际情况优先设置 S 形排队引导带；柜台排队秩序较为井然
		★★★（☆）	排队秩序较乱，维持秩序人员对排队秩序缺乏有效控制
		★★	排队秩序乱，维持秩序人员缺乏主动性，态度生硬
		★	柜台前场面混乱

根据 Skytrax 的“全球最佳”奖项和星级评审方法，Skytrax“全球最佳”奖项获得者通过参评机场或航空公司综合评审结果中最优者排名产生，具有一定的相对比较性和直接竞争性；星级评审则是依据 Skytrax 设定的各等级星级评审标准的符合度而产生，虽然没有参评者之间的对比性，实际上具有潜在竞争影响。另一方面，从 Skytrax 的各类奖项评审过程来看，与 ISO 9000 质量标准体系推行的质量管理思想不同的是，后者强调的是“过程决定结果”，重点在于过程质量的管理。Skytrax 采用的质量评估思想是，通过较长时段跟踪旅客在旅途中对机场或航空公司的硬件设施、地面和机上服务等产生的感受（即舒适度和满意度）进行评估，强调的是服务效果。无论是 IATA 、ACI 还是 Skytrax 的评奖，其目标完全一致，重点关注客户满意度，树立了业界服务质量标杆（benchmarking），揭示了参评企业与世界上服务质量标杆之间的差距，明确了努力和持续改进的方向。

5.4　质量管理基础

质量管理的目的在于改善和提高产品品质，不断生产出能够满足客户需求的优质产品。为达到这一目标，在民航运输服务的全过程中，必须依据产品质量标准进行设计、实施和管理。然而，要保证产品符合质量标准，管理者和生产者都必须具有高度的质量意识，必须具备满足岗位要求的技能，必须具有管理和生产所遵循的规范和标准，生产工具必须具备满足生产要求的条件。

5.4.1　全员质量意识

构建 ISO 9000 质量管理体系的第一项要求，就是管理者和决策者必须高度认识一个组织内建立质量管理体系的必要性和重要性[10]，要充分认识到人是保证产品质量的第一重要因素，尤其是在民航运输服务中，人的作用更为突出。因此，树立全员质量意识是落实质量管理措施、实现质量目标的重要基础。通过企业文化建设、政策引导和行为规范，形成以“客户满意”为宗旨的全员质量意识，并体现在企业全体员工工作过程的每一个细节中。

5.4.2 质量责任制

对民航运输服务过程中的每一道工序或每一个岗位，不仅是一线服务人员，包括每一个管理岗位，都需要实行和落实责任制，赋予明确的责任和职责、明确的任务计划和工作质量指标，形成严密的质量控制网络体系，以加强全面质量管理。无数事实证明，没有一支训练有素和具有责任心的一线队伍，不可能生产出高质量的产品；如果没有一支高效而规范认真负责的管理队伍，同样也不能生产出高质量的产品。

5.4.3 技能培训

有组织、有计划地加强管理人员和一线人员培训，不断提高管理水平和岗位技能，才能保证有效实施质量管理。培训方式多种多样，有企业内部岗位交流式的培训、以老带新式的培训、内部提高型专家培训、岗位技能定期复训，或者外派式专门培训等方式。

培训工作就像其他工作一样，同样需要建立对培训质量进行管理和考核的机制，包括培训机构和人员的设置、培训计划和培训目标的制订、培训内容和培训课程的设置、培训师资和培训教材的选择、培训效果的考核内容和考核方式设定，以及培训经费的预算与落实等，同样需要对培训过程进行质量管理。

5.4.4 质量管理规范化

管理规范化，是指组织的各项管理工作，包括机构、规划、生产、流程、市场、资金等日常运营所涉及的各类事务，都有健全的管理规章、制度、规范和标准，有相对稳定的管理机构和人员，并在管理工作中按照这些规章和标准进行管理，使组织的日常管理和运营工作井然有序。管理规范化还体现在以集体决策为基础的组织原则，“按章办事”的法制管理模式，以“白纸黑字”规章和标准为依据的管理风范；是一种领导集体化、决策民主化、管理法制化、组织结构化、权责明晰化、业务流程化、规章文档化、行为标准化、绩效定量化、措施具体化、信息数字化、培训常态化、考评制度化、控制过程化的现代科学管理体系[18]。民航运输业是一个高度国际化的行业，只有规范化的企业管理和质量管理，才有可能提供符合国际规范的民航运输服务，特别是加入国际联盟的航空公司、从事国际航空运输业务的航空公司和机场，其质量管理规范化是融入世界的基本要求之一。管理规范化的主要特征体现在企业日常运行管理的规章制度健全，并且按照规章制度进行管理，管理行为不因人而随心所欲。

5.4.5 质量管理标准化

“没有规矩，不成方圆”。“规矩”的主要含义就是标准，属于规范化管理的一个重要方面。标准不仅是行为的依据，也是衡量行为规范程度和评价质量的依据。在民航运输服务质量管理中，服务标准、技术标准和计量标准都是保障质量的重要措施。

1. 服务标准化

如同前面分析民航运输产品特点时所指出的，虽然衡量民航运输服务质量的标准存在弹性因素，但是，每一种服务行业都有其权威性的，统一的国家标准或国际标准。例如，我国民航运输业有中华人民共和国国家质量监督检验检疫总局和中国国家标准化管理委员会颁发的《公共航空运输服务质量》(GB/T 16177—2007)国家标准，以及中国民用航空局颁发的《民用机场服务质量标准》(MH/5104—2006)等，是我国民航运输服务质量的行业标准。此外，社会共同认知或行业公认规则，实际上也是服务质量的一种社会标准。

民航运输服务标准化，主要指服务流程、服务用语、服务仪态、标志标识、岗位着装等，按照国际的、行业的或者企业自身的统一要求和规范进行。通过服务标准化，作为岗位人员选拔、技术培训、设施设备配置、服务内容设置、服务管理、质量考核等一系列行为或者活动的依据。

2. 技术标准化

技术标准化管理直接关系企业投资、设施设备配套、设施设备运行安全、维护成本及运行质量等关键问题，是保障质量的重要基础。技术标准化，是指企业内部的技术管理采用标准化体系进行统一管理，保障民航运输和服务中使用的所有设备设施及所涉及的技术、操作方法和维修规程等都符合技术标准和技术规范。这些技术标准可以是国际标准、国家标准、行业标准、地方标准或者企业标准。例如，航空器的适航和维修有 ICAO 标准、FAA 标准和航空公司自己的标准，机场和空管的设施设备以及各种标志标识有 ICAO 标准，民航国际旅客和行李货物运输有 IATA 标准，国际间的民航通信和销售信息有国际公认的 SITA 标准等。

我国政府和民航系统为加强技术标准化管理，在组织和法规方面已经形成了基本完备的管理体系。民航管理当局就行业技术标准化管理在民航运输涉及的各类设施设备、技术、服务等方面制定和颁布了若干技术标准，如空管、通信导航的设施设备、机务维修、客货运输、民航信息系统、机场设施设备等[19]。

3. 计量标准化

计量是民航运输中一项非常重要的技术性基础工作，它将保证测量、计重、化验、分析、测试等计量器具或系统的量值标准，如准确度、稳定度、灵敏度、可靠性、适用性和响应特性等，都是计量标准的重要指标。计量标准化旨在为保证测量结果统一和准确提供标准工具、标准方法和标准条件，是检验生产工具和生产方法能否保障准确的基准。这种基准可以是国际的，也可以是国家的。如飞机的气压计、高度表，以及方向和距离测量仪器的准确性，直接关系飞行安全；货运的计重器具准确性直接关系飞机配载安全等。

计量标准化工作的主要任务有：

(1)计量器具及系统的测试、检定和量值统一。

(2)计量器具及系统的正确使用和定期维护。

(3)计量器具及系统的改进与更换。

计量标准化是企业质量管理的基础工作之一，是一项持续性保障工作。

上述的我国服务标准、技术标准和计量标准等，均属我国“国家标准化管理局”管理范畴[3~5]，民航管理当局也有相应机构专门负责此项工作。

5.4.6 质量信息管理

产品质量信息是反映企业产品在生产和销售等各个环节质量情况的基本数据、原始记录,以及产品售后使用过程中反映的各种资料,它是产品质量评估和保持产品质量持续改进的重要依据。产品质量信息管理旨在使产品质量信息得到有效的传递、处理和利用。有效的质量信息管理是保障产品质量持续改进的重要措施之一。因此,也是质量管理工作的重要内容之一,需要建立有效的质量信息管理体系。

民航运输质量信息主要是服务质量的反映或反馈,如旅客对购票、候机、乘机、行李托运及货主对货物运输的意见和建议等,机务维修过程中的易发故障和部件损坏等数据,飞行中的安全信息等。通过对质量信息的收集、分析和处理,发现其规律,总结经验,以对运输服务、运输飞行和机务维修过程的相应环节加强管控,加强培训,加强对材料和设备质量的控制,为改进和提高运输服务质量,降低生产成本,提供可靠的指导依据或借鉴经验。

民航运输服务质量信息内容有:

(1)市场反馈的服务质量信息,如航线设置、航班频率、机型选择、候机环境和机上服务、正点率、行李或货物托运、运价、中转顺序和便利性、标识标牌等。

(2)运输过程中的质量信息,如候机、行李交运或提取、登机、机上服务、问讯、异常情况的处理、服务流程、设备维修等。

(3)管理工作失误造成的差错、事故等信息。

(4)其他原因引起质量波动的关联信息等。

通过有效的质量信息管理体系对质量信息进行收集(表 5-3),分析和总结质量问题的根源,以制定改进和提升质量的措施,保障质量的持续改进。

表 5-3 2011 年民航全行业旅客行李投诉统计

月份 投诉原因	1	2	3	4	5	6	7	8	9	10	11	12	小计
丢失	0	2	3	1	4	1	3	4					18
延误	0	0	1	1	1		2	4					9
破损	0	1	3	2	1	1	4	1					13
小计	0	3	7	4	6	2	9	9					40

数据来源:民航局网站 http://www.caac.gov.cn/K1.2011.12.30.

5.5 质量分析基础

在民航运输服务质量管理过程中,需要及时掌握服务质量动态,以便及时采取措施,保障和不断提升服务质量,以保持和增强客户满意度。虽然民航运输服务是一种无形产品,但是它依然具有与有形产品相似的质量特性。因此,通常借鉴有形产品质量管理的理论和基本方法对民航运输服务质量进行管理。这里将介绍几种常用的质量分析方法。

5.5.1 Excel 分类统计法

Excel 是 Microsoft 公司 Windows Office 软件系统中的一个表格工具软件,具有强大的表格制作、统计和分析功能,是现代办公自动化的必备工具,熟练使用 Excel 软件也是进行质量管理的基本技能。

在民航运输服务质量统计分析中,由于影响因素较多,需要分析影响质量的主次原因,以便根据质量影响的缓急轻重采取改进措施。为了统计分析年度旅客行李运输质量,表 5-3 中按月统计了 2011 年 1～8 月我国民航全行业旅客行李投诉次数及原因。

从表 5-3 的统计数据可以看到,在 2011 年头 8 个月里的旅客行李投诉原因中,行李丢失和行李破损原因占多数,应该引起有关方面的重视,并采取必要措施予以防范。

1. 累计趋势图

根据表 5-3 中整理的投诉数据,采用 Excel 的堆积柱形图,分类累计分析投诉趋势(图 5-6)。图 5-6 不仅反映了每个月各类原因的投诉次数总体趋势,而且还反映了行李问题投诉次数与季节有关,说明旅客运输旺季行李问题也随之增多,应该采取措施加强管理和积极防范。

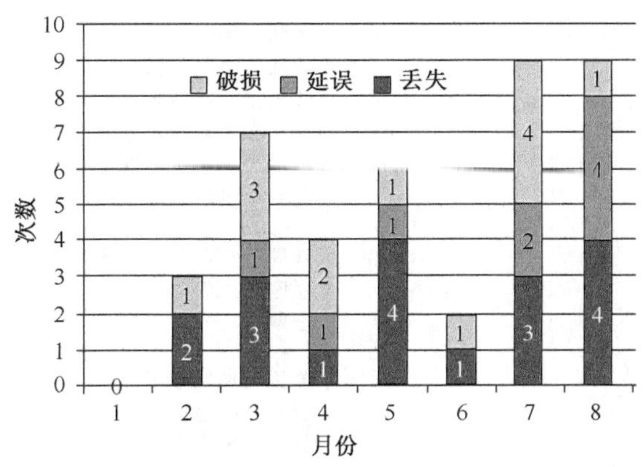

图 5-6　分类统计分析方法之一 ——累计趋势图

2. 分类比例图

为了分析每一种原因在总数中的比例,以便进一步量化分析质量原因,比例图也是一种常用方法。根据表 5-3 数据计算出累计投诉次数和占比后,采用 Excel 的饼图工具,可以自动绘制出如图 5-7 所示的比例图。

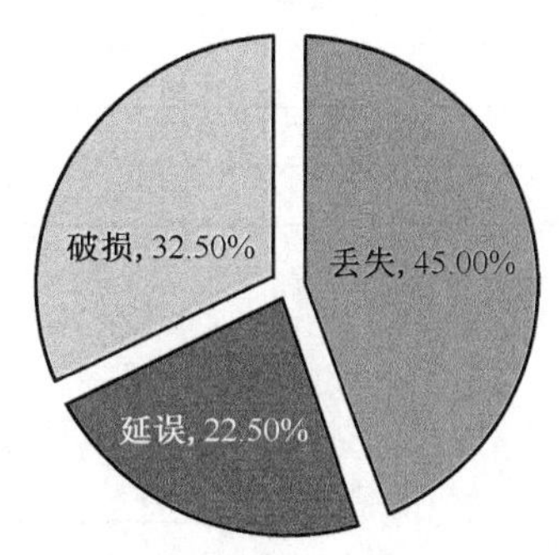

图 5-7　分类统计分析方法之二——比例图法

5.5.2　因果分析法

因果分析法,又称因果图法(cause and effect,fishbone),也是一种常用的质量分析方法。它根据引起质量问题的因果关系和主次关系,直观地描绘出问题与原因之间的关系,供进一步详细分析造成质量问题的原因,因果分析如图 5-8 所示。

表 5-4 中给出了某机场在一段时期内的行李及货物地面运输过程中出现的质量问题及其原因。根据因果关系分析,图 5-9 描绘了质量问题与原因之间的对应关系。图 5-9 显示,表 5-4 中所反映问题的首要原因,就是货运人员责任制落实不严,其次是货运工作平时管理不善,积累了不少问题,导致行李和货物在地面运输和装卸过程中损坏。

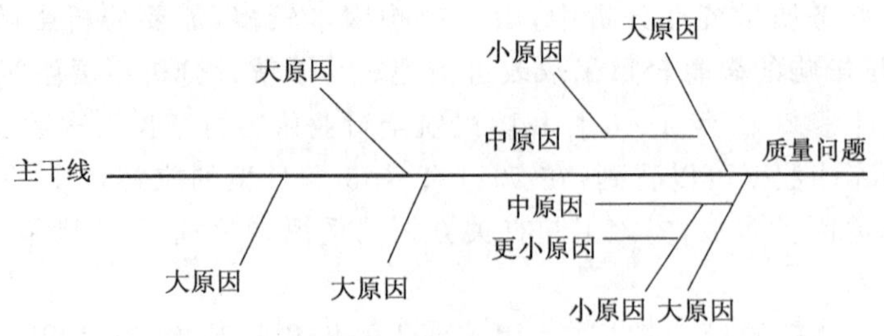

图 5-8 因果关系分析图

表 5-4 2010 年 5 月份某机场货运部行李货物地面损坏情况统计表

序号	差错原因类别	差错次数	具体原因	备注
1	装卸原因	35	装卸工不负责任 装卸工野蛮装卸 装卸工装卸技术不熟练 拖车车轮修理不及时 拖车行李固定网绳配备不足 仓库至机场之间道路不平	
2	仓储原因	18	管理员责任落实不明确 仓库年久失修 老鼠多	
3	包装原因	22	值机员责任心不强 值机员收运行李检查不严 行李包装不合要求	
4	天气原因	10	行李员责任心不强 行李拖车遮雨器具配备不齐 机坪遮雨器具配备不齐 机坪行李堆放处雨水排水不畅	
5	其他原因	8		
小计		93		

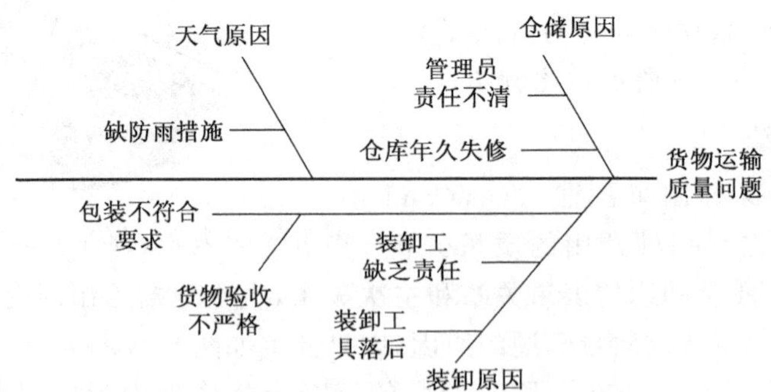

图 5-9 货物运输地面损失因果分析图

5.5.3 对策表法

分析问题的目的在于找出导致问题的原因和提出解决问题的方法。根据上述分类统计法、因果图分析法，或者其他方法分析的问题及其原因，需要给出一一对应的解决方案与整改措施,形成如表 5-5 所示的对策表。在对策表中,对于某一类问题,需要列出具体的解决方法和整改期限,并责任落实到人。为了检查责任落实情况和整改效果,对策表中还必须记录整改效果。

表 5-5　2010 年 6 月份某机场货运部行李货物地面运输质量整改措施

主要问题	对策	责任人	完成进度	整改效果
货运部质量管理问题	对所有货运人员进行质量教育,落实岗位责任制	货运部质管办/刘红梅	2010/6/20	
装卸原因	改进装卸工具	设备科/李卫	2010/6/30	
	配备防雨器具			
	修整路面(协调场建部门)		2010/6/30	
仓储原因	改进仓储措施	设备科/李卫	2010/6/30	
	严格货物托运验收	销售科/王晓磊	2010/6/30	
包装原因	协调客运部	销售科/王晓磊	2010/6/30	
天气原因	行李拖车配备防雨布和网绳	设备科//李卫	2010/6/30	
	检修仓库(协调场建部门)	设备科/李卫	2010/6/30	
	机坪排水(协调场建部门)	设备科/李卫	2010/6/30	

5.5.4　PDCA 循环法

PDCA 循环法,又称戴明循序渐进法(PDCA Cycle),是 20 世纪 50 年代由美国质量管理专家戴明(Deming)首先运用于企业产品质量管理的持续改进过程。戴明循环法的基本思想是,任何一项工作需要经历四个阶段:计划阶段(plan)、实施阶段(do)、检查阶段(check)和处理阶段(action)。通过每个阶段的总结、调整和循序渐进的改进,不断提高管理水平和产品质量(图 5-10)。事实上,PCDA 与 ISO 9000 质量管理体系中推行的质量持续改进思想完全一致[10]。

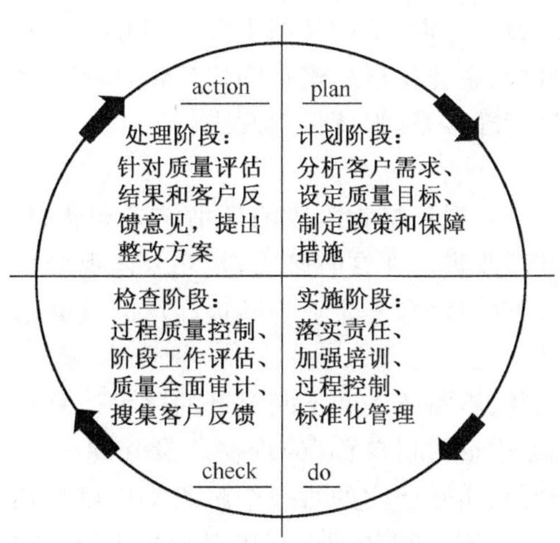

图 5-10　PDCA 持续改进法

1.计划阶段

在进行质量管理过程中,首先需要分析客户需求和企业发展目标,确定产品及其质量目标,制定实现目标所必需的标准、政策和保障措施,特别是对质量保障过程的实施方法和技术路线,需要进行周密的计划。在计划阶段,实际上要解决"5W+1H"问题:

(1)What——要做什么,就是分析和识别客户需求,明确需要解决的问题,确定需要实现的具体目标,分析潜在风险,提出具体解决方案,并对方案进行论证。

(2)Why——为什么要这样做,需要对提出的解决方案进行科学论证:一是首先需要明确行为动机,理解客户需求的市场背景及产品的市场潜力、竞争性与市场战略意图,即实施具体解决方案的目的和意义;二是分析和制定各项保障政策和措施、过程质量控制方法、技术或策略的可行性、效用与效率。

(3)Who——谁来做,或由谁来实施解决方案,是一个人力资源的组织与管理问题,包括过程质量控制和检查审计工作的安排与落实等组织保障措施。

(4)When——什么时候开始实施及什么时候实现目标,包括阶段计划和阶段目标等进度安排。

(5)Where——在哪里实施,即实施计划或方案的地点,或基于什么样的环境。

(6)How——采用什么政策、过程方法、保障措施、技术路线及资源等来实施方案中提出的任务,以实现设定的质量目标。

通过以上"5W+1H",对提出的解决方案进行论证,完成任务开始阶段的计划工作。

2.实施阶段

实施阶段是具体执行解决方案的过程,落实保障措施,按照设计要求和制订的产品质量目标,按期完成指定任务。高效的组织执行力充分体现在解决方案内容的具体落实和有效实施,也是检验计划阶段提出的解决方案和质量控制过程效用与效率的过程。

3.检查阶段

检查阶段,其目的在于对计划阶段所提出的解决方案的实施结果进行检查和评估,对质量管理绩效进行考核。另一方面,从产品的市场反馈和客户满意度角度,对产品及其质量进行检验。按照质量目标、企业发展战略和客户反馈,综合评价产品质量及质量管理体系,以总结经验,完善质量管理体系,保持持续改进。

4.处理阶段

处理阶段亦即整改阶段。根据检查阶段的评估结果和改进建议或整改方案,对产品质量或质量管理体系等进行改进。在这一阶段,是充分体现ISO 9004推行的现代质量管理体系中持续改进方针的重要环节,是企业不断提高产品质量、提升客户满意度和增强企业品牌影响力的重要举措。

PDCA是一个不断循环、不断改进和不断提升的过程。因此,PDCA也是循序渐进和持续改进过程。根据"产品质量关口前移"的现代质量管理思想,PDCA不仅适用于某一产品生命周期中的四个阶段,实际上它的每一个阶段都可以采用PDCA方法对本阶段的工作进行优化,将各环节中可能出现的质量风险消除在具体实施之前,图5-11所示为嵌套式PDCA持续改进法。

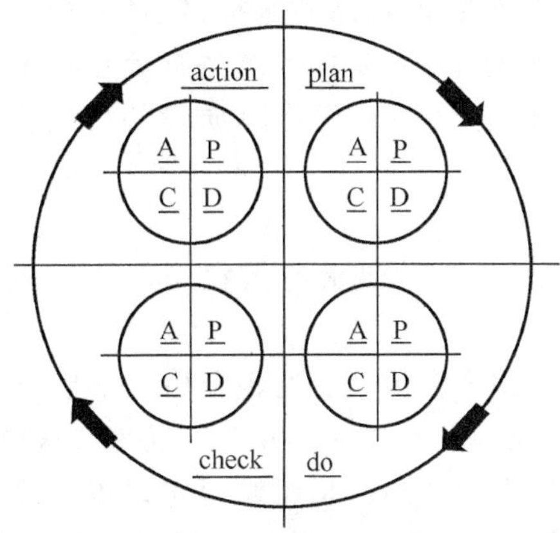

图 5-11　PDCA 嵌套循环持续改进法

5.6　质量控制基础

分析质量的目的在于及时发现影响质量的问题，以便能够及时采取有效措施进行解决，防止质量问题延续到下一环节或影响范围扩大，尽可能及时消除或减小质量影响程度或范围。

在有形产品生产过程中，产品的各个部件质量通过每一道工序进行控制，即过程质量控制。即使个别产品在个别环节存在质量问题，在出厂投放市场前就有可能发现问题并予以解决，客户并没有机会直接接触产品生产过程，这就减少了客户对产品质量抱怨的机会和可能。

民航运输不同，其产品是一个服务过程，其服务过程就是产品对旅客的交付过程。换言之，民航客户直接感受民航产品的大部分生产过程。另一方面，民航运输生产线长，影响产品质量的不确定因素多，旅客对服务质量的认同标准或满意度标准离散性大。因此，民航运输服务必须建立完备的质量保障体系和科学的质量控制方法，才能实现产品的质量目标。

5.6.1　产品管理

如同有形产品管理一样，民航运输同样需要进行产品管理，以提高产品质量。产品管理包括以下主要内容：

1. 产品计划管理

一般而言，当一个航空公司或机场在向社会开始营运之前，首先面临的就是它向社会可以提供哪些服务。例如，某航空公司计划开展国际旅客定期航班业务，它需要考虑开辟哪些航线、航线市场需求如何、主要服务对象是哪一类旅客、每条航线计划每周投放多少班次的航班、采用何种机型、机上提供哪些服务、机票价格如何定位、销售网络、地面服务代理、与目的地机场的关系、航权问题等，这就是航空公司产品设计过程中需要考虑的部分内容。相应的，根据航空公司的需求，机场需要配套提供哪些服务，以及机场能够提供哪些服务，这就是机场的产品设计。

无论是航空公司还是机场，都需要根据市场需求和客户期望进行产品计划管理。产品计划管理包括产品规划、产品设计、产品质量标准、产品内涵、产品定价、产品发布计划及产品维护等。产品计划的科学管理,是保障产品质量的前提。通过产品计划管理,能够实现产品稳定性和产品质量稳定性,有利于产品质量的持续改进和客户满意度的逐步提升,以不断增强企业的市场竞争力。

2. 产品的目标驱动设计

ISO 9000 质量标准系列现代版的最大特点在于,强调质量的持续改进,注重质量的客户满意度。

不妨假设,一个伊斯兰教旅客在他(她)的整个旅途中享受着非常满意的待遇,唯独遗憾的是机上服务提供的餐食他(她)不合意。人们可以想象这位旅客的反应。根据传统的质量观点评价,对这位旅客提供的产品质量无懈可击。因为除他(她)之外的旅客对餐食都满意。ISO 9000 质量标准系列推行的现代质量管理体系关于质量的评价,不仅强调产品质量的硬指标,同时需要关注客户需求和客户满意度这些弹性软指标,这也是产品的目标驱动设计原则。

产品的目标驱动设计,即产品为谁而设计,产品的主要消费对象是市场细分中的哪些消费群体,他们对产品的期望程度如何。目标驱动设计原则强调产品的针对性,更强调客户对产品的满意度。

3. 产品配置管理

根据产品的不同设计规格,产品所包含的内容不同。产品内涵不同,产品所针对的市场和消费对象不同、投放市场的时机和竞争意图不同,当然价格也会不同。因此,产品内涵具有产品计划阶段所赋予的市场意义。产品配置管理的目的在于,根据企业市场计划和竞争意图,对投放市场的产品内容进行配置管理。特别是在产品质量管理过程中,通过产品配置管理,保障产品内涵的一致性和产品质量的稳定性。

例如,同一航空公司的旅客航班,在不同航线上提供的机上服务可能不同,即便是票价相当或者航程相当,但是由于航线目的地的地域文化差异、机上旅客群体差异、国际国内航线差异、季节或航班时段差异、或出于市场竞争等因素,便会出现同一产品在不同的航班上出现不同的服务内容,即产品配置的差价化。

5.6.2 过程质量控制方法

产品的过程质量控制,是保障产品质量的关键措施。ISO 9004:2009 的核心思想就是采取有效的过程管理方法,对产品过程质量进行管理。

1. 质量管理体系

有效的过程质量管理,首先需要建立基于 ISO 9000 现代管理思想的质量管理体系,进行有组织、有计划、有目标、有规范和不断改进的质量管理,从产品的设计开始,包括产品生产和产品售后服务的产品全寿命周期质量保障,才能够真正实现产品过程质量保障[10]。

民航运输服务按其与旅客的直接程度可以分为两条线:一条线是直接服务旅客或者货物托运人的岗位,通常称为前台服务,亦称窗口服务,如售票、问讯、值机、安监、候机区服务、登机、机上服务、行李提取、货物交运等。另一条线是为航班提供保障服务的岗位,不直接为旅客或货物托运人提供服务,通常称为后台服务,如市场销售、航班调度、吨控配载、行李货物装卸与仓储、机坪服务、机务维修、航班运行控制、飞机驾驶、安全管理等(图 5-12)。无论是前台服务还是后台服务，都需要建立完备的质量管理体系，以保障所有岗位都将按照岗位责任、岗位操作规范、岗位工作计划和岗位工作质量标准等要求进行操作，完成航班服务所涉及的各项工作。此外，现场质量监督和检查机制是必要的。

后台 航班保障	部门1管理		部门2管理	部门…	
质量管理体系	岗位质量目标	岗位质量目标	岗位质量目标	…	……
生产计划体系	岗位工作目标	岗位工作目标	岗位工作目标	…	……
生产一线	生产岗位1	生产岗位	生产岗位		……

前台 旅客服务	部门1管理	部门···			
质量管理体系	岗位质量目标	岗位质量目标	岗位质量目标	…	岗位质量目标
生产计划体系	岗位工作目标	岗位工作目标	岗位工作目标	…	岗位工作目标
生产一线	生产岗位1	生产岗位	生产岗位	…	生产岗位

工序流程	旅客

图 5-12　民航运输服务质量保障体系结构框图

2. 前置控制

质量管理中的前置控制，实际上就是“质量关口前移”。古人云：“人非圣贤，孰能无过”？即便是圣贤，根据墨菲理论[20]，也难免不出现差错。因此，为避免或减少差错，特别是关系安全的质量问题，必须尽早发现和消除在萌芽之中。

前置控制法，旨在通过对民航运输服务过程中的每一个环节，在制定操作手册和质量标准的过程中，详细分析产生操作差错的可能性，差错可能带来的负面影响或者不良后果，产生差错的原因，以及采取的应对措施，以避免发生或降低发生差错的可能性。前置控制法的具体实施步骤如下：

(1)分析操作流程。

(2)识别质量风险，即可能出现的差错。

(3)分析差错原因及其影响。

(4)制定应对差错的具体措施。

(5)分析应对差错措施的有效性。

3. 过程控制

过程质量控制，又称为质量实时控制或动态控制，是对具体作业过程的质量进行现场监督、检查和控制，及时掌握质量动态。特别是无形产品，它不像有形产品通过封闭生产线在无干扰环境中自动化制造可以保证产品质量的一致性和稳定性。民航运输服务受不确定因素影响多，不仅需要岗位自查、作业小组互查，还需要专人督查、现场巡检和现场设备监控等措施，及时把握服务现场动态。特别是在不正常航班服务过程中，现场情况极为复杂，更需要加强对现场服务的巡查、指导、协调，以保证服务质量。在过程质量控制中，班组集体责任制是一种提高服务质量的有效方法，通过班组内各岗位互帮互查，特别是一些重要岗位，采取双人值班制，有助于及时提醒和及时纠正差错，如机务维修、飞行驾驶等。

4. 后置控制

对已经发生的服务质量问题，通常采取积极补救措施，以减少损失或降低影响。如有形产品的售后服务，常见的民航运输服务中航班延误后的滞留旅客安置和补偿、行李或货物损坏或丢失后的赔偿等，以防事态或影响进一步扩大而造成更大的负面影响。在积极弥补服务缺失的同时，更重要的是需要采取积极措施防止或减少类似的问题发生。

5. 质量跟踪

持续改进不断提升服务质量的重要举措之一就是质量跟踪。对于已经完成的运输服务，通过设立意见箱、意见簿、旅客意见征询表、网站或电话访问等方法，主动征询旅客或货主的评价和质量改进意见，广泛听取一线工作人员和管理人员对计划、管理、设备、政策、工具等方面的意见或建议，并进行综合分析，针对重点，采取改进措施，以提高管理和服务质量水平。

6. 分类控制

对产品或服务按其性质、类别或重要性等关键因素实行分类管理，有利于过程质量控制，有利于提高过程质量。在民航运输服务的过程质量管理中，通常有以下几种分类控制法：

1）按服务对象分类

按照服务对象的性质，民航运输服务通常分为旅客运输服务、行李运输服务和货运运输服务。旅客运输服务和行李货物运输服务存在本质的差异，无论在机场和航空公司，通常设置单独部门进行专业管理。

在旅客运输服务过程中，服务对象是具有情感认知和优劣评判能力的人，旅客对机场和航空公司所提供的服务会有全程感受和评判，更为重要的是旅客的评判“标准”具有因人而异的离散型。因此，影响旅客运输服务过程质量的关键因素中服务人员的服务态度与亲和力占有很重要的地位，直接影响旅客对产品的满意度。另一个重要的质量影响因素是航班正点率，而影响这一质量指标的中间环节又十分复杂，这是国内外民航业界和航空业界共同努力加以改善的共同领域。

在行李和货物运输服务过程中，接收和交付行李货物环节具有与旅客运输服务相同的特点。影响行李货物运输服务质量的另一个关键因素则是行李货物的装卸、分拣、仓储与配送等过程，必须保障行李货物完好性及正点率，这也是国内外民航业界为之共同努力提高服务质量的领域。

2）按岗位分类

在民航客货运输服务流程中，岗位就是流程中的各个环节，就是产品的一个部件加工点，岗位服务质量就是部件质量。流程中的岗位不同，则服务内容和质量要求都会存在差异。例如，地面旅客服务和机上旅客服务、安检与安保、地面特种车辆驾驶和飞机驾驶、地面设施设备维修养护与机务维修、机场旅客候机区管理与机舱管理等，其服务内容、操作要求和质量标准存在着本质性的差异。因此，需要根据具体岗位内容分析质量风险、采取应对措施、制定质量标准、设定评价方法。

3)按航线性质分类

按航线性质分类进行质量控制，通常主要有国际航线和国内航线之分、干线和支线之分、远程和短程航线之分。

国际航线和国内航线运输服务的主要区别在于，国际航线运输需要提供海关、边防和商检服务，这些环节直接影响旅客通行的便利性。此外根据国际法规和航线通航国法规及针对航线地域特点的国际旅客服务，都直接影响过程质量。

干线和支线运输服务的主要区别在于，干线运输涉及枢纽机场中转旅客或行李的换乘便利性和航班可衔接性。远程和短程航线服务差异主要在于旅客运输服务，远程旅客更多地关注航班正点率、机上服务和机场候机期间的配套服务，而短程航线旅客更为关注航班频率和航班正点率。

由于航线差异，为保障运输服务过程质量，尤其是旅客运输，则需要针对航线特点设计产品，采取针对性措施，以保障过程质量。

4)按差异性分类

按照旅客或货物的重要性分类提供差异化服务，不仅是市场营销策略的需要，也是服务管理和质量控制的需要。例如，旅客按机票舱位等级差异分类服务，如要客、头等舱、公务舱、经济舱和特殊旅客等，提供的服务不仅候机环境、机上座位及机上服务等规格不同，而且在行程中受到的礼遇也有较大差异。例如，要客、头等舱和公务舱旅客的服务规格、质量标准等要求相对要高。在机场候机服务中，如航空公司对常旅客和一些社会组织(如移动电话公司、旅行社、网购)的客户，都按其贡献进行分类，如钻石级、白金级、黄金级和普通客户等，提供不同的服务规格和标准，提供不同内涵不同价值的服务，包括服务设施设备和服务人员等，理所当然的，服务质量要求和质量评估要求也不同。

行李和货物运输中通常按照货物的特点和价值进行分类，如鲜活易腐品、易碎品、危险品、快件、仪器设备和贵重物品等，进行分类处理、包装、仓储和运输，并按不同的质量标准进行评价。

7. 工序分级控制

对产品或服务按其生产或服务流程顺序或岗位内容重要性进行分级控制。分级控制的基本方法是：

对于一些直接影响质量的岗位，除采用工序之间实行互检复核制(即一个岗位至少两名员工同时操作，对操作互相核对，如飞行员的正副驾驶、机务维修)之外，还在工序之间设置质量控制责任，采取分级联控制。分级联控的基本思想是，下一道工序对上一道工序的质量或效果进行确认，及时发现差错，不让差错延续到下一道工序，以实现过程质量控制。例如，航班运控部门的飞行签派计划必须得到机长的认同，机务维修结果需要复核后才能认可，行李收运员对值机员收运的行李认为不合格则有权退回重新处理，售票—值机—安检—登机门—机舱口对旅客身份的确认等，都属于分级联控的典型范例。

工序分级控制的另一层目的是，对于一些不直接影响服务质量的环节，可以简化服务流程，实行岗位自检自查或互检互查，这样可以降低成本。

由于民航运输服务生产线长，分布面广，因此需要针对具体服务特征、特点和质量要求，采取不同但行之有效的质量控制措施和方法，使过程质量处于良好的控制之中。

5.7 本章小结

提高民航运输服务质量，不仅需要建立基于ISO 9000的现代质量管理体系，更重要的是整个组织的全体员工首先需要牢固树立“全面质量管理”意识，特别是组织的领导对质量管理的认识和重视，是实施各项质量管理措施的关键。民航运输服务质量管理不仅要提高服务质量，更要关注客户需求和满意度，实施持续改进和不断提高服务质量的长久战略。

思 考 题

1. 什么是产品质量？
2. 阐述无形产品的质量及其标准的特点，以及它与有形产品的区别。
3. 民航运输业的产品和质量是指什么？
4. ISO 9000质量标准系列的内涵是什么？阐述它与ISO 9000质量标准体系的关系。
5. 民航运输服务的官方质量标准有哪些？
6. 说明民航运输服务标准化管理及其重要性。
7. 什么是民航产品的稳定性和产品质量的稳定性？
8. 从技术角度如何进行民航运输服务的质量控制？

参 考 文 献

[1] ISO. http://www.iso.org/iso/iso_9000_selection_and_use-2009.pdf.

[2] James Robert Evans, William M Lindsay. The Management and Control of Quality[M]. 8th edition. South-Western, Division of Thomson Learning, 2011.

[3] 中华人民共和国国务院. 中华人民共和国标准化法. 1988 . 12 . 29 .

[4] 中华人民共和国国家质量监督检验检疫总局，中国国家标准化管理委员会. 公共航空运输服务质量(GB/T 16177—2007). 2007.3.7.

[5] 中华人民共和国国家质量监督检验检疫总局，中国国家标准化管理委员会. 公共航空运输服务质量评定(GB/T 1860—2007). 2007.3.7.

[6] 中国民用航空总局. 民用机场服务质量标准(MH/5104-2006)[S]. 2006.10.16.

[7] ISO. http://www.iso.org/iso/iso_9000_selection_and_use-2009.pdf.

[8] 中华人民共和国国家质量监督检验检疫总局，中国国家标准化管理委员会. 质量管理体系——基础和术语(GB/T 19000—2008). 2009.5.1.

[9] 中华人民共和国国家质量监督检验检疫总局，中国国家标准化管理委员会. 质量管理体系——要求(GB/T 19001—2008). 2009.3.1.

[10] ISO. Managing for the sustained success of an organization—A quality management approach, International Standard ISO 9004, Reference number ISO 9004: 2009 (E). 3rd Edition. 2009.11.01.

[11] 中华人民共和国国家质量监督检验检疫总局. http://www.aqsiq.gov.cn/zwgk /zjjs. 2011.12.23.

[12] 中国国家标准化管理委员会. 中国国家标准化管理委员会的主要职责. http://www.sac.gov.cn/ zwgk/ bzwjs. 2011.12.23.

[13] 中国民用航空局. 中国民用航空局主要职责. http://www.caac.gov.cn/G1. 2011.12.23.

[14] Skytrax. Airline Product and Service Quality Ranking. http://www. Airline quality. com/ StarRanking/ranking. htm.

[15] Skytrax. The World's 6-Star Airlines. http://www. airlinequality. com /StarRanking/6star. htm.

[16] James R Evans, William M Lindsay. The Management and Control of Quality[M]. 7th Edition. Cengage Learning Asia Pte. Ltd.,2008.

[17] Skytrax. Airport ranking/airlines rating. http://www. airlinequality. com/ Airlines /JS. htm.

[18] 舒化鲁.企业规范化管理实施方案[M]. 北京:中国人民大学出版，2003.

[19] 中国民用航空总局. 标准计量. http://www. caac. gov. cn.

[20] Murphy's law. http://en. wikipedia. org/wiki/Murphy's_law.

[21] 中国民用航空总局. 民用航空安全审计指南.3版. 2008.

第6章

民用航空安全管理

本章首先介绍民航安全管理的基本概念。在分析民航安全管理发展现状和趋势基础上，重点介绍“国际民航组织”、“国际航协”及中国民航关于民航安全和“民航安全管理体系”(SMS)建设与管理的基本内容和基本方法，并对民航安全管理基础、民航事故致因分析方法、风险管理、民航安全保卫、民航突发事件应急处置、搜寻与救援等方面的基础知识、基础理论及相关法规进行详细介绍。

安全是民航的一个永恒主题。自2001年“9·11”事件之后，世界航空安全形势越来越复杂，不仅有伴随民航运输量增加而产生的航空安全问题，还有越来越恶化的国际政治环境和不断滋生的恐怖活动给民航安全带来的新威胁。为此，世界各国为航空安全在法规、组织、管理、技术和资金等方面，都已经付出并且还将继续付出更大的代价。

6.1 概述

民航运输业在全球经济发展活动中发挥着越来越不可替代的重要作用，民航运输安全则是保障民航运输高效、环保、可持续发展的基本前提。民航运输安全管理的目的在于，通过有组织的系统性安全管理，尽可能地降低或消除不安全因素，预防和减少事故发生，尽可能减少民航运输过程中由于事故所造成的人身伤害或财产损失。

6.1.1 基本概念

为了方便详细阐述民航运输安全管理的相关知识，首先介绍本章内容将涉及的一些与民航安全相关的基本概念。

1. 安全

什么是“安全”(safety)？人常说，“无危则安，无缺则全”。一般认为，安全是一种平安而没有危险的状态，没有任何来自有意或无意的差错、或事故而产生的危害、伤害、损害、破坏、损坏或损失[1,2]。安全是一种状态，“没有不可接受的损害性风险”[3]。

《国际民用航空公约》附件13认为：“安全是一种状态，即通过持续的危险识别和风险管理过程，将人员伤害或财产损失的风险降低至并保持在可以接受的水平或其以下”[4]。因为，人们很难做到没有任何风险的安全，只要风险在可控范围之内并降低到不危及人体伤害与财产损失的程度，就是一种可以接受的、处于安全的状态。根据

FAA的观点[5]，所谓安全，是一种免受不可接受风险影响的状态，这种风险有一个可以度量的目标，例如，每百万飞行小时的事故率或人员死亡率低于某一可接受的数值。根据上述观点，航空运输飞行必须安全，但可能依然存在风险，只要这些风险在可控范围和可接受水平之内。对于民航旅客而言，则希望百分百的安全，因为不管多么微小的差错落到任何一个人的头上就是百分之百的差错，这就是公众企求与行业能力的差距。随着全球航空安全整体水平的稳步提高，人们对飞行安全的信心越来越高，民航运输业也随之不断稳步地持续发展。

2. 航空安全

航空安全(aviation safety)，通常是指运用民用航空器从事航空运输所涉及的与安全相关的所有活动，包括航空器安全、航空公司运行安全、空中交通及航行服务安全、机场运行安全、航空安全立法与管理、航空事故调查及相关安全培训等，通过这些活动的共同努力，为航空旅客或货物运输提供一个平安无忧的出行和运输环境。

3. 系统安全

民航安全是一项极其复杂的系统性工程。飞行安全涉及人、设备、技术、管理和环境等诸多因素，需要从民航运输系统的整体角度，根据各部分、各环节、各阶段的工作特点和安全风险，进行全面的、系统的安全管理。专家认为，事故的出现并不是偶然的，一定有滋生事故的危险因素存在于某个环节。

系统安全(system safety)概念最早是在1962年美国空军的弹道导弹计划中提出的[6]。该计划认为，核系统和复杂的武器系统是“差错零容忍”，传统的“飞行-维修-飞行”(fly-fix-fly)或“试错”(trial and error)等安全管理模式已经不能适应安全要求日益提高的复杂武器系统、航空和航天工业发展，因此制定了“MIL-STD-882”系统安全标准，并一直作为美国国防部系统安全管理的理论基础，其思想已经被广泛运用于航空和民航等领域的安全管理。“MIL-STD-882”认为，系统安全是运用系统工程管理思想、标准和技术，以使系统生命周期内所有阶段可能出现的任何意外风险都必须控制在可接受水平之内，都在系统运行效果、系统适应性、时间和成本的限制范围之内[7]。换言之，系统安全是指一个系统在其生命周期内它的所有组成部件的安全。

4. 安全绩效

根据管理学的观点，绩效(performance或achievement)是指组织、企业或个人在一定时期内通过努力所产生的结果，用以反映该组织、企业或个人的综合能力。2002年1月1日开始实施的国家质量监督检验检疫总局关于《职业健康安全管理体系—规范》(GB/T 28001—2001)中对“绩效”的描述是：基于职业健康安全方针与目标，与组织的职业健康安全风险控制有关的职业健康安全管理体系的可测量的结果。可见，绩效是一种结果。因此，绩效可以视同为业绩或成效。安全绩效(safety performance)则用于评价一个国家、组织或民航运输系统的安全综合保障能力(即通常所说的安全水平)。根据“国际民航组织”(ICAO)的《安全管理手册》，衡量一个民航组织的安全绩效主要通过两大方面[8]，安全绩效指标和安全绩效目标。

1) 安全绩效指标

安全绩效指标(safety performance indicator)是用于衡量一个民航组织安全绩效的

量化内容和具体要求，即从哪些方面衡量其安全水平及需要安全达到何种程度。因此制定安全绩效指标因组织而异，需要依据组织的业务性质、安全基础和综合保障能力等因素而定，必须符合国家、民航管理当局和利益相关方的安全管理要求。

2)安全绩效目标

安全绩效目标(safety performance targets)是一个民航组织经过所有员工努力后应该实现的阶段性安全效果，是衡量一个民航组织安全水平的阶段性标准。制定安全绩效目标需要根据组织的安全基础、安全保障能力和安全绩效指标，并且这种目标是可测量的，符合国家安全要求，在利益相关方可接受的范围之内[8,9]。

例如，某民航管理当局制定的未来两年内需要实现的安全绩效目标是：航空公司每百万飞行小时重大事故率不超过0.2起，航空器维修每百万小时重大故障率低于200次，机场安全保障每1000架次航空器遭鸟击事故率低于1.0次，空中交通每百万小时空域事故征候率低于40次。我国民航整体安全绩效目标是，2030年每百万飞行小时重大事故率降至0.1以下[10]。这些都是具体的安全绩效目标。

5. 风险

文献[3]认为，风险(risk)是指某一特定危险情况发生的可能性和危及安全的严重性，用于评价或评估发生危险的概率和危害程度。FAA认为，风险是可预见严重后果或潜在危险程度的综合状况[5]。任何与安全相关的事情都与风险有关，风险是安全的对立面。换言之，风险涉及两方面的问题，一是出现不安全后果的可能性或概率，二是出现不安全事件后其后果的严重程度。因此，风险不仅需要定性描述，而且需要量化评估。

6. 可以接受的安全水平

如前所述，由于没有绝对的安全，安全只是把风险或事故率降低到一个可以容忍或能够接受的程度，即可以接受的安全水平(as low as reasonably practicable，ALARP)之内。由于航空安全反映了一个国家对行业管理的整体水平，因此，可接受的安全水平应由国家行业主管当局根据现有安全基础来确定。可接受的安全水平也反映一个国家行业管理或行业监督部门、民航运输企业或服务提供方的安全目标，是行业监管部门或机构对民航运输企业或服务提供方的安全绩效的考核依据和考核指标[8]。

可接受的安全水平有两种计量标准或表示方法，即安全绩效指标和安全绩效目标。

安全要求则是为实现安全绩效指标和安全绩效目标所必须满足的基本条件和必须施行的保障行为或措施，包括运行程序、技术、方法、系统和方案[8]。

7. 危险(hazard)

文献[3]认为，危险是一种可能导致伤害或疾病、财产损失、工作环境破坏或这些情况组合的根源或状态。FAA认为，危险是一种现实或潜在的不安全因素，可能导致伤害、疾病、人员死亡、财产损失或系统损害、对环境的不良影响或者破坏，是导致事故的起因[5]。根据《国际民用航空公约》附件13的定义，“危险是一种状态，存在产生人员伤害、设备损坏、财产损失、能力丧失的潜在可能”[11]。换言之，危险是事物处于一种不安全状态，有可能导致事故、伤害、损害或损失等之类的事件发生，是滋生事故的根源。

8. 不安全事件

不安全事件是指与民用航空有关的空中飞行事故、地面事故、飞行事故征候，以及虽未构成飞行事故、事故征候，但影响或可能影响飞行安全的行为和结果[9,12]。

9. 事故征候

《国际民用航空公约》附件13中认为，事故征候并不是事故本身，而是与航空器的操作或使用有关，是一些会影响或可能会影响飞行安全的事件(incident，occurrence)。"国际民航组织"发布的《安全管理手册》中认为，事故征候是事故的前兆[8]。文献[3]则把这种导致或可能导致事故的现象称为事件。

关于民用航空器地面和飞行中的事故征候性质界定，我国民航管理当局和国家技术监督局分别颁布了相关界定标准[9,13,14]。

10. 严重事故征候

《国际民用航空公约》附件13中认为，严重事故征候(serious incident)是指那些表明几乎要发生事故的现象。例如，在被关闭或占用的跑道上进行的起飞，与障碍物间隔极小的起飞，机组在飞行中丧失了工作能力，需要飞行员宣布紧急状态的燃油储量，未达跑道着陆、冲出跑道或冲出跑道边沿等现象，都属于严重事故征候。

事故与事故征候之间的区别仅仅在于后者还没有产生结果[4]，但是已经出现可能导致事故的征兆。因此，通过预防或提前发现事故征候，是减少和避免事故发生的重要措施。

11. 事故

根据文献[3]，事故(accident)通常是指已经造成人员死亡、疾病和伤害、财产损坏或其他损失的意外情况。

根据《国际民用航空公约》附件13的定义[15]：航空飞行事故(flight accident)是指从有人在飞机上试图飞行开始，到飞机上所有人离开飞机为止，此间任何与飞机相关的运行行为所产生的人员伤亡或重大财产损失，如飞机上的任何人员死亡或重伤；由于直接接触飞机的任何部分造成死亡或重伤，包括因飞机机件掉落所造成的伤害，飞机发动机喷射气流造成的死亡或重伤；由于飞机遭到损坏或结构失效极其严重地影响了飞机结构强度、性能或特性，需要大量修护或受损机件更换；航空器失踪或处于完全无法接近的地方，等等。

FAA关于飞行事故的定义是：意外发生的事件，并导致伤害、死亡或损失[5]。

中国民航对民航事故的界定更为明晰，分为三大类[12]：

1)民用航空器飞行事故

民用航空器飞行事故是指在公共航空运输过程中任何人自登上航空器准备飞行时起，直至到达目的地点离开航空器时为止的期间内，任何发生的与该航空器运行有关并导致人员受伤或死亡的事故[13,16]。根据事故伤亡和财产损失程度，我国将飞行事故分为三个等级[14]：①特别重大事故(fatal accident，死亡人数在40人及其以上或航空器失踪)；②重大事故(serious accidents，死亡人数在39人及其以下、航空器严重损坏或迫降在无法运出的地方(最大起飞重量5.7吨及其以下的航空器除外)、或航空器失踪，机上人员在39人及其以下)；③一般事故(accident)，重伤人数在10人及其以上，或最大起飞重量5.7吨(含)以下的航空器严重损坏或迫降在无法运出的地方，或最大起飞重量5.7～50吨

(含)的航空器一般损坏并修复费用超过事故当时同型或同类可比新航空器价格的10%(含)者，或最大起飞重量50吨以上的航空器一般损坏并修复费用超过事故当时同型或同类可比新航空器价格的5%(含)者。

2)民用航空地面事故

民用航空地面事故是指在机场活动区内发生航空器、车辆、设备、设施损坏，造成直接经济损失人民币30万元(含)以上或导致人员重伤、死亡的事件[16]。

3)其他不安全事件

其他不安全事件是指航空器运行过程中发生的影响或可能影响航空安全，但其程度尚未构成航空器飞行事故征候和民航地面事故的事件[13]。

根据以上关于安全的几个基本概念，在图6-1中给出了它们之间的关系[8,14]。其中，风险危害程度可以分为三个层次：①可忽略的风险，或可接受的风险，这一类风险意味着不会产生实质性的危害；②可容忍的风险，意味着受到风险影响，但风险在可控范围之内，并且风险的负面影响正在减小或不能产生实质性的不利影响，因此为了权衡某种利益，能够容忍这种风险的存在；③不可容忍的风险，也就是不可接受的风险，这一类风险可能会带来无法弥补的伤害或损失，因此必须放弃利益停止当前运行，直至风险降低至可容忍水平。我国关于风险严重程度的分类，参见表6-3和表6-4。

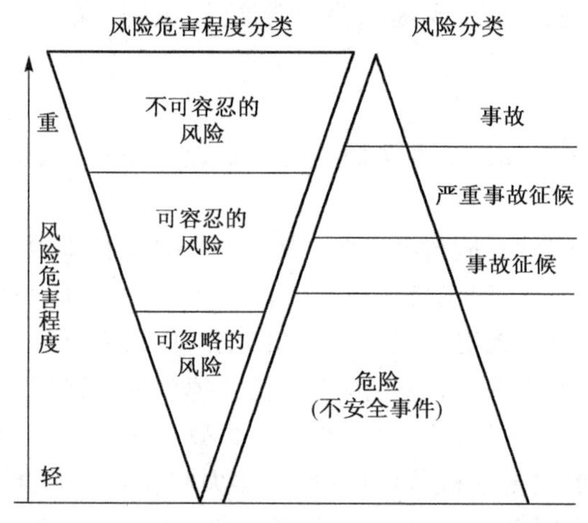

图6-1 风险分类及其危害程度

在安全管理实践中，哪些危险属于可忽略、可容忍或不可容忍的范畴，需要民航管理当局根据行业安全水平和实际能力制定具体安全绩效指标和安全绩效目标。

12.航空安全保卫

航空安全保卫(aviation security，亦称安保)，属于航空安全的一个方面，但是产生危险的致因则不同于一般意义上的航空安全(aviation safety)。当涉及人为攻击或蓄意实施破坏等可能危害生命或财产安全时，通常使用“security”一词，属于“安全保卫”范畴。例如，公安部(Ministry of Public Security)，国家安全部(Ministry of State Security)，美国的国土安全部(Department of Homeland Security)，旅客或者货物安全检查(security check)等，都是防范恶意或蓄意破坏行为。《国际民用航空公约》附件17中关于“安保”的界定是,“保护民用航空器免遭扰乱行为或者非法干扰行为”。这一目标需由各项措施、人力和物力资源的综合效应加以实现[4],如民航旅客和货物的安全检查、飞机护卫、机场各进出通道守卫、航班飞机上的安全保卫等,都属于防范非法干扰行为发生的安全保卫工作范畴,以防止任何损坏、破坏或劫持飞机的犯罪行为发生。这里的所谓扰乱行为,是指在飞机上不遵守行为规范,或不听从机组人员指示,从而扰乱飞机上正常秩序的行为。所谓非法干扰行为,通常是指危害航空运输安全的行为或未遂行为,如非法劫持飞机,劫持或扣留飞机上或机场内人质,强行闯入飞机、机场或航空设施场所,为犯罪目的携带武器或危险装置进入飞机或机场,散布危害航空器、机场或民航设施场所内人员安全的虚假信息等行为[17]。

6.1.2 世界航空安全发展概况

自从1903年12月17日莱特兄弟发明的第一架具有动力驱动并由人操控的飞机试飞成功之后,人类为民航运输安全付出了无数的生命和财产代价,从中也不断总结经验和吸取血的教训,通过不断改进飞机、通信、导航等技术和设备性能,提高天气预报、飞行、机务维修与安全管理水平,航空飞行安全性得到不断提高。

1908年9月17日,距莱特兄弟发明的首架飞机问世后的第1736天,莱特兄弟之一,奥维尔 莱特,在美国弗吉尼亚 Fort Myer 进行他们的新型飞机飞行表演中不幸坠机,他身受重伤,同机飞行的26岁空军上尉不幸身亡。这就是世界飞行史上第一例具有文字记录的、有人员伤亡的飞行事故[18]。随后美国空军当局对这次坠机事件展开调查。也就是从这一起空难事件起,世界航空安全管理掀开了历史第一页。此后,莱特兄弟针对这次飞行事故中发现的缺陷对飞机进行了技术改进。有趣的是,改进后的这款新型飞机于1909年被美国军方采购。

1. 世界航空安全管理发展历程

随着美欧航空工业的崛起和世界民航运输业的发展,世界航空安全技术和航空安全管理理论也随之不断发展,推动着世界航空安全水平的不断提高。

20世纪初,随着飞机的广泛运用和飞行量的增多,飞行事故时有发生。为了加强航空飞行管理,1926年美国国会通过了《航空商业法,1926》(Air Commerce Act of 1926),授权美国商业部对商业飞行的航路及其维护,以及飞机运营等相关业务进行管理,并制定相应法规对商业飞行事故及其原因进行公开调查。1938年美国国会通过了《美国民用航空法》(The Civil Aeronautics Act),同时成立了三大航空管理机构以加强航空安全管理:“民航管理当局”(Civil Aeronautics Authority),主要负责对民航运输安全和民航运输业发展进行立法;“民航管理机构”(Administrator of Aviation),主要作用是具体执行民航管理当局制定的各项航空安全法规;“航空安全委员会”(Air Safety Board),主要负责航空安全事故调查。1940年,美国政府将上述三个机构合并调整为两个:“国家民航管理委员会”和“民航管理局”。“国家民航管理委员会”(The Civil Aeronautics Board,CAB)是一个独立的民航管理机构,拥有对美国民航的司法和立法管理权,负责管理航空承运人的市场行为,直接负责对航空安全事故的公开调查。“民航管理局”(Civil Aeronautics Administration,CAA)归属美国商务部,其职责之一是实施CAB制定的安全管理法规,促进航空安全。在经历了多起飞行事故后,特别是环球航空公司(TWA)的一架星座号飞机与联合航空公司(UA)的一架DC-7飞机在科罗拉多大峡谷附近的空中相撞之后,1950年美国国会制定了《联邦航空法》,将CAA改建成"联邦航空局"(Federal Aviation Agency, FAA),成为美国政府的一个独立机构,赋予制定和执行民航法规的权力,进一步强化对美国航空安全的管理,并且这种权力一直保持至今。1966年,美国政府成立了"运输部"(Department of Transportation,DOT),之前的"联邦航空局"(Federal Aviation Agency, FAA)改名成"联邦航空管理局"(Federal Aviation Administration,FAA),并划归DOT管理。FAA取代了先前CAB的航空安全管理职能,CAB于1985年不复存在。原属DOT的"美国国家运输安全委员会"(National Transportation Safety Board,NTSB)于1975年成为美国联邦政府的一个独立机构,全权负责美国国内的航空、公路、铁道、水路及管道等交通事故调查和处理。随着美国航空制造业的世界领先地位不断巩固,NTSB也就逐步成为当今国际性航空事故的调查机构之一。美国政府的民航管理机构经过多次调整,进一步强化了航空安全管理职能。不幸的是,灾难还是屡屡发生。1974年12月1日,一架TWA 514航班的727飞机在距华盛顿杜勒斯国际机场44英里处坠毁,机上92人全部遇难。事后NTSB公布的事故调查报告显示,这起事故是由一个系统性管理问题直接导致[19]:一是由于FAA没有及时对已经发现多年的一些混淆不清的专业术语内涵进行统一,引起空管人员与飞行员的理解存在差异;二是华盛顿杜勒斯国际机场44英里处进近区航路的最低飞行高度标准没有正式的文字性标准;三是飞行员所用的飞行资料上关于杜勒斯国际机场12号跑道的VOR/DME(高精度近程相位测角导航用全向信标/测距仪)进近高度限制参数不恰当。NTSB公布的事故调查报告还显示,此次事故六周之前已经发生过一次同一类原因引起的事件,险些酿成大祸。这次TWA"12 1"空难事件后,FAA根据NTSB的要求,立即着手建立"全国安全报告系统",旨在由飞行员自愿报告飞行过程中发现的安全信息,以便及时发现和解决飞行安全问题,避免飞行事故发生。但是,此项计划从一开始就受到飞行员的抵触,他们担心会由于他们的报告导致对他们的不利,希望建立起一个中立的第三方安全信息自愿报告机制。1976年,FAA与NASA达成协议,共建"航空安全报告系统"(Aviation Safety Reporting System,ASRS),NASA负责系统设计、数据收集整理与统计分析,以及航空安全信息发布,FAA负责提供系统运行的经费支持。该系统的建立,旨在让航空公司、飞机及设备制造商,以及有关部门能够共享航空安全信息,及时分析和排除不安全因素,提高飞行安全性。美国政府经过多年的努力终有回报,使其航空安全水平从1950年的每百万架次事故率2.4次降低到2007年的每百万架次0.23次[19]。美国"航空安全报告系统"这种安全信息收集与分析、统计与报告的共享机制模式,现在已被世界上众多国家的航空安全管理部门所采用,并推广在国家之间进行航空安全信息的国际性交流与共享,共同提升世界航空安全水平[20]。尽管如此努力,不幸的事情还在继续发生。在1993年12月至1994年12月期间,美国连续发生了8起重大飞行事故导致282人死亡,这是美国航空史上的"黑色13个月"[21]。FAA从这些连续的事故调查中发现,事故原因涉及飞机结构设计、维修、培训及故障报告程序等,其范围涉及整个业界的多个领域,使人们深刻认识到,提高航空安全水平需要新思路和新方法。

事实上,早在1919年的巴黎和平会议上通过的《巴黎国际航空公约》,就是一部关于航行安全的法规。它提出了国际航行的规则和条件、航空器的适航性和机组人员资格确认等要求，就是为了确保航行安全。1944 年通过的《国际民用航空公约》中十分明确地指出，“国际民航组织”（ICAO）的宗旨和目标就是要确保世界范围内国际航空安全、有序地发展。《国际民用航空公约》中对航行事故调查、国际航行标准、航空器、机场及相关航行设施设备应具备的条件等，都提出了明确要求，以保障航行安全。特别是在《国际民用航空公约》的 18 个附件中，为了保障航行安全，对航行规则、气象预报、飞行情报、机务维修与航空器适航、飞机运行、危险品运输、机场基础设施、空管、事故调查等专题，随着世界航空安全发展需要不断进行充实、完善和修订，提出了更为具体和明确的标准和要求，以推进世界民航安全管理体系的建设[22]。

1997 年，ICAO 根据全球航空安全形势和 ICAO 空中航行委员会与业界之间的一次非正式会议建议，推出了第一版《全球航空安全计划》（GASP）[23]，旨在通过该计划向全球所有航空利益相关方提供一个统一的航空安全建设参考框架，以便对航空安全采取更加积极和主动的措施，并帮助世界各国协调和指导安全政策的制定与实施，从而降低世界航空事故率。另一方面，《全球航空安全计划》还提供了实施 ICAO 安全战略所需的方法和工作重点。

为了推进国家、政府与业界等利益相关方之间的合作，明确各方在航空安全管理和建设中各自的职责、战略和目标，进一步减少航空安全风险，提高全球航空安全水平，2005 年 5 月，ICAO 在第七届航行委员会（ANC）与业界联席会议上，根据世界航空安全形势需要，确定与“全球业界安全战略工作组”（ISSG）合作，对《全球航空安全计划》内容进行修改和扩充，以便为所有利益相关方提供一个共同的参考框架。“全球业界安全战略工作组”成员包括 IATA、ACI、“民用航空航行服务组织”（CANSO）、飞行基金会、航线运输驾驶员国际联合会（IFALPLA）、波音和空客等组织。“全球业界安全战略工作组”根据 ICAO 精神，为 ICAO 起草了指导全球航空安全工作的《全球航空安全路线图》[24]，成为新版《全球航空安全计划》[23]的重要基础。《全球航空安全路线图》是一项针对未来全球航空安全的战略性行动纲领，旨在为全球的航空业利益相关方提供一个统一框架，以指导和协调各国和各组织制定有关航空安全政策与行动计划，加强航空安全管理，降低安全风险，提高全球航空安全水平。《全球航空安全路线图》明确了 2006～2010 年期间的航空安全建设任务，对 2010～2014 年世界安全工作进行了远景规划，希望能把国际航空安全提升到一个新的高度。其内容包含两大部分：一是未来航空安全战略行动计划，为包括国家、监管部门、航空器和机场运营人、空中交通服务提供者、航空器制造商、国际组织和安全组织在内的所有利益相关方提供一个共同的参考框架，以统一全球现行航空安全管理中相互矛盾或不一致的规则或政策，并重点从十二个方面对安全管理薄弱环节提供指导和协助；二是实施《全球航空安全路线图》，为了减少航空安全风险改善全球航空安全，确定业界实施具体协调行动的优先顺序。非常重要的是，《全球航空安全路线图》认为，在全球航空事故中，绝大多数事故都是出于已知并且可以避免的原因。但是也充分认识到，根据当前全球航空安全管理状况，在降低安全风险预防飞行事故方面存在两个主要障碍：①缺乏发现风险、降低风险和管理风险的能力，②缺乏安全风险意识。对于前者，国际社会可以提供协助和支持。对于后者，

《全球航空安全路线图》呼吁ICAO必须采取强有力措施，诸如禁止那些不遵守国际飞行安全标准的国家从事国际飞行，或禁止遵守标准的国家飞往不遵守标准的国家。《全球航空安全路线图》特别明确了需要加强关注和指导的三个层次十二个重点方面的安全管理：

第一，加强国家层面对航空安全的管理：①坚持执行各项国际安全标准，②坚持实行安全管理监督，③实行有效的错误或事故征候报告制度，④进行有效的事故征候和事故调查。

第二，加强区域的航空安全合作：⑤坚持各区域方案中的航空安全方案协调机制。

第三，加强航空业界的航空安全管理：⑥坚持有效的事故和事故征候分析与报告制度，⑦坚持建设"安全管理体系"，⑧坚持遵守各项安全监管要求，⑨坚持采用行业最佳做法，⑩统一全球行业安全战略，⑪拥有数量充足的合格人员队伍，⑫有效地正确使用技术以保障安全。

根据2005年5月ICAO空中航行委员会与业界的另一次会议精神，《全球航空安全计划》以《全球航空安全路线图》为基础先后进行了多次修订，最终于2007年10月在ICAO第36届大会上经A36-7号决议审查通过。

2006年，ICAO颁布了民航《安全管理手册》[8]，提出了以加强安全风险控制为核心的民航"安全管理体系"(safety management system，SMS)概念和"国家安全方案"(state safety programme，SSP)战略，明确了国家的航空安全管理责任，要求成员国从政府层面制定和实施保证国家航空安全的规章和政策，加强对航空安全管理，包括制定航空安全法规、政策、监督和审计机制。随着"国家安全方案"和民航"安全管理体系"概念的深化，ICAO的会议多次对《国际民用航空公约》附件及《安全管理手册》中关于民航"安全管理体系"的内容进行了补充和修订，要求各国政府把建设民航"安全管理体系"作为实施"国家安全方案"的一项重要内容。正如ICAO的《安全管理手册》中所阐述的，"'国家安全方案'是旨在提高全国民航整体安全水平的一整套规章和活动"，而"民航'安全管理体系'是有组织的民航管理安全的方法和模式，包括必要的组织结构、问责机制、政策和程序"[8]。2006年3月，ICAO对《国际民用航空公约》附件6(航空器运行)、附件11(空中交通服务)和附件14(机场)中关于民航"安全管理体系"的相关条款进行了修订，并于2006年11月23日开始生效。修订后的这三个附件中明确要求世界各国政府应该制定"国家安全方案"，国家应要求本国所有航空公司、机场和空管等航空运行组织实施被局方接受的民航"安全管理体系"，以使航空运输系统能够达到"可接受的安全水平"。

在与ICAO共同推进世界航空安全建设的同时，IATA提出了加强航空安全管理的"六点安全计划"(图6-2)，旨在指导全球航空公司及航空利益相关方全面提高航班运行安全水平。"六点安全计划"主要包括：基础设施安全、安全数据管理与分析、民航"安全管理体系"、安全运行、维修安全和安全审计(主要是IATA运行安全审计，IATA operational safety audit，IOSA)[25]。据IATA的安全统计，2008年全球因飞机冲出跑道产生的损失近40亿美元。为了进一步提高航空公司运行安全性，IATA在"六点安全计划"中对"安全审计"内容增加了"国际地面运营安全审计计划(ISAGO)"，以加强全球飞机运行安全的全面管理。"国际运行安全审计"(IOSA)是一项全球性国际认可的安全审计计划，它对航空公司运行管理与控制进行标准化评价。至2009年年底，全球已有330多家航空公司完成了 IOSA 评估，其中包括 230 多家 IATA 成员航空公司[26]。此外，IATA 还推出了"航空公司综合管理体系"计划，包括安全管理体系、安保管理体系、质量管理体系、企业风险管理体系、供应商管理体系和环境安全管理体系，以全面提升航空公司安全管理水平[25]。

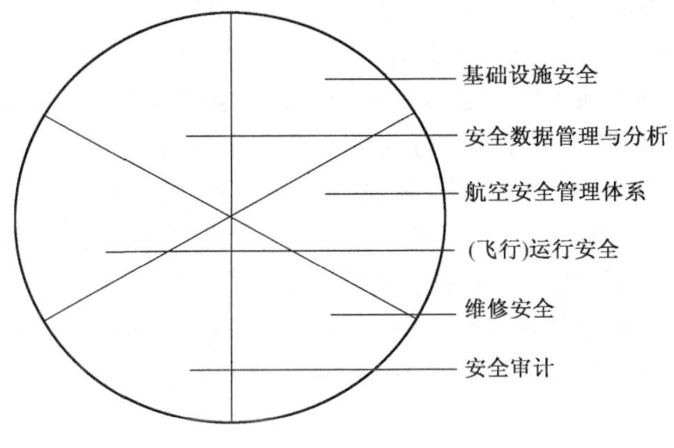

图 6-2　IATA"六点安全计划"

2. 世界航空安全现状

人类经历了一个多世纪的不懈努力，从飞机和设备的设计与制造、飞行技术、运行与安全管理等多方面不断改进技术和提高运行管理水平，使得每百万飞行小时事故率不断刷新航空安全纪录，促进了航空工业和民航运输业的稳步发展。虽然全球航空运输飞机数量和航空运输业务量逐年在增加，但是随着航空安全管理水平的提升，全球航空事故率逐步呈现下降趋势。据 IATA 统计[26]，其成员航空公司的每百万飞行架次事故率从 2001 年的 0.71 次下降到 2010 年的 0.25 次，下降了 46 个百分点(图 6-3)。卓越的航空安全性使得飞机成为越来越多的人的首选出行工具。

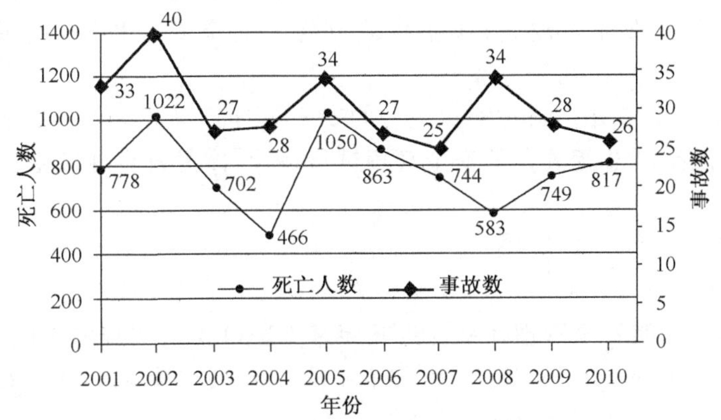

图 6-3　2001～2010 年世界航空事故统计[26]

随着世界经济全球化和人们生活水平的不断提高，民航运输业随着航空运输越来越安全而稳步发展。据 ACI 预测，到 2020 年，全球民航旅客运输将达到 74 亿人次[27]。在过去的 10 年里，尽管百万飞行小时事故率在下降，但是事故数量和人员死亡数量并未明显减少[28]，这依然是一个残酷的事实(图 6-3)。如同 ICAO《安全管理手册》所指出，航空安全是给人们乘坐飞机的一种信心，是大众对航空运输系统的一种信任，安全是发展民航运输业的先决条件。即使世界航空维持目前这种安全水准，随着运输量的不断增长，未来全球航空安全依然面临更为严峻的挑战。

2007 年 10 月 ICAO 第 36 届大会 A36-7 号决议通过的《全球航空安全计划》，实际上是 ICAO 为世界各国、各地区和业界制定的未来 4 年(2008～2011 年)航空安全发展战略规划，以及未来需要重点加强安全建设的核心领域。虽然《全球航空安全计划》制定的规划目标年为 2011 年，但其中关于世界航空安全的发展战略思想和建设思路将影响深远。根据《国际民用航空公约》附件和《全球航空安全计划》精神，在未来一段时期内，世界航空安全领域的重点建设更加强调安全管理的国际性、系统性和综合性，以提升全球航空安全整体水平。《全球航空安全计划》主要包括以下几大方面内容：

(1)加强全球航空安全管理协调。在 ICAO 的协调下，加强全球各航空利益相关方之间的协调和沟通，加强国际合作，统一全球行动计划和实施步骤，共同推进世界航空安全发展。

(2)加快全球航空安全信息交换与共享机制建设。根据《国际民用航空公约》及其附件精神，需要在世界各国之间建立航空安全信息交换、管理、分析与共享机制，以及时交流航空安全信息，分享安全管理经验，以降低事故风险，减少事故发生频率，减轻事故严重程度。

(3)落实《国家安全方案》。《国家安全方案》是《全球航空安全计划》中关于加强国家航空安全建设的重要内容之一，它从国家层面对行业安全管理进行立法和监督，是现代航空安全管理组织体系和法律体系的关键保障，是推动国家航空安全建设的重要动力。

(4)加强全球安全标准建设，消除世界航空安全管理中国际的、国家和地区的、各组织的各种不一致的标准、规范或政策，推进航空安全管理的国际标准化。

(5)全面建设民航“安全管理体系”，包括航空公司、机场、空中交通管理，以及各航空利益相关方的安全管理体系建设，建立防范风险的安全管理机制，把风险降低到最低限度。

(6)加强航空安全审计。制定国际统一的安全审计标准，从空中飞行、到地面保障运行等多个方面对航空利益相关方的安全管理进行审计，以提升全球航空安全水平。

6.2 民航“安全管理体系”

一般概念下的民航安全管理体系与近几年来 ICAO 推行实施的民航“安全管理体系”(safety management system，SMS)[8]是两个不完全相同的概念。本节将重点介绍民航“安全管理体系”的概念和实施方法。

6.2.1 航空安全管理理念的变革

自从人类能够在空中飞翔以来，人们一直就以“预防为主”的理念寻求航空安全。随着人们对客观世界发展规律认识的不断提高，预防风险的视野、手段和方式方法经历了从低级向先进、从设备致因到人为致因，从局部安全到系统安全的发展过程。

1.“设备致因”驱动的安全管理观念

在航空工业发展初期，人类对“天上的事情”知之甚少，在付出了生命和财产等巨大代价之后，人们不断总结和探索，不断加大对航空领域奥秘的研究，并运用所认识的和已经掌握的知识、理论、技术和方法，不断对飞机和发动机的设计、制造、材料、控制、维修、操作及管理等技术和思想进行改进，不断提高飞机的飞行安全性能、飞行操作技能及飞机维修技术。20 世纪 60 年代初之前，人们在“设备致因”观念主导下，通过反复试验不断总结和改进(trial and error 或 fly-fix-fly)的方法，从保障设备安全入手提高航空安全性[6]。因此，为了提高航空安全性，航空工业总是把人类最为安全的、最为可靠的和最为先进的材料与技术首先应用于飞机的设计和制造，为人类提供最先进、更安全的交通工具。

2.“人为致因”驱动的安全管理观念

20 世纪 70 年代初，在不断改进飞机和设备性能以提高飞行安全的同时，航空安全专家从大量的航空事故原因中发现，人为因素在事故致因中占有很大比例。统计表明[29]，约 80%的事故属于人为差错所致，便产生了“人为致因”观念，直至 90 年代末。根据“人为致因”观念，人们不得不制定更为严格的管理规定和规则，编写更为详细的操作手册和操作程序，加强一线人员的严格选拔和专业技能培训，试图通过避免一线人员的操作差错降低或消除安全风险，以提高航空安全性。另一方面，为了弥补人为差错，人们在设备方面采用更为先进的自动化或智能化技术，以弥补人为差错。这也是为什么民航运输业的规章和手册最多、要求持证上岗的岗位最多、培训和学习的频次最多、国际交流人数最多的原因吧。

3.“组织致因”驱动的安全管理观念

时有发生的事故终于使人们清醒地认识到，人不是神，因此人难免要发生差错。既然人们已经充分认识到要彻底消除人为差错又根本没有可能，那么提高航空安全的关键就在于“防患于未然”。尽管人们一直在努力降低风险，提高航空安全性，并且事故率也确实明显降低(图 6-3)，但是全球的航空事故总数并未明显减少的事实，依然在人们心理上产生一丝挥之不去的恐惧。因此，人类必须创新安全管理方法，预防和减少不可避免的差错，控制可能发生的差错或阻止差错演变成事故。人们运用组织管理机制和集体智慧与力量，加强安全管理力度，扩大对风险和不安全因素的防控范围，更深层次地关注潜在的不安全因素，加强国际、国家、组织或部门之间的沟通与协调。航空安全专家经过对全球航空事故的分析和研究后发现[8]，任何一起航空安全事故的发生，其事故致因并非完全孤立或偶然，相反地，大多数事故原因都是已知的，甚至曾经发生过类似致因的事故。并认为，事故的当事人本身都是技术合格、有资质和有经验的设计师、飞行员、维修工程师、空中交通管理员、机场指挥调度员、航班运行控制员(签派员)或其他相关专业人员。非常不幸的是，每一起事故中，这些当事人与旅客一样，不仅是事故的受害者，而且在事故调查后有些当事人被认定为事故责任人而被追究法律责任受到惩处，因为事故从他们的眼皮下溜走，他们是事故链的最后环节。问题是，他们都是合格的人员，他们的所有工作都是有组织和有计划的按章进行，事故链也是在组织的控制之中，而他们却是双重受害者。类似的事情还会继续发生。研究还表明[8]，事故发生前已经“具备事故发生的条件”，有些差错或不安全行为事实上已经存在甚至已经存在了很久，但是一直都未被发现或意识到它们是有害安全的因素。幸运的是,有些差错或不安全行为并没有或还没有产生不利后果,因而这些事实上有害安全的差错或不安全行为或许被误认为是正常状况。有些不安全因素是管理者的决策所造成:决策者们认识到存在安全风险,但是由于运输繁忙、资源紧缺、资金投入或经济效益等压力需要优先考虑,因而忽略了发展航空必须坚持"安全第一"的基本前提,而一线人员又无法改变这种决策下的工作方式、工作环境或管理模式。虽然管理者的决策并没有直接导致事故或产生风险或不利后果,但是他们的这些忽视安全的组织行为实质上为风险的产生或已经存在的风险诱发成事故创造了条件,客观上导致了事故的发生。这就是在 20 世纪 80 年代到 90 年代中期占主导地位的事故"组织致因"说。

4. 以"系统安全"为基础的安全管理理念

20 世纪 50 年代末 60 年代初,基于"设备致因"观念的安全管理理念对出现的航天系统、核武器系统和反弹道导弹系统等等这些非常复杂、安全性要求极高的系统而言显得不适用,便产生了"系统安全"理念。特别是 1986 年 1 月 28 日美国"挑战者号"航天飞机的失事,对传统的安全管理理念和模式提出了全面挑战[29],因而"系统安全"观念显得更为重要。

在民航领域,人们从过去的灾难中总结经验教训,对已知风险做出正确的防范与应对措施,确实有效地避免了一些事件的发生。这种反应式安全管理方法确实行之有效。到 20 世纪 70 年代末,全球航空事故率降低到每百万次飞行发生一次的历史最好水平[8]。随着航班量的增加和运行环境的更加复杂化,这种传统的反应式安全管理模式难以继续使民航运输业达到一个更好的可接受的安全水平。风险或事故必然会攻击"安全管理"之不备,看上去似乎具有偶然性,最终风险酿变成事故实际上是透过诸多因素中的某个薄弱环节演变而成(图 6-4)。

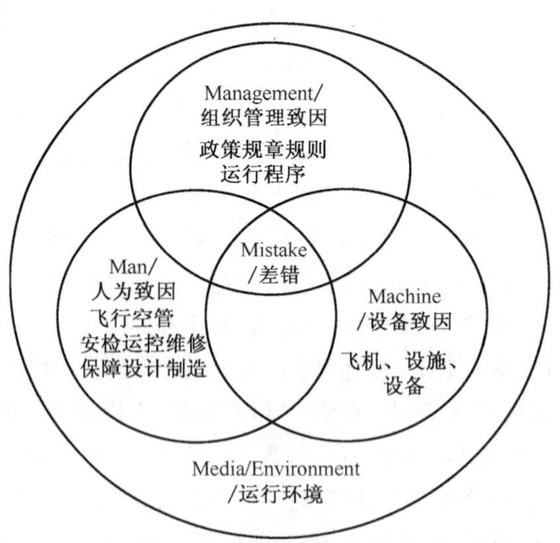

图 6-4 事故致因与"系统安全"概念——5M 模型

实践证明,消除或者降低风险,不仅需要消除直接风险源,而且必须同时消除滋生风险的环境或间接源;不仅要在设备、人为、组织管理和环境等方面降低风险,更需要从航空运输系统的整体安全观念出发加强管理;不仅需要"积极预防",而且需要"综合管理",通过航空利益相关各方的共同安全保障,从 ICAO 到国家、组织和行业安全管理,从政策法规到岗位操作手册,从航空安全管理立法到标准制定规范实施与审计督查,从航空器设计制造到操作维修,从航空公司、机场、空中交通服务等一线单位的生产组织到具体岗位人员的实际操作,从管理决策者到一线工作人员,从专业人员的选拔到岗位培训,从生产运行管理到运行环境保障,构建一个能够全面提升民航安全水平的"安全管理体系"。

6.2.2 民航"安全管理体系"的基本要素

民航"安全管理体系"这一安全管理模式,最初在 20 世纪 90 年代中期北美洲的一些航空公司中施行[30]。它是一种有组织地进行民航安全管理的系统方法,包括必要的安全管理组织机构、责任分明的职责与问责机制、有效的安全管理政策与规章、科学的安全评估方法与安全审计程序(procedures)[8]、持续增强的风险识别和风险处置能力,确保能够达到并继续能够保持可接受的安全水平[8,25,28,31]。通过系统性的组织与管理,以风险预防为主,对与航空运输活动相关的每一个管理和生产环节进行风险识别,并对每一个可能出现的风险或潜在的不安全因素提出有组织的和有效的处理预案,建立安全信息收集、分析、交换与共享机制,形成风险联防体系,最大限度地减少风险出现的可能性和降低风险危害性,使航空运输系统整体安全水平不断得到提高。根据质量管理观点,民航"安全管理体系"实质上是一个航空安全质量管理保障体系,是一个基于质量管理体系原则的动态风险管理模式[29]。因此,民航企业建立和实施安全管理体系,企业内部建立对安全进行监督、评估、审核的长效机制,促进企业安全管理持续改进,有利于稳步提升企业安全水平。根据 ICAO 的《国际民用航空公约》附件和《安全管理手册》关于民航"安全管理体系"的目的与功能要求,民航"安全管理体系"应该具备以下几方面的基本要素[11,32,33]:

1. 安全文化

有效的安全管理必须要有企业的"安全文化"。那么什么是"安全文化"?

"态度决定思路,过程决定结果,细节决定成败"。"安全文化"是对待安全的一种态度,是企业的每一位员工,特别是企业领导,应该具有的一种安全意识、坚持"安全第一"的行为意识、始终贯穿于企业所有活动过程之中的风险意识、时刻认识到可能存在安全威胁的危机意识、一切行为都必须符合安全要求的责任意识、任何一部分的安全都属于系统安全的整体意识、不断提高安全水平的持续意识。

"安全文化"是一种正义文化[30],它要求每一位员工都必须能够了解差错、识别差错、不容许出现差错,能够清楚地认识哪些是可以接受或不可以接受的行为,哪些是有利于或不利于安全的行为,并且都有一种对任何不利于安全的行为的是非观和"零容忍"态度。

"安全文化"是一种学习文化,每一位员工都能够自觉地坚持不懈地学习和了解安全管理新知识、新技术、新技能,及时掌握安全新动向和新举措。

"安全文化"是构建"安全管理体系"实现安全目标的重要思想基础,是企业和员工对待安全的态度以及采取行动的综合体现,它体现在完备的安全管理组织、健全的安全管理政策与规章制度、明确的企业安全目标和岗位安全责任制、科学的生产流程与安全报告程序、完备的安全信息收集分析与共享机制、严明的领导问责机制、合理的安全评估方法与透明的安全审计程序、重视安全管理知识学习的培训制度、注重持续安全能力培养的发展战略。

因此，"安全文化"是一种以安全为灵魂的企业精神和企业氛围。

2. 安全管理组织

安全管理组织是组织负责实施安全管理的必要机构，ICAO 虽然对民航"安全管理体系"的组织没有给出明确规定和统一模式，但是对建立安全管理组织的必要性及其应当担负的使命与责任提出了明确要求。

根据 ICAO 的《国际民用航空公约》附件和《安全管理手册》，以及中国民航安全管理相关规定[9]精神，民航企业领导机构就是"安全管理体系"的第一责任组织，担负本企业的安全管理和责任，企业领导机构必须根据符合国家、行业主管部门的相关要求和企业特点，负责制定本企业长期、近期和年度安全目标、安全管理的相关政策和规章、具体的阶段安全绩效量化指标、具体实施计划与措施，以及落实全员安全责任制[9]。企业必须建立安全管理问责制。法人代表就是企业安全的第一责任人[9]。第一责任人对安全管理的态度，将决定企业安全管理政策和措施能否贯彻及企业安全目标能否实现[30]。具体负责企业安全管理的领导，负责组织和管理企业日常生产安全：组织建立与实施安全管理体系；定期监督和审核企业安全；定期组织企业安全形势会议，对危险源识别和风险评估，落实安全措施；组织和管理安全教育培训、安全监督与审核、研究和改进安全管理等工作。企业内部需要建立专门的安全管理委员会，具体负责组织实施企业安全管理、安全信息收集与分析、生产安全监督与风险识别。在一些大的民航企业，如航空公司集团、机场管理集团等的下属航空公司或机场公司内部，通常需要设立专门的安全管理机构，根据集团安全管理委员会的统一部署和要求，负责本公司的民航"安全管理体系"建设工作。图 6-5 所示为民航"安全管理体系"的基本组织结构与主要责任。

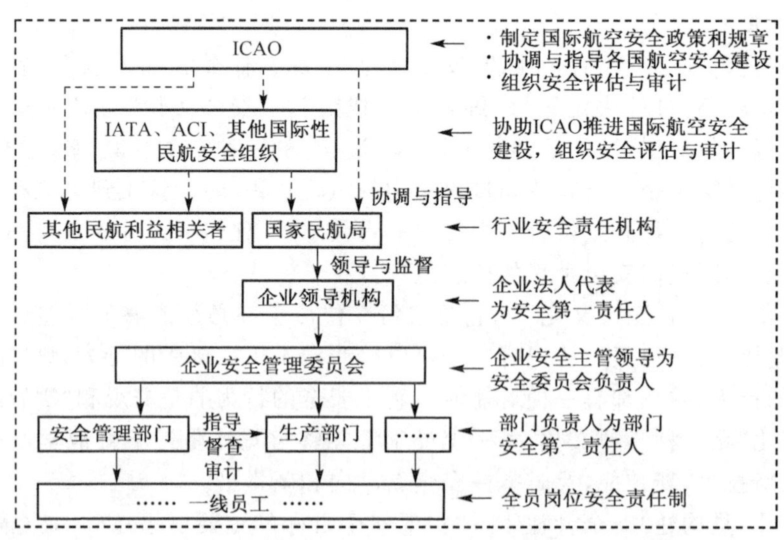

图 6-5 民航"安全管理体系"(SMS)的基本组织结构与职责

3. 安全管理政策与法规

制定配套的安全管理政策和法规，以便明确企业安全管理宗旨，确立安全管理基本理念和行动准则。民航企业在系统学习国家法律、法规、规章、规范性文件和标准的基础上，需要结合行业和企业安全基础与现状，制定本企业的符合国家法律、法规和行业规章、规范与标准的安全管理政策和相关法规，成为建设民航“安全管理体系”实现安全管理目标的行动依据和行为规范。ICAO的《安全管理手册》鼓励民航企业建立高于国家或行业法律、法规、规章、规范性文件和标准的安全管理规范。企业安全管理政策或法规制定并按程序审核批准后，以企业管理机构法定代表人的名义发布并传达至全体员工，企业安全管理机构和相关职能部门将制定具体措施，推进安全政策的贯彻落实。

企业安全管理政策或法规，包括加强安全基础设施建设政策、加强安全管理建设的资金和人力投入政策、安全责任制的考核和奖惩机制、保障安全运行的规章规范和标准、促进企业安全文化发展政策、突发事件响应机制、安全责任追究制度、定期安全评估监督审核制度、企业员工安全知识学习与培训制度等。企业安全管理政策和法规应有利于调动员工安全生产积极性，有利于推进企业安全管理体系的建设和发展[11,33]，其内容根据安全形势进行调整，与时俱进，推动企业持续安全发展。

4. 安全风险管理机制

建立安全风险管理机制，是建设民航“安全管理体系”的重要内容之一，是实施“预防为主，综合治理”安全管理方针的关键环节。安全风险管理是对民航企业生产和管理的每一环节进行风险识别、风险危险性分析和制定排除风险或将风险危险性降低至可接受程度的风险防范过程(图6-6)。通过风险识别与分析，提出风险处置方案。风险识别，不仅需要能够预先发现风险，而且要能够分析和掌握风险特征，更重要的是要能够发现产生风险的根源，即危险源，并予以消除，从根本上预防安全风险。通过风险识别，加强安全信息交换，以便及时调整与完善企业安全管理政策和法规，有利于提高企业整体风险防范能力，推进企业持久安全建设[8]。

1)风险识别

风险识别的目的在于了解什么是危险，出现危险的可能性有多大，危害程度有多严重，以及产生危险的根源在哪里，最终消除具有安全威胁的危险。

对民航安全构成威胁的危险按其来源可以分为四大类：自然危险、技术危险、经济危险和政治危险。

(1)自然危险。这一类危险来自于自然灾害，主要包括气象灾害、地震灾害、地质灾害、海洋灾害、水旱灾害、生物灾害和森林草原火灾等。有的灾害与区域或季节有关，如夏季太平洋地区的飓风、大西洋的龙卷风、沿海地区的大雨或暴风雨、洪水、山区的泥石流等；欧洲地区的冬季暴风雪、冰冻；我国西南地区春秋季的大雾，冬季的冰雨等。对民航飞行构成危险最大和最经常的是气象灾害，如大风、台风、沙尘暴、暴雨、雷雨、大雾、异常高温、异常低温、大雪、暴雪、冰雨冰雹等特殊天气。不容忽视的生物侵害如飞鸟和昆虫，也引起过重大飞行事故。

(2)技术危险。技术危险主要来自于技术原因，如由于设计缺陷，技术不过关或材料缺陷等原因，导致诸如飞机结构、零部件、功能模块或软件系统、或保障设施设备等的功能

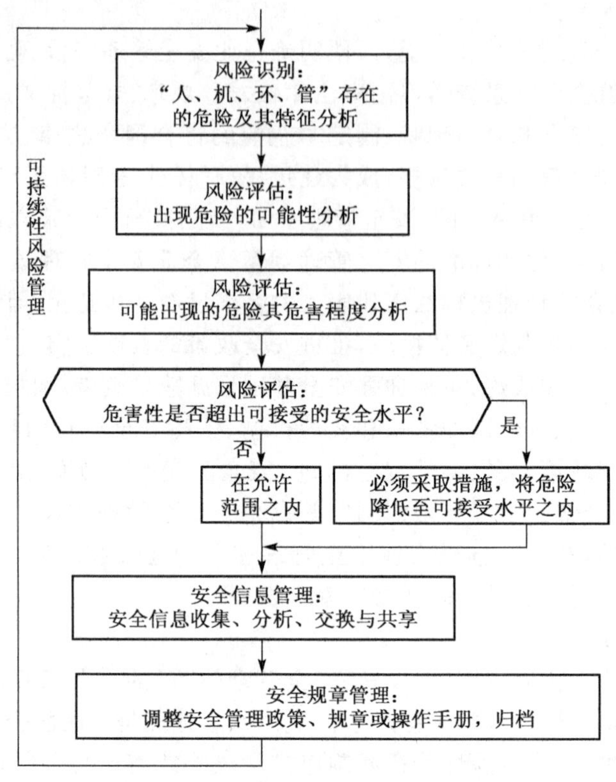

图 6-6 风险管理流程

或性能问题，也有来自管理流程或操作方法的设计不科学或不合理或失误等原因。电影《紧急迫降》的真实原型就是一架飞机前轮起落架的一个插栓因材料疲劳损伤而引起事故；美国挑战者号航天飞机失事则是因为燃料箱密封橡皮圈的材料原因[29]。

(3)经济危险。这一类危险与经济或者企业效益有关，例如，由于客货运输需求量增长过快，导致航班量增加，导致飞行、机务维修和航班运控等关键岗位人员工作量过大而疲劳，因而可能对一些特殊情况处理缺乏敏捷的思维反应与决断能力；机队规模扩大过快，导致飞行员紧缺，从而对飞行员的技术标准降低；由于社会经济衰退或经济危机，导致企业运行成本增加，进而降低安全保障的资金投入；由于通货膨胀，员工薪资得不到及时提升，引起消极怠工或者罢工，进而降低安全责任等。这些危险对飞行安全都可能会带来危险。

(4)政治危险。政治危险主要来源于政治、意识、宗教、文化等思想意识因素产生的敌对行为。如 1988 年的“洛克比”空难事件和 2001 年的“9·11”事件就是两起背景非常复杂的典型政治事件，它不仅与国家政治、思想意识有关，而且与宗教文化有关，是一个多种矛盾激化的总爆发。有的政治危险出于个人的恶意等。尤其是在当今矛盾四起的国际环境中，恐怖活动给民航安全增添了更多的安全隐患。

根据对历史上发生过的飞行事故致因分析，危险源主要来自于六大方面(图 6-7)：

(1)设计过程，如飞机及设施设备设计，管理流程、操作程序设计等。

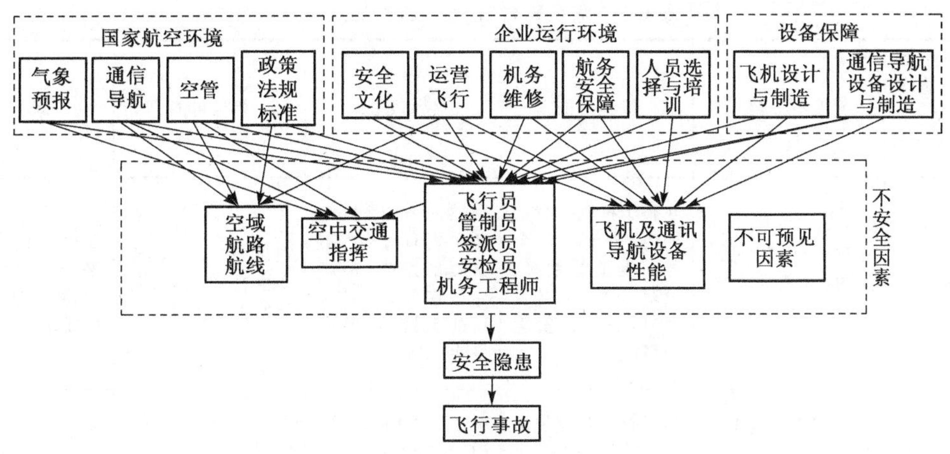

图6-7 影响航空运输安全的关联因素

(2)交流过程,如对术语、标准、规范、规则、语言等含义的理解,如文档材料编写规范性,术语定义的准确性、统一性、可读性及可操作性。

(3)人力资源管理,如员工招聘标准、培训程度、激励机制等方面的政策。

(4)生产组织管理,如安全报告程序、安全措施和安全目标的一致性,资源分配、运力、企业安全文化、决策机制等。

(5)环境保障过程,如环境噪声和振动、温度、灯光、防护设备等。

(6)外部因素,如国际政治、国家政策、行业管理、宗教文化和社会矛盾等因素。

当然,能够导致危险的原因多种多样。通过对危险因素的分析,加强对危险源及其危害性的了解与认识,提高风险识别能力,以加强防范,降低风险危害性。

2)风险评估

风险评估是一种识别潜在危险和控制风险危害性的主动预防机制,它针对危险特征、危险源分布范围、危险致因等特点,分析这些危险产生的可能性和危害程度(表6-1~表6-3),评估结果可以采用如下式所示的风险度(risk)表示:

$$\text{风险度} = \text{出现危险的可能性} \times \text{危害严重程度} \tag{6-1}$$

式中,出现风险的可能性(likelihood)通常根据事故档案统计分析并计算发生的概率而得来,也有采取直接量化值(表6-2)。危害严重程度(severity)通常根据发生危险的场景(或业务环节)性质来确定。例如,飞行员的操作失误与行李装卸操作失误的后果危害程度完全不同。有些危险可能是致命的,虽然出现的可能性比较小,但是后果非常重,不可接受,如飞行驾驶、飞机发动机或飞行控制部件维修,运行控制等直接与飞行安全相关;有一些危险(不安全行为)出现的概率比较高,但是后果的危害性相对较小,属于非致命性差错,可以容忍,如旅客行李或货物重量计量不准,但存在一定的累积危险性,在一定程度范围内是可以容忍的,如过度超重则会对飞行安全产生威胁。风险危害程度及可接受程度,参见表6-3和表6-4。表6-5所示为目前我国用于机场安全风险评估的表格,它既是风险识别和采取措施的依据,也是安全绩效评估的依据,同时也是安全管理过程中统计分析风险的依据。

表 6-1 危险事件发生可能性的定义[8]

定义方式 \ 发生的可能性	极不可能	极少可能	不大可能	相当可能	频繁
定性	在整个机队生命周期内，几乎不会发生	在整个机队生命周期内，由于有多个相同类型的系统，虽然不大可能发生，但是存在发生的可能性	虽然每一个系统的整个生命周期内不大可能发生，但是由于有多个相同类型的系统，可能会发生几次	在每一个系统的整个生命周期内，可能发生一次	在每一个系统的整个生命周期内，可能发生一次或多次
定量	每飞行小时发生次数：$<10^{-9}$	每飞行小时发生次数：$10^{-9}\sim10^{-7}$	每飞行小时发生次数：$10^{-7}\sim10^{-5}$	每飞行小时发生次数：$10^{-5}\sim10^{-3}$	每飞行小时发生次数：$1\sim10^{-3}$

表 6-2 出现危险可能性的量化值[9]

量值	出现可能性	描述
1	极不可能	近十年内国内外机场未发生
2	不太可能	近十年内国内外机场偶尔发生
3	可能性很小	国内机场每年偶尔发生
4	相对可能	本机场每年偶尔发生
5	经常	本机场每年发生多次

表 6-3 风险危害程度与可接受程度[8]

危害性 \ 发生的可能性	极不可能	极少可能	不大可能	相当可能	频繁
灾难性的	审查	不可接受	不可接受	不可接受	不可接受
危险的	审查	审查	不可接受	不可接受	不可接受
稍大危害性	可接受	审查	审查	审查	审查
较小危害性	可接受	可接受	可接受	可接受	可接受

表 6-4 危险的危害程度量化指标定义[9]

量值	严重性	危险类型
1	可容忍的	人员：没有受伤
		机场运行：极短的运行延误，没有直接损失
		设备：没有损失或极短的技术性延误，没有导致直接损失
		媒体关注：没有引起媒体关注
		公众信心：没有影响到公众信心

续表

量值	严重性	危险类型
2	微不足道的	人员:急救受伤,没有残疾,但造成工作延误
		机场运行:机场航班短期延误
		设备:设备轻微损坏
		媒体关注:引起机场所在地媒体关注
		公众信心:可能会降低,但公众觉得情况可以接受
3	中等的	人员:人员受伤,需要住院养护,造成直接损失,但没有人员残疾
		机场运行:安全裕度显著降低
		设备:设备中度损坏,但经过维护可以继续使用,造成直接损失
		媒体关注:媒体要将发生的事件公开,引起当地民航管理部门的关注
		公众信心:公开的媒体报道导致公众信心显著降低
4	重要的	人员:造成人员残疾或严重受伤
		机场运行:安全裕度大幅度降低,造成机场航班调整、秩序混乱,带来直接损失,应急程序启动
		设备:主要设备损坏,需要长时间的维修才能投入使用,航空器无法正常使用
		媒体关注:媒体报导引起民航局的关注
		公众信心:公众对航空运输的安全性造成怀疑,相当数量的公众不再乘坐某一机型或某一航空公司的航班
5	灾难性的	人员:造成人员死亡或旅客受伤,公众生命受威胁
		机场运行:安全裕度严重降低,造成机场关闭数小时,给机场带来严重的直接损失
		设备:设备严重损坏,不能继续使用
		媒体关注:媒体关注引起公众对民航局的问责
		公众信心:公众表现出对航空运输的强烈抵制

表 6-5 机场岗位安全风险评估档案[9]

<table>
<tr><td colspan="2">岗位名称</td><td colspan="2">编号</td><td></td></tr>
<tr><td colspan="2" rowspan="3">功能描述</td><td colspan="2">分类</td><td></td></tr>
<tr><td colspan="2">负责部门</td><td></td></tr>
<tr><td colspan="2">责任人</td><td></td></tr>
<tr><td colspan="5">实施部门:</td></tr>
<tr><td colspan="5">工作人员信息</td></tr>
<tr><td>姓名</td><td>联系方式</td><td>Email</td><td>部门</td><td>专长</td></tr>
<tr><td></td><td></td><td></td><td></td><td></td></tr>
<tr><td></td><td></td><td></td><td></td><td></td></tr>
<tr><td colspan="5">国内要求</td></tr>
<tr><td>法律法规</td><td colspan="4"></td></tr>
<tr><td>CAAC 规章标准</td><td colspan="4"></td></tr>
<tr><td>机场内部要求</td><td colspan="4"></td></tr>
<tr><td>其他</td><td colspan="4"></td></tr>
<tr><td colspan="5">国际要求</td></tr>
<tr><td>ICAO</td><td colspan="4"></td></tr>
<tr><td>ACI</td><td colspan="4"></td></tr>
<tr><td>其他</td><td colspan="4"></td></tr>
</table>

续表

<table>
<tr><td>评估方面</td><td colspan="2">状态描述</td><td>符合性等级</td></tr>
<tr><td>人员</td><td colspan="2"></td><td></td></tr>
<tr><td>设备</td><td colspan="2"></td><td></td></tr>
<tr><td>环境</td><td colspan="2"></td><td></td></tr>
<tr><td>工作程序</td><td colspan="2"></td><td></td></tr>
<tr><td>其他</td><td colspan="2"></td><td></td></tr>
<tr><td colspan="4">风险度</td></tr>
<tr><td colspan="4"></td></tr>
<tr><td colspan="4">安全评估记录</td></tr>
<tr><td>记录号</td><td colspan="2">评估事件</td><td>整改方案实施效果</td></tr>
<tr><td></td><td colspan="2"></td><td></td></tr>
<tr><td></td><td colspan="2"></td><td></td></tr>
<tr><td colspan="4">历史事件记录</td></tr>
<tr><td>记录号</td><td>起止时间</td><td>内容</td><td>建议</td></tr>
<tr><td></td><td></td><td></td><td></td></tr>
<tr><td colspan="4">……</td></tr>
<tr><td>……</td><td colspan="2">……</td><td>……</td></tr>
<tr><td>部门负责人</td><td colspan="2"></td><td>日期</td></tr>
</table>

3)风险对策

对于风险评估结果中认定为对安全影响超过限度的危险因素和危险源,必须采取应对措施,甚至需要对安全管理政策、规章或操作手册进行系统性调整和完善。例如,在表6-6中,把机场风险分为三个层次,对应每一层次列出了相应的应对措施[8,9]。风险对策通常包括避免或消除风险、转移风险、缓解风险、回避风险和暂时接受风险等策略,需要针对具体风险危害性及风险源特征制定具体的应对措施。

表 6-6 机场风险度量化指标

风险度	应对措施
1～4	低风险,在考虑风险的各种因素后,机场能够正常运行
5～9	中等风险,机场可以继续运行,但必须采取风险控制措施
≥10	高风险,不能接受,机场需要采取应对措施,直至风险降低至可接受范围才能恢复工作

5.安全审计机制

如前所述,风险管理的首要目的在于风险防范。安全审计是风险管理中带有强制性的一种有力监督措施;是一种有组织有计划的行为,对民航企业生产安全管理的各项政策、规章及具体措施及其效果进行检查和评估;检查企业安全管理工作是否符合国家法律、法规、行业规章、规范和标准,是否有效运行并促进实现安全目标,并且对安全绩效进行评估;特别对那些在风险识别阶段已经发现的危险及其危险源、提出的防范与整改措施是否有效贯彻落实，落实效果情况等，则作为审计的重点。安全审计人员通过深入一线调查、访谈、查阅安全文档和安全信息管理档案，对企业安全管理及安全绩效进行客观评价，肯定成绩，发现安全管理的薄弱环节，制定整改措施，监督检查整改情况和整改效果。通过审计的监督和督促作用，不断促使企业安全管理工作的持续改进。

安全审计通常分为内部审计和外部审计。内部审计是由企业内部组织的定期安全检查与评估，也是企业安全监督的重要措施之一，根据各职能部门各个岗位职责和安全要求、安全目标及安全绩效等指标进行审查，并落实限期整改措施。内部安全审计需要确定审核计划和审核内容，制定具体审计方式和方法，对审计过程中发现的风险和不利于安全的行为必须确定具体整改措施和整改计划，并撰写和提交审核报告，同时进行安全信息管理与文字材料归档管理，重要的是安全审计之后监督整改措施落实情况和整改效果，确保安全审计工作的监督作用和推进作用。

外部审计通常是由行业主管部门或者国际性民航组织（ICAO、IATA 或 ACI）通过专门机构进行审计。

1998 年 10 月，"国际民航组织"大会制定了"普遍安全监督审计计划"（ICAO Universal Safety Oversight Audit Programme，USOAP），对所有成员国进行强制性的定期安全监督审计，并于 1999 年 1 月 1 日开始实施。USOAP 有三项审计工具，分别是：国家航空活动调查问卷（SAAQ）、符合性检查清单（CC）和访谈大纲（PQ）。其中国家航空活动调查问卷涉及内容较多，包括国家综合行政、立法、组织机构、运行、空中航行服务、机场、事故和事故征候调查等七个部分。2004 年 10 月，ICAO 第 35 届大会根据 USOAP 实施情况，决定于 2005 年 1 月 1 日开始采用"全面系统"审计方法，对各成员国与安全相关的所有领域采用系统化程序和方法对安全监督审计的实施情况，从整体角度对一个国家的航空安全监督体系及其效能与航空活动安全水平进行全面评估。"全面系统"审计方法重点对各成员国安全监督体系的八大关键方面进行审计，包括：航空基本立法、具体运行规章、国家民航安全体系监督职能、技术人员资格和培训、安全方面的关键资料、执照审批机制与监察义务、安全问题的处置能力，以及遵守 ICAO 标准和建议的措施等。2009 年 5 月，ICAO 航行委员会决定采用持续监测方式开展普遍安全监督审计计划。所谓持续监测方式，是指建立一个系统，以安全风险管理为基础，持续监测各成员国的安全监督能力，采取全球性持续一致的方法评价其航空活动的安全水平，评估其安全管理能力。ICAO 理事会决定从 2013 年 1 月开始全面实施采用持续监督方式的安全审计，旨在通过这一强制性的定期安全审计计划，建立一种提升国家安全管理水平的长效机制，以提高世界各国航空安全水平，实现 ICAO 的"全球航空安全"这一战略目标[34]。

IATA 从 2001 年开始推行"国际航协运行安全审计"计划（IATA Operational Safety Audit，IOSA），2003 年正式启动。这是一个通过 ISO 9001－2000 认证并得到国际公认的航空公司运行安全审计计划，它依据 ICAO 的相关标准，特别是《国际民用航空公约》附件 1、6 和 8，以及 JAA（Joint Aviation Authorities，欧洲联合航空局）和 FAA 的规章与标准，重点对航空公司运行安全的 8 个方面进行评估，包括：组织与管理系统、飞行运行、运行控制和飞行签派、飞机工程与维修、客舱运行、地面服务、货运和航空安保。IATA 的这一 IOSA 审计计划根据航空公司自愿申请并交纳费用，然后经 IATA 授权由第三方专家组成的专门审计机构依据IATA的安全审计标准进行审计[35]。虽然IOSA是一个非强制性的安全审计，但是航空公司通过该审计后能够找出安全管理的薄弱环节，进行整改，提升企业安全水平和国际市场竞争力。2006年3月31日，ICAO和IATA在加拿大蒙特利尔达成协议，同意分享各自的审议计划中有关安全的信息，以便更好地查明潜在的安全风险。

我国民航局从2006年起开始对航空公司、机场和空管等单位进行安全审计，审计周期目前设定为五年[36]。

6.安全信息收集分析与共享机制

建设民航“安全管理体系”的主要内容之一是安全信息的收集、分析、交换与共享机制。这一机制的目的在于，对发现或已经查明原因的危险及其危险源、消除危险所采取的措施及其效果等信息，通过收集、整理、分析和归档后，一方面可以作为应对类似危险的参考借鉴，另一方面进行分析归类统计，以便研究危险产生的规律或机理，从技术或者管理方面进行整改，消除危险源，提高安全性。安全信息交换与共享机制有利于民航企业之间交流安全管理经验，从更广的范围学习和借鉴类似危险的处理经验，提高民航整体安全管理水平。

民航安全信息的来源，有企业内部安全信息和企业外部安全信息，有来自一线的生产安全信息和来自管理层的安全管理信息。安全信息还可以分为强制报告信息、定期报告信息、自愿报告信息、运行类信息、通知类信息、整改类信息、监察报告信息等[9]。

建立安全信息管理与交换机制，需要构建畅通的信息渠道和收集与管理安全信息的信息管理平台，为不安全事件调查、安全监督与审核，以及风险管理等安全管理活动提供信息支持和辅助决策，实现信息共享，促进安全管理体系建设。

7.安全教育与培训制度

安全教育与培训，是建设民航“安全管理体系”的关键内容之一，ICAO的USOAP计划与IATA的IOSA计划，我国的《中华人民共和国安全生产法》、《生产经营单位安全培训规定》和《民用航空安全培训规定》等，都十分重视安全教育和培训工作，被视为保障民航持续安全的重要措施之一。通过培训和学习，提高企业员工特别是企业管理者的安全素养，强化安全生产的法制观念和意识，推动企业安全文化建设，提高安全生产和安全管理能力，促进企业安全管理水平的不断提升。

根据我国民航“安全管理体系”建设要求[9]，民航企业法定代表人、企业的各级主要负责人、安全生产管理人员及全体员工都必须接受安全教育和培训，企业的安全管理专职人员必须经过专门培训并通过专门认证合格后持证上岗。

通过对新员工的岗前培训和在职员工的定期或不定期培训，使一线人员掌握必备的安全生产常识和知识，培养安全生产意识，并及时了解安全新形势和新动态，更新安全管理新观念和新思想，学习安全管理新知识、新技术和新技能，营造企业安全文化氛围，以不断提高安全管理和安全生产水平，实现企业持续安全目标。这种教育和培训，需要建立一种保障制度，使之有计划、有目标、有组织、有考核地进行规范化管理，并提供必要的经费和专门人员负责实施。

6.3 中国民航安全管理体系

我国民航一直坚持"保证安全第一"和"安全第一,预防为主、综合治理"的指导方针,在不断提高飞行技能、安全保障能力及安全管理水平的基础上,逐步完善民航安全管理体系,全行业安全生产水平不断提高,并创造了从 2004 年 11 月 22 日到 2010 年 8 月 23 日我国民航连续安全飞行 2102 天、2150 万小时的历史纪录[37],事故率从 1950 年的每百万小时 21 次降低到 2010 年的每百万小时 0.000018 次的世界先进水平[38,39],每百万小时事故率呈现明显下降趋势(图 6-8)。

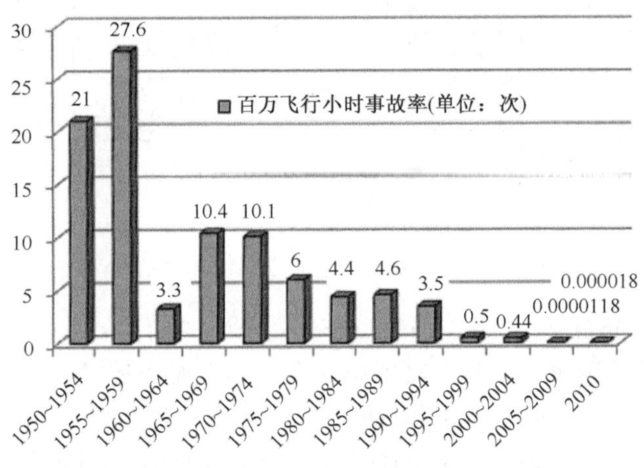

图 6-8 中国民航万小时事故率统计

我国民航从"十一五"开始大力推行"中国民航持续安全发展战略",其目标是:全行业安全基础不断完善,安全保障能力持续增强,总体安全水平持续提高,并始终保持在国家、社会和公众可接受的航空安全水平之上。到 2020 年,我国民航的航空运输飞行每百万飞行小时重大事故率将从 1998～2007 年的 0.23(滑动平均值,sliding average)降至 0.15 以下,到 2030 年每百万飞行小时重大事故率降至 0.1 以下[10]。作为实施"中国民航持续安全发展战略"的重要内容,配合 ICAO 共同推进"全球航空安全"战略,我国从 2007 年开始大规模地在航空公司、机场和空管等一线生产单位实施民航"安全管理体系"建设工作。

6.3.1 民航安全管理组织体系

必要与合理的组织体系,是制定、监督和实施各项民航安全管理政策与措施的重要保障。根据我国目前的现行管理体制,我国民航运输安全从三大口径加强管理,即政府行政口、行业口和企业自身(图 6-9)。

1. 政府对民航安全的管理

我国政府设有专门监督和管理生产安全的机构。

1)国务院安全生产委员会

"国务院安全生产委员会"是由国务院直属部委及机关等三十多个单位组成的组

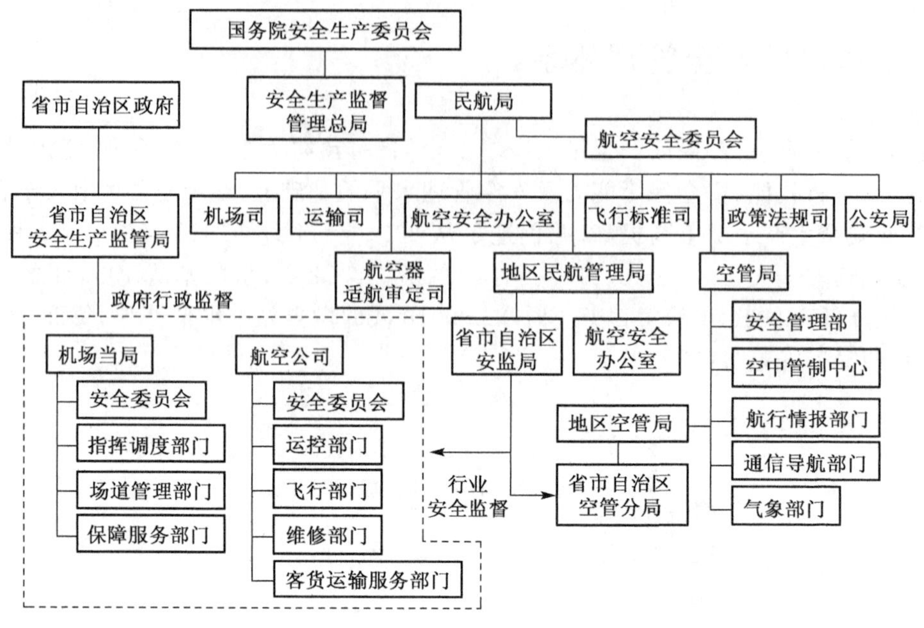

图 6-9 中国民航安全管理组织体系结构

织[40],在国务院的直接领导下,旨在加强对全国安全生产工作的统一领导,促进安全生产形势的稳定好转,保护国家财产和人民生命安全。其主要作用是,在国务院领导下,负责研究部署、指导协调全国安全生产工作;研究提出全国安全生产工作的重大方针政策;分析全国安全生产形势,研究解决安全生产工作中的重大问题;必要时协调总参谋部和武警总部调集部队参加特大生产安全事故应急救援工作;完成国务院交办的其他安全生产工作。"国务院安全生产委员"实际上是一个多部位联合协调会商机制,具体日常事务处理为"国务院安全生产委员会办公室"。

2)国家安全生产监督管理总局

"国家安全生产监督管理总局"(State Administration of Work Safety)是国务院主管全国安全生产综合监督管理工作的正部级直属行政机构,也是"国务院安全生产委员会"的具体执行机构,它代表国家政府实施安全生产监管和煤矿安全监察工作,以促进生产安全形势稳定好转[41]。

对应于"国家安全生产监督管理总局",各省、直辖市和自治区政府及其下属政府都分别设立相应的安全生产监督管理局,负责监管下属单位的安全生产事务。

作为企业,航空公司和机场必须接受属地政府对企业安全生产的相关行政管理和监督。

2. 行业对民航安全的管理

中国民用航空局作为我国政府主管全国民航事务的行业管理机构,其主要职责之一就是"承担民航飞行安全和地面安全监管责任"[42]。

民航局具体负责行业安全管理的最高机构是"航空安全委员会",由民航局、直属司局及民航地区管理局、航空公司、机场当局等民航单位的领导和安全管理机构负责人组成,旨在加强对全国民航安全生产工作的领导，对各运输企业和部门执行安全法规的情况进行监督、检查与指导，对违反安全生产法规的行为、危及生产安全的人员和设备行使处理权。民航局“航空安全委员会”是民航局安全管理的最高机构，具体办事机构为“民航局航空安全办公室”。对应于民航局“航空安全委员会”，各民航地区管理局设有安全管理办公室，并设有省、直辖市、自治区民航安全监督管理局作为民航安全管理的派出机构，加强行业对辖区内航空公司、机场和空管等民航单位的安全生产监督与管理，监督民航企业对安全管理法规的实施与落实。

3. 企业对民航安全的管理

根据《中华人民共和国安全生产法》，“生产经营单位的主要负责人对本单位的安全生产工作全面负责”，各航空公司、机场和空管等单位的主要负责人，是企业安全生产第一责任人。因此，通过民航企业负责人对本企业的安全管理，加强民航一线生产单位的安全工作。

通过以上三条组织路线，构建起我国民航安全管理的组织体系，加强对全国民航安全生产的组织与领导。

6.3.2　民航安全法规体系

民航安全法规体系是民航安全管理和安全生产的行动准则。随着我国国家法规体系的不断完善，我国民航安全管理法规体系随着我国民航运输业的蓬勃发展也随之不断建设和完善。

1995 年 10 月，我国颁布了第一部《航空法》，其中对涉及飞行安全的相关内容提出了规定和要求，包括航空人员执照管理、航空器适航管理、民用机场使用与管理、民用航空企业许可证管理、空中交通管理和航行保障等，从法律高度规定和强调了运输飞行和保障过程中“人、机、环”，以及航空公司、机场和空管的运行管理等各环节的安全职责和法律责任，从而为制定和完善民航相关管理规定奠定了法律基础。2002 年 6 月 29 日，第九届全国人民代表大会常务委员会第二十八次会议通过的《中华人民共和国安全生产法》，进一步重申了安全生产的法律责任和义务。这两部大法的颁布，为民航安全管理奠定了重要的法律基础。

为了加强民航运输安全管理，作为我国民航的行业主管部门民航局，以民航运输安全为中心，从空管、航班运行、航空公司、机场等相关领域加强民航安全法规体系建设。

1. 空中交通安全管理法规建设

1990 年 2 月民航局颁布了《中国民用航空飞行规则》，2000 年 7 月 24 日以国务院、中央军委名义发布了《中华人民共和国飞行基本规则》，2007 年 11 月开始施行的民航局《一般运行和飞行规则》(CCAR-91-R2)，对规范空域管理、航路和航线飞行管理、空中交通指挥、航务及地面保障等，给予了具体管理规则和运行标准，以加强空中交通安全管理。

2. 运行安全管理法规建设

1990 年 2 月，民航局颁布了《中国民用航空飞行签派工作细则》，1999 年 10 月民航局颁布了《民用航空飞行签派员执照管理规则》，以加强航班运行控制人员、岗位和工作的规范化管理，加强飞行准备阶段的安全管理。

1990年7月，民航局发布了《中国民用航空空中交通管理规则》(CCAR-93TM-R2)，之后出台了《民用航空空中交通管理运行单位安全管理规则》(CCAR-83)、《民用航空空中交通管制员执照管理规则》(CCAR-66TM-I-R4)、《民用航空情报工作规则》(CCAR-175TM-R1)、《民用航空情报员执照管理规则》(CCAR-65TM-III-R4)、《民用航空气象人员执照管理规则》(CCAR-65TM-II-R3)等多部法规，以加强空管及航务工作的规范化管理和上岗人员的技能技术资质管理，保障空中交通管理与服务安全。

3. 航空器安全管理法规建设

1987年5月民航局发布了《中华人民共和国民用航空器适航管理条例》，2011年1月发布了《航空发动机适航规定》(CCAR-33R2)，以加强对航空器以及维修的安全管理。

4. 航空公司安全运行法规建设

关于民航运输企业的运行安全管理法规随着民航的发展不断健全和完善。1999年5月公布了《大型飞机公共航空运输承运人运行合格审定规则》(CCAR-121-R1)，2010年1月对其进行了第四次修订，2005年9月民航局发布了《小型航空器商业运输运营人运行合格审定规则》(CCAR-135)。这两部规定对航空公司运行中直接影响飞行安全的要件提出了强制性要求，对保障日常安全运行提出了一般性基本要求，以保障航班安全运行和正常运行。

5. 机场安全管理法规建设

机场服务是民航运输的重要保障环节。机场运行安全直接影响航班运行安全。针对机场规划选址、设计、建设、运行和管理等整个生命周期中的每一重大环节，在2005年10月至2009年10月期间，国务院和民航局在原有法规基础上先后发布了《民用机场使用许可规定》(CCAR-139CA-R1)、《民用机场运行安全管理规定》(CCAR-140)、《民用航空运输机场航空安全保卫规则》(试行)等多部法规，以规范机场的建设、运行和安保工作，确保机场运行安全。

随着“国际民航组织”(ICAO)的民航“安全管理体系”(SMS)深入推进，2007年民航局发布了《中国民用航空安全管理体系建设总体实施方案》，加大实施中国民航“安全管理体系”(SMS)建设的推进力度。2008年3月，民航局发布了《民用航空安全审计指南》，以对我国民航安全建设工作进行检查、监督和指导，促进我国民航安全管理和安全生产水平的持续提升。

6.4 民航安全管理基础

民航安全管理是一门科学，已经形成具有行业特点的理论体系。

6.4.1 风险分析方法

以下介绍几种常用于安全风险分析的基本方法：

1. 故障模式及其影响分析法

故障模式及其影响分析法(failure mode effects analysis，FMEA)，是美国国防部和NASA等部门用于产品设计阶段进行产品质量可靠性分析和安全性分析的一种方法[29]，以分析产品设计过程中每一环节可能出现的问题及其可能产生的不良后果，并提出整改或预防措施。这是一种自下而上的系统分析法，它可以用于分析单个环节或者多个环节、不同层次或不同类型的安全风险，因此也被应用于民航“安全管理体系”的风险分析过程。

故障模式及其影响分析法的基本操作方法是：将一个系统根据其组成结构分成若干个子系统，然后根据每一个子系统的生产流程分析每一个操作可能产生的结果和可能出现的安全风险，并分析发生这种风险的可能性大小与危害性程度，最后根据危害性提出规避或降低风险的对策（表 6-7）。实际上，民航“安全管理体系”所遵循的风险分析过程正是基于这种思想。

表 6-7　故障模式及其影响分析与对策

序号	操作内容	危险模式	发生危险的可能性与危害程度	对其他过程的影响与危害程度	对系统的影响与危害程度	对策

2. Reason 模型分析法

普遍认为，一个事故的发生往往不是一个偶然的事件，而是由于“人、机、环、管”等环节出现的事故征候（incident）中某一致命因素（fatal factor）酿成的必然结果。这些未被发现的事故征候形成事件链（chain of incidents），如果这个链能够被及时切断，则就可能不会演变成事故。1990 年英国曼彻斯特大学教授 James Reason 把这一现象描述为奶酪模型（swiss cheese model，亦称 Reason 模型）[43]，他认为：事故的发生不仅是因为存在一个事件本身的反应链，而且同时存在一个具有管理缺陷的组织，事故诱发因素和组织管理缺陷长期存在并不断演化，一旦事故诱发因素透过存在缺陷的各组织层，最终便酿成事故，如图 6-10 所示。这种现象正如中国古话所述，“小洞不补，大洞吃苦”，“冰冻三尺，非一日之寒”。因此，Reason 模型分析法又被称为事故链分析法。

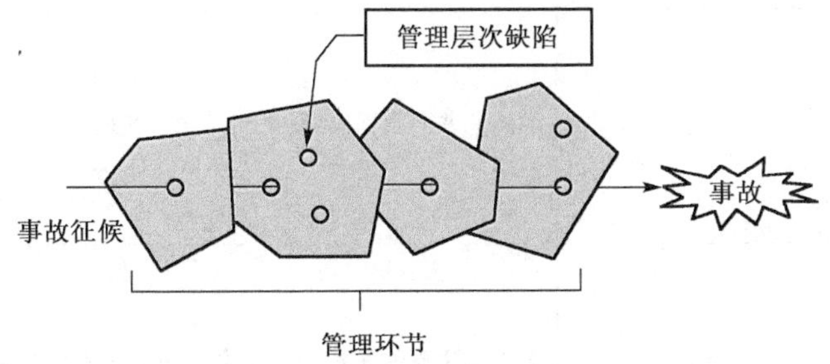

图 6-10　Reason 模型分析法

Reason 模型表明，系统安全需要同时加强各个环节的安全风险分析与控制，才能有效切断事故链和有效降低事故发生可能性，这也是“系统安全”的理论基础。

事实也证明了这一理论。震惊世界的“9 11”事件，是一个典型的航空安全管理严重缺失的事件链案例。如果当年美国的情报机关 CIA 或 FBI 事先能够从已经发现的可疑迹象中认识到存在恐怖袭击的可能性，如果恐怖分子在他们登机的三个机场（波士顿、纽瓦克或者华盛顿杜勒斯机场）中的任何一个机场被安检部门发现携带作案工具登机，宗教极端分子对美国政府的仇恨就不会变成数千无辜平民百姓的灾难。从机场安全管理角度看,"9 11"事件充分反映了当时的美国机场安检疏于管理的现象不仅是个别机场,而是多个机场,可见当年美国航空安全管理的松懈程度。

早在1931年,美国安全工程师海因里希(Herbert William Heinrich)从大量的事故统计分析和研究中就发现,事故的发生不是一件孤立的事件,尽管事故可能在某一瞬间突然发生,但它是一系列具有某些因果关系的事件连锁发生的结果[44]。海因里希这一安全理论及Reason模型的意义在于,安全管理工作就是要对每一个生产环节的安全进行持续管理,切断潜在风险的连锁反应链。

3. 故障树分析法

故障树分析法(fault tree analysis,FTA)[29]是20世纪60年代初美国贝尔实验室提出的。故障树是一种倒立的树状逻辑因果关系图,它能够直观形象、富有逻辑地描述故障的因果关系,体现了以系统工程方法论研究安全问题的科学性,已被广泛运用于工程或产品设计阶段的质量可靠性分析和系统安全性分析。

故障树分析法采用关系代数中的逻辑关系描述系统中各种事件之间的因果关联性,表6-8所示为几种常用的逻辑关系符号及其所代表的事件关系。这些关系符号,又称为"逻辑门"(logic gate),门下方为输入事件,是门上方输出事件的原因,输出事件是输入事件的结果。

表6-8 故障树分析法中常用的部分符号

符号	逻辑关系	作用说明
r 或 a b…f	"或"	只要发生事件 a、b、…或 f 之一时,就会产生事件 r
r 与 a b…f	"与"	只有当事件 a、b、…及 f 同时都发生时,才会产生事件 r
r 异或 a b…f	"异或"	只有发生事件 a、b、…或 f 之一并且其他都不发生时,才会产生事件 r
r 优先与 a b…f	"优先与"	只有当事件 a、b、…及 f 都按指定顺序同时发生时,才会产生事件 r

续表

符号	逻辑关系	作用说明
r 条件 a b … f	“禁止”	只有当事件 a、b、…及 f 都发生并且满足所列“条件”时，事件 r 才会消失
	基本事件	通常是导致危险的原因

图 6-11 给出了一个示例，运用故障树分析法说明如果航班运行控制与管理在某个环节或某个方面出现失误，或者如果飞行员本身存在技术问题，那么在这样的情况下可能产生的严重后果。另一方面，针对这些可能出现风险的环节，确定事先应该如何采取哪些应对措施加以防范。

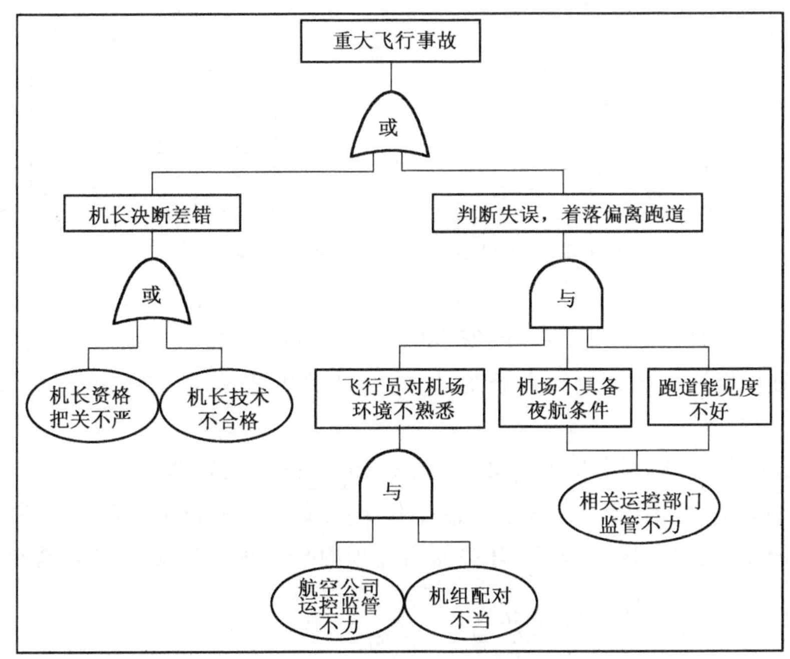

图 6-11 故障树分析法示例

4. 事故借鉴分析法

事故借鉴分析法(accident/incident analysis)[29]的指导思想是，根据已经发生过的事故、事件或危险等案例、经验或教训，针对类似的运行环节或者操作步骤，事先分析可能存在的危险，并采取对策和预案，预防类似事件的发生。事实上，在整个航空发展史上出现的诸多技术革新、新型设备、先进技术或安全管理方法等，都是借鉴过去的经验甚至血的教训，不断提高和发展的，这就是中国的古训，“吃一堑长一智”和“前车之鉴，后事之师”。

5.运行阶段分析法

根据统计分析，航空运输飞行在从起飞到降落的整个飞行过程中，在不同的飞行阶段，发生飞行事故的概率不同[45]（图 6-12）。安全专家们分析认为，飞行安全应该根据飞行过程的不同阶段来分析风险，并制定相应的有效措施进行针对性预防。

实际上，运行阶段分析法(analysis by phase of flight)就是运用了事故借鉴分析法的思想，根据以往在不同飞行阶段出现的事故和已经查明的事故原因，针对不同飞行阶段提前采取对策进行风险防范。从图 6-12 可见，在飞机起飞阶段和着陆阶段飞机飞行事故率较高，因此，这两个阶段应该是飞行员平时训练的重点科目和飞行中的重点防范内容。

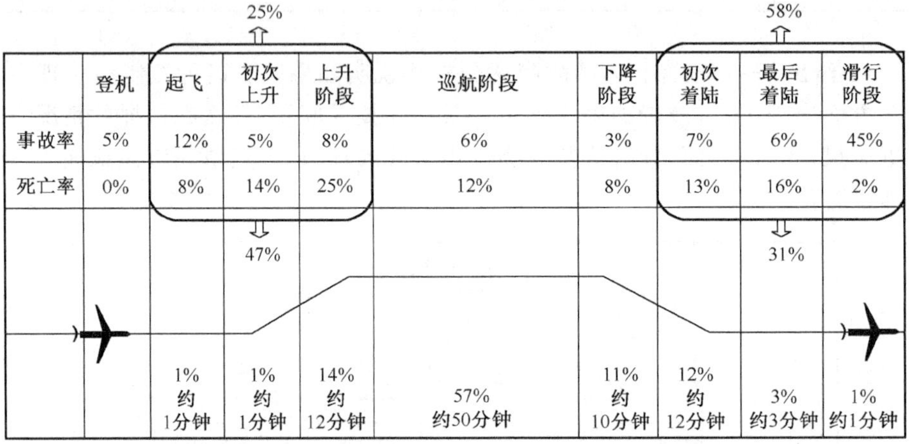

25%
58%
登机
起飞
初次上升
上升阶段
巡航阶段
下降阶段
初次着陆
最后着陆
滑行阶段
事故率 5% 12% 5% 8% 6% 3% 7% 6% 45%
死亡率 0% 8% 14% 25% 12% 8% 13% 16% 2%
47%
31%
1% 约1分钟
1% 约1分钟
14% 约12分钟
57% 约50分钟
11% 约10分钟
12% 约12分钟
3% 约3分钟
1% 约1分钟

图 6-12　飞机航行全程事故阶段分布图[45]

6.分类统计法

分类统计法也是用于分析事故或安全风险的常用方法之一。该方法根据已经查明的事故或者事故征候原因数据进行分类统计，能够从致因比例中发现主要原因作为风险防范重点。

例如，图 6-13（表 6-9）中反映了 2006～2010 年我国民航事故征候原因所占比例情况[46]。不难看出，在此期间我国民航事故征候的主要原因来自天气和自然灾害等意外原因，其次是机械和机组原因。因此，有关部门应该根据上述原因采取应对措施。

空中交通管制，1.21%
地面保障，5.95%
其他，6.27%
责任待定，53.15%
机务，2.56%
机组，14.47%
天气，意外原因，53.15%
机械，15.94%

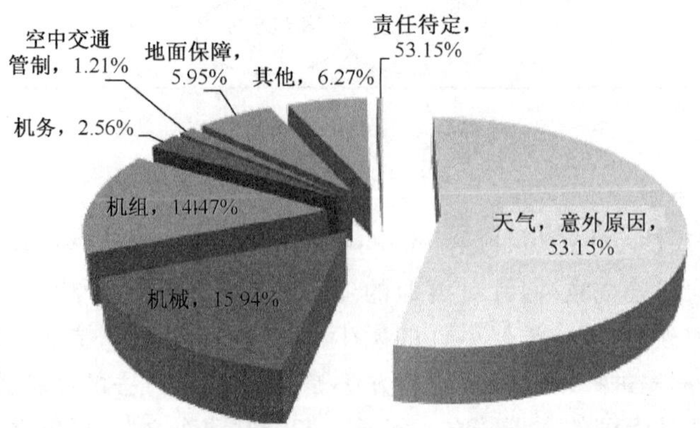

图 6-13　2006～2010 年期间我国民航事故征候原因比例分布

除了以上几种方法之外，用于安全分析统计的还有概率统计法、数据挖掘分析法等方法。

6.4.2　风险控制方法

风险分析以及风险评估的目的在于，“以预防为主”，通过事先发现风险，并采取一系列的有效措施，以控制风险、减少风险或消除风险，使风险的危害性降低到可接受水平之内[8]，甚至最低水平。基于这样的指导思想，在安全管理中，风险控制尤为重要。

1. 风险控制基本流程

风险控制通常分为五大步骤：

1)风险识别与确认

根据 6.2.2 节中的风险识别方法，对“人、机、环、管”各环节中可能存在的风险进行分析、识别和论证确认，并查清核实风险源，以此作为风险控制的依据。这是能否实现以“预防为主”提高安全水平的第一个重要环节。

2)选择风险控制措施

根据确认的风险及其风险源，分析其特征和类型，以此为依据选择具有针对性的风险处置方法或防范措施。换言之，在构建民航“安全管理系统”过程中，每一个运行或管理环节都要建立风险控制机制，根据确认的风险和选择的应对措施制定风险处置预案，并在表 6-5所示的“岗位安全风险评估档案”中明确记载以备检查和审计之用。

3)落实安全责任

对于每一个运行或管理的岗位，每一位员工都需要根据如表 6-5 所示的“岗位安全风险评估档案”中预先规定的那样，岗位安全责任落实到人，措施和政策同时落实到人。

4)风险控制过程督查

风险控制的效果能否达到预期目标，关键在于每一位员工在日常工作中能否落实预先制定的风险防范方案，除了员工本身必须发挥主动积极作用之外，还必须建立完备的风险控制督查机制，加强对风险控制措施落实情况的监督检查。

5)风险控制结果评估

虽然结果已经是“木已成舟”，但是结果对于总结和提高是非常重要的。因此，对风险控制的效果如何，需要进行评估和总结，以便对风险控制过程中各阶段的工作进行完善，以提高风险控制效果。

类似图 6-6 所示的风险管理流程，风险控制过程也是一个闭环控制系统，通过不断的持续改进，不断提高风险控制效果，是一个螺旋盘升式的“PDCA”循序渐进的提升过程。

2. 风险控制策略

由于风险的类别不同，可能产生的危害性也不同，因而为提高安全水平需要付出的代价或成本也不同(图 6-14)。之所以提出“将风险危害降低至可接受的安全水平之内”[8]作为制定安全目标的基本原则，就在于航空运输不仅需要考虑安全，而且需要考虑安全成本，以及基于现有安全基础实现安全目标的可能性。因此，鉴于安全生产、安全成本和生产效益的综合考虑，风险控制需要根据具体的生产或者管理环节及风险危害性采取不同的控制策略。

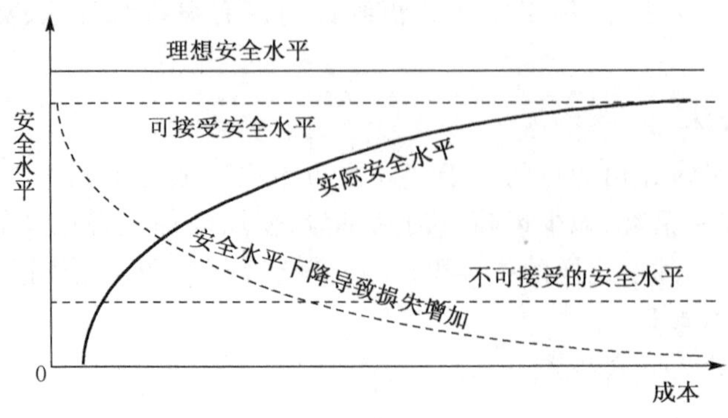

图 6-14 安全水平与成本的关系

1)风险防范

“预防为主”是风险控制的首选策略,这是航空发展史上无数血的代价换来的经验和教训,它不仅经济,而且有效,它是风险控制中成本最低的方法。建立民航“安全管理体系”(SMS)的目的就是建立以“预防为主”的安全管理机制。

2)风险缓解

对于一些不可避免的风险,则采取措施减少不安全事件发生,或者少发生,或降低风险的危害程度或危害规模与范围。

3)风险隔离

对于可能在局部环节出现的风险,采取措施对风险进行隔离,将风险产生的影响局限在有限的空间或环节,以避免影响整个系统或其他部分的安全。有些系统可以提供冗余备份,一旦某一部件失效,冗余备件将替代其功能或作用,以减少整个系统失效的可能性。

4)风险规避

对于一些危害性远远大于利益的风险,即危害超出可接受安全水平的风险,则避免与之相关的任何任务、操作或行动。

关于图 6-14 中提及的安全成本概念,可以从以下两个方面来理解:①为了安全而花费的直接成本(如先进的飞机和设备、飞行员培训、飞机检修等费用)和产生的间接成本(如航空公司建设“安全管理体系”、安全监察机构等的开销);②由于安全问题而付出的代价,如飞行事故产生的直接损失,以及由于飞行事故导致航空公司或行业发展受影响产生的间接损失等。

6.4.3 人为因素控制方法

尽管现代航空安全管理中强调“系统安全”,但是不可否认的是,能否实现系统安全,关键依然在于人。也正因为是人在生产和管理中的自主性可变作用,他或她既能够创造性地控制风险,但也可能因为自身的可变性或不确定性产生的差错而导致风险。根据“国际航协”(IATA)《2006—2011 年度报告》,2009 年全球每百万架次事故率中 30%是由于飞行员操作失误引起。表 6-9(图 6-13)所示为 2006~2010 年我国民航事故征候和其他不安全事件致因分类统计年均占比[46],其中事故征候致因中机械、机组、地面保障、机务和空中交通管制等占总数年均为40.13%,其他不安全事件致因中机械、机组、地面保障、机务和空中交通管制等占总数年均为50.47%，显而易见，人为因素在航空安全管理的可控因素中仍然是第一重要因素。

表 6-9　2006～2010 年中国民航安全风险统计

引起原因	事故征候年均占比	其他不安全事件年均占比
天气、意外原因	53.15%	18.46%
机械	15.94%	32.07%
机组	14.47%	7.23%
机务	2.56%	1.83%
空中交通管制	1.21%	1.21%
地面保障	5.95%	8.12%
其他	6.27%	28.85%
责任待定	0.45%	1.99%
空军航行管制	0.00%	0.15%
民航航务管理	0.00%	0.07%
合计	100.00%	100.00%

1.人为差错因素分析

从人为差错的本质来看，是人从意识、视觉、听觉、精神、心理、到行为的一个演变过程。如果这个过程中的任何一个环节出现扰动，就可能产生行为差错。导致人产生差错的原因很多，但可以从两大方面进行分析：

1)人的自身原因

从人的自身原因分析，产生差错主要由于：

(1)身体因素。人的身体因素主要包括执行所承担工作的身体能力，如智力、体力、身高、语言表达能力、视力和听力等器质性健康状况。

(2)生理因素。人的生理因素主要影响人体内在机能的正常发挥和对外界事物感知的能力，如肺活量、对颜色的分辨能力、对疾病的抵抗力、对烟草、药物或酒精敏感度、耐力等。

(3)心理因素。人的心理因素主要是指人对客观物质世界的主观反应，是人在社会活动中通过各种感官对外部世界的认识而产生的一种精神效果，如喜怒哀乐或者心理准备等。通过学习或者培训、知识积累与工作经历等，可以提高人对事物的认识能力、判断能力、适应能力、态度和信心等。

在现代航空史上，心理素质最好的飞行员之一当属美利坚航空公司(US Airways)机长 Chesley Sullenberger III。2009 年 1 月 15 日，他在执飞 US1549 航班时飞机遭遇鸟击。在发动机停车飞机失去动力的情况下，他临危不惧，沉着冷静，凭着精湛的飞行技艺，驾驶着他的空客 A320-214 飞机，成功迫降在纽约附近的哈德逊河(Hudson River)冰冻的水面上，机上 155 人全部获救并且仅有部分旅客轻伤，创造了世界飞行史上的伟大奇迹[47]。这一伟大奇迹的背后，就是飞行员的心理素质和技术能力(图 6-15)。

(4)社会心理因素。人是社会中的一员，当受到来自社会的某种或某些影响后产生的心理反应，如人际关系、劳资关系、雇佣关系、家庭关系、婚姻关系，以及职务变动、岗位变

图 6-15 成功迫降在 Hudson River 上的 US1549 航班飞机

动、社会政策、社会环境等对人的精神和行为所产生的影响作用。

(5)技术因素。由于缺乏足够的技术或技能培训,操作技能或技术水平没有满足岗位资质要求而产生的差错。

2)人的外在原因

人的行为差错除了来自人自身原因之外,也可能来自诸多外部影响因素:

(1)组织因素。在安排人员实施某项具体工作过程中,管理者或组织者对执行任务的人员安排、设备设施安排、计划安排、时间安排或者分工等存在不当、不合理、不规范或不科学,因此在实际执行中可能诱发差错。例如,我国民航 CAAC-121-R4 部的第 121.459 条“驾驶员的使用限制和搭配要求”中明确规定,“在安排飞行机组搭配时,应当至少有一名驾驶员在该型别飞机上具有 100 小时的航线飞行经历时间”,因此机组成员搭配应该满足这项要求,否则就可能出现飞行事故,如飞机没有降落到跑道上、飞机着陆后或准备起飞时滑行路线错误等。又如,在机组排班过程中,不仅要满足机组成员搭配的硬性要求,还要兼顾机组成员之间的性格融洽和操作配合默契程度,否则就可能因为正副驾驶相互不协调而产生飞行操控差错。组织因素可能引起差错的另一种现象就是,企业没有一种安全文化,员工没有安全意识,唯经济利益是图,对关键岗位资质认证不严格甚至有组织地降低资质标准等,都是诱发差错的根源之一。企业的安全管理松懈、生产组织规章制度不健全,也是诱发人的行为差错的组织因素。

(2)计划因素。由于计划不周或不当引起的差错。如航班计划安排过密,导致机组加班过多而疲劳,可能会诱发飞行安全问题;编写的规章、规则或者手册描述含糊不清、不规范、不周到,导致执行者理解有歧义,或不理解,引起执行差错。

(3)理解因素。由于交流或规则的表述不够直接、不简明扼要、不清晰、用语或计量单位不规范等,引起执行者对交流内容或规则的理解产生错误或歧义,故而产生执行差错。例如,1986 年美国挑战者号航天飞机的失事,就是因为火箭推进器上的一个“O”形密封圈制造商与发射现场工程师关于外界温度影响问题在发射前电话会议上沟通过程中的理解差错引起的[29];1974 年 TWA“12·1”空难就是术语定义歧义导致理解差错的后果[19]。

(4)执行因素。执行差错有两种情况,一种情况是正确的规则执行错了,可能是由于技术能力、注意力不集中、操作不熟练不果断、没有经验、记忆不清,或感知与判断等方面原因,没有正确执行规则或操作而产生差错;第二种情况是错误的规则被完全执行了,这可能是由于执行者没有经验、对规则没有真正理解、规则记忆不清,或对正确与错误的细微差异不能正确分辨或者觉察,或绝对的不假思索执行规则等原因,导致对错误的规则不能正确分辨,并继续执行而产生差错。

(5)环境因素。由于外部其他因素,如设备或信息差错,导致执行者产生错误判断而执行出现差错。

3)差错与违规

差错不同于违规,虽然都属于人为因素产生的不安全行为,但其致因动机不同。产生差错的行为通常是无意中产生了意外结果,而违规则是明知故犯,有意偏离程序、标准或规章,存在主观因素。事实上,违规比差错对安全更为有害,是一种目无法规或规章的主观蓄意行为。

2. 人为差错控制策略

既然事实已经证明人为差错不可避免,那么就必须采取有效措施控制差错发生的可能性。人为差错控制通常采用以下策略:

1)预防为主

避免或减少人为差错最经济的办法依然是预防为主,“安全关口前移”。民航“安全管理体系”的建设重点就是突出人在生产或管理各个环节中的主动积极作用,通过各种有效措施预防,避免或减少出现差错的可能性。至于违规现象的预防,关键在于对人的选择和配套的监管机制。

2)发现和捕获差错

一旦差错不可避免地要出现或已经开始出现,则必须采取积极防范措施,将差错控制在萌芽中,使差错不能产生负面影响,或使负面影响降低到最低程度。当发现差错已经发生或存在时,不仅需要控制和消除差错,而且要消除差错源,从源头消除差错致因。因此,在民航“安全管理体系”中,不仅需要制定如何预防差错或不安全事件发生的预案,而且需要制定一旦不安全事件或差错发生时如何处置事件的预案。

3)容错机制

容错机制也是应对差错的一种策略和措施,如机组成员互为备用,CAAC-121-R4 部的第 121.459 条“驾驶员的使用限制和搭配要求”中规定,“在安排飞行机组搭配时,应当至少有一名驾驶员在该型别飞机上具有 100 小时的航线飞行经历时间”,这就意味着机组中至少有一个飞行员必须对航路和目的地机场熟悉。又如,飞行员在执行某些飞行操作时,要求口述操作过程,同时另一名飞行员对照飞行手册并复述操作,目的在于防止差错,是对人为差错的一种有益补偿。

3. 人为因素控制措施

人在安全管理中的作用和地位非常重要,特别是直接影响安全的关键岗位人员选拔和使用,是提高民航安全水平的首要措施之一。

1)人员选择与培训

飞行员、空中交通管制员、签派员、机务维修工程师、机场运行指挥员等与航班运行直接相关的岗位人员选拔、使用和培养,以及生产和管理岗位人员的任用和培训,是民航安全生产的重要基础工作,直接关系能否实现岗位安全目标和企业安全目标。例如,随着民航运输业的快速发展,我国航空公司飞行员需求急剧增加。挑选和培养飞行员不仅对思想品德、身体健康、文化知识、综合素质等方面有着极其严格的要求,更重要的是对他们进行综合的、科学的和有效的飞行技能培训,使他们具备能够应对和处置各种极端情况下的不安全事件,保障飞行安全。培养一个出色的飞行驾驶人员需要很长的时间和高昂的代价,飞行员是航空公司的宝贵财富和重要生产力。因此,选拔和培养优秀飞行员，是航空公司长期发展战略的重要组成部分，是保障飞行安全的第一要素。

2)年龄与健康要求

人的年龄和健康对安全生产有着一定的影响。随着年龄的增长，技能越来越熟练，积累的知识和经验越来越丰富，有利于提高安全生产水平。但是在人的生命周期中，随着年龄的老化，人的体能和反应敏捷度会逐步下降，对安全生产又可能产生负面影响。例如，随着飞机飞行驾驶环境的不断改进，以及生活水平和医疗技术的改善提高，尽管飞行员的健康水平有所提高，但是依然面临退休年龄标准的挑战。根据美国 FAA 的统计，60～69 岁年龄段的通用航空飞行员的事故率是 50～69 岁的两倍，事故率最低的年龄段在 40～55 岁之间[48]。因此，在保障飞行安全的前提下，科学地分析飞行员健康、年龄、技能和经验等综合因素，充分发挥诸如飞行员等稀缺资源的效用，是航空公司提高安全水平降低运行成本的重要措施之一。

3)技能与经验

人的技能和经验可以通过不断学习和实践获得积累得到逐步提高，有益于减少操作风险提高安全生产水平。例如，培养一个优秀的飞行员一般需要 7～8 年以上甚至更长时间，这不仅要求飞行员自身必须具备良好的综合素质基础，而且一定要经历复杂环境下的飞行训练和飞行实践，通过“培训—实践—提高”这种周期性的过程才能不断进步。因此，飞行员的定期学习、定期培训、定期模拟驾驶训练及结合飞行实践有组织的、经常性的飞行讲评与事故分析等经验交流，将有助于提高飞行员驾驶技能和增加经验，提高安全飞行水平。

4)资质管理

加强对民航运输生产岗位人员资质管理，特别是与安全生产直接相关的岗位，是提高民航安全水平的一个重要环节。资质代表着具备的岗位基本技术、技能和能力等必备条件，是胜任岗位工作的基本要求。例如，飞行员驾驶飞机的机型等级控制在保障飞行安全方面有着十分重要的意义。在航空公司的机队建设中，机型系列不仅仅关系到机务维修技术及航材配备等重要方面，对飞行员的培训工作也有重要影响。飞行员改变驾驶机型，必须经过培训和严格考核并取得资格后才能派班，以确保飞行安全。类似的关键岗位，如空管管制员、机务维修工程师、签派及航班控制岗位人员、机场运行指挥员等，都必须执行严格的资质认证、审核及复核等管理规范。例如，《国际民用航空公约》中规定，“从事国际航行的每一航空器驾驶员及飞行组其他成员，应备有该航空器登记国颁发或核准的合格证书和执照”。《中华人民共和国民用航空法》(2009 年修正)中规定，“航空人员应当接受专门训练，经考核合格，取得国务院民用航空主管部门颁发的执照，方可担任其执照载明的工作”，“航空人员应当接受国务院民用航空主管部门定期或者不定期的检查和考核；经检查、考核合格的，方可继续担任其执照载明的工作”。航空人员包括空勤人员(驾驶员、领航员、飞行机械人员、飞行通信员、乘务员)和地面人员(民用航空器维修人员、空中交通管制员、飞行签派员、航空电台通信员)。

目前，我国航空人员必须具备民航管理当局认定的资质才能上岗。国家劳动和社会保障部与民航局共同制定、并于 2008 年 3 月开始试行《机场运行指挥员》和《机场场务员》

国家职业标准(试行)[49],目的在于提高我国民用机场运行现场指挥调度岗位人员的综合业务能力。

4.对人为过失的补偿

为了减少因为人的因素而产生的差错,除了上述一些基本措施之外,人类一直致力于研究和开发更为先进的飞机、导航和控制设备、辅助机务维修的故障检测和诊断设备,以及其他智能化或自动化辅助设备,力图尽可能地减少和避免出现人为操作失误的概率。例如,飞机驾驶自动化、空中交通指挥自动化、空地通讯现代化、辅助签派决策支持系统、机场航班运行指挥调度系统、各种机务维修检修检测设备,及安全信息管理自动化等,其目的就是要通过智能化或自动化技术,弥补人的操作或判断过程中可能产生的差错。

6.5　航空安全保卫管理

如同6.1.1节基本概念中所阐述的,航空安全保卫(aviation security)虽然属于航空安全范畴,但是与一般意义上的航空安全(aviation safety)概念有着本质不同的内涵。简而言之,航空安保是保护人、货、飞机或设施设备等免受非法干扰以免产生人身伤害或财产损失,而航空安全是保障航班飞机运行正常,以免由于飞机方面的问题而涉及人身伤害或财产损失。《国际民用航空公约》附件17(安保)[50]中明确要求,“每一缔约国必须将保护旅客、机组、地面人员和一般公众的安全作为保护民用航空免遭非法干扰行为一切事务中的首要目标”,“每一缔约国必须建立一个组织,并制定和实施顾及到飞行安全、正常和效率的规章、措施和程序,以保护民用航空免遭非法干扰行为”,“能在保护民用航空免遭非法干扰行为的一切事务中保护旅客、机组、地面人员和一般公众的安全”,“能对任何增加的安保威胁迅速做出反应”。附件17对机场运行、航空公司及安全保卫预防措施、非法干扰事件处置、安全保卫的设施设备保障等提出了原则性要求。

根据民航局的职责和《国家民用航空安全保卫规划》[51],民航局主管全国民航安全保卫工作,负责起草民航安全保卫法律和法规,制定民航安全保卫的国家基本政策,制定和发布民航安全保卫规章和标准,负责对民航安全保卫工作实施统一管理、监督和检查,负责制定、管理和监督执行《国家民用航空安全保卫规划》,审定机场和航空公司的航空安全保卫方案,指导各单位制定航空安保培训计划,参与调查和处理非法干扰民用航空事件、特大飞行事故或其他重大灾害事故等。

航空安全保卫涉及机场和航空公司两大组织,包括以下主要内容:

1.机场安全保卫

机场是旅客、货物、飞机、为航班运输飞行提供保障服务的人员和各种设施设备及组织生产的集聚地,也是迎来送去和一些重大活动的重要场所。因此机场安全和机场运行安全是保障民航运输飞行安全的重要基础。2009年10月26日民航局颁布了《民用航空运输机场航空安全保卫规则》[52],为民用机场安全保卫工作提供了法律依据和行为准则。

1)机场安全保卫的组织机构及职责

根据民航局《民用航空运输机场航空安全保卫规则》,机场安全保卫工作的组织、实施和管理分为四个层次:

(1)民航局对全国民用机场和军民合用机场的航空安全保卫工作实行统一管理,指导、检查和监督各项安全保卫工作,主要包括指导机场建立和运行航空安保管理体系,督促机场实施《国家民用航空安全保卫规划》,审定省会机场和年旅客吞吐量在200万人次以上机场的航空安全保卫方案,督促机场管理机构为机场航空安全保卫部门提供必需的辅助设施设备,对机场及其他相关单位的航空安全保卫工作运行有效性进行指导、检查、监督,按规定组织或参与调查处理涉及机场的航空安保事件或其他重大事故,对违法、违章、违规行为进行查处等工作。

(2)民航地区管理局负责航空安全保卫法律法规和规章标准,以及《国家民用航空安全保卫规划》[51]在本地区机场的贯彻执行,对实施过程进行指导、监督和检查,审定省会以外年旅客吞吐量在200万以下机场及其他民用航空有关单位的航空安全保卫方案,监督、检查执行情况。

(3)地方人民政府及其有关部门,对其管理的机场的航空安全保卫工作承担领导责任。

(4)民航安全监督管理局,对辖区内机场的航空安全保卫工作实施日常监督检查。

(5)机场管理机构,对本机场安全保卫承担直接责任。根据《民用航空运输机场航空安全保卫规则》,机场管理机构应当由一名副总经理全面负责机场的航空安全保卫工作,并设置专门的航空安全保卫机构,在国家民用航空安全保卫主管部门的行业管理和指导下,具体负责和协调本机场航空安全保卫工作。机场还需要根据本机场旅客吞吐量及航空安全保卫需要,设置与机场航空安全保卫工作相适应的岗位和人员,加强机场运行安全保卫工作的组织和管理,制定和实施本单位的航空安全保卫方案和应急预案[52]。

机场安全保卫工作十分复杂,不仅因为人和设施设备多、分布区域范围广,而且涉及的运行与驻场单位多,与社会的接触面宽,安全保卫面对的挑战多。为了加强机场安全保卫工作的组织与管理,确保机场安全运行,民航局《民用航空运输机场航空安全保卫规则》要求每一个机场必须制定"航空安全保卫方案",根据机场具体情况制订具体而有效的安全保卫计划,针对各种可能出现的事件制定处置预案,并切实落实安全保卫预防措施,加以严格防范。

2)机场控制区安全保卫

根据机场功能和不同的安全要求,机场航空安全保卫可以分为机场控制区安全保卫和机场非控制区安全保卫进行区别管理。

根据《民用航空运输机场航空安全保卫规则》,机场控制区是机场内根据安保需要划定的进出受到管制的区域,是机场运行的主要区域,必须由机场管理机构会同相关部门按照规定根据其运行活动对民航持续安全的重要性进行划定,并报民航地区管理局公安局备案[52]。机场控制区安全保卫工作,主要包括机场控制区(人员和车辆设备等)通行证件管理与通行控制、候机隔离区安保、携带或托运武器乘机安保、航空器的安全护卫、通讯导航设备安保,以及其他要害部位如区域管制中心、航管雷达站、导航站、机场加油设施和机场供电设施等重要设施的保卫。

对机场控制区的安全保卫主要针对两大对象:一是进入控制区的人员,二是进入控制区的物品。安全保卫策略通常采用分区和分级管控:

(1)分区管控。根据工作性质和安全保卫需要,将机场控制区划分成若干区域,如候机隔离区、行李分拣装卸区、航空器活动区、机务维修区、货物存放区等。然后根据各区块特点,对每一区块设置必要的隔离防护设施和入口安全检查装置,如门禁、隔离网、隔离栅栏等。根据各区块功能和工作需要,对进出各区块的人员、车辆、设备和物品等进行通行许可控制。

(2)分级控制。对进出各区块的人员,根据工作需要,授予不同的通行权限。各区块安保人员,将根据通行权限进行确认和放行。例如,旅客只能在候机隔离区内活动,不能进入控制区内的其他工作区。

根据机场业务性质及安全保卫要求,有的机场将控制区划分成以下限制区:

A区:航空器活动区,主要包括跑道、滑行道、联络道、停机坪及航空器货舱等飞行区的大部分区域。

B区:航空器客舱服务区,主要是旅客航班飞机的客舱。该区域分为红色区和绿色区两种。红色区表示持证人可以登上机场内所有营运的航空器客舱;绿色区表示持证人只能登上本航空公司所属或已授权的航空器客舱,不得登上其他航空公司所属及未授权的航空器客舱。

C区:国内旅客出发厅候机隔离区。

D区:国际旅客出发厅候机隔离区。

E区:行李分拣装卸区。

F区:航空货物存放区域。该区域分为红色和绿色两种。红色区表示持证人可以进入机场范围内所有货物存放区,绿色区表示持证人只能进入本单位所辖或已授权的货物存放区,不得进入其他单位所辖或未授权的货物存放区。

G区:国内、国际旅客到达厅隔离区。

H区:航空油库专控区,由航空油库的主管部门负责航空油库区的日常安全管理。

通过限制区的划定,对进出各限制区的人员根据工作需要授予的通行权限放行,未经授权的区域则不予放行。需要特别说明的是,凡是进入控制区的人和物,都要经过安全检查。

3)机场非控制区安全保卫

凡是未被划定列入机场控制区并且公众可以出入或其出入不受限制的区域,都属于机场的非控制区[51,52]。根据《民用航空运输机场航空安全保卫规则》,机场非控制区的安全保卫也应当符合《国家民用航空安全保卫规划》的要求,应该纳入机场和公共航空运输企业安保方案,并贯彻实施。机场非控制区安全保卫主要涉及:旅客出发与到达大厅安保、机场驻场单位安保、机场驻户安保、停车场等区域安保。

2.航空公司安全保卫

在整个航空运输系统中,所有工作的核心是最后通过航空公司安全运送旅客和货物顺利到达目的地。因此,加强对航空公司安全保卫工作的组织、实施和管理,是航空公司保障安全生产和安全飞行的重要职责和义务。2009年10月26日民航局颁布了《公共航空运输企业航空安全保卫规则》[53],为航空公司安全保卫工作提供了法律依据和行为准则。

1)航空公司安全保卫的组织机构及职责

根据民航局《公共航空运输企业航空安全保卫规则》[53],我国航空公司安全保卫工作管理和组织机构分为四个层次:

(1)民航局,负责对我国境内航空公司的航空安全保卫工作统一管理,指导、检查和监督各项工作,主要包括督促和指导航空公司实施《国家民用航空安全保卫规划》,建立和运行航空安保管理体系,审定航空公司的航空安全保卫方案,指导航空公司与机场管理机构等民航运营单位建立协调和沟通的渠道,按规定组织或参与调查处理涉及公共航空运输企业的航空安保事件、飞行安全事故等。

(2)民航地区管理局,对辖区内航空公司的航空安全保卫工作实施指导、检查和监督,主要包括对辖区内的航空公司执行航空安全保卫法规标准及《国家民用航空安全保卫规划》情况实施监督检查,审查航空公司安保方案并监督执行,审查辖区内航空公司预防和处置劫机、炸机等其他突发事件的预案,对落实情况进行监督检查,按规定组织或参与调查处理辖区内涉及公共航空运输企业的航空安保事件事故、飞行安全事故,并对违法、违章、违规行为进行查处等。

(3)民航安全监督管理局,对辖区内航空公司的航空安全保卫工作实施日常监督检查。

(4)航空公司对本企业运输的旅客、行李、货物和邮件的航空飞行安全保卫工作承担直接责任。根据《公共航空运输企业航空安全保卫规则》,航空公司的航空安全保卫工作由一名公司副总经理负责;设置独立的航空安全保卫机构,并配备满足安全保卫工作需要的人员,执行航空安全保卫规定,具体负责本单位的航空安全保卫工作;负责制定和实施本单位的航空安全保卫方案和应急预案。

2)航班运行安全保卫

保障航班运行安全,是航空公司安全保卫的首要任务。航班运行安全保卫工作的主要内容包括:旅客订座和离港信息安全、旅客身份确认、旅客托运行李安全检查、运输货物安全管理、飞行驾驶安全、机上旅客安全、飞机及旅客财产安全、旅客携带的枪支弹药及武器运输管理、押解和遣返人员运输管理、过站和转机旅客安全检查、飞机的地面安全保卫、飞机清洁工作的安全保卫、航空配餐和机上供应品安全、航线安全评估等。

3.人员及其物品安全检查

人员和物品的安全检查是保障机场控制区安全生产和飞机飞行安全运行的重要措施。根据《民用航空运输机场航空安全保卫规则》,所有进入机场控制区的任何人员和物品都必须经过安全检查获得许可后才能放行。根据1999年5月民航总局颁布的《中国民用航空安全检查规则》,对乘坐民用飞机的旅客和行李、进入候机隔离区的其他人员及其物品,以及空运货物、邮件进行安全检查;对进入候机隔离区内的人员、物品进行安全监控;对执行飞行任务的民用航空器实施监护,防止危及航空安全的危险品、违禁品进入民用航空器,保障民用航空器及其所载人员人身和财产的安全[50]。

进入机场控制区的人员,主要是地面工作人员、机组人员和旅客等。进入控制区的物品主要是车辆、设备、航班保障服务用品、行李与货物等。

旅客安全检查的主要内容包括:①旅客乘机身份查验与确认,对国内航班旅客必须检查其有效乘机身份证件、客票和登机牌。有效乘机身份证件可以是中国籍旅客的居民身份证、临时身份证、军官证、武警警官证、士兵证、军队学员证、军队文职干部证、军队离退休干部证和军队职工证，港、澳地区居民和台湾同胞旅行证件；外籍旅客的护照、旅行证、外交官证等；民航管理当局规定的其他有效乘机身份证件。对十六岁以下未成年人，有效证件为学生证、户口簿或者户口所在地公安机关出具的身份证明[50]。②根据《中国民用航空安全检查规则》附件《禁止旅客随身携带或者托运的物品》和《禁止旅客随身携带但可作为行李托运的物品》等相关规定要求，检查旅客随身携带的行李物品，确保进入飞机的物品不构成对飞行造成安全危害。

4. 运输飞行安全保卫

民航运输飞行安全保卫，其职责是保卫飞行中的飞机客舱和驾驶舱安全，确保飞机在飞行过程中不受任何非法干扰，保障飞机、机上人员和物品安全。所谓"飞行中"，是指飞机从装载完毕、机舱各舱门均已关闭时起，直至打开飞机任一机舱门以便卸载时为止的这一段时间[17]。事实上，飞行中的飞机机上安全保卫工作内容很多，包括防止劫持飞机、非法干扰飞机正常飞行、扰乱旅客正常乘机秩序、非法使用电子设备干扰飞行通讯、对飞机进行有害或者破坏性的行为等。

2008年10月8日民航局颁布的《公共航空旅客运输飞行中安全保卫规则》(CCAR-332)，对飞机在空中飞行过程中的机上安全保卫工作进一步明确了工作规范和具体要求，包括机上机长的安全职责和权力、乘务人员及航空安全员的安全职责和工作要求、对机上扰乱行为和非法干扰行为的处置程序、旅客乘机的行为规范等，都给予了明确说明。为了保障飞行安全，CCAR-332中还对空勤人员的安保训练和机上安保设备及器材基本配置提出了要求[17]，以加强对机上安保工作的规范化管理，提高机上安保水平。

6.6　突发事件与应急救援管理

在人类社会发展过程中，常常突然出现一些对人类生存环境、社会经济秩序等造成灾难性后果或严重破坏的事件，使人们猝不及防，造成人员重大伤亡和财产损失。

随着自然界环境演变和人类社会经济发展，人与自然的矛盾、统治与被统治的矛盾、意识形态之间的矛盾、贫与富的矛盾、安全与效益的矛盾等因素而产生的重大事件时有发生。特别是2001年美国"9·11"事件发生后，世界各国政府在深刻反思后不断完善法律，健全突发事件处置机制，以提高应对突发事件处置能力，避免或减少社会和经济损失。2003年2月28日，美国总统发布了第5号国土安全总统令，要求国土安全部建立国家事故管理体系，促进全美各级政府部门提高事故预防、响应与恢复工作的效率和减灾能力；2004年3月1日，美国国土安全部颁布了《美国国家事故管理体系》(简称NIMS)。

2006年1月8日我国政府正式发布了《国家突发公共事件总体应急预案》，2007年8月30日第十届全国人民代表大会常务委员会第二十九次会议通过了《中华人民共和国突发事件应对法》，对突发事件的监测与预警、预防与应急准备、应急处置与救援、灾后恢复与重建等给予了明确的法律规定，从国家高度加强对突发事件的重视和管理，以对公共安全与突发事件处置能力的提高与保障，最大限度地预防和减少突发公共事件及其造成的损害，保障公众的生命财产安全，维护国家安全和社会稳定，促进社会经济全面、协调、稳定和可持续地发展[54,55]。

关于民航应急救援的管理机制，《国际民用航空公约》附件13"航空器事故和事故征候调查"、附件14"机场"中都有明文规定。我国在1992年之后相继颁布了《中华人民共和国搜寻援救民用航空器规定》(1992)、《中华人民共和国民用航空法》(1995)、《民用运输机场应急救援规则》(2000)、《民用航空不安全事件的处置程序》(2004)、《国家处置民用航空器飞行事故应急预案》(2006)、《民用航空器事故和飞行事故征候调查规定》(2007)和《民用运输机场突发事件应急救援管理规则》(2011)等法律法规，对民航事故的应急处置提出了具体的组织与实施要求。

6.6.1 突发事件与管理

根据《中华人民共和国突发事件应对法》，突发事件是指那些突然发生并造成或可能造成重大人员伤亡、财产损失、生态环境破坏和严重社会危害、危及公共安全的紧急事件，也称为突发公共事件[54]。

1. 突发事件分类及其特点

根据《国家突发公共事件总体应急预案》，按照事件发生机理和原因，突发事件可以分为四大类[55]：

(1)自然灾害，由于自然界地质、气象、气候、生物等人类无法抗拒的因素引起的灾害，并造成或可能造成人员伤亡和经济财产损失等危害，如"5·12"汶川大地震、"3·11"日本地震海啸，以及森林草原火灾，洪涝灾害等。

(2)社会安全事件，由于政治、经济、宗教、意识形态、社会矛盾等因素引起的恐怖袭击、非法聚集扰乱社会治安、经济安全、或涉外突发事件等，造成或可能造成影响社会稳定、人员伤亡或财产损失、影响社会正常秩序等危害，如美国的"9·11"事件、因航班延误引起的部分旅客罢机等事件。

(3)事故灾难事件，由于生产、经营、运行或生活过程中的操作过失或处置不当等因素引起的各类安全事故、交通运输事故、公共设施和设备事故、环境污染和生态破坏等事件，并造成或可能造成人员伤亡与财产损失，如"8·24"伊春空难事件、"7·23"甬温高铁等交通事故、"11·15"上海居民楼火灾等消防事件及各种矿难等。

(4)公共卫生事件，由于疾病传染流行、群体性不明原因疾病、食品安全和职业危害、动物疫情，以及其他严重影响公众健康和生命安全的事件。如SARS、"三鹿奶粉"、上海"染色馒头"等事件。

突发事件具有以下几方面的共同特点：①突然性，没有先兆，发生突然，措手不及。②不确定性，突发时间、地点、规模和危害程度事先难以预测和预警。③社会性，社会影响面大，涉及人员多。④危害性，影响国家安全、社会稳定和社会秩序、公众身体健康和生命安全、国家和民众财产利益等。

按照社会危害程度、影响范围等因素，各类突发事件分为特别重大、重大、较大和一般四个等级，其分级标准由国家政府主管部门制定[54]。

2. 突发公共事件应对机制

由于突发事件涉及社会面广，影响面大，需要通过政府的组织和动员，调动大量的社会资源投入救援。根据《中华人民共和国突发事件应对法》,各级政府对突发事件的预防与应急准备、监测与预警、应急处置与救援、事后恢复与重建等工作都必须根据本地本行业或本企业具体情况,建立相应的应对机制,制定相应的应急预案,加强对突发事件的管理和处置能力的提高。国务院是我国突发事件应急管理的最高行政领导机构,国务院在总理领导下,研究、决定和部署特别重大突发事件的应对工作,由国务院常务会议和国家相关机构负责对突发事件具体实施应急管理;国务院有关部门依据有关法律法规和职责,负责辖内相关类别突发事件的专项应急管理;地方各级人民政府是本行政区域突发事件应急管理工作的行政领导机构[54]。

根据《中华人民共和国突发事件应对法》,国家建立健全突发事件应急预案体系,国务院制定国家突发事件总体应急预案,组织制定国家突发事件专项应急预案,国务院各有关部门根据各自职责制定国家突发事件部门应急专项预案,地方各级人民政府和县级以上地方各级人民政府有关部门根据有关法律、法规、规章、上级人民政府及其有关部门的应急预案及本地区的实际情况,制定相应的突发事件应急预案,加强对突发事件的预防、信息交流、和对应急响应与救援的组织协调与具体实施。

根据国务院制定的《国家突发公共事件总体应急预案》,国务院办公厅设立了国务院应急管理办公室,履行值守应急、信息汇总和综合协调职责,发挥全国突发事件应急指挥协调中心作用,对突发事件的预警、信息汇总分析、各级政府应急响应与处置方案制定、恢复重建及调查评估等工作进行指导与督查,指导突发事件预案的实施[55]。

6.6.2　航空器飞行事故应急管理

根据《中华人民共和国突发事件应对法》和《国家突发公共事件总体应急预案》,民航局制定《国家处置民用航空器飞行事故应急预案》[56],对一些可能产生重大影响的航空器飞行事故应采取的应急与救援制定了具体处置原则、方法和措施,为实施行业专项应急救援管理明确了任务和提供了法律依据。

1.航空器飞行事故分类

根据航空器性质和影响程度,《国家处置民用航空器飞行事故应急预案》将航空器在飞行过程中发生的事故分为以下几类[56]:

(1)民用航空器特别重大飞行事故。

(2)民用航空器执行专机任务发生飞行事故。

(3)民用航空器飞行事故死亡人员中有国际、国内重要旅客。

(4)军用航空器与民用航空器发生空中相撞。

(5)外国民用航空器在中国境内发生飞行事故,并造成人员死亡。

(6)由中国运营人使用的民用航空器在中国境外发生飞行事故,并造成人员死亡。

(7)民用航空器发生爆炸、空中解体、坠机等,造成重要地面设施巨大损失,并对设施使用、环境保护、公众安全、社会稳定等造成巨大影响。

为便于对民用航空器飞行事故的应急响应和组织救援,根据事故的可控性、严重程度和影响范围,《国家处置民用航空器飞行事故应急预案》将民用航空器飞行事故分为四个等级[14,55]:

Ⅰ级飞行事故:当发生民用航空器特别重大飞行事故,造成死亡人数在 40 人及其以上或航空器失踪。

II级飞行事故：当民用航空器发生重大飞行事故，造成死亡或失踪人数在39人及其以下、航空器严重损坏或迫降在无法运出的地方（最大起飞重量5.7吨及其以下的航空器除外）、或航空器失踪。或民用航空器在运行过程中发生严重的不正常紧急事件，可能导致重大以上飞行事故发生，或可能对重要地面设施、环境保护、公众安全、社会稳定等造成重大影响或损失。

III级飞行事故：当民用航空器发生较大飞行事故，或民用航空器在运行过程中发生严重不正常紧急事件，可能导致较大以上飞行事故发生，或可能对地面设施、环境保护、公众安全、社会稳定等造成较大影响或损失。

IV级飞行事故：民用航空器发生一般飞行事故，或者民用航空器在运行过程中发生严重的不正常紧急事件，可能导致一般以上飞行事故发生，或可能对地面设施、环境保护、公众安全、社会稳定等造成一定影响或损失。

民航管理当局和地方政府，将根据航空器飞行事故的分类和严重程度，开展相应的应急救援组织、指挥与实施工作。

2.航空器飞行事故的应急管理机制

根据《中华人民共和国突发事件应对法》和《国家突发公共事件总体应急预案》，我国民航系统对航空器飞行事故的应急与救援，遵从“统一指挥、分级管理、分级响应、职责明确、分工协作”的原则，以“预防为主、常备不懈”的精神，进行组织和实施。

1）应急管理的组织体系及其职责

根据《中华人民共和国突发事件应对法》和《国家突发公共事件总体应急预案》，我国民用航空器飞行事故应急救援的组织分为三个层次[56]：

（1）国家处置民用航空器飞行事故应急指挥部，为国家航空器飞行事故应急救援的领导协调指挥机构，由民航局及其他相关部门组成，负责组织、协调、指挥我国的民用航空器飞行事故应急处置工作。

（2）国家处置飞行事故指挥部办公室，为国家处置民用航空器飞行事故应急指挥部的常设执行办事机构，执行国家处置民用航空器飞行事故应急指挥部的指令和应急方案。

（3）事故所在地民航当局和人民政府应急救援组织，包括民用航空器搜救队伍、消防、医疗救护、环境保护及社会力量等。

2）应急救援的响应程序

对在我国发生的航空器飞行事故，根据《国家处置民用航空器飞行事故应急预案》的“分级响应”原则，采取以下应急响应措施：

（1）I级应急响应：启动《国家处置民用航空器飞行事故应急预案》和国务院相关部门、省级人民政府应急预案。

（2）II级应急响应：启动国务院民用航空主管部门应急预案和相关省级人民政府应急预案。

（3）III级应急响应：启动民用航空地区管理机构应急预案和相关市（地）级人民政府应急预案。

（4）IV级应急响应：启动民用运输机场应急预案、民用航空相关企事业单位应急预案、民用航空地方安全监察办公室应急预案和相关市（地）级人民政府应急预案。

在各级应急救援机构启动本级应急预案时，应同时向上一级应急指挥机构报告，必要时申请启动上一级应急预案，并提前或同时启动相应的下级应急预案[56]，根据预案采取积极有效措施进行救援，以避免或减少人员伤亡和经济损失。

6.6.3　机场应急救援管理

根据2000年4月3日民航局颁布的《民用运输机场应急救援规则》[53]，当在机场及其附近8千米范围内的区域发生各种紧急事件时，为了避免（或者减少）导致（或可能导致）人员伤亡与财产损失，机场、当地政府及有关部门，必须做出快速响应，采取有效措施给予紧急救助。

根据2011年9月9日起开始施行的《民用运输机场突发事件应急救援管理规则》（CCAR-139-II-R1），机场突发事件是指在机场及其邻近8千米区域内，航空器或者机场设施发生或者可能发生的严重损坏，以及其他导致或者可能导致人员伤亡和财产严重损失的情况。因此，在概念上，民用航空地面事故[14]和机场紧急事件[53]都属于机场突发事件[56]。

1. 机场应急救援的组织及其职责

根据《民用运输机场突发事件应急救援管理规则》，民航局负责机场应急救援管理工作相关规章、标准的制定，对机场应急救援管理工作进行总体监督检查，并按照《民用机场使用许可规定》的要求，负责飞行区等级指标为4E以上（含4E）机场突发事件应急救援预案的审批工作。民航地区管理局负责本辖区内机场应急救援管理工作的日常监督检查，并按照《民用机场使用许可规定》的要求，负责飞行区等级指标为4D以下（含4D）机场突发事件应急救援预案的审批工作。机场管理机构应当按照国家、地方人民政府的有关规定和本规则的要求，制定机场突发事件应急救援预案，并负责机场应急救援工作的统筹协调和管理。使用该机场的航空器营运人和其他驻场单位应当根据在应急救援中承担的职责制定相应的突发事件应急救援预案，并与机场突发事件应急救援预案相协调，送机场管理机构备案。机场应急救援工作应当接受机场所在地县级（含）以上人民政府的领导和监督。

根据《民用运输机场突发事件应急救援管理规则》，每个机场都需要成立“机场应急救援领导小组”，由当地人民政府、民航地区管理机构或其派出机构、机场管理机构、空中交通管理部门、驻场公安机关、消防部门、医疗急救部门、有关航空公司和其他驻场单位共同组成。“机场应急救援领导小组”主要负责确定机场应急救援工作的总体方针和工作重点，审核机场突发事件应急救援预案及各应急救援成员单位之间的职责，审核确定机场应急救援演练等重要事项，并在机场应急救援过程中对现场重大问题进行决策。机场应急救援总指挥由机场管理机构主要负责人或者其授权人担任，全面负责机场应急救援的指挥工作。

根据要求[56]，“机场应急救援领导小组”下设“机场应急救援指挥中心”，作为“机场应急救援领导小组”的常设办事机构，同时也是机场应急救援工作的管理机构和突发事件应急指挥机构，主要负责组织制定、汇总、修订和管理机场突发事件应急救援预案，定期检查各有关部门和单位的应急救援预案、人员培训、演练、物资储备、设备保养等工作的保障落实情况，定期修订应急救援预案中各有关部门和单位的负责人、联系人及其联系手段，机场发生突发事件时根据总指挥的指令及预案要求发布应急救援指令并组织实施救援工作，汇总和汇报机场应急救援管理工作情况等。

《民用运输机场突发事件应急救援管理规则》对机场空中交通管理部门、机场消防部门、机场医疗救护部门、航空器营运人或其代理人、机场地面保障、地方救援协作单位、机场公安和消防机关等部门在机场突发事件应急救援中的职责和责任作出了明确规定[56]。

2.机场应急救援预案

为了有效地做好机场突发事件应急处置工作，机场管理机关应当根据《民用运输机场突发事件应急救援管理规则》对不同类别的突发事件分别制定应急救援预案，并将预案纳入地方人民政府突发事件应急救援预案体系，以便实行统一协调。

1)机场突发事件分类

机场突发事件通常分为航空器突发事件和非航空器突发事件[53,56]。

(1)航空器突发事件主要是与航空器直接相关的危险事件，包括：航空器失事、航空器空中故障、航空器受到非法干扰(如飞机或机上人员被劫持、爆炸物威胁等)、航空器与航空器相撞、航空器与障碍物相撞及涉及航空器的其他突发事件等。

(2)非航空器突发事件是指与航空器没有直接关系的危险事件，主要包括：对机场设施的爆炸物威胁、机场设施失火、机场危险化学品泄漏、自然灾害、医学突发事件、不涉及航空器的其他突发事件等。

2)机场突发事件响应等级

根据《民用运输机场突发事件应急救援管理规则》，按照性质、严重程度和影响规模，航空器突发事件的应急救援响应等级分为三级：

(1)原地待命：航空器在空中发生故障等突发事件，对航空器安全着陆造成困难，各救援单位应当做好紧急出动的准备。

(2)集结待命：航空器在空中出现故障等紧急情况，随时有可能发生航空器坠毁、爆炸、起火、严重损坏，或者航空器受到非法干扰等紧急情况，各救援单位应当按照指令在指定地点集结。

(3)紧急出动：已经发生航空器失事、爆炸、起火、严重损坏等紧急情况，各救援单位应当按照应急救援指挥中心指令和救援预案立即出动，以最快速度赶赴事故现场。

对于非航空器突发事件的应急救援响应则不分等级，按照相应预案实施处置或救援。

3)机场突发事件应急救援预案

根据《民用运输机场突发事件应急救援管理规则》，机场突发事件应急救援预案主要包括以下内容：

(1)对突发事件进行分类，针对各类突发事件分别制定相应的应急救援响应等级和具体的应急救援方案。

(2)根据相关规定和规则，机场管理机构与地方人民政府突发事件应对机构、消防部门、医疗救护机构、公安机关、运输企业、当地驻军等单位的机场突发事件应急救援支援协议。

(3)针对不同类型突发事件的报告程序、通知程序和通知事项。

(4)详细注明各类突发事件所涉及单位的名称、联系人和联系方式。

(5)签约应急救援支援协议单位的应急救援资源明细表、联系方式,应急救援设施、设备和器材名称、数量和存放地点。

(6)机场及其邻近地区的应急救援方格网图,图中准确标明机场跑道、滑行道、机坪、航站楼、油库,道路、消防栓、集结等待区、围界、通道口等的具体位置,以及机场内外消防水源、取水道路和进出机场道路的准确位置和走向、医疗部门位置及其救治能力等信息。

(7)各类突发事件中可能产生的人员紧急疏散方案,包括警报、广播、引导人员在疏散时的职责、疏散路线、对被疏散人员的临时管理措施等内容。

(8)在各种可能的极端情况下的救援措施。

机场突发事件应急救援预案在征求各参与救援单位意见和征得地方人民政府同意后,按照规定,飞行区等级为 4E(含 4E)以上的机场呈报民航局审批,其他机场呈报所在地区的民航地区管理机构审批[56]。

根据《民用运输机场突发事件应急救援管理规则》,机场管理机构应当定期组织突发事件应急救援知识培训和演练,加强救援技能训练,检查《民用运输机场应急救护设施配备》落实情况和使用技能,提高救援单位之间的协调配合和现场决策指挥水平,以提高突发事件应急处置能力和救援效果。

4)应急救援的实施

根据《民用运输机场突发事件应急救援管理规则》,当发生机场突发事件时,遵照以下程序进行报告、指挥和施救:

(1)第一时间得知事件情况的单位首先应当根据机场突发事件应急救援预案的报告程序,立即向“机场应急救援指挥中心”报告突发事件情况。

(2)“机场应急救援指挥中心”向机场管理机构通报突发事件情况,并在尽可能短的时间内向地方人民政府和民用航空管理部门报告突发事件基本情况,同时组成机场应急救援现场指挥部。

(3)民用航空管理部门在收到机场突发事件报告后立即按照事件的类型、严重程度、影响范围和本部门应急救援预案,逐级向上级机关报告,直至民航局突发事件应对部门。同时迅速采取积极措施,协调和帮助机场管理机构处置突发事件。

(4)机场突发事件应急救援总指挥或其授权人,及时准确地发布有助于救援单位支援和协助应急救援的相关信息。

(5)机场应急救援指挥中心按照突发事件应急救援预案的通知程序,迅速将突发事件的基本情况通知有关单位。

(6)在机场应急救援总指挥的统一指挥下,授权消防、公安、医疗和其他驻场单位根据应急预案中明确的救援职责和义务组织救援。

(7)机场应急救援总指挥或者其授权人在地方人民政府领导及其突发事件应对部门的指挥下,根据地方人民政府领导及其突发事件应对部门的要求和命令,分时段、分区域向其移交指挥权,以利于统一组织协调指挥和动员更多的救援力量施救。

(8)应急救援工作结束后,机场应急救援工作领导小组或者其授权单位或者部门召集所有参与应急救援的单位进行全面总结和讲评,对突发事件应急救援预案进行修改完善,在救援工作结束后的60天内，将修改后的突发事件应急救援预案按照《民用机场使用许可规定》的要求报批以备实施。

(9)机场管理机构在应急救援工作结束后的30天内，将应急救援工作总结报送所在地民航地区管理局备案。

6.6.4 搜寻与救援

遵照人道主义原则，《国际民用航空公约》第二十五条中明确规定，“各缔约国承允对在其领土内遇险的航空器，采取其认为可行的援助措施，并在本国当局管制下准许该航空器所有人或该航空器登记国的当局采取情况所需的援助措施。各缔约国搜寻失踪的航空器时，应在按照本公约随时建议的各种协同措施方面进行合作”。《国际民用航空公约》附件12中要求“缔约各国必须单独或与其他国家合作，在其领土范围内安排建立并立即提供昼夜24小时的搜寻与援救服务，以确保向遇险人员提供援助”。“公海或主权尚未确定的区域，必须在地区航行协议的基础上商定建立搜寻与援救服务。缔约各国一经承担在此种区域中提供搜寻与援救服务的责任，必须单独或同其他国家合作，按照本附件各项规定安排建立并提供此种服务”。

1. 搜寻与救援的基本原则

《航空法》和《中华人民共和国搜寻援救民用航空器规定》明确规定了凡在我国境内及我国缔结或参加的国际条约规定应该由我国负责搜寻救援的公海区域内发生紧急情况的民用航空器，不论其所属国籍，我国政府将负责搜寻和救援工作[57]。

2. 搜寻与救援的组织

如同本章前面几节中所述的民航突发事件应急救援一样，在发生航空器紧急事件情况下，由于事件发生地点涉及的地域范围广，需要政府组织动员较多的社会力量参与搜寻和救援。为便于组织搜寻和救援，通常采用“统一协调，分区负责”的原则。

1)搜寻救援区域划分

《国际民用航空公约》附件12中要求“缔约国必须划定搜寻与援救区，并在其内提供搜寻与援救服务”，“必须在每一搜寻与援救区中设立一援救协调中心”，并建议“搜寻与援救区，只要可能，应该与相应的飞行情报区相一致。如属于公海上空区域，应该与海上搜寻与援救区相一致”[58]。

根据2000年1月5日开始施行的《中国民用航空空中交通管理规则》，为了便于对在我国境内和经“国际民航组织”(ICAO)批准由我国管理的境外空域内飞行的航空器提供飞行情报服务，我国共划分为沈阳、北京、上海、广州、昆明、武汉、兰州、乌鲁木齐、香港和台北等十个飞行情报区，并明确为了及时有效地对在我国飞行情报区内遇险失事的航空器进行搜寻援救，在我国境内及其附近海域上空划设搜寻援救区，搜寻援救区的范围与飞行情报区相同[59]。

2)搜寻救援的组织

根据《中华人民共和国搜寻援救民用航空器规定》，对在我国政府负责的搜寻和救援区域内的遇险或失事民用航空器进行紧急救援或搜寻工作，按照下列规定分工负责[58]：

(1)民航局负责统一指导全国范围内的民用航空器搜寻援救工作。

(2)省、自治区、直辖市人民政府负责本行政区域内陆地搜寻援救民用航空器的工作，民用航空地区管理局予以协助。

(3)国家海上搜寻援救组织负责海上搜寻援救民用航空器工作，有关部门予以配合。

(4)民航局搜寻援救协调中心和地区管理局搜寻援救协调中心承担陆上搜寻援救民用航空器的协调工作。

6.7　本章小结

民航安全管理是一项长期任务，涉及国际、国内安全管理机制、组织、法规、航空公司、机场、空管、人、设备、环境、文化等多方面的因素，通过“民航安全管理体系”建设，可全面提高人员安全素质，建立基于严密组织、健全法规和科学管理的安全管理体系，提高民航持续安全水平。

思　考　题

1. 阐述民航运输生产安全的意义。
2. 如何根据危害程度分辨危险？
3. 阐述风险与安全之间的关系。
4. 在概念上如何区分“安全”和“安保”？
5. 试述民航安全管理理念的演变历程。
6. 民航“安全管理体系”的核心思想是什么？
7. 民航“安全管理体系”的基本要素有哪些？每一部分的作用是什么？
8. 分析安全绩效指标与安全绩效目标的关联性与差异性。
9. 风险识别的作用是什么？
10. 如何评价风险？为什么要评价风险？
11. 安全审计的作用是什么？
12. 安全信息在安全管理中的作用是什么？为什么要共享？
13. 如何理解传统概念下的民航安全管理体系？
14. 试述民航安全管理的法规体系。
15. 风险分析的基本方法有哪些？
16. 风险控制的基本方法有哪些？
17. 如何设计风险控制流程？
18. 人的哪些因素能够直接影响民航运输飞行安全？
19. 影响民航运输飞行安全的间接因素有哪些？
20. 如何从人的因素着手提高民航运输生产安全水平？
21. 机场安全保卫包含哪些方面的主要内容？
22. 航空公司安全保卫的主要内容包含哪些方面？
23. 人员及物品安全检查的主要内容包含哪些方面？
24. 运输飞行安全的主要内容包含哪些方面？
25. 什么是民航的突发事件？有何特点及其危害？

26. 试述我国关于突发事件的应急管理体系。

27. 试述民航突发事件的应急管理体系。

28. 民用机场应急救援管理的主要内容包含哪些方面?

29. 我国如何组织机场应急救援?

30. 我国民航搜寻救援的基本原则是什么?

31. 我国如何组织搜寻救援?

32. 在民航突发事件应急救援、机场紧急救援及航空器搜寻救援过程中,地方政府的地位和作用是什么? 为什么?

参考文献

[1] 安全. 现代汉语词典第五版[M]. 北京:商务印书馆,2005.

[2] Safety. http://en.wikipedia.org/wiki.

[3] 国家质量监督检验检疫总局. 国家职业健康安全管理体系(GB/T 28001—2001). 2001.11.12.

[4] ICAO. 国际民用航空公约附件 17—安保. 8 版. 第 11 次修订. 2005.11.30.

[5] FAA. Federal Aviation Administration Safety Management System Manual. 2006.5.21.

[6] Richard A Stephans. System Safety For The 21st Century[M]. John Wiley & Sons, Inc., 2004.

[7] System Safety Society. The New England Chapter of the System Safety Society[R]. System Safety: A Science and Technology Primer. April, 2002.

[8] ICAO. Safety Management Manual(SMM) Doc 9859 AN/460[R]. 1st Edition, 2006.

[9] 中国民用航空总局机场司. 机场安全管理体系建设指南. http://sqgk.caac.gov.cn. 2008.6.17.

[10] 李家祥. 中国民航人要为建设民航强国而努力奋斗[R]. http://www.caac.gov.cn. 2010.2.24.

[11] ICAO. SMS Training, ICAOSMS Module 04-Hazards. http://www.icao.int /anb/safety management.

[12] 中国民用航空总局航空安全办公室. 民用航空不安全事件的处置程序(MD-AS- 2004-01)[R]. 2004.8.20.

[13] 中国民用航空总局. 民用航空器飞行事故应急反应和家属援助规定(CCAR-399). 2005.10.7.

[14] 国家技术监督局. 民用航空器飞行事故等级(国家标准 GB 14648—1993)[S]. 1993,1.

[15] ICAO. 国际民用航空公约附件 13—事故调查. 9 版. 第 11 次修订. 2006.7.17.

[16] 中国民用航空总局. 民用航空器事故和飞行事故征候调查规定. 2007.3.15.

[17] 中国民用航空局. 公共航空旅客运输飞行中安全保卫规则(CCAR-332). 2008.10.8.

[18] The First United States Army Aircraft Accident Report (September 1908), ADA382312[R]. http://stinet.dtic.mil/cgi-bin/GetTRDoc. 2007.11.15

[19] BOEING. Aircraft Accident Report, Trans World Airlines, Inc., Boeing 727-231, N54328[R].

[20] 民航安全科学研究所. 中国航空安全自愿报告系统. http://scass.air-safety.com.

[21] FAA. National Transportation Safety Board, CFR Part 121 and 135. http://www.ntsb.gov/ntsb.

[22] ICAO. Annexes 1 to 18 to The Convention on International Civil Aviation of ICAO. http://icao.org.

[23] ICAO. Global Aviation Safety Plan. http://icao.org. 2007,7.

[24] ICAO. The Global Aviation Safety Roadmap by Industry Safety Strategy Group[R]. http://www.icao.int/fsix/safety.cfm.

[25] IATA. Six-Point Safety Program. http://www.iata.org/whatwedo/safety_ security /safety.

[26] IATA. Annual Report 2005-2011[R]. http://iata.org. 2012.

[27] SINA. 国际机场协会预测:全球航空旅客 15 年后达 74 亿[N].

[28] Airline fatalities increase in 2010. http://www.flightglobal.com/news/articles /airline. 2011.

[29] Alan J Stolzer, Carl D Halford , John J Goglia. Safety Management Systems in Aviation[M]. ASHGATE e-BOOK, 2008.

[30] Department of Canada Transportation. Introduction to Safety Management Systems[R]. Transport Canada, 2001,4.
[31] 李家祥. 把安全发展作为系统工程精心谋划——论在民航工作中树立持续安全理念[R].
[32] ICAO. 国际民用航空公约附件 6 第 I 部分—国际商业航空运输(定翼飞机). 8 版. 第 30 次修订案. 2001,7.
[33] ICAO. 国际民用航空公约附件 11—空中交通服务. 13 版. 第 44 次修正案. 2001,7.
[34] ICAO. USOAP. http://www2. icao. int/en/CMA%20Forum/default. aspx.
[35] IATA. 运营安全审计计划. IATA 大会第 35 届会议执行委员会 A35-WP/731 EX/23, 7/07/04A35. wp. 73. 02. ch. doc.
[36] 中国民用航空总局. 民用航空安全审计指南. 3 版. 2008,3.
[37] 中国民用航空局. 2010 年民航行业发展统计公报[R]. http://www. caac. gov. cn/I1.
[38] 王照明. 未来确保行业持续安全现状分析与展望[R]. 2009. 5.
[39] 中国民用航空总局. 从统计看民航[M]. 北京:中国民航出版社, 2011.
[40] 国务院安全生产委员会. http://www. chinasafety. gov. cn/newpage/awhdt.
[41] 中华人民共和国国家安全生产监督管理总局. http://www. chinasafety. gov. cn.
[42] 中国民用航空局. 中国民用航空局主要职责. http://www. caac. gov. cn/G1.
[43] Reason James. Human Error[M]. Cambridge University Press, 1992.
[44] Herbert W Heinrich. Industrial Accident Prevention[M]. McGray-Hill Book Company, Inc. , 1941.
[45] BOEING. Statistical Summary of Commercial Jet Airplane Accidents Worldwide(1959-2001)[R]. 2001.
[46] 中国民用航空局航空安全办公室. 中国民航不安全事件统计分析报告 (2010 年)[R]. http://safety. caac. gov. cn.
[47] US Airways Flight 1549. http://en. wikipedia. org/wiki.
[48] Alexander T Wells. Commercial Aviation Safety[M]. Tab Books of McGraw-Hill Inc. , 1994.
[49] 中华人民共和国社会保障部. 国际职业标准——机场运行指挥员(试行)[M]. 北京:中国劳动社会保障出版社, 2009.
[50] ICAO. 国际民用航空公约附件附件 17—安保. 8 版. 11 次修订. 2006,7.
[51] 中国民用航空局. 国家民用航空安全保卫规划. 2006. 5. 10.
[52] 中国民用航空局. 民用航空运输机场航空安全保卫规则. 2009. 10. 26.
[53] 中国民用航空局. 公共航空运输企业航空安全保卫规则. 2009. 10. 26.
[54] 中华人民共和国第十届全国人民代表大会常务委员会第二十九次会议. 中华人民共和国突发事件应对法. 2007. 8. 30.
[55] 中华人民共和国国务院. 国家突发公共事件总体应急预案. http://www. gov. cn/yjgl/flfg_ zrzh. htm. 2011. 12. 9.
[56] 中华人民共和国国务院. 国家处置民用航空器飞行事故应急预案. http://www. gov. cn/yjgl/flfg_ zrzh. htm. 2011. 12. 9.
[56] 中国民用航空局. 民用运输机场突发事件应急救援管理规则(CCAR-139-II-R1). 2011. 7. 4.
[57] 中华人民共和国国务院. 中华人民共和国搜寻援救民用航空器规定. 1992. 12. 8.
[58] ICAO. 国际民用航空公约附件 12—搜寻与援救. 8 版. 17 次修订. 2004. 11. 25.
[59] 中国民用航空总局. 中国民用航空空中交通管理规则. 1999. 7. 5.
[60] US Airways A320 ammara nell' Hudson. http://www. gilbi. it/2009/01 /15/us-airway -a320. 2009.

第7章

国际航空运输管理

本章介绍国际航空运输管理过程中涉及的基础知识，包括《国际民用航空公约》、国际航空运输市场准入与九种航权、国际航空运输（多边）协定的主要内容及协定生效与终止的相关程序等知识，结合中美两国航空运输协定，进行较为详细的论述。

航空运输已经成为现代社会文明的主要交通运输方式之一。随着世界经济全球化进程发展，世界航空运输业稳步增长。航空工业和IT技术的快速发展，使得越来越先进的大型宽体飞机投入国际航空运输市场。国际航空运输市场需求与快速增长的航空运力之间的矛盾，使得国际航空运输市场竞争达到史无前例的激烈。维护国际航空运输安全有序发展，维护本国航空运输企业在国际竞争中的合法权益，成为国际航空运输管理的重要内容，需要世界各国政府在《国际民用航空公约》的统一原则基础上平等协商与互利合作。

7.1 基本概念

国际航空运输管理首先涉及两个重要的基本概念：国家主权和领空主权。

7.1.1 国家主权

在国际事务中，尊重国家主权是一个至关重要的、最基本的原则性问题，是任何一个国家从事所有国际事务包括民用航空运输活动的必要前提。1946年12月6日联合国大会通过的《国家权利义务宣言草案》[1]第一条首先明确指出，“各国有独立权，因而有权自由行使一切合法权利，包括其政体之选择，不接受其他任何国家之命令”。1970年10月24日联合国大会通过的《关于各国依联合国宪章建立友好关系及合作之国际法原则之宣言》[2]中强调，“各国一律享有主权平等，包括各国法律地位平等、每一国均享有充分主权之应有权利、国家之领土完整及政治独立不得侵犯、每一国均有权利自由选择并发展其政治、社会、经济及文化制度等”。因此，一个国家行使它的独立主权，对在本国领土和领空范围内从事航空活动的所有航空器、人员和组织依法进行管理，并对本国航空运输企业在国外的航空运输事务进行管理。我国政府一直奉行《中华人民共和国宪法》中确立的“坚持互相尊重主权和领土完整”等基本原则，开展各项国际事务[3]。

7.1.2 领空主权

1919年10月通过的《巴黎国际航空公约》（又称《巴黎公约》）确立了国际领空主权原则。1944年12月在美国芝加哥修订的《国际民用航空公约》（又称《芝加哥公约》）中，进一步明确了领空主权原则,强调国家领空主权是“缔约各国承认每一个国家对其领土之上的空气空间具有完全的和排他性的主权”,“一缔约国的国家航空器①,未经特别协定或其他方式的许可并遵照其中的规定,不得在另一缔约国领土上空飞行或在此领土上降落”,并且“除非经一缔约国特准或其他许可并遵照此项特准或许可的条件,任何定期国际航班不得在该国领土上空飞行或进入该国领土”[4]。我国是一个独立主权国家,《航空法》第二条明确指出,“中华人民共和国的领陆和领水之上的空域为中华人民共和国领空。中华人民共和国对领空享有完全的、排他的主权”[5,6]。

7.2 国际民航的重要公约

自 1918 年 11 月 11 日第一次世界大战宣告结束以后,各国政府为保护本国的安全和利益,关于建立空中交通秩序、保障航行和旅客安全的呼声日益高涨。自 1919 年以来,在 ICAO 各成员国政府的共同努力下,先后制定和通过了一系列国际性民航公约,并随着国际政治、国际经济和国际航空运输业的发展不断丰富和完善,为世界航空运输业的安全、公平、有序发展,提供了法律保障。ICAO 组织制定并经成员国签约生效的公约,主要分为三大类:①基本法公约;②关于国际航空运输业务类公约;③国际航空运输安全类公约。其中一部分在国际民航法制建设中产生了重要的历史性影响和作用。

7.2.1 国际航空基本公约

1919 年 10 月 23 日在法国巴黎和平会议最高理事会上通过了国际航空领域的第一部法典《巴黎公约》。这是国际航空史上的第一部大法,也是世界航空运输业的基本法,对国际航空运输业健康发展产生了重要影响。它第一次确立了领空主权原则,明确了无害通过领空的权利和限制及国际航行的规则和条件[4]。《巴黎公约》对航空器的分类、国籍登记、适航性、出入境、机组人员执照及禁运物品管理等作出了具体规定。由于第二次世界大战对航空技术发展的刺激,国际航空运输随之得到快速发展,也随之产生了一系列亟待国际社会共同协商解决的问题。因此,在 1944 年 11 月 1 日至 12 月 27 日期间来自世界上的 52 个国家的代表参加了在美国芝加哥召开的国际民航会议,通过并签署了包括《国际民用航空公约》、《国际航班过境协定》和《国际航空运输协定》在内的三个历史性重要文件,为国际航空运输发展奠定了法律基础。

1944 年 12 月 27 日通过的《国际民用航空公约》,是对 1919 年《巴黎公约》的修订,对国家领空主权和保证国际航行安全等作了进一步的明确规定,对航行技术、行政管理、运输经营等国际性问题作了进一步详细阐述,成为一个更为广泛接受的航空法典。我国是《国际民用航空公约》的签约国,1946 年 2 月 20 日批准,1947 年 4 月 4 日该公约开始对中国生效[7]。1971 年 11 月 19 日 ICAO 第 74 届理事会通过决议,承认中华人民共和国政府为中国唯一合法政府,1974 年 2 月我国政府决定承认《国际民用航空公约》并自该日起参加该组织的活动。

① 指军用飞机——作者注。

7.2.2 国际航空运输业务类公约

ICAO的宗旨之一，就是推进国际航空运输业的公平有序发展[4]。自ICAO成立以来通过的有关国际航空运输业务类的主要公约有：

1.《国际航空运输协定》

1944年12月27日在签署《国际民用航空公约》的同时，通过了《国际航空运输协定》。该协定提出了“空中航行自由”概念(flight freedom，即现在称谓的“航权”)，并明确了五项“国际航权”[8]，为开展国际航空运输业务、规范国际航空运输管理提供了法律依据。

2.《商业航空公约》

1928年2月在古巴哈瓦那通过，故又称《哈瓦那公约》，对国际性商业航空运输和造成的地面损害赔偿问题达成共识，为其后国际航空运输发展中的商业纠纷提供了协商解决的法律依据。1944年12月27日通过的《国际民用航空公约》取代了《巴黎公约》和《哈瓦那公约》。

3.《统一国际航空运输某些规则的公约》

1929年9月12日在波兰华沙通过的《统一国际航空运输某些规则的公约》，又称《华沙公约》，对航空运输范围、合同、运输凭证、承运人的责任和管辖权、损害赔偿认定及标准等进行了规定，我国政府于1957年7月加入《华沙公约》。随着国际航空运输业的发展，该公约经过多次修订和补充：如1955年的《修订1929年10月12日在华沙签订的〈统一国际航空运输某些规则的公约〉的议定书》、1961年《统一非立约承运人所作国际航空运输的某些规则以补充华沙公约的公约》、1971年《修订经1955年9月28日在海牙修订1929年10月12日在华沙签订的〈统一国际航空运输某些规则的公约〉的议定书》、1975年《修订1929年10月12日在华沙签订的〈统一国际航空运输某些规则的公约〉的第一号附加议定书》、1975年《修订1929年10月12日在华沙签订的〈统一国际航空运输某些规则的公约〉的第二号附加议定书》、1975年《修订1929年10月12日在华沙签订的〈统一国际航空运输某些规则的公约〉的第三号附加议定书》、1975年《修订1929年10月12日在华沙签订的〈统一国际航空运输某些规则的公约〉的第四号附加议定书》和1999年《统一国际航空运输某些规则的公约(1999年蒙特利尔公约)》。从1929年的《华沙公约》到1999年的《蒙特利尔公约》，ICAO在这70多年内，组织成员国根据国际航空运输发展需要，对相应的法规进行了不断修订、完善和统一，形成了《华沙公约》体系，以适应新的国际航空运输市场形势。我国政府于2005年6月加入了1999年的《蒙特利尔公约》[9]。

4.《国际承认航空器权利的公约》

《国际承认航空器权利的公约》于1948年6月在瑞士日内瓦通过，故又称《日内瓦公约》。该公约对航空器的拥有权、转让权、租赁权、抵押权、典当权等权利给予了界定和规定，为国际航空运输业务中的航空器管理提供了法律依据。中国政府于1999年10月31日宣布加入《国际承认航空器权利公约》[10]。

7.2.3 国际航空安全类公约

为了维护国际航空运输安全，打击任何针对民用航空器的犯罪行为，ICAO先后制定并通过了多项关于保障国际航空运输安全的公约，最具有历史性影响的主要有以下几个：

1.《在航空器内犯罪和犯有某些其他行为的公约》

《关于在航空器内犯罪和犯有某些其他行为的公约》于 1963 年 9 月 14 日在日本东京签订[11]，故又称《东京公约》，我国政府于 1978 年 11 月加入。《东京公约》为制止危害航空器或其所载人员或财产的安全，或危害航空器上良好秩序和纪律等犯罪行为制定了国际性制裁依据，明确了机长制止和处置航空器内犯罪行为的权利和职责，以及对非法劫持航空器及其罪犯处置的国家权利、职责与义务。

2.《制止非法劫持航空器的公约》

《关于制止非法劫持航空器的公约》于 1970 年 12 月在荷兰海牙通过，故又称《海牙公约》[12]，我国政府与 1980 年 9 月加入。《海牙公约》为世界各国共同打击非法劫持民用航空器的犯罪活动达成共识，明确了对非法劫机犯罪行为及其罪犯进行坚决打击、惩处与引渡等事项的法律程序，并明确了相关国家的权利、职责和义务。

3.《制止危害民用航空安全的非法行为的公约》

1971 年 9 月在加拿大蒙特利尔通过的《制止危害民用航空安全的非法行为的公约》(也称《蒙特利尔公约》)，是对上述《东京公约》和《海牙公约》的强化与补充，对共同制止和打击危害航空运输与旅客安全的非法行为、对罪犯的引渡及相关国家之间的司法协助等事项，制定了更为详细的规定和程序，为共同打击国际航空运输活动中的犯罪行为提供了更为有力的法律武器。该公约还对国际航空承运人应当对旅客的人身伤亡、行李和货物损失，以及由于航班延误造成旅客、行李或货物的损失承担责任并予以赔偿等事项明确了责任[13]。1980 年 9 月中国政府宣布加入该公约。

7.3 国际航空运输市场准入管理

国际航空运输事务涉及国家利益，各国通过市场准入机制控制外国航空公司的进入，以控制本国航空运输市场的开放规模，保护本国国家和本国航空运输企业的利益。

7.3.1 市场准入问题

市场准入是国家保障某一行业健康有序发展而设定的审核和控制机制，可谓是一个进入行业的“门槛”。当一个国家的航空公司计划开拓国际航空运输市场准备开通到另一个国家某一城市的航班时，它必须获得对方国家授予的航空运输市场准入许可，即准入权。航空运输市场准入权是准入国政府授予的一项航班运营基本权利，有条件或无条件地允许外国航空公司进入本国航空运输市场开展航空客货运输业务。航空运输市场准入权的审批和施行，完全基于《国际民用航空公约》的国家领空主权原则和有关国际公约精神。《国际民用航空公约》中明确指出，“除非经一缔约国特准或其他许可并遵照此项特准或许可的条件，任何定期国际航班不得在该国领土上空飞行或进入该国领土”。中国民航局 2008 年 6 月 11 日颁布的《外国航空运输企业航线经营许可规定》中明确指出，“外国航空运输企业申请经营外国地点和中华人民共和国地点间的规定航线，应当符合中外双方政府民用航空运输协定或者有关协议的规定，并先经其本国政府通过外交途径对其进行指定”[14]。显然，开展国际航空运输业务，首先是国家政府之间必须达成共识。

1980 年 9 月 17 日中国政府与美国政府双方签署的民用航空运输协定中明确指出，“有关经营协议航班的地面服务事项可由双方空运企业商定，但须经双方航空当局批准”，“每一销售总代理协议的条件须经双方航空当局批准”。2007 年 5 月 22 日，中国民用航空总局与美国运输交通部就扩大两国航空运输市场准入达成协议：中国空运企业可以立即不受限制地进入美国航空运输市场；2011 年两国航空货运市场将过渡到全面开放；中国中部地区（安徽、湖南、湖北、江西、河南、山西）至美国的直达航空运输市场完全开放[15]等。这些都表明，两国之间的航空运输市场相互开放，必须经过两国政府之间的正式协商和批准，并正式签署政府间的相关协议，航空公司才能开展具体的航空客货运输业务。

实际上，国际航空运输市场准入包含两项基本权利：一是航空运输业务经营许可权，又称运营权，需经两国政府商定，这是一个涉及国家主权的原则性权利；二是航班业务经营权，即经营业务范围，由指定的航空运输企业确定并向准入授权国正式提交文字申请，经授权国批准后实施。具有市场准入权的外国航空公司，必须具有准入授权国政府颁发的航空运输业务经营许可证。例如，我国政府规定，“外航应当在其本国政府通过外交途径对其正式指定后依据本规定向（中国）民航局申请经营外国地点和中华人民共和国地点间规定航线的经营许可”[14]。准入授权国政府通过审批市场准入权，并规定外国航空公司进入本国航空运输市场的业务范围，如航线、航班、飞机型号、业载限制、经停机场等。通过市场准入许可的审批控制，保护本国、本地区或经济联盟体的利益；另一方面，可以作为进入另一个国家、地区、或经济联盟体航空运输市场的互利交换条件。

7.3.2 业务经营管理

国际航空运输市场准入许可的内容之一是业务经营权，是一国政府授予另一个国家指定航空公司在授权国的业务经营范围，即规定的指定承运人、每周航班次数、航班机型、航班经营方式等事项，并在相关的航空运输协定中加以明确说明。通过对业务经营权的管理，一方面体现双方平等互惠原则，另一方面对本国民航运输市场和民航运输企业保护。

业务经营权利范围还包括飞越权、技术性经停权、加班飞行权等一系列问题。获得、保护、保留或撤销这些权利，两国政府需要通过平等协商并在相关的航空运输协定中具体阐明。

7.3.3 运力管理

运力是航空运输企业运营能力的体现。在国际航空运输市场准入管理中，准入运力标志着授权国允许开放本国航空运输市场的程度。换言之，在两国的航空运输协定中，将明确说明准入航班在指定的授权运营航线上的机型和座位数或业载吨位。这种运力协定可以是对等的，也可以有差额而通过其他途径进行补偿，也可以选择放弃自己的权利。

7.4 国际航权

在国际航空运输事务中，虽然两国政府双方商定同意有条件或无条件向对方开放航空运输市场，并向指定航空公司授予市场准入许可权，但是就业务经营权而言，还有许多细节需要商定，即准许对方航空公司采用什么方式经营指定的航线，这就涉及航行权问题。航行权，又称航权，是“每一缔约国给予其他缔约国定期国际航班的空中自由”[8]，是 ICAO 制定的一种国家性质的航空运输许可权。欧盟将“航权”描述为“是指定航空承运人在两个共同体（即国家）的机场之间进行航空运输服务载运旅客、货物或邮件的权利”[16]。通过航权规范国际航空运输业务经营权。目前世界上国际航空运输活动中的航权有九种，其中前五种已经在《国际航空运输协定》中得以确定[8]。

7.4.1 第一航权——飞越权

第一航权，又名“飞越权”，是一种“不降停而飞越其领土的权利”（the right to fly over the territory of a treaty country without landing）[8]。

国际航空运输市场准入中的业务经营权利涉及领空飞越权（有称过境权），授予另一国家的定期航班或不定期国际航班不降停地飞越授权国领空的特许权，参见图 7-1。如我国飞往美国的航班飞越日本上空。

7.4.2 第二航权——技术经停权

第二航权，又名“技术经停权”，是一种“非运输业务性降停的权利”（the right of a carrier to stop in a country for non-commercial purposes，such as maintenance or refuelling，on the way to another country）[8]。

根据《国际航空运输协定》，授权国允许另一国指定航空公司的定期或不定期国际航班在其领土上的指定机场降停，但不得有任何商业性行为。例如，航班飞机途中加油、进行紧急维修、或处理某些特殊事件等情况，航班飞机在授权国的指定机场降停，这种降停属于非载运业务，尽管有可能在降停地需要卸载客货，但是降停事件结束后，该飞机需要装上所卸载的全部客货继续飞往目的地。如中国飞往美国纽约机场的航班，由于航程远，有时需要在美国的安格雷奇机场做短暂经停为飞机加油（图 7-2）。

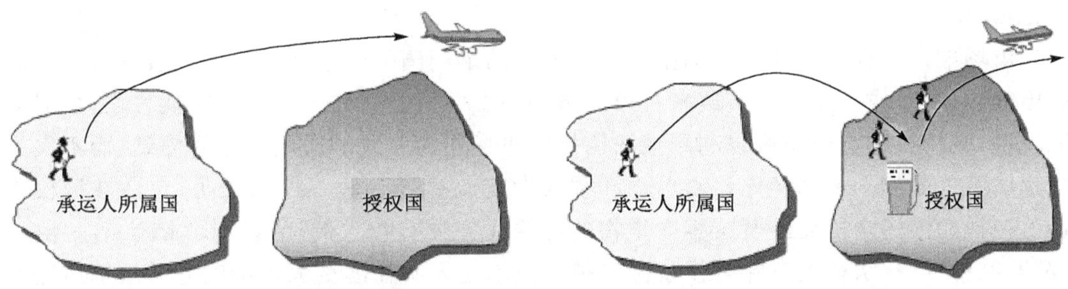

图 7-1 “第一航权”示意图

图 7-2 “第二航权”示意图

7.4.3 第三航权——目的地卸载权

第三航权，又名“目的地卸载权”，“卸下来自航空器所属国领土的客、货、邮的权利”（the right to，in another country，disembark passengers who have boarded in the home country of the aircraft concerned）[8]。

一国政府授予另一国指定航空公司许可权，允许该航空公司的定期国际航班在授权国的指定机场卸载来自承运人所在国的旅客和货物。显然，第三航权才是经营业务权的实质，表明被授权承运人获准向航班业务权授权国运送旅客或货物(图 7-3)。

7.4.4 第四航权——目的地装运权

第四航权，又名“目的地装运权”，“装载前往航空器所属国领土的客、货、邮的权利”(right to, in a country, embark passengers that are to be flown to the home country of the aircraft concerned)[8]。

市场准入权授权国允许被授权承运人的定期国际航班回程从授权国的指定机场装载旅客或货物飞回承运人所在国。这一权利表明，授权国允许被授权承运人在授权国经营旅客或货邮搭载业务(图 7-4)。

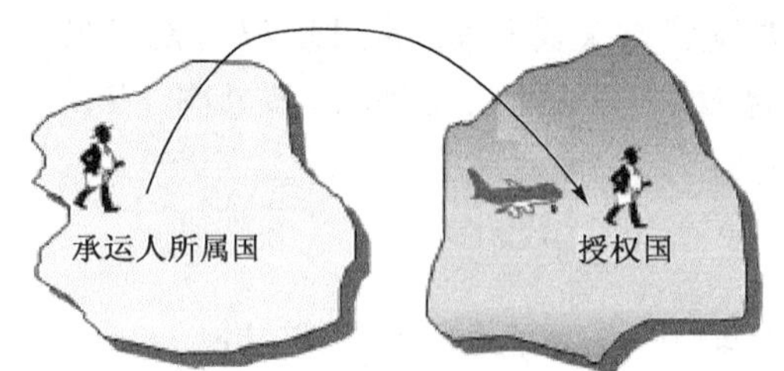

图 7-3 “第三航权”示意图

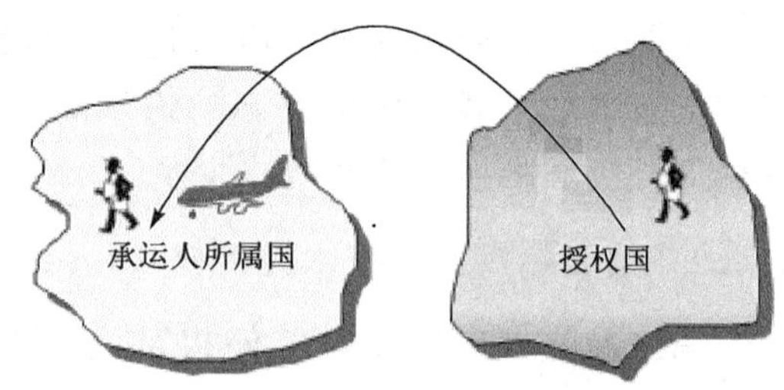

图 7-4 “第四航权”示意图

不难看出，只有同时获得授权国的第三和第四航权，被授权航空公司经营定期国际航班才具有真正的市场意义。

7.4.5 第五航权——中间点装载权

第五航权，又名“中间点装载权”，“装卸前往或来自任何其他缔约国领土客、货、邮的权利”(right to, in a country other than that of which the carrier is a national, embark/disembark passengers destined for/originating from a country of which the carrier is not a national)[8]。

市场准入授权国允许另一国指定航空公司的定期国际航班在授权国下载来自第三国的旅客(货物)，或从授权国装载来自第三国的旅客(货物)飞往其他国家。换言之，根据第五航权，被授权航空公司可以利用授权国指定机场作为航线的中间业务降停站(而不仅仅是兼做第二航权的技术经停站)，可以卸载或者装载客货。这一权利表明，允许被授权承运人在授权国指定机场经营旅客或货物的运输业务具有较大的经营范围(图 7-5)。由于“第五航行权”从法律上意味着授权国向被授权承运人所在国更大范围的开放航空运输市场，分享了授权国航空公司的国际航空运输业务，对于授权国保护本国航空运输市场无疑是一个挑战。

2003 年 5 月 22 日，由新加坡航空公司执飞的新加坡(SIN)—厦门(XMN)—南京(NKG)—芝加哥(ORD)/洛杉矶(LAX)国际货运航线首航，是我国单边开放的第一条第五航权货运航线。在这条航线上，新加坡航空公司在厦门和南京可以卸载来自新加坡的货物，也可以从厦门和南京装载货物飞往目的地芝加哥/洛杉矶，但不得在南京机场卸载来自厦门机场的任何货物。

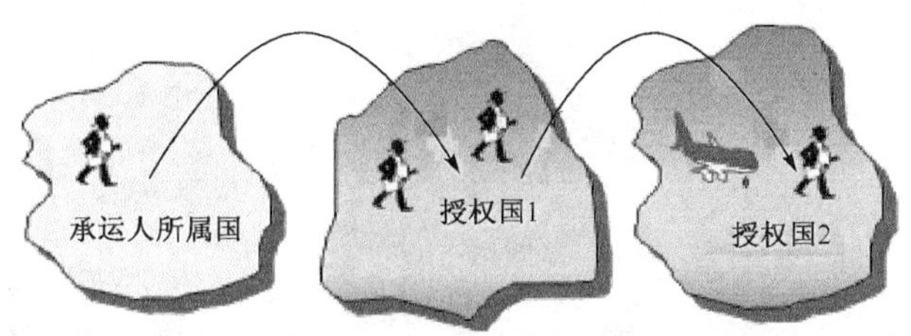

图 7-5　“第五航权”示意图

根据 ICAO 的《国际航空运输协定》精神，第三、第四和第五航权“所规定的权利，每一缔约国所承允的，仅限于构成来自或前往该航空器所属国本土的合理的直接航线上的直达航班”。此外，上述五项航权中所指“航空器所属国”，实际上是指市场准入被授权国家。

随着西方发达国家国内航空运输市场的竞争加剧，为了扩大本国的海外航空运输市场，少数西方国家在原有国际认可的五项航权基础上，又提出了“第六航权”、“第七航权”、“第八航权”甚至“第九航权”。随着世界经济全球化进程的深化和世界航空运输业的发展，这四项新航权已经在部分国家和地区施行。

7.4.6　第六航权——本国经停运载权

第六航权的内容是，经过承运人本国装上或卸下前往或来自任何其他国家旅客或货邮的权利[17]（right to carry passengers from a 2nd to a 3rd country by stopping in one's own country），（3rd and 4th freedoms combined）[18]（图 7-6）。

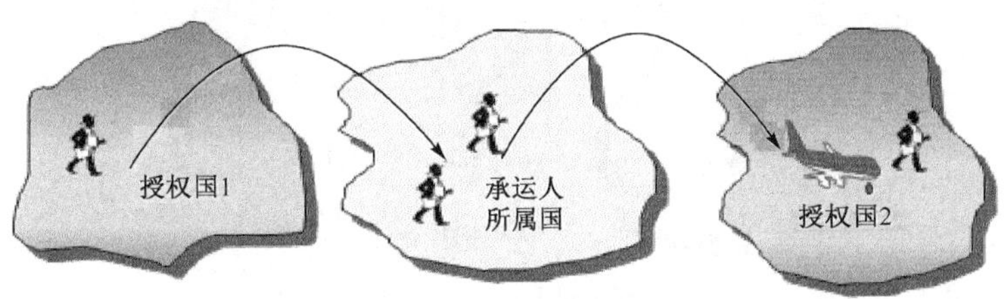

图 7-6　“第六航权”示意图

根据第六航权，授权国允许另一国指定承运人的国际定期航班在授权国指定机场卸载或装载来自或前往承运人所在国（作为经停点）的旅客或者货物，而这些旅客（货物）可以由该承运人的不同航班运往第三国或承运人所在国。例如，我国国航（CA）执飞伦敦（LHR）—北京（PEK）—汉城（GMP）航线。根据第六航权，国航以北京作为该航线的中间经停点，在北京可以卸载来自伦敦装载的旅客（或货物），然后在北京装载旅客或货物飞往汉城，而北京飞汉城的航班可以是国航伦敦飞北京的同一航班，也可以是国航的不同航班。此外，在北京转载运往汉城的旅客或货物，可以是来自中国也可以是来自其他国家。因此，国际上也把第六航权称为第三航权与第四航权的组合运用[17]。

7.4.7　第七航权——完全第三国运输权

第七航权的内容是，在授权国领土内建立基地，装上或卸下前往或来自其他国家的旅客和货邮[17]（图 7-7）（right to operate routes and carry passengers between two countries, with neither of them in its home country）[18]。

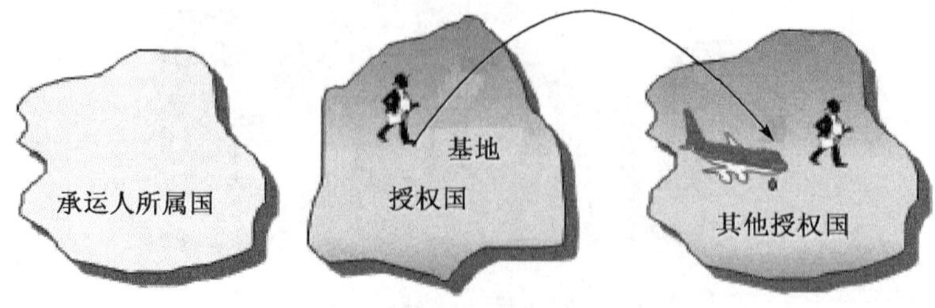

图 7-7 “第七航权”示意图

根据第七航权，承运人经营完全本国以外的国际航空运输业务，在授权国卸载或装载来自或前往其他国家的旅客(货物)，然后飞往第三国或其他国而不是承运人所属国。例如，美国西北航空公司(NW)在新加坡建立基地，从该基地开设至东南亚国家的航班。按照第七航权，美西北拥有类似新加坡航空公司的业务经营权，这无疑增强了美西北在东南亚地区的市场竞争力，当然，同时对新加坡航空公司也带来了竞争。

7.4.8 第八航权——国内载运权

“第八航权”的内容是，承运人飞入授权国领土，在该授权国领土内装上和卸下前往或来自另一地点旅客或货物的权利，即经营授权国国内航空客货运输业务[17]（图 7-8），(Right to operate flights between two points in another country, cabotage)[18]。

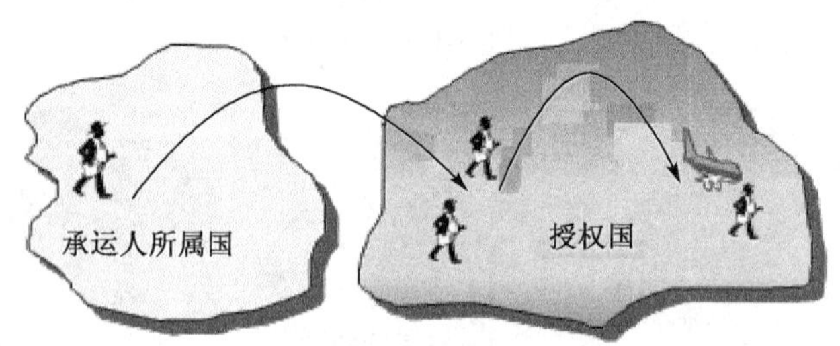

图 7-8 “第八航权”示意图

例如，我国国航(CA)经营北京(PEK)—旧金山(SFO)—纽约(JFK)航线并享有美国政府授予的第八航权，因此，国航可以像美国的航空公司一样，经营旧金山—纽约航线上的美国国内来回程航空客货运输业务。

但是，根据《国际民用航空公约》关于“国内载运权”的精神，“各缔约国有权拒绝准许其他缔约国的航空器为取酬或收费在其领土内装载前往以其领土内另一地点为目的的旅客、邮件和货物”[4]。

7.4.9 第九航权——完全国内载运权

第九航权的内容是，承运人在授权国领土内装上和卸下前往或来自另一地点旅客或货物的权利，即完全经营授权国的国内航空运输业务（图 7-9）[17] (right to operate flights between two points in another country, full cabotage, or open-skies privileges)[18]。

与第八航权的区别在于，第九航权允许另一国指定航空公司在授权国领土内指定机场建立基地，并允许经营该授权国的国内航线业务，享有授权国本国航空公司的业务经营

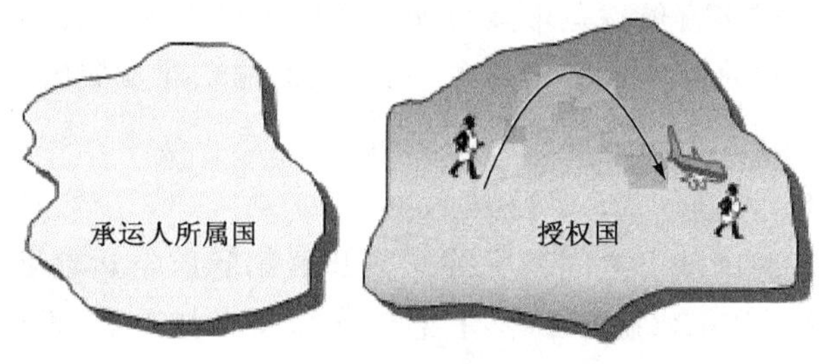

图 7-9 “第九航权”示意图

权。这意味着授权国国内航空运输市场向被授权国完全开放。所以第九航权又称为完全国内运载权,也有称为“开放天空特许权”[18]。

例如,美国政府授权我国国航(CA)在美国芝加哥(ORD)建立基地,并可以经营美国国内由芝加哥始发的来回程航班。

不难看出,上述第六、第七、第八和第九航权涉及更大程度地扩大在授权国国内的业务经营权,这将增加授权国国内航空运输市场的竞争程度。关于这四项航权,目前仅在欧盟内部、美国与欧洲部分国家之间施行,并未得到 ICAO 及大多数成员国的完全认可。

7.5 国际航空运输多边协定

国际航空运输双边或多边协定,是一种基于《国际民用航空公约》就两个或者多个国家之间开展国际航空运输业务而达成的协议,是一种国家之间的外交文件,在平等、公平和互惠的原则基础上具体明确签约国的权利、职责和义务。

国际航空运输与其他方式的国际贸易交往不完全相同,具有鲜明的特殊性。国际航空运输直接关系国家的领空主权,涉及国家安全、对外政策、双边或多边贸易关系及国家经济发展战略。因此,国际航空运输双边协定,是在保障本国国家安全和国家利益基础上,约定国家之间的航空运输业务关系,以促进国际间航空运输业的发展。

1979 年 1 月 1 日中美两国正式建立大使级外交关系。随着两国政治关系的改善和双边经济贸易关系的稳步发展,1980 年 9 月 17 日中国政府与美国政府双方在华盛顿签署了《中华人民共和国政府和美利坚合众国政府民用航空运输协定》[19],就两国开展正常的航班运输服务达成共识,各方给予另一方按照协定规定的权利,指定航空运输企业在协定规定的航线上建立和经营定期航班,可以“在另一方领土内规定航线上的地点经停,以便上下国际旅客、行李、货物和邮件”,“经另一方航空当局同意,在另一方领土内规定航线上的地点作非运输业务性经停”;指定双方航空运输企业有权经营往返协议航班(定期和不定期)的航线,并就航班使用的机场、运价票价与税费、安全与保安、航行服务与技术服务等事项给予明确规定和说明[19]。随着中美两国经贸关系的发展,至 2007 年,中美航空运输协定就扩大业务范围和航班规模等内容先后经历了五次协商修改[17],以适应不断发展的国际航空运输市场。

从中美航空运输协定内容可以看到,国际航空运输双边(或多边)协定,是两个或多个主权国家之间的政府级协定,基于《国际民用航空公约》的统一原则和规定,代表两个或多个国家的利益,就双方或多方航空运输业务所涉及的关键事项达成共识,明确和规定双方或多方的权利、职责和提供相应服务的义务,是航空运输企业发展国际航空运输业务的重要依据。

7.5.1 互惠业务权利

互惠业务权利,是两国政府之间为平等互惠开展国际航空运输业务而设定的基本原则和权利,双方“应在权力和利益方面享有合理平衡”[19],如航线、航班量对等、税费互惠或关税豁免、关联服务等,双方给予互惠互利。

根据1980年中美航空运输协定,中国方面指定的第一家航空运输企业的航班航线为:北京—上海—东京(或日本境内的另一地点)—檀香山—洛杉矶—旧金山—纽约,安克雷奇机场可用作往返此航线的技术经停地点。与之对等的,美国方面指定的第一家航空运输企业的航班航线为:纽约—旧金山—洛杉矶—檀香山—东京(或日本境内的另一地点)—上海—北京[19,20]。根据2004年中美航空运输协定,中美各方的航班数量将由2004年每周54班在未来六年内分阶段增至每周249班,中美指定航空公司将被允许飞往对方的任何城市[19,20]。又如,根据1980年中美航空运输协定,中美两国的“任何一方指定空运企业从事协议航班飞行的飞机,以及留置在飞机上的正常设备、零备件、燃料、油料(包括液压油)、润滑油、机上供应品(包括在飞行中出售给旅客或供其使用的有限量的食品、饮料、酒类、烟草和其他物品)和专供飞机的运行或检修而使用的其他物品,在进出另一方领土时,应在互惠的基础上,豁免一切关税、检验费和其他国家费用”[19],协定充分体现了双方遵循平等互惠的基本原则,这也符合《国际民用航空公约》精神。当然,在航空公司具体实施双边协议内容过程中,还有许多细节问题需要双方政府进行商讨,如航权问题。中美航空运输协定中除了当事国双方,还涉及日本,因此还需要与日本签订中日两国之间的有关航空运输协定。

7.5.2 运力管理

为了维护本国利益,保持双方互惠和对等原则,两国之间的航空运输协定还要对运力和运价等方面的管理原则和实施方法进行规定和说明。如运力安排中的每周航班量、机型和审批程序等事项。

关于运力,1980年中美国航空运输协定中曾经明确规定,“双方同意每家指定空运企业有权每周经营两个班次”,“如果一方未指定第二家空运企业,则该方第一家指定空运企业在另一方第二家指定空运企业开始经营航班时或在根据本协定任何协议航班开航后两年时,有权每周增加经营两个班次”。此外,协定中还对中美空运企业每一个班次的运力规格进行了明确说明,“一个班次指一架适航证上所注明的最大起飞全重不小于71万磅,但不大于80万磅的飞机往返飞行一次;一架适航证上所注明的最大起飞全重等于或大于43万磅,但小于71万磅的飞机往返飞行一次半;以及一架适航证上所注明的最大起飞全重小于43万磅的飞机往返飞行二次”。“双方同意,各自指定空运企业在规定航线上载运的业务,就在另一方领土内上下的旅客人数和货物吨数而言,应合理平衡”[19]。双方通过每周航班班次数量和每一架次飞机运载能力的规定,限制各方在对方国内市场的影响力,达到保护本国市场开放程度的目的。

7.5.3　运价与收费

两国之间的航空客货运输涉及国际运价和销售价格问题。虽然“国际航协”(IATA)对国际民航客货运输制定了相关的指导运价,但是通航两国之间需要对销售价格进行协商和约定,两国政府有权对票价进行监督和审查,以维护本国的民航运输市场秩序和合理的市场竞争。

例如,在 1980 年的中美航空运输协定中就明确指出,“一方可要求向其航空当局申报前往或来自其领土的旅客运输所售票价。此种申报应在该票价拟议实施之日六十天前提出”,并且明确强调,“如经磋商达成协议,各方主管当局应确保不实施与该协议不一致的票价。如经磋商未达成协议,该申报的票价不应生效,而原来实施的票价应继续有效,直至制定了新的票价”[19]。

根据《国际民用航空公约》精神,对双方指定航空运输企业在签约国内接收有关航班服务时,应该根据双方签订的协议支付相应费用。例如,中美航空运输协定中非常明确,“一方指定空运企业使用另一方的机场、设备和技术服务,应按公平、合理的费率付费”。为了公平起见,“任何一方不得要求另一方的指定空运企业以高于向任何其他经营国际航班的外国空运企业收取的费率付费”。

7.5.4　其他相关服务

在两国的航空运输协定中,还具体规定协议指定承运人的运营资格申请程序及运营许可证发放程序,并对有关征收机场与地面设施使用费、油料供应、机务维修、适航资格认可、机组、旅客和货物进出对方国家的查验,以及紧急事件处理等事项,进行具体的规定和明确的说明。

7.5.5　协定生效与终止

国家之间的航空运输协定中还包括有关立法程序问题,如协定审批、生效、争议、终止、撤销、修改等程序性事项。

由于国际航空运输协定是国家文件,需要国家政府签署并批准才能生效,当终止协定时,则需要国家政府予以书面通知[19]。

国家之间的航空运输协定是一个政治性、技术性和商业性紧密结合的法律性文件,协定谈判涉及国家外交、外贸、民航当局、航空公司、机场当局、空管等政府部门和航空运输企业,是国家关系发展的综合体现。

7.6　本章小结

在遵守《国际民用航空公约》的基础上,尊重国家主权,坚持维护国家利益、平等互惠、公平互利等基本原则,经国家政府之间协商并达成协议,开展国际航空运输业务,拓展国际航空运输市场,繁荣和发展国家经济。

思　考　题

1.《国际民用航空公约》的主要精神是什么?

2.我国政府加入了哪几个国际性民航公约?

3. 国际航空运输市场准入的主要内容是什么？

4. 试说明"第五航权"与"第六航权"的差异。

5. 为什么"第六、第七、第八、第九航权"至今尚未完全得到国际公认？

6. 简述国际航空运输双边协定的主要内容。

7. 国际航空运输双边协定的重要性是什么？

8. 中美航空运输协定有哪些特点？

9. 分析九种航权的市场意义。

参考文献

[1] 联合国研究中心. 国家权利义务宣言草案(1946 年). http://www.uncentre-cfau.org/studies03.html.

[2] 联合国研究中心. 关于各国依联合国宪章建立友好关系及合作之国际法原则之宣言(1970 年). http://www.uncentre-cfau.org/studies11.html.

[3] 第十届全国人民代表大会第二次会议. 中华人民共和国宪法修正案. http://www.sina.com.cn. 2004.3.14.

[4] ICAO. Convention on International Civil Aviation. http://www.icao. int/icao.

[5] 中华人民共和国民用航空法. 1996.

[6] 中国民用航空总局. 民用航空使用空域办法. 2004.5.26.

[7] 中国民用航空局. 芝加哥公约简介. http://www.caac.gov.cn. 2011.11.15.

[8] 中国民用航空总局政策法规司. 国际民用航空条约汇编(中英文对照版)[M]. 北京:中国民航出版社, 2005.

[9] ICAO. 统一国际航空运输某些规则的公约(1999 年蒙特利尔公约). http://www.caac.gov.cn/b1/gjxd/index_1.html.

[10] 中国民用航空局. 我国处理国际民用航空公约情况. http://www.caac.gov.cn/b1/gjxd/index_1.html. 2011.11.15.

[11] ICAO. 在航空器内的犯罪和其他某些行为的公约. http://www.caac.gov.cn/b1/gjxd/index_1.html.

[12] ICAO. 制止非法劫持航空器的公约. http://www.caac.gov.cn/B1/GJXD. 2007,10.

[13] ICAO. 制止危害民用航空安全的非法行为的公约(1971 年 9 月 23 日蒙特利尔). http://www.caac.gov.cn/B1/GJXD/200710/t20071017_8507.html.

[14] 中国民用航空局. 外国航空运输企业航线经营许可规定. 2008.6.11.

[15] 杨元元. 中美两国达成扩大航空运输市场准入协议[R]. http://www.gov.cn. 2007.5.24.

[16] 中国民用航空局运输司. 欧共体关于加入共同体内航线的 2408/92 规章, 航空运输市场管理——政策与法规[M]. 北京:中国民用航空出版社, 2009.

[17] 航权. http://www.caac.gov.cn.

[18] Air Freedom Rights. The Geography Of Transport Systems. http://hofstra. edu/geotrans/eng/glossary.html.

[19] 中国民用航空局. 中华人民共和国政府和美利坚合众国政府民用航空运输协定. http://www.caac.gov.cn/L1/L3/L3_150/L3_150_2.

[20] 董念清. 2007 年修订后的中美航空运输协议评述[J]. 民航管理. 2007,8.

[21] 赵劲松. 国际民航组织与国际航空立法的发展[J]. 中国民用航空法律网. http://www.aviation-law.cn. 2008.7.30.

附录 A

缩写语及专业术语(中-英对照)

A

ACI 世界理事会　ACI World Governing Board
安全　safety
安全保卫　security
安全管理体系　safety management system,SMS
安全绩效　safety performance
安全绩效目标　safety performance targets
安全绩效指标　safety performance indicator
安全检查　security check

B

BOT(建设-运行-移交)　build-operation-transfer
包机　charter
备用机组　reserved crew
不定期航班　non-scheduled flight service

C

产品质量认证　conformity certification
常旅客计划　frequent flyer program,FFP
超售　over booking
城市对结构　city pair
程序性会议　procedures conference

D

大气臭氧层　atmospheric ozonosphere
大型门户机场　gateway airport
代理人佣金　commission fee
代码共享　code sharing
戴明循序渐进法　PDCA Cycle. Plan,Do,Check,Action
单一欧洲法　Single European Act
到了机场登上机　go show
到了机场被拒绝登机　denied boarding
登机口　boarding gate
地方航线　local route
地面运输(包括铁路、公路和水路运输)　surface transportation
第八航权　cabotage
第九航权　full cabotage 或 open-skies privileges
点-点结构　point-point
定期航班　scheduled flight
多机场系统　multi-airport system

F

反托拉斯法　Antitrust Act
访亲友的航空旅客　air passengers visiting friends and relatives,VFR
飞机号　aircraft tail number
飞机利用率　aircraft utilization
飞机排班　aircraft scheduling
飞机指派　aircraft assignment,tail number assignment
飞机周转　aircraft rotation
飞行航段,航节　leg
飞行机组　cockpit crew
飞行器　flight vehicle
飞行任务　crew itinerary
飞行时间　flight time
非协调机场　non-coordinated airport
风险　risk
辅助协调机场　schedules facilitated airport
复合型国际枢纽　complex international hub

G

改航航班　diverted flight
干线　trunk route
高峰时段　peak hours,peak period
公安部　Ministry of Public Security

公布到达时间 published arrival time

公共关系 public relationship

故障树分析法 fault tree analysis,FTA

国际标准化组织 International Organization for Standardiza-tion,ISO

国际航班协调会议 International Schedules Conference

国际航空电信协会 Société Internationale de Télécommunications Aéronautiques,SITA

国际航空运输协会 International Aviation Transport Association,IATA

国际航线 international airline

国际航协运行安全审计计划 IATA Operational Safety Audit,IOSA

国际机场理事会 Airports Council International,ACI

国际民航组织 International Civil Aviation Organization,ICAO

国家安全部 Ministry of State Security

国家安全方案 State Safety Programme,SSP

国家民航管理委员会 The Civil Aeronautics Board,CAB

国内航线 domestic airline

H

航班 flight service

航班班期 the day of flight

航班边际收入 flight marginal revenue

航班波 flight bank,flight wave

航班波的时间窗 time window

航班出发时间 departure time

航班到达时间 arrival time

航班调度 flight Scheduling

航班号,航班代码 flight number

航班计划 flight Schedule

航班频次 flight frequency

航班时刻,航班时间槽,时隙 time slot

航班时刻池 slot pool

航班时刻协调程序总览 schedules process review

航班收入 flight revenue

航班协调顾问联合小组 Joint Scheduling Advisory Group,JSAG

航班协调政策工作小组 Schedule Policy Working Group,SPWG

航班正点率 on-time performance

航段串 a sequence of flight legs

航空安全 aviation safety

航空安全保卫 aviation security

航空安全报告系统 aviation safety reporting system,ASRS

航空工业 Aviation Industry

航空公司放松管制法 The Airline Deregulation Act of 1978

航空公司联盟 Airlines Alliance

航空货物 air freight

航空货主,或实际发货人 shipper

航空快递 air express

航空器 air craft

航空邮件 air mail

航空运输业务的营运资质 air operator certificate

航路 air way

航权 flight freedom

航天工业 Aerospace Industry

航天器 space craft

航线 air route

航线运输驾驶员国际联合会 IFALPLA

航站楼 terminal

滑行道 taxi way

寰宇一家 Oneworld Alliance

货物的等级运价 class rates or commodity classification rates,CCR

货物的体积重量 measurement weight

货运单 airway bill

货运费率 rate

货运基础运价 normal rate

货运销售代理人 forwarder

货运运费 charge

货运重量分界点运价 quantity rate

I

IATA航班协调会议代表团 IATA Heads of Delegation to The IATA Schedules Conference

ICAO民航安全管理手册 ICAO-Safety Management Manual

J

机场管理当局 Airport Authority

机场群 airport group

机场社区 airport community

机场私有化 airport privatization

机场营销 airport marketing

机组调度 crew scheduling

机组轮班 crew rostering

机组配对 crew pairing

机组指派 crew assignment

集中托运 consolidation

集装箱货物运价 unitized consignments rates, UCR

计算机订座系统 computer reservation system, CRS

计算机座位存量控制系统 inventory control system, ICS

价格歧视 price discrimination

京都议定书 Kyoto Protocol

K

可以接受的安全水平 as low as reasonably practicable, ALARP

可用吨位千米 available ton kilometer, ATK

可用业载吨位 pay load

可用座位千米 available seat kilometer, ASK

客舱乘务机组 cabin crew

客户 customer

客户关系管理系统 customer relationship management, CRM

客运销售代理人 sales agent

空港系统 airport system

空勤人员 air crew

空域 airspace

空中出租车 air taxi

空中交通协会 Air Traffic Association

L

廊桥 passenger bridge

联合国经济社会理事会 Economic and Social Council

联合国气候变化框架公约 United Nations Framework Convention on Climate Change

领空 territorial airspace

旅客航段 segment

旅客基本运价 tariff

旅客票价 fare

轮挡时间 block to block time

M

美国达美航空公司 Delta Airlines

美国的国土安全部 Department of Homeland Security

美国国家航空航天局 National Aeronautics and Space Administration, NASA

美国国家运输安全委员会 National Transportation Safety Board, NTSB

美国航空公司 American Airlines

美国联邦航空管理局 Federal Aviation Administration, FAA

美国联邦航空局 Federal Aviation Agency, FAA

美国联邦条例 Federal Regulations Title

美国西南航空公司 Southwest Airlines Co

美国运输部 Department of Transportation, DOT

美国政府《百年愿景—航空再授权法》 Vision 100-Century of Aviation Reauthorization Act

美利坚航空公司 US Airways

民航管理当局 Civil Aeronautics Authority

民航管理机构 Administrator of Aviation

民航管理局 Civil Aeronautics Administration, CAA

民航航行服务组织 CANSO

民航货物运输 air cargo

民航旅客全球分销系统 global distribution system, GDS

民航运输业 Civil Aviation Transportation Industry

N

年度全球最佳机场 ACI ASQ Best Airport Worldwide

欧盟机场容量论坛 The Community Observatory on Airport Capacity

O

O-D流 origin-destination flow

欧洲共同体 European Community, EC

欧洲经济共同体　European Economic Community,EEC

欧洲联合航空局　Joint Aviation Authorities,JAA

欧洲联盟　European Union,EU

欧洲天空一体化空中交通管理研究计划　The Single European Sky Air Traffic Management Research Program,SESAR

P

跑道　runway

普遍安全监督审计计划　ICAO Universal Safety Oversight Audit Programme,USOAP

Q

强制性认证　compulsory certification

勤务,或日飞行任务　duty

勤务编排　duty planning

区域性枢纽机场　regional hub

取消航班　cancelled flight

全球航空安全计划　ICAO Global Aviation Safety Plan,GASP

全球航空安全路线图　The Global Aviation Safety Roadmap by Industry Safety Strategy Group

S

SWOT　Strength,Weakness,Opportunity,Threat

商业协会活动　Trade Association Activities

时间间隙,或松弛时间　slack time

世界航班协调指南　IATA Worldwide Scheduling Guidelines,WSG

世界机场协调小组　Worldwide Airport Coordinators Group,WACG

市场定位　positioning

市场分块　partitioning

市场营销组合　the marketing mix

事故　accident

事故借鉴分析法　accident/incident analysis

事件　incident,occurrence

事件链　chain of incidents

试错法　trial and error

收入管理　revenue management

收入管理系统　revenue management system,RMS

收益管理　yield management

枢纽机场　hub and spoke airport

T

特别重大事故　fatal accident

特种货物运价　specific commodity rates,SCR

天合联盟　Sky Team Alliance

停机坪　apron

停机位　aircraft stand

通勤飞行服务　commuter flight service

W

完全协调机场　coordinated airport

危险　hazard

未登机　no show

X

系统安全　system safety

消费者　consumer

销售结账与清算系统　billing & settlement plan,BSP

新一代航空运输系统　Next Generation Air Transportation System,NextGEN

星空联盟　Star Alliance

Y

严重事故征候　serious incident

一般货物运价　general cargo rates,GCR

一般事故　accident

翼之盟　Wings Alliance

因果图法　cause and effect,fishbone

英国机场管理局　British Airport Authority,BAA

英国机场管理局机场股份有限公司　BAA plc.

营利吨千米　revenue passenger kilometer,RTK

营利客千米　revenue passenger kilometer,RPK

用户　user

预定离港时间　scheduled time of departure

运价协调会议　Tariff Coordination Conference

运价协调活动　tariff coordination activities

运量　traffic volume

运行阶段分析法　analysis by phases of flight

Z

载运工具　vehicle

正式会员 active member

支线 regional route

值机 check-in

质量管理 quality management

质量管理体系 quality management system, QMS

中国标准化协会 China Association for,CAS

中国国家安全生产监督管理总局 State Administration of Work Safety

中国国家标准化管理局 Standardization Administration of China,SAC

中枢辐射型航线网络服务体系 hub and spoke service system

中枢结构航线竞争 hub attack

终止航班 discontinued flight

重大事故 serious accidents

周转量 output

准会员 associate member

租舱 blocked space

最低运费 minimum charges

座位存量控制 seat inventory control

座位召回制 callable revenue

附录 B

缩写语及专业术语(英-中对照)

A

accident　事故,一般事故

accident/incident analysis　事故借鉴分析法

ACI ASQ Best Airport Worldwide,　年度全球最佳机场

ACI World Governing Board　ACI 世界理事会

active member　正式会员

Administrator of Aviation　民航管理机构

Aerospace Industry　航天工业

air cargo　民航货物运输

air craft　航空器

air crew　空勤人员

air express　航空快递

air freight　航空货物

air mail　航空邮件

air operator certificate　航空运输业务的营运资质

air passengers visiting friends and relatives,VFR　访亲友的航空旅客

air route　航线

air taxi　空中出租车

Air Traffic Association　空中交通协会

air way　航路

airway bill　货运单

aircraft assignment,tail number assignment　飞机指派

aircraft rotation　飞机周转

aircraft scheduling　飞机排班

aircraft stand　停机位

aircraft tail number　飞机号

aircraft utilization　飞机利用率

airlines alliance　航空公司联盟

Airport Authority　机场管理当局

airport community　机场社区

airport group　机场群

airport marketing　机场营销

airport privatization　机场私有化

airport system　空港系统

Airports Council International,ACI　国际机场理事会

airspace　空域

American Airlines　美国航空公司

analysis by phases of flight　运行阶段分析法

Antitrust Act　反托拉斯法

apron　停机坪

arrival time　航班到达时间

a sequence of flight legs　航段串

as low as reasonably practicable,ALARP　可以接受的安全水平

associate member　准会员

atmospheric ozonosphere　大气臭氧层

available seat kilometer,ASK　可用座位千米

available ton kilometer,ATK　可用吨位千米

Aviation Industry　航空工业

aviation safety　航空安全

aviation safety reporting system,ASRS　航空安全报告系统

aviation security　航空安全保卫

B

BAA plc.　英国机场管理局机场股份有限公司

billing & settlement plan,BSP　销售结账与清算系统

block to block time　轮挡时间

blocked space 租舱
boarding gate 登机口
British Airport Authority,BAA 英国机场管理局
build-operation-transfer,BOT(建设-运行-移交)

C

cabin crew 客舱乘务机组
cabotage 第八航权
callable revenue 座位召回制
cancelled flight 取消航班
CANSO 民航航行服务组织
cause and effect,Fishbone 因果图法
chain of incidents 事件链
charge 货运运费
charter 包机
check-in 值机
China Association for,CAS 中国标准化协会
city pair 城市对结构
Civil Aeronautics Administration,CAA 民航管理局
Civil Aeronautics Authority 民航管理当局
Civil Aviation Transportation Industry 民航运输业
class rates or commodity classification rates,CCR 货物的等级运价
cockpit crew 飞行机组
code sharing 代码共享
commission fee 代理人佣金
commuter flight service 通勤飞行服务
complex international hub 复合型国际枢纽
compulsory certification 强制性认证
computer reservation system,CRS 计算机订座系统
conformity certification 产品质量认证
consolidation 集中托运
consumer 消费者
coordinated airport 完全协调机场
crew assignment 机组指派
crew itinerary 飞行任务
crew pairing 机组配对
crew rostering 机组轮班
crew scheduling 机组调度
customer 客户
customer relationship management,CRM 客户关系管理系统

D

Delta Airlines 美国达美航空公司
denied boarding 到了机场被拒绝登机
Department of Homeland Security 美国的国土安全部
Department of Transportation,DOT 美国运输部
departure time 航班出发时间
discontinued flight 终止航班
diverted flight 改航航班
domestic airline 国内航线
duty 勤务,或日飞行任务
duty planning 勤务编排

E

Economic and Social Council 联合国经济社会理事会
European Community,EC 欧洲共同体
European Economic Community,EEC 欧洲经济共同体
European Union,EU 欧洲联盟

F

fare 旅客票价
fatal accident 特别重大事故
fault tree analysis,FTA 故障树分析法
Federal Aviation Administration,FAA 美国联邦航空管理局
Federal Aviation Agency,FAA 美国联邦航空局
Federal Regulations Title 美国联邦条例
flight bank,flight wave 航班波
flight freedom 航权
flight frequency 航班频次
flight marginal revenue 航班边际收入
flight number 航班号,航班代码
flight revenue 航班收入
flight schedule 航班计划
flight scheduling 航班调度
flight service 航班
flight time 飞行时间
flight vehicle 飞行器
forwarder 货运销售代理人
frequent flyer program,FFP 常旅客计划

full cabotage/open-skies privileges 第九航权

G

gateway airport 大型门户机场
general cargo rates,GCR 一般货物运价
Global Distribution System,GDS 民航旅客全球分销系统
go show 到了机场登上机

H

hazard 危险
hub and spoke airport 枢纽机场
hub and spoke service system 中枢辐射型航线网络服务体系
hub attack 中枢结构航线竞争

I

IATA Heads of Delegation to The IATA Schedules Conference IATA航班协调会议代表团
IATA Operational Safety Audit,IOSA 国际航协运行安全审计计划
IATA Worldwide Scheduling Guidelines,WSG 世界航班协调指南
ICAO Global Aviation Safety Plan,GASP 全球航空安全计划
ICAO Safety Management Manual(SMM ICAO) 民航安全管理手册
ICAO Universal Safety Oversight Audit Programme,USOAP 普遍安全监督审计计划
IFALPLA 航线运输驾驶员国际联合会
incident,occurrence 事件
international airline 国际航线
International Aviation Transport Association,IATA 国际航空运输协会
International Civil Aviation Organization,ICAO 国际民航组织
International Organization for Standardization,ISO 国际标准化组织
International Schedules Conference 国际航班协调会议
inventory control system,ICS 计算机座位存量控制系统

J

Joint Aviation Authorities,JAA 欧洲联合航空局
Joint Scheduling Advisory Group,JSAG 航班协调顾问联合小组

K

Kyoto Protocol 京都议定书

L

leg 飞行航段,航节
local route 地方航线

M

measurement weight 货物的体积重量
minimum charges 最低运费
Ministry of Public Security 公安部
Ministry of State Security 国家安全部
multi-airport system 多机场系统

N

National Aeronautics and Space Administration,NASA 美国国家航空航天局
National Transportation Safety Board,NTSB 美国国家运输安全委员会
Next Generation Air Transportation System,NextGEN 新一代航空运输系统
no show 未登机
non-coordinated airport 非协调机场
non-scheduled flight service 不定期航班
normal rate 货运基础运价

O

Oneworld Alliance 寰宇一家
on-time performance 航班正点率
origin-destination flow O-D流
output 周转量
over booking 超售

P

partitioning 市场分块
passenger bridge 廊桥
pay load 可用业载吨位
PDCA Cycle. Plan,Do,Check,Action 戴明循序渐进法
peak hours,peak period 高峰时段
point-point 点-点结构

positioning 市场定位
price discrimination 价格歧视
Procedures Conference 程序性会议
public relationship 公共关系
published arrival time 公布到达时间

Q

quality management 质量管理
quality management system,QMS 质量管理体系
quantity rate 货运重量分界点运价

R

rate 货运费率
regional hub 区域性枢纽机场
regional route 支线
reserved crew 备用机组
revenue management 收入管理
revenue management system, RMS 收入管理系统
revenue passenger kilometer,RPK 营利客千米
revenue passenger kilometer,RTK 营利吨千米
risk 风险
runway 跑道

S

safety 安全
safety management system,SMS 安全管理体系
safety performance 安全绩效
safety performance indicator 安全绩效指标
safety performance targets 安全绩效目标
sales agent 客运销售代理人
Schedule Policy Working Group,SPWG 航班协调政策工作小组
scheduled flight 定期航班
scheduled time of departure 预定离港时间
schedules facilitated airport 辅助协调机场
schedules process review 航班时刻协调程序总览
seat inventory control 座位存量控制
security 安全保卫
security check 安全检查
segment 旅客航段
serious accidents 重大事故
serious incident 严重事故征候
shipper 航空货主,或实际发货人
Single European Act 单一欧洲法
Sky Team Alliance 天合联盟
slack time 时间间隙,或松弛时间
slot pool 航班时刻池
Société Internationale de Télécommunications Aéronautiques,SITA 国际航空电信协会
Southwest Airlines Co 美国西南航空公司
space craft 航天器
specific commodity rates,SCR 特种货物运价
Standardization Administration of China, SAC 中国国家标准化管理局
Star Alliance 星空联盟
State Administration of Work Safety 中国国家安全生产监督管理总局
State Safety Programme,SSP 国家安全方案
Strength,Weakness,Opportunity,Threat SWOT
surface transportation 地面运输(包括铁路、公路和水路运输)
system safety 系统安全

T

tariff 旅客基本运价
tariff coordination activities 运价协调活动
Tariff Coordination Conference 运价协调会议
taxi way 滑行道
terminal 航站楼,候机楼
territorial airspace 领空
The Airline Deregulation Act of 1978 航空公司放松管制法
The Civil Aeronautics Board,CAB 国家民航管理委员会
The Community Observatory on Airport Capacity 欧盟机场容量论坛
the day of flight 航班班期
The Global Aviation Safety Roadmap by Industry Safety Strategy Group 全球航空安全路线图
the marketing mix 市场营销组合
The Single European Sky Air Traffic Management Research Program,SESAR 欧洲天空一体化空中交通管理研究计划
time slot 航班时刻,航班时间槽,时隙

time window 航班波的时间窗
trade association activities 商业协会活动
traffic volume 运量
trial and error 试错法
trunk route 干线

U

United Nations Framework Convention on Climate Change 联合国气候变化框架公约
unitized consignments rates,UCR 集装箱货物运价
US Airways 美利坚航空公司
user 用户

V

vehicle 载运工具
Vision 100-Century of Aviation Reauthorization Act 美国政府《百年愿景—航空再授权法》

W

Wings Alliance 翼之盟
Worldwide Airport Coordinators Group,WACG 世界机场协调小组

Y

yield management 收益管理